Der Benutzungszwang im Markengesetz

Meinen Eltern

Europäische Hochschulschriften

Publications Universitaires Européennes
European University Studies

Reihe II
Rechtswissenschaft

Série II Series II
Droit
Law

Bd./Vol. 3596

PETER LANG
Frankfurt am Main · Berlin · Bern · Bruxelles · New York · Oxford · Wien

Volker Schoene

Der Benutzungszwang im Markengesetz

Grundsätze und Einzelfragen unter Berücksichtigung der Verordnung über die Gemeinschaftsmarke

PETER LANG
Europäischer Verlag der Wissenschaften

Bibliografische Information Der Deutschen Bibliothek
Die Deutsche Bibliothek verzeichnet diese Publikation in der Deutschen Nationalbibliografie; detaillierte bibliografische Daten sind im Internet über <http://dnb.ddb.de> abrufbar.

Zugl.: Mannheim, Univ., Diss., 2002

D 180
ISSN 0531-7312
ISBN 3-631-39771-2

www.peterlang.de

Vorwort

Die vorliegende Arbeit wurde im Sommersemester 2002 von der Universität Mannheim als Dissertation angenommen. Die Arbeit am Manuskript wurde im Oktober 2001 abgeschlossen und auf den Stand von August 2002 aktualisiert.

Ich danke zuvörderst Herrn Prof. Dr. Rolf Sack sehr herzlich für die freundliche und effiziente Betreuung dieser Arbeit, Herrn Prof. Dr. Volker Rieble danke ich für die Übernahme der Zweitbegutachtung.

Dank schulde ich Herrn Dr. Michael Loschelder für seine großmütige Unterstützung. Schließlich geht mein Dank an Frau Anja Lerch.

Köln, September 2002

Volker Schoene

Vorbemerkung: Gang der Darstellung

Im ersten Teil der Arbeit werden die Wirkungen und Zwecke des Benutzungszwangs dargestellt. Sodann werden die Bedeutung der MRRL, der GemMV und völkerrechtlicher Abkommen für die Anwendung des Benutzungszwangs im MarkenG geschildert.

Es folgen einige Überlegungen dazu, wieso es bei der Marke anders als bei den anderen Rechten des geistigen Eigentums sachgerecht und verfassungsrechtlich zulässig ist, dem Inhaber sein Recht erst zu erteilen und dann mittels des Benutzungszwangs wieder wegzunehmen.

An die dabei herausgearbeiteten Zwecke des Benutzungszwangs und seine Rechtfertigung knüpft im zweiten Teil die Klärung des Begriffs der rechtserhaltenden Benutzung an. Hier wird die Kernthese der Arbeit entwickelt: Eine rechtserhaltende Benutzung liegt im Gegensatz zu einer vordringenden Auffassung in der Literatur nur da vor, wo gerade die markenspezifische Funktion der Marke realisiert wird. Diese Funktion wird mit Hilfe der ökonomischen Analyse des Rechts illustriert. Bei der Untersuchung werden auch dogmatische Konturen des Begriffs der gerechtfertigten Nichtbenutzung entwickelt, der nach der hier vertretenen Auffassung als Auffangtatbestand in den Fällen dient, in denen ein wirtschaftliches Bedürfnis an einer Zeichenverwendung besteht, die (noch) keine rechtserhaltende Benutzung im Sinne von § 26 MarkenG, aber (schon) eine rechtsverletzende Benutzung im Sinne von § 14 MarkenG ist.

Im anschließenden dritten Teil werden unter den so gefundenen Begriff der rechtserhaltenden Benutzung materiell zweifelhafte Fallgestaltungen subsumiert. Dabei wird, wo es nötig erscheint, auch die Rechtslage in der GemMV erörtert. Der vierte Teil ist formellen und verfahrensrechtlichen Fragen gewidmet, wobei ebenfalls auf die Regelungen der GemMV eingegangen wird.

1. Teil: Grundlegung

§ 1 Wirkung des Benutzungszwangs

A. Begriffsklärung

Die Bezeichnung „Benutzungszwang“ ist schon zur Zeit des Vorabgesetzes irreführend genannt worden[1]. Tatsächlich folgt aus diesem Rechtsinstitut keinerlei Zwang im Sinne einer Pflicht, die Marke zu benutzen. Wenn der Markeninhaber sein Zeichen nicht benutzen will, so kann ihn keiner dazu zwingen. Die Nichtbenutzung zeitigt auch überhaupt keine unmittelbaren Konsequenzen, insbesondere wird die Marke deshalb nicht automatisch und von Amts wegen, sondern nur auf Antrag gelöscht. Lediglich im Verhältnis zu Dritten kann die Nichtbenutzung eines Zeichens zu Rechtsnachteilen für den Markeninhaber führen. Es handelt sich also beim Benutzungszwang nach WZG, MarkenG und GemMV nur um eine Obliegenheit[2]. Trotzdem soll auch hier der eingeführte Begriff verwendet werden.

B. Wirkung des Benutzungszwangs

Der Benutzungszwang entfaltet seine Wirkungen in verschiedenen markenrechtlichen Verfahren. Die betreffenden Vorschriften sind über das MarkenG verstreut. An dieser Stelle reicht es aus, einen kurzen Überblick zu geben. Voraussetzung dafür, daß die Nichtbenutzung Konsequenzen hat, ist nach allen Bestimmungen grundsätzlich, daß die Marke bereits seit 5 Jahren nicht benutzt wird.

I. Keine Verletzungsansprüche aus unbenutzter Marke

Davon ausgehend, bestimmt zunächst § 25 Abs. 1 MarkenG, daß aus einer nichtbenutzten Marke keine *Verletzungsansprüche* gem. §§ 14, 18, 19 MarkenG geltend gemacht werden können[3]. Hierin liegt ein Unterschied zum WZG, dessen Wortlaut einen solchen Anspruchsausschluß nicht enthielt. Rechtsprechung und Literatur erkannten aber stets den Einwand der Löschungsreife wegen Nichtbenutzung des Klagezeichens an[4].

II. Kein Widerspruch aus älterer, aber unbenutzter Marke

Der Inhaber eines prioritätsälteren Zeichens kann gegen eine Neumarkeneintragung binnen 3 Monaten Widerspruch einlegen und so die Löschung der Neumarke aus dem Register erreichen (§§ 42, 43 II MarkenG[5]). Der Neumarkeninhaber kann aber den

[1] Fezer, Benutzungszwang, 22 f.; Schricker, GRUR Int. 1969, 14 (15).

[2] Fezer, Benutzungszwang, 22 f.; Schricker, GRUR Int. 1969, 14 (15); v. Gamm, FS GRUR 801 (802, Fn. 1: „Benutzungslast“); Ingerl/Rohnke, § 26, Rn 10.

[3] Umsetzung der fakultativen Regelung des Art. 11 III MRRL. Ebenso Art. 95 III GemMV (einredeweise Geltendmachung), Art. 96 GemMV (Geltendmachung durch Widerklage).

[4] BGH GRUR 1984, 813 (814) - *Ski-Delial*; BGH GRUR 1978, 642 (644) - *SILVA*; Baumbach/Hefermehl, § 24, Rn. 14.

[5] Auf die Eintragung folgendes, „nachgeschaltetes Widerspruchsverfahren“. Die GemMV eröffnet die Möglichkeit des Widerspruchs nach der Anmeldungsveröffentlichung, aber *vor* der Eintragung (Art. 42 GemMV): „vorgeschaltetes Widerspruchsverfahren“.

Widerspruch aus einer älteren Marke gem. § 43 Abs. 1 MarkenG mit der Nichtbenutzungseinrede bekämpfen[6]. Macht der Widersprechende die Benutzung seiner Altmarke dann nicht glaubhaft, wird sein Widerspruch zurückgewiesen[7].

III. Keine Löschungsklage aus älterer, aber unbenutzter Marke

Der Inhaber eines prioritätsälteren Zeichens kann die Löschung der Neumarke nach Ablauf der 3-monatigen Widerspruchsfrist zwar nicht mehr durch einen Antrag beim Patentamt erreichen, wohl aber durch eine Klage vor den ordentlichen Gerichten gem. §§ 51 I, 55 MarkenG[8]. Auch einer solchen Klage kann der Neumarkeninhaber entgegenhalten, die Altmarke sei unbenutzt (§ 55 III MarkenG)[9]. Gelingt dem Altmarkeninhaber der Benutzungsnachweis nicht, ist seine Löschungsklage unbegründet und die Neumarke bleibt im Register eingetragen.

IV. Verfall und Löschbarkeit der unbenutzten Marke

Die bisher angesprochenen Wirkungen der Nichtbenutzung stellen die unbenutzte Marke nur rechtlos, sie ändern aber nichts daran, daß die Marke eingetragen ist. Die Löschung einer nichtbenutzten Marke erfolgt gem. § 49 Abs. 1 MarkenG[10], wobei der dazu erforderliche Antrag von jedermann gestellt werden kann (§ 55 Abs. 2 Nr. 1 MarkenG[11]).

Das Verfahren läuft entweder gem. § 53 Abs. 1 MarkenG vor dem Patentamt[12] oder in Form der Verfallsklage (§ 55 MarkenG) vor dem ordentlichen Gericht[13].

V. Heilung unbenutzter Marken

§ 49 Abs. 1 S. 2-4 MarkenG enthalten eine komplizierte Regelung, wonach die nachträgliche Aufnahme der Benutzung die bereits eingetretene Verfallsreife der Marke beseitigt (heilt)[14]. Sind aber zwischen Verfall der Marke und Aufnahme der Benutzung neue Marken entstanden, so bleiben diese bestehen (§§ 22 I Nr. 1, 55 III 3 MarkenG[15]); es tritt Koexistenz von geheilter Altmarke und Zwischenrecht ein.

[6] Umsetzung der fakultativen Regelung des Art. 1 II MRRL. Ebenso Art. 43 II GemMV.

[7] Fezer, § 43, Rn. 24.

[8] Umsetzung von Art. 4 MRRL. Gem. Art. 52 GemMV kann der Altmarkeninhaber die Löschung der jüngeren Marke durch Antrag an das HABM oder durch Widerklage im Verletzungsverfahren erreichen.

[9] Umsetzung von Art. 11 I MRRL. Ebenso Art. 56 II GemMV.

[10] Umsetzung von Art.12 I MRRL. Ebenso Art. 50 I GemMV.

[11] Ebenso Art. 55 I a) GemMV.

[12] Gem. Art. 55 I GemMV beim HABM.

[13] Gem. Art. 50 I, 92 d) 96 I GemMV nur im Falle der Löschungswiderklage vor den Gemeinschaftsmarkengerichten, sonst vor dem HABM.

[14] Umsetzung von Art. 12 I MRRL. Ebenso Art. 50 I a) GemMV.

[15] Die GemMV enthält keine solchen ausdrücklichen Regelungen. Die Rechtslage ist aber trotzdem ähnlich, s.u. S. 228.

C. Zusammenfassung

Der Benutzungszwang führt also dazu, daß unbenutzte Marken, abgesehen von der Möglichkeit der Heilung durch nachträgliche Benutzungsaufnahme, schutz- und wertlos sind, sie sind „schwebend unwirksam“[16].

[16] Heydt, GRUR 1973, 179 (179).

§ 2 Zweck des Benutzungszwangs

Eine genauere Betrachtung der vom Gesetzgeber mit diesem Rechtsinstitut verfolgten Zwecke und deren Verhältnis zueinander wird im späteren Verlauf der Überlegungen hilfreich sein, Einzelprobleme argumentativ zu lösen. Dabei ist auch von Interesse, ob die mit der Einführung des Rechtsinstituts beabsichtigten Wirkungen tatsächlich, d.h. statistisch belegbar, eingetreten sind.

A. Gesetzgeberischer Zweck des Benutzungszwangs und Realisierung in Vorabgesetz und WZG

I. Zwecke: Behördenentlastung und Schutz von Zeicheninteressenten

Der Benutzungszwang wurde durch das Vorabgesetz vom 4.9.1967 ins deutsche Markenrecht eingeführt[17]. Die Gesetzesbegründung[18] schildert die angespannte Geschäftslage des Patentamts und nennt die Ziele des Benutzungszwangs: Erstens sollte im Interesse der Wirtschaft durch Entlastung des Patentamts und des Bundespatentgerichts die Dauer der Eintragungsverfahren verkürzt werden[19].

Zweitens sollten im Interesse von Neuanmeldern unbenutzte Zeichen aus der überfüllten Rolle beseitigt werden, um so - durch Verringerung der Zahl möglicher Zeichenkollisionen - die Eintragung neuer Warenzeichen zu erleichtern[20].

Außerdem berücksichtigt die Gesetzesbegründung ausdrücklich auch die Interessen der „Allgemeinheit", um deretwillen der Benutzungszwang die Bereinigung der Zeichenrolle ermögliche und dazu in § 11 Abs. 1 Nr. 4 WZG eine Popularklage eröffne[21].

II. Realisierung der Zwecke

1. Entlastung von Patentamt und BPatG

Ob diese Zwecke erreicht wurden, wird teilweise hinsichtlich der Entlastung der Patentbehörden bezweifelt[22]. Anhaltspunkte dafür ergeben sich indes aus einer Betrachtung der Zahlen zur Geschäftslage des Patentamts und des BPatG, die jährlich veröffentlicht werden.

Die Betrachtung beginnt mit 1965, also kurz vor Einführung des Benutzungszwangs im Jahre 1968, und endet mit der deutschen Wiedervereinigung, da das spätere Zahlenmaterial nicht mehr vergleichbar wäre[23].

(-s. Tabelle auf der nächsten Seite -)

17 BGBl. I S. 953.

18 BR-Drucksache 180/66, hier zitiert nach der Veröffentlichung in BlPMZ 1967, 244 ff.

19 Begr. z. Vorabgesetz, BlPMZ 1967, 244 (248, 250, Ziff. 7).

20 Begr. z. Vorabgesetz, BlPMZ 1967, 244 (248, 250).

21 Begr. z. Vorabgesetz, BlPMZ 1967, 244 (268).

22 Ingerl/Rohnke, § 26, Rn. 9.

23 Zahlenmaterial in Übersichtsform etwa in BlPMZ 1974, 96 ff.; BlPMZ 1984, 81 ff.

Die erste Benutzungsschonfrist lief am 1.1.1973 ab[24]. Besonders auffällig ist, daß die Gesamtzahl der Widersprüche von je über 50.000 in 1966 und 1967 bereits 1968 nur noch ca. 35.000 betrug, um von da weiter abzusinken und sich seit 1972 zwischen 13.000 und 17.000 einzupendeln. Offenbar hat die Wirtschaft bereits vor Ablauf der ersten Benutzungsschonfrist aufgehört, alte, unbenutzte Zeichen weiter zu verteidigen. Hier ist also eine Entlastung der Behörden eingetreten[25].

Jahr	eingeg. Anträge	Anmeldungen Anmeldgn	m. Widerspr. angegriffen	Widerspr.ges.	eingetragen	bei Jahresende offene Verfahren	Löschungen
1965	24898	21104	13561	47422	15929	40558	3707
1966	23389	19862	10863	50087	12257	41555	4861
1967	23161	18996	11573	50144	11552	42633	5469
1968	21962	16199	10906	35355	11415	43056	4011
1969	20687	17545	8956	25685	10760	42336	4619
1970	19881	16438	9960	27376	11279	40938	5075
1971	18997	15462	8755	22980	11638	39180	7668
1972	22482	15795	7096	17736	11984	41108	8068
1973	20134	16098	7890	17350	12251	41110	8021
1974	16572	15842	6778	13489	12808	37044	7817
1975	17334	15891	6379	13895	12828	32100	14216
1976	19124	16403	7307	16031	12718	32265	12365
1977	18855	16438	7439	16853	13350	31368	9661
1978	19243	16580	6981	15906	13855	30135	8464
1979	29694	19367	6590	14363	14217	39155	9679
1980	21425	18621	7089	15605	16844	36561	10343
1981	20978	18209	6495	14279	14699	35244	10385
1982	20931	18062	6753	15127	15086	32905	12778
1983	22554	17329	6464	13459	15076	32410	15257

Zur effektiven Prüfung gelangten nur ca. 35% bis 40% der Nichtbenutzungseinreden. Im Ergebnis führte somit der Benutzungszwang in 1,5-2% der Anmeldeverfahren zu einem Mehraufwand an rechtlicher Prüfung, d.h. in etwa 400 Verfahren, während sich durch Rücknahme gleichzeitig 4.000 Widersprüche umstandslos erledigten. Hier dürfte also eine Entlastung eingetreten sein.

Andererseits hat - dem zweiten Ziel des Benutzungszwangs entsprechend - die Zahl der Löschungsverfahren stark zugenommen[26]. Die Ursache dafür ist zwar nicht eindeutig feststellbar, wahrscheinlich aber ist die Zunahme auf den neuen Löschungsgrund der Nichtbenutzung zurückzuführen. In den Jahren bis 1970 lag die Zahl der Löschungsklagen stets zwischen 3.000 und 5.000, stieg dann mit dem Ablauf der ersten Benutzungsschonfrist auf 14.000 im Jahre 1975 und lag seit 1980 immer bei deut-

[24] Fezer, Benutzungszwang, S. 28.

[25] so Heil, GRUR 1974, 59.

[26] Ein anderer Grund als der, daß nunmehr die Löschung wegen Verfalls möglich war, ist dafür nicht ersichtlich.

lich mehr als 10.000. Dies hat aber wahrscheinlich die Entlastung nicht kompensiert, wenn man berücksichtigt, daß die Zahl der am Jahresende nicht erledigten Verfahren vor 1973 stets über 40.000 lag, sich aber seitdem auf etwas mehr als je 32.000 in den Jahren 1981-1983 verringerte. Festzuhalten ist also, daß der Benutzungszwang insgesamt wohl tatsächlich zu einer Entlastung der Patentbehörden führte.

2. Entlastung der ordentlichen Gerichte

Eine Untersuchung von 931 deutschen Verletzungsprozessen ergab, daß in 10,8% der Hauptsacheverfahren und 7,8% der einstweiligen Verfügungsverfahren die Beklagten die Nichtbenutzung geltend machten[27]. In 11 (3,4%) Klageverfahren erhoben die Beklagten sogar eine Löschungswiderklage, die in knapp der Hälfte der Fälle (5) Erfolg hatte[28]. Von allen antragsabweisenden Entscheidungen (in etwa 80% der Fälle waren die Angreifer erfolgreich[29]) wurden nur 2 auf fehlende Benutzung gestützt[30].

Die geringe Zahl der Fälle, in denen Nichtbenutzung des Klagezeichens überhaupt eingewandt wurde, deutet darauf hin, daß Inhaber unbenutzter Zeichen kaum jemals überhaupt einen Verletzungsprozeß anstrengen. Folglich ist zu vermuten, daß der Benutzungszwang die ordentlichen Gerichte vor überflüssigen Verletzungsstreitigkeiten bewahrt und sie so entlastet.

3. Bereinigung der Zeichenrolle

Aus der bereits angesprochenen Zahl der Löschungsverfahren ergibt sich, daß die Möglichkeit zur Beseitigung unbenutzter Zeichen lebhaft in Anspruch genommen wurde. Eine gewisse Bereinigung der Zeichenrolle muß also durch den Benutzungszwang eingetreten sein.

4. Verhinderung der Geltendmachung bloß formaler Rechte

Daß dieser Zweck erreicht wurde, ergibt sich aus dem bereits erläuterten Rückgang der Zahl von Widerspruchsverfahren Auch die geringe Zahl der Verfahren, in denen die Beklagten Nichtbenutzung des Angriffszeichens geltend machten mußten, dürfte als Indiz dafür zu werten sein, daß die Inhaber unbenutzter Marken erst gar nicht versuchen, Rechte aus ihren Zeichen herzuleiten.

B. Zweck des Benutzungszwangs in der GemMV, der MRRL und im MarkenG

Zahlenmaterial über die Auswirkungen des Benutzungszwangs im MarkenG und zur GemMV ist von vergleichsweise geringem Interesse. Im MarkenG ist der Benutzungszwang durch die Neuregelungen jedenfalls nicht so gravierend beeinflußt worden, daß statistische Auswirkungen feststellbar wären[31]. Bei der GemMV kommt hinzu, daß es

[27] Bastian, Markenverletzungsprozeß-Götting, 24.

[28] Bastian, Markenverletzungsprozeß-Götting, 26.

[29] Bastian, Markenverletzungsprozeß-Götting, 24.

[30] Bastian, Markenverletzungsprozeß-Götting, 316.

[31] In der Tat haben sich durch das Inkrafttreten des MarkenG die relevanten Zahlen nicht spürbar geändert. Zwar ist die Zahl der Neuanmeldungen konstant von 31.675 im Jahre 1990 auf 51.671 im

eine Gemeinschaftsmarke ohne Benutzungszwang nie gab und deshalb keine Vergleichsgröße vorliegt.

I. Materialien zu den Regelungswerken

Zum Zweck des Benutzungszwangs heißt es im 8. Erwägungsgrund der MRRL, daß er die Zahl der Marken in der Gemeinschaft und damit die Zahl der zwischen ihnen möglichen Konflikte verringern soll. Der Wortlaut der Richtlinie äußert sich nicht dazu, ob das im Interesse der Allgemeinheit, der Wirtschaft, der betroffenen Behörden oder aller drei geschehen soll.

Die Erwägungsgründe zur GemMV nennen gar keinen Zweck des Benutzungszwangs. Die Denkschrift zur Gemeinschaftsmarke von 1976 nennt die Verringerung von Markenkonflikten im Interesse des freien Warenverkehrs[32]. Die Konsequenzen für die Behörden werden mit der Feststellung berücksichtigt, daß die Zulassung der Nichtbenutzungseinrede im Widerspruchsverfahren nicht zu „übermäßigem Verwaltungsaufwand“ führe und deshalb unbedenklich sei[33]. Daraus wird deutlich, daß die Entlastung der Behörden kein selbständiges Ziel des Benutzungszwangs sein soll. Die Denkschrift betrachtet als Zweck allein die Bereinigung der Zeichenrolle und die Ausschaltung bloß formaler Rechte.

In der Begründung zum Verordnungsvorschlag 1980 findet sich ebenfalls nichts zur Entlastung der Markenbehörden. Hier wird der Benutzungszwang - sehr illustrativ - als „Preis“[34] für das mit der Markeneintragung verbundene Monopol gerechtfertigt. In der Begründung zum MarkenG[35] findet sich außer der Bemerkung, daß der Benutzungszwang inzwischen eine traditionelle Schranke des Markenschutzes geworden sei[36], kein Hinweis auf seinen Zweck.

Festzuhalten ist also, daß in den Materialien zu den neueren markenrechtlichen Kodifikationen die „Entlastung der Behörden“ nicht mehr als Regelungszweck auftaucht.

II. Literatur

Auch in der Literatur wird Entlastung der Patentbehörden ausdrücklich als zweitrangig bezeichnet[37] oder gar nicht mehr erwähnt, sondern nur mehr die Bewahrung der Ein-

---

Jahre 1996 angestiegen, die Zahl der Widersprüche korreliert damit aber nicht. Sie betrug 1990 13.654, 1996 nur 10.214. Abzüglich der Mehrfachwidersprüche wurden 1990 6.303 Anmeldungen, 1996 6.221 Neuanmeldungen angegriffen (BlPMZ 1996, 78 ff.).

32 Denkschrift GemM 1976, Nr. 54, Nr. 98, Nr. 118 = GRUR Int. 1976, 481 ff.

33 Denkschrift GemM 1976, Nr. 98 = GRUR Int. 1976, 481ff.

34 GemM-Vorschlag 1980, GRUR Int. 1981, 86 (89).

35 BT-Drucks. 12/6581 vom 14. 1. 1994, S. 53 ff., abgedruckt bei Fezer, 1. Auflage S. 1759 ff.

36 Begr. zu § 25 MarkenG, 1. Abs.

37 Ingerl/Rohnke, § 26, Rn. 9. Jackermeier, Löschungsklage, 27 wies bereits zum WZG darauf hin, daß jeder Löschungstatbestand ein Bündel von Interessen schützt (andere konkrete Markeninhaber, alle Mitbewerber, die Allgemeinheit, die Verbraucher), daß aber bei jedem Löschungstatbestand bestimmte Interessenträger im Vordergrund stehen.

tragungschancen für neue Marken genannt[38]. Hackbarth folgert aus dem Konfliktmarkenpotential im gemeinsamen Markt[39], daß zur Vermeidung unnötiger Markenkonflikte der Benutzungszwang streng und konsequent angewendet werden müsse[40] - was natürlich häufig zu einer zusätzlichen Be- statt Entlastung der Behörden führen wird.

III. Rechtsprechung des BGH

Der BGH geht davon aus, daß der Zweck des Benutzungszwangs unter Geltung des MarkenG derselbe wie nach dem WZG ist. Er äußert sich dazu in der Cirkulin-Entscheidung, in der er sich sowohl mit der Rechtslage nach dem WZG als auch nach dem MarkenG befaßt. Dabei fällt auf, daß in den Ausführungen zum WZG die Entlastung der Patentbehörden als Ziel des Benutzungszwangs nicht mehr vorkommt[41]. Während der BGH diesen Zweck in früheren Entscheidungen stets formelartig mit anführte - um ihn in der weiteren Argumentation nicht mehr zu berücksichtigen[42] - hat er ihn hier stillschweigend gänzlich fallengelassen. Offenbar will er die Behördenentlastung nicht mehr als selbständigen Zweck anerkennen.

IV. Stellungnahme und Zusammenfassung

Es ist also nach einhelliger Ansicht Hauptzweck des Benutzungszwangs im MarkenG und den anderen neueren Kodifikationen, im Interesse des Wettbewerbs unbenutzten Zeichen Markenschutz zu versagen und die Bereinigung der Markenrolle zu fördern.

Die aus dem Benutzungszwang faktisch folgende Entlastung der Patentbehörden ist demgegenüber kein selbständiger Zweck. Der Rechtsprechung des BGH, wonach die staatlichen Stellen den Mehraufwand für die Prüfung der Benutzungslage im Interesse der Allgemeinheit erbringen müssen, ist zuzustimmen.

§ 3 Europäisches Recht

Von Bedeutung für die Auslegung der Vorschriften über den Benutzungszwang ist das europäische Recht insbesondere in Gestalt der MRRL, der Art. 28, 30 EG-Vertrag und der GemMV.

38 Fezer, § 26, Rn. 4; Althammer-Ströbele, § 26, Rn. 9; Schönfeld, Gemeinschaftsmarke, 81 (zur GemMV); Ubertazzi, Riv.dir.ind 1995, 3 (5) (zur GemMV); Kellerhals, GRUR Int. 1999, 15 (15) (zur GemMV); so auch schon zum WZG Baumbach/Hefermehl, § 5, Rn. 20.

39 Gesamtbestand an nationalen Marken 1,8 Millionen, davon verwechslungsfähig mindestens mehre Hunderttausend, Tilmann GRUR Int. 1979, 20 (22); Hackbarth, Benutzungszwang, 31, Fn. 3 m.w.N.

40 Hackbarth, Benutzungszwang, 37 ff., ebenso Denkschrift GemM 1976, Nr. 118 = GRUR Int. 1976, 481 ff.

41 BGH GRUR 1997, 747 (749) - *Cirkulin*; ebenso BGH WRP 2000, 743 (744) – *IMMUNINE/IMUKIN*.

42 S. etwa BGH GRUR 1979, 551 (552) - *lamod*; BGH GRUR 1978, 294 (296) - *Orbicin*.

A. Bedeutung der Markenrechtsrichtlinie

Das ergibt sich einesteils daraus, daß das MarkenG im Rahmen einer vollständigen Reform des Kennzeichenrechts[43] die gesamte MRRL umgesetzt hat[44]. Gem. Art. 249 III EG-Vertrag sind Richtlinien nicht unmittelbar geltendes Recht, sondern müssen von den Mitgliedstaaten in entsprechendes nationalstaatliches Recht umgesetzt werden[45]. So bleibt es zwar beim Fortbestehen nationaler Schutzsysteme, die aber durch den Einfluß der Richtlinie und den Zwang, diese umzusetzen, harmonisiert werden. Aus dem Zweck der Richtlinienkompetenz des Art. 249 EG-Vertrag und dem Grundsatz des gemeinschaftsfreundlichen Verhaltens (Art. 10 EG-Vertrag) folgt, daß nicht nur der Gesetzgeber das MarkenG in Übereinstimmung mit der Richtlinie erlassen mußte, sondern auch der Rechtsanwender es als harmonisiertes Recht richtlinienkonform auszulegen hat[46]. Bei Unklarheiten ist im Wege der Vorabentscheidung gem. Art. 234 EG-Vertrag (mit Vorlagepflicht für letztinstanzliche Gerichte gem. Art. 234 III EG-Vertrag) der EuGH anzurufen. Nach der Rechtsprechung des EuGH ist das nationale Recht nicht nur an den ausdrücklichen Vorgaben der Richtlinie zu orientieren, sondern „.(...), soweit irgend möglich, im Lichte des Wortlauts und der Ziele der Richtlinie auszulegen“[47], um deren Ziele zu erreichen. Das ist auch von Rechtsprechung und Literatur für die MRRL anerkannt[48].

Zu prüfen ist, in welchem Umfang die nationalen Gesetzgeber bei der Umsetzung der Vorschriften über den Benutzungszwang gebunden waren, oder ob sie auch die Freiheit hatten, besondere Regelungen zu treffen.

I. Materielles Benutzungsrecht europarechtlich vorgeprägt

Im materiellen Recht des Benutzungszwangs bestand keine solche Freiheit. Art. 10-12 MRRL enthalten Bestimmungen zum materiellen Benutzungszwang, die ebenso detailliert sind wie die Vorschriften des MarkenG. Insofern sind also die Begriffsbildungen europarechtlich vorgeprägt[49].

II. Verfahrensrecht ist für nationale Besonderheiten offen

1. Nicht harmonisiertes Recht

Ganz allgemein und auch im Bereich des Benutzungszwangs ist von Bedeutung, daß die MRRL den Mitgliedstaaten die Ausgestaltung der Verfahrensbestimmungen, und

43 Und insofern über eine bloße Richtlinienumsetzung hinausgeht: Ingerl/Rohnke NJW 1994, 1247 (1247); Begr. zum MarkenG A.I., 1. Abs.

44 Begr. z. MarkenG, A.I.1.Abs.

45 Geiger, EGV Art. 249, Rn. 8.

46 BGH GRUR 1996, 60 - *Springende Raubkatze*; Geiger, EGV Art. 249, Rn. 12; Fezer, WRP 1998, 1 (5); Kunz-Hallstein/Hilf, GRUR Int. 1995, 227 (228); Weberndörfer, Bekannte Marken, 52.

47 EuGH WRP 1999, 407, Nr. 22 - *BMW/Deenik* m.w.N.; Litpher, Auswirkungen, 20.

48 BGH GRUR 1996, 60 - *Springende Raubkatze*; Heil/Kunz-Hallstein, GRUR Int. 1995, 227 (228); Fezer, WRP 1998, 1 (5); Schulz, Benutzungshandlung, 50.

49 Fezer, v. § 25, Rn. 5.

dazu zählt sie auch die Beweislast, selbst überließ[50]. Das hat zur Konsequenz, daß alle denkbaren Beweislastverteilungen zur Frage, ob eine rechtserhaltende Benutzung vorliegt oder nicht, tatsächlich existieren: In Deutschland ist die Beweislast je nach Verfahrenslage verschieden[51]; in Frankreich ist immer der Altmarkeninhaber beweisbelastet (Art. L 714 - 5 V c.p.i[52]); in Italien immer derjenige, der die Nichtbenutzung einwendet (Art. 58 I ital. MarkenG).

Hier ist also eine Harmonisierung nicht angeordnet und auch nicht eingetreten.

2. Umsetzung fakultativer Bestimmungen

a) Problem: Umsetzung fakultativer Regelungen nur ganz oder gar nicht, aber nicht teilweise?

Ein Beispiel für eine fakultative Richtlinienbestimmung stellt Art. 11 II, III MRRL dar. Er gestattet, daß das nationale Recht die Nichtbenutzung der Angriffsmarke als Einwendung unmittelbar im Eintragungsverfahren (Art. 11 II MRRL) bzw. Verletzungsverfahren (Art. 11 III MRRL) berücksichtigt[53]. Es stellt sich die Frage, ob solche Kann-Bestimmungen von den Mitgliedstaaten nur ganz oder gar nicht umgesetzt werden können, oder ob auch nationale Rechte zulässig wären, die eine teilweise Umsetzung darstellen[54]. Könnte etwa ein Mitgliedstaat eine Regelung treffen, wonach - wie früher im deutschen WZG - die Einwendung der Nichtbenutzung im Widerspruchsverfahren zulässig ist, der Altmarkeninhaber ihr aber nicht entgegenhalten konnte, daß die Nichtbenutzung gerechtfertigt sei[55]?

b) Stellungnahme

Art. 11 II MRRL verweist auf Art. 10 I MRRL insgesamt, so daß er auch auf den dort formulierten Gegeneinwand „gerechtfertigte Nichtbenutzung" Bezug nimmt. Das spricht dafür, daß eine Regelung, wonach im Widerspruchsverfahren der Einwand der gerechtfertigten Nichtbenutzung nicht erhoben werden kann, unzulässig wäre.

50 S. im einzelnen unten 219 ff.

51 Beweislast bei § 55 I MarkenG: Kläger, der die Löschung begehrt, muß Nichtbenutzung der angegriffenen Marke beweisen; bei §§ 25 II, 43 I, 55 III MarkenG muß umgekehrt der Altmarkeninhaber die Benutzung beweisen. S. im einzelnen unten 219 ff.

52 Dreier/Krasser, Französisches Geistiges Eigentum, 65.

53 Deutschland hat von diesen Möglichkeiten Gebrauch gemacht: § 25 I, II MarkenG (Verletzungsverfahren), § 43 MarkenG (Eintragungsverfahren), so auch die GemMV: Art. Art. 43 II GemMV (Anmeldungsverfahren), Art. 95 III (Verletzungsverfahren). Die **gegenteilige** Lösung (Nichtbenutzung nur im Wege der Verfallsklage einwendbar) verfolgte insbesondere das alte französische Recht (Hackbarth, Benutzungszwang, 67 f.) und auch das neue: Art. L 712-4 c.p.i. (Aussetzung des Widerspruchsverfahrens bei Verfallklage). Das italienische Recht läßt die Nichtbenutzung als Einwand im Verletzungsverfahren zu (Sena, Marchi, 199; Trib. Genova, Giur. ann. dir. ind. Nr.3035 (7); Cass. Giur. ann.dir. ind. 1977, Nr. 1476 (7); App. Milano, Giur. ann. dir. ind. Nr. 1793 (1); im Eintragungsverfahren nicht, da es kein Widerspruchsverfahren kennt.

54 Weberndörfer, Bekannte Marken, 53 ff.

55 Baumbach/Hefermehl, § 11, Rn. 51; die Begr. z. VorabG, Bl. PMZ 1967, 244 (265) verweist auf die damit bezweckte Entlastung des Patentamts.

Auch das bereits im ersten Erwägungsgrund der MRRL genannte Interesse an der Rechtsangleichung spricht dafür, daß die nationalen Gesetzgeber bei fakultativen Bestimmungen nur die Möglichkeit haben, die von der Richtlinie vorgeschlagene Regelung umzusetzen oder es zu lassen[56]. Abweichende Lösungen wären nur dann möglich, wenn die Richtlinie das ausdrücklich erklärt[57]. Die Richtigkeit dieser „entweder-oder-Lösung" zeigt sich, jedenfalls soweit es um den Benutzungszwang geht, wenn man den 5.[58] und den 8. Erwägungsgrund[59] ins Verhältnis zu Art. 10-12 MRRL setzt. Wenn nämlich nach den Erwägungsgründen die Verfahrensvorschriften eigentlich Sache der Mitgliedstaaten sind, wären Art. 11 II, III MRRL komplett überflüssig, wenn sie nur teilweise umgesetzt werden dürften und damit die Mitgliedstaaten völlige Regelungsfreiheit hätten. Die Tatsache, daß es Art. 11 II, III MRRL gibt, kann nur die Bedeutung haben, daß die MRRL damit die sich eigentlich aus den Erwägungsgründen ergebende, noch größere Freiheit der Mitgliedstaaten auf die Auswahl zwischen zwei bestimmten Alternativen beschränken will.

c) Ergebnis

Als Ergebnis läßt sich deshalb allgemein festhalten, daß bei der Umsetzung von Kann-Vorschriften zum Benutzungszwang jenseits des „entweder-oder" kein Spielraum für die nationalen Gesetzgeber bestand. Das Gemeinschaftsrecht gibt hier also genau die zulässigen alternativen Rechtssetzungsmöglichkeiten vor. Folglich sind nationale Bestimmungen, die solche fakultative Regelungen in die eine oder andere Richtung umsetzen, voll europarechtlich prädeterminiert und darum auch europaweit einheitlich, richtlinienkonform auszulegen.

B. Bedeutung von Art. 28, 30 EG

Weiter ist zu berücksichtigen, daß die MRRL als gemeinschaftliches Sekundärrecht nicht autonom ist, sondern den Vorgaben des EG-Vertrages entsprechen muß[60]. Hier sind von besonderer Bedeutung die Art. 28, 30 EG-Vertrag, welche die Freiheit des innergemeinschaftlichen Handelsverkehrs regeln. Bei der Anwendung von Richtlinienvorschriften ist deshalb das Ergebnis auch stets darauf zu überprüfen, ob es mit diesen Regelungen des EG-Vertrages vereinbar ist. Das wurde in der Begründung zum MarkenG nicht ganz deutlich[61]. Auch der EuGH hat bereits bemerkt, daß die MRRL „im Lichte der Bestimmungen des Waren- und Dienstleistungsverkehrsrechts des EG-

56 So Kunz-Hallstein, GRUR Int. 1992, 81 (84).

57 Wie etwa im 9. Erwägungsgrund für die Zulässigkeit eines über die fakultativen Bestimmungen der MRRL noch hinausgehenden Schutzes für bekannte Marken: Sack, GRUR 1995, 81 (81); Webern-dörfer, Bekannte Marken, 55.

58 Verfahrensbestimmungen bei Verfall Sache des nationalen Rechts.

59 Verfahrensbestimmungen zur Benutzung.

60 Bleckmann, NJW 1982, 1177 (1179) m.w.N.

61 Die Begr. z. MarkenG, 7. Abs. zu § 24, meint, mit Art. 7 MRRL (nur gemeinschafts-, nicht weltweite Erschöpfung) sei der früheren EuGH Rechtsprechung der Boden entzogen. Fezer, WRP 1998, 1 (5) weist darauf hin, daß dieses Ergebnis auch noch dem Maßstab des EG-Vertrag standhalten müsse.

Vertrages“ auszulegen ist[62]. Dieselbe Bedeutung haben, soweit sie einschlägig sind, auch Art. 11, 13 65 II EWRA, die aber nicht für alle Waren gelten[63].

C. Bedeutung der GemMV und der anderen nationalen Markenrechte

Was den Benutzungszwang angeht, stimmen die Vorschriften der GemMV ganz weitgehend mit den Regelungen des MarkenG überein. Das gilt auch für das nicht harmonisierte Verfahrensrecht. Bereits die Verfasser der Denkschrift meinten, die nationalen Vorschriften zum Benutzungszwang sollten an die für die EWG-Marke vorgeschlagene strenge Regelung angeglichen werden, um eine weitere Verminderung der möglichen Konfliktfälle zu erreichen[64]. Andernorts wird darauf die gleichmäßige Ausgestaltung der Benutzungsanforderungen gefordert, damit der Schutz nach der GemMV nicht hinter dem der nationalen Markenrechte zurückstehe und die GemMV für die Wirtschaft attraktiv bleibt[65].

Insgesamt ist bei der Auslegung nationaler Vorschriften zum Markenrecht in der Tat der Gesichtspunkt einer im Verhältnis zu den je anderen nationalen Rechten und der GemMV rechtsangleichenden Auslegung von Bedeutung[66]. Dieser kann es - ohne daß eine entsprechende Pflicht bestünde - insbesondere als ratsam erscheinen lassen, auch solche markenrechtliche Begriffe, die nicht harmonisiert sind, möglichst europaweit einheitlich auszulegen[67].

D. Zusammenfassung

Die Regelungen des Benutzungszwangs sind unter Berücksichtigung der MRRL europaweit einheitlich auszulegen. Das gilt auch für die Vorschriften, die fakultative Bestimmungen der MRRL umsetzen.

Die Auslegung der MRRL wiederum hat sich an den Vorschriften des EG-Vertrages, insbesondere der Art. 28, 30 (ex Art. 30, 36) EG zu orientieren.

Erstrebenswert ist zum Zwecke der weiteren Rechtsangleichung auch eine Auslegung, die mit den Vorschriften der GemMV konform ist.

62 EuGH GRUR Int. 1996, 1144, Nr. 25 - *Bristol-Myers Squibb*; Fezer, WRP 1998, 1 (6); Sack, GRUR 1997, 1 (2); Schuster, Erschöpfungsgrundsatz, 32.

63 Art. 1 des Protokolls 28 zum EWR-Abkommen schreibt für den gewerblichen Rechtsschutz eine Art. 28, 30 (ex Art. 30, 36) EG-Vertrag entsprechende Auslegung vor; Sack, RIW 1994, 897 f. Schuster, Erschöpfungsgrundsatz, 33.

64 Denkschrift GemM 1976, Nr. 38 = GRUR Int. 1976, 481 ff.

65 Ingerl, Gemeinschaftsmarke, 108; Kellerhals, GRUR Int. 1999, 14 (16).

66 Sack, GRUR 1995, 81 (82); Fezer, WRP 1998, 1 (6); Schuster, Erschöpfungsgrundsatz, 30 m.w.N.

67 so Sack, GRUR 1995, 81 (82); Fezer, WRP 1998, 1 (6) für den Begriff der Verwechslungsgefahr des, § 15 MarkenG bei (von der MRRL eigentlich nicht geregelten) geschäftliche Bezeichnungen.

§ 4 Internationalrechtliche Auslegung[68]

A. PVÜ

Da alle Mitgliedstaaten der EU auch Mitglieder der PVÜ sind, muß die Auslegung des MarkenG auch deren Vorgaben entsprechen[69]. So schreibt es auch der 12. Erwägungsgrund zur MRRL vor. Soweit dies bisher thematisiert worden ist, wurde zwischen den benutzungsrechtlichen Vorschriften der PVÜ und dem MarkenG - trotz Abweichungen im Wortlaut - Übereinstimmung in der Sache festgestellt[70].

B. WTO-Abkommen und TRIPS

Nach der Rechtsprechung des EuGH sind auch die Vorgaben des TRIPS bei der Auslegung der MRRL und damit auch der nationalen Markenrechte zu beachten[71]. Dasselbe muß, da das TRIPS Teil des WTO-Abkommens ist, auch für die anderen Bestandteile des WTO-Abkommens gelten. Praktisch ist dieser Auslegungstopos für das materielle Markenrecht[72] nur selten relevant[73], da das materielle Markenrecht in Teil II, Abschnitt 2, Art. 15-21 des TRIPS-Abkommens der MRRL nachgebildet ist[74].

C. Zusammenfassung

Die Benutzungsvorschriften des MarkenG müssen im Einklang mit der PVÜ und dem WTO-Abkommen, insbesondere dem TRIPS ausgelegt werden.

§ 5 Verfassungsrecht: Sachliche Rechtfertigung des Benutzungszwangs

A. Problemstellung: Markenrechtlicher Benutzungszwang im Verhältnis zu anderen Rechten

Nach Ablauf der Benutzungsschonfrist wird die Marke faktisch wertlos, da ihr die Benutzungseinrede entgegensteht und sie auf Antrag gelöscht werden kann. Die Eintragung der Marke hat der Markeninhaber aber durch seine Anmeldung (§§ 32 ff. MarkenG) und die Zahlung der Gebühr, also durch eigene Aktivitäten und unter Einsatz nicht ganz unbeträchtlicher Mittel erreicht[75]. Die eingetragene Marke stellt deshalb ein

[68] so Fezer, WRP 1998, 1 (7) für die TRIPS-konforme Auslegung.

[69] Schuster, Erschöpfungsgrundsatz, 30.

[70] BGH GRUR 1997, 747 (749) - *Cirkulin;* Fezer, § 26, Rn. 40; Ingerl/Rohnke, § 26, Rn. 120; Hackbarth, Benutzungszwang, 129 ff. zur Frage der gerechtfertigten Nichtbenutzung (Art. 5 C Abs. 1 PVÜ: „Rechtfertigung der Untätigkeit").

[71] EuGH GRUR Int. 2001, 327, Rn. 47 ff. - *Dior/Tuk Consultancy*; EuGH GRUR Int. 1998, 697, Rn. 28 - *Hermès*; Kunz-Hallstein, GRUR 2001, 643 (647); ebenso bereits etwa Ebenroth, FS Piper, 133 (169); Fezer, WRP 1998, 1 (7).

[72] Häufiger aber für das Verfahrensrecht, hierzu verhalten sich auch die Entscheidungen EuGH GRUR Int. 2001, 327 - *Dior/Tuk Consultancy*; EuGH GRUR Int. 1998, 697 - *Hermès.*

[73] zur Benutzung durch Dritte S. 147, zum Problem der Transitmarke S. 192, zur gerechtfertigten Nichtbenutzung S. 86.

[74] Fezer, WRP 1998, 1 (7).

[75] Vgl. die Rechtsprechung des BVerfG, wonach sozialversicherungsrechtliche Ansprüche und Anwartschaften Eigentum i.S.v. Art. 14 GG sind, wenn sie auf nicht unerheblichen Eigenleistungen

privates Vermögensrecht[76] dar und ist nach einhelliger Auffassung von der Eigentumsgarantie des Art. 14 GG umfaßt[77].

Diese Rechtsposition entwertet der Benutzungszwang mit dem oben dargelegten Zweck, die Belange der anderen Markeninteressenten zu schützen. Der Benutzungszwang, da er im Interesse der Allgemeinheit einem Einzelnen dessen Recht entzieht, hat also Auswirkungen, die einer Enteignung ähneln[78]. Es stellt sich die Frage, warum der Markeninhaber diese Beeinträchtigung hinnehmen muß. Die Frage verschärft sich, wenn man berücksichtigt, daß es so etwas wie den Benutzungszwang beim Patent, Geschmacksmuster, Gebrauchsmuster- und Urheberrecht nicht gibt. Was ist die sachliche Rechtfertigung für diese Ungleichbehandlung zwischen der Marke einerseits und den anderen gewerblichen Schutzrechten andererseits?

B. Sachliche Unterschiede zwischen Marke und anderen Rechten

I. Marke und Patent- und Urheberrecht

1. Erwerb einer eingetragenen Marke setzt keine vorherige Leistung voraus

Patent und Urheberrecht sind wie die Marke gewillkürte[79] Exklusivrechte. Der Unterschied zur Marke liegt darin, daß diese Schutzrechte notwendigerweise *vorherige* Leistungen, nämlich die künstlerische oder erfinderische Tätigkeit des Rechtsinhabers voraussetzen. Diese Leistung ist sowohl nach der Rechtsprechung[80] als auch nach allen zum Patentrecht vertretenen Theorien Anknüpfungspunkt und Rechtfertigung für die Monopolisierung der Nutzungsrechte[81].

---

beruhen und der Existenzsicherung dienen: BVerfGE 53, 257 ff.; BVerfGE 58, 81; BVerfGE 69, 272 ff.

76 BGHZ 32, 105 (113) - *Vogeler.*

77 BVerfG GRUR 1979, 773 (778) - *Weinbergsrolle;* BVerwG GRUR 1984, 350 - *Esslinger Neckarhalde;* Baumbach/Hefermehl Einl., Rn. 28; Hefermehl/Ipsen u.a.-Ipsen, Markenschutz und Warenverkehr, 163 (166); Fezer, Einl., Rn. 23.

78 So insbesondere nach Einführung des VorabG für Altzeichen Lemmer/Kockläuner, Mitt. 1965, 86 (87).

79 Anders als das Sacheigentum, daß der Natur der Sache nach ein Exklusivrecht ist: Eine Erfindung können zahllose Personen gleichzeitig nutzen, einen PKW nicht.

80 BVerfG GRUR 1979, 773 (778) - *Weinbergsrolle*; BVerfG GRUR 1974, 142 (144) - *Offenlegung von Alt-Patentanmeldungen*; BVerfG GRUR 1972, 481 (484) - *Kirchen- und Schulgebrauch*; BVerfG GRUR 1972, 488 ff. passim - *Tonbandvervielfältigungen*; BVerfGE 31, 275 (287); BGH GRUR 1996, 109 (114) - *Klinische Versuche*; Dreier-Wieland Art 14, Rn. 51; Maunz/Dürig-Papier, Art. 14, Rn. 195; Schricker-ders. Urheberrecht Einl., Rn. 14; Schack Urheberrecht, Rn. 467; Mes, PatG u. GebrMG, § 1 PatG, Rn. 1

81 *Naturrechtstheorie*: die intellektuelle Leistung des Schöpfers ist Teil seiner Person, deshalb stehen ihm die Verwertungsrechte zu. *Ansporntheorie*: durch das Verwertungsmonopol werden Erfinder zu schöpferischer Tätigkeit gereizt. *Belohnungstheorie*: die bereits entwickelte Tätigkeit soll honoriert werden. *Property-Rights-Lehre*: Patentschutz ermöglicht die Amortisierung von Forschungskosten und sorgt deshalb für effiziente Ausnutzung der Ressource „Kreativität". Knappe Darstellung dieser Theorien bei Immenga/Mestmäcker-Emmerich[2] (in der 3. A findet sich nur ein Verweis auf die 2. A.), § 20, Rn. 5 ff.; Bernhardt/Kraßer, Patentrecht, 24 ff.; Schulte-Beckhausen, 66 ff. Zur Rechtfertigung des Patentrechts nach der Property-Rights-Lehre instruktiv C.C. v. Weizsäcker, Kyklos Bd.

Eine solche *vorherige* Leistung liegt einer zunächst nur eingetragenen Marke nicht - jedenfalls nicht wesensnotwendig - zugrunde. Eine Marke kann man kreieren, indem man den Familiennamen des Unternehmers oder die Hausnummer zur Produktbezeichnung verwendet, also ohne Aufwand an Kreativität oder sonst eine nennenswerte geistige Leistung[82].

Der Schutz von Marken kann deshalb weder an einer solchen Initialleistung anknüpfen noch dadurch gerechtfertigt sein. Das wird nicht immer richtig gesehen[83]. Die Leistung, die den Markenschutz rechtfertigt und an die er anknüpft, liegt vielmehr darin, daß die Marke als Marke auf dem Markt erscheint, daß also der Unternehmer Produkte mit der Marke erkennbar macht und anbietet. Die Tatsache, daß dies, anders als der Schöpfungsakt bei den Urheberrechten, eine fortdauernde Handlung ist, erklärt zugleich auch, daß die benutzte Marke „auf ewig“[84] geschützt bleibt[85], während die anderen Schutzrechte mit Ablauf ihrer jeweiligen Schutzdauer zwingend erlöschen.

2. Aufnahme der Benutzung als „Preis" für die Zubilligung des Markenrechts

Die Begründung zum Verordnungsvorschlag rechtfertigt den Benutzungszwang so: „Der Benutzungszwang ist der Preis, der dafür zu zahlen ist, daß das Recht aus der Gemeinschaftsmarke durch die bloße Eintragung erworben werden kann. Es ist in der Tat nicht gerechtfertigt, in einer Zeit, in der es immer schwieriger ist, eine zugkräftige Marke zu finden, dem Inhaber das Monopol für eine Marke einzuräumen, die dieser nicht benutzt oder von anderen benutzen läßt.“[86] Die metaphorische Verwendung des

---

34, 1981, 345 (352 f.); zu Eigentum und gewerblichen Schutzrechten als Property Rights allgemein Lehmann, GRUR Int. 1983, 356 ff., bes. 360.

[82] Schluep, FS Pedrazzini, 715 (718) spricht (wohl ironisch) von „Hemmungen“, bei gewissen Marken eine schöpferische Leistung anzuerkennen. Wenn doch eine solche Leistung vorliegt, ist das markenrechtlich irrelevant, kann aber u.U. urheberrechtlich bedeutsam sein: Troller I, 270; auf diesen Unterschied zwischen Patent und Marke weisen auch Huntley/Stephen, International Review of Law and Economics, 15 (1995), (443 (451), hin.

[83] Die scheinbare Ähnlichkeit zwischen Erfindungsschutz und Marke spielte in der Markenrechtsgeschichte eine Rolle, indem etwa im bergischen Zeichenrecht vom Schutz „neu ersonnener“ bzw. „erfundener“ Zeichen die Rede war, s. Wadle, Fabrikzeichenschutz II, 28 m.w.Bsp.

Auch neuerdings werden an prominenter Stelle unterschiedlicher Zweck und Anknüpfungspunkt von Patent- und Markenschutz gelegentlich vermengt. So etwa in der polemischen Zuspitzung durch Generalanwalt Dutheillet de Lamothe in den Anträgen zur Sirena-Entscheidung des EuGH (Rechtssache 40/70, Slg. 1971, 69, 88), der ausführt: „Denn die Interessen, deren Schutz die Patentgesetzgebung dient, sind (...) schützwürdiger als die durch das Warenzeichenrecht geschützten. (...) Rein menschlich gesehen, schuldet sicherlich die Allgemeinheit dem ‚Erfinder‘ des Wortzeichens Prep Good Morning (eine Rasiercrememarke) zumindest nicht den gleichen Dank, zu dem die Menschheit dem Erfinder des Penicillins verpflichtet ist.“ Diese Formulierung, der sich der EuGH (GRUR Int. 1971 , 279 ff. (Rn. 7) - *Sirena*) anschließt, vernachlässigt, daß das Recht nicht die *Erfindung* des Warenzeichens, sondern seine *Verwendung* belohnt.

[84] Abgesehen natürlich vom Erfordernis der (beliebig oft wiederholbaren) Schutzverlängerung nach 10 Jahren, § 47 Abs. 2 MarkenG.

[85] Darauf weist auch das BVerfG GRUR 1979, 773 (778) - *Weinbergsrolle* hin; zustimmend etwa Asendorf, FS Nirk, 13 (15).

[86] GemM Vorschlag 1980, GRUR Int. 1981, 86 (89). Bei Kohler, Markenschutz 1884, 297, hieß das: „Das Institut des non usus beruht in seinem inneren Gehalte ... auf dem Principe, daß ein Recht sei-

Wortes „Preis“ ist, das werden wir sehen, durchaus ernst zu nehmen. Sie macht deutlich, daß es sich bei der rechtserhaltenden Benutzung um dasjenige Verhalten des Markeninhabers handeln muß, das die Rechtsgemeinschaft sich als „Äquivalent“, als Gegenleistung für den Markenschutz erhofft.

3. Ergebnis

Festzuhalten ist also, daß die bloße Schaffung und Eintragung einer Marke „keine Kunst“ ist, sondern der Unternehmer erst mit der Verwendung der Marke etwas leistet. Hier liegt der sachliche Unterschied zu den anderen gewerblichen Schutzrechten. Diese knüpfen an am schöpferischen Akt, den sie belohnen, das Markenrecht belohnt die Verwendung der Marke. Das ist die sachliche Rechtfertigung dafür, im Markenrecht einen Benutzungszwang vorzusehen, und das ist im folgenden der sachliche Anknüpfungspunkt dafür, als erhaltungsrechtlich relevante Benutzungsformen diejenigen Markenverwendungen anzuerkennen, die gerade das Markenspezifische, die wesentliche Funktion der Marke realisieren.

II. Marke und Name

Auch das Recht am bürgerlichen Namen (§ 12 BGB) beruht auf keiner Leistung des Rechtsträgers. Trotzdem wird der Inhaber eines Personennamens, der ihm kraft Gesetzes durch die Geburt[87] oder vermöge der Existenz als Personenvereinigung oder juristische Person[88] zuwächst, unabhängig davon, ob er das Kennzeichen verwendet, vor der Verwendung durch andere geschützt[89].

Dieser von tatsächlicher Benutzung unabhängige Schutz ist notwendig, weil der bürgerliche Name ein Rechtssubjekt kennzeichnet, während die Marke Rechtsobjekte voneinander unterscheidet. Ein Mensch kann nur am gesellschaftlichen Leben und ein Rechtssubjekt nur am Rechtsverkehr teilnehmen, wenn sie von den anderen unterscheidbar sind, denn nur dann kann man auch ihre Lebensäußerungen, ihre Rechte und Pflichten von denen der anderen trennen[90]. Der Name macht es dabei überflüssig, endlos viele Charakteristika der Person aufzuzählen und sie so zu individualisieren, er bringt die Person auf eine kurze Formel[91]. Anders wären Kommunikation und Rechtsverkehr nicht praktikabel. Deshalb muß sich jedes Rechtssubjekt auch eine Benennung gefallen lassen und einen Namen annehmen, so daß es zutreffend ist, vom „Zwangsnamen“ zu sprechen[92].

---

ne Kraft verliert, wenn es im Lauf der Zeit sein Leben nicht bewährt; es beruht auf der Maxime ..., daß ein factisch totes Recht nothwendig auch seinen rechtlichen Untergang finden muß.“

87 §§ 1616 ff. BGB; Tilman, GRUR 1981, 621 (622); Fezer, § 15, Rn. 51

88 § 12 BGB analog, s. RGZ 114, 90 - *Neuerburg*; BGH GRUR 1953, 446 (448) - *Verein der Steuerberater*; BGH GRUR 1965, 377 (379) - *GdP*; Fezer, § 15, Rn. 21; auch nichtrechtsfähige Vereinigungen fallen unter § 12 BGB: BGH GRUR 1988, 560 (561); Fezer, § 15, Rn. 38.

89 Fezer, § 15, Rn. 51.

90 Kohler, Warenzeichenrecht, 2 f.

91 Tilmann, GRUR 1981, 621 (622).

92 Baumbach/Hefermehl, WettbR 17. A., § 16, Rn. 14.

Da ohne eine solche Bezeichnung schon der Zutritt zum Rechtsverkehr unmöglich wäre, wird für das Rechtssubjekt die Bezeichnung gleichsam auf Vorrat zur Verfügung gestellt. In rechtlicher Hinsicht wird die Existenz eines Rechts*subjektes* erst vollständig, wenn es eine unterscheidungskräftige Bezeichnung erhalten hat[93]. Deshalb hängt der Schutz des bürgerlichen Namens nicht von der Benutzung ab[94].

Rechts*objekte* brauchen zu ihrer Existenz im Recht eine solche individuelle Bezeichnung nicht unbedingt. Eine Benennung nur der Gattung nach reicht häufig aus, auch zum Abschluß von Rechtsgeschäften über Sachen ist es nicht erforderlich, bestimmmte Exemplare einer Gattung zu einer Gruppe zusammenzufassen und von den anderen Exemplaren zu unterscheiden, so wie es die Marke tut. Deshalb ist es auch nicht notwendig, Rechte an Produktbezeichnungen „auf Vorrat" zur Verfügung zu stellen. Man kann also den Schutz von Produktbezeichnungen oder seine Fortdauer davon abhängig machen, daß die Bezeichnung auch tatsächlich benutzt wird[95].

C. Verfassungsrechtliche Rechtfertigung des Benutzungszwangs

Zu prüfen ist nun, ob die soeben herausgearbeiteten sachlichen Unterschiede es auch verfassungsrechtlich rechtfertigen, bei der Marke einen Benutzungszwang vorzusehen.

I. Mindermeinung: WZG-Rechtsprechung des BGH zu Einzelfragen ist nicht verfassungskonform

Tatsächlich ist die Verfassungsmäßigkeit der Rechtsprechung zum Benutzungszwang soweit ersichtlich zweimal bezweifelt worden. U. Krieger meldet gegen die *Contiflex*-Entscheidung[96] verfassungsrechtliche Bedenken an[97]. Wenn der BGH dort die Verwendung einer Marke nur in der Werbung nicht ausreichen lasse[98], so sei das weder nach dem WZG[99] noch nach dem MarkenG[100] gerechtfertigt, da keine verfassungsrechtliche Grundlage für die Diskriminierung des Ankündigungsrechts gegenüber dem Kennzeichnungsrecht bestehe[101].

In der Trend-Entscheidung hatte der BGH die Herstellung von 300.000 und den Vertrieb von 110.000 Zigaretten angesichts der Marktcharakteristika (Gewinnschwelle bei

93 Baumbach/Hefermehl, WettbR 17. A., § 16, Rn. 12.

94 Baumbach/Hefermehl ,WettbR 17. A., § 16, Rn. 40.

95 So wurde es auch in den USA bis zum Trademark Revision Act von 1988 gehandhabt, indem Markenschutz die Benutzung zwingend voraussetzte, s. Funk, Qualitätsfunktion 17; ebenso war nach früherem Recht in der Schweiz für die Priorität der Erstgebrauch vorrangig von Bedeutung, s. Troller, Immaterialgüterrecht I, 270 f.

96 BGH GRUR 1980, 52 ff. - *Contiflex*.

97 FS Rowedder, 229 (236).

98 BGH GRUR 1980, 52 (53) - *Contiflex*; zum MarkenG ähnlich BPatG GRUR 1996, 981 (982) - *ESTAVITAL*.

99 U. Krieger, FS Rowedder, 229 (236).

100 U. Krieger, FS Rowedder, 229 (242).

101 U. Krieger, FS Rowedder, 229 (236).

100 Mio. Zigaretten/Monat) als nicht ausreichend angesehen[102]. Kroitzsch meint, daß eine solche extensive Interpretation des Benutzungszwangs einer rechtswidrigen Enteignung des Warenzeicheninhabers gleichkomme. Es sei insbesondere unzulässig, den Umfang der erforderlichen Benutzung nach objektiven, außerhalb der Sphäre des Markeninhabers liegenden Umständen, etwa Marktgegebenheiten, zu bestimmen. Lediglich Benutzungshandlungen, die eindeutig zum Zweck der Gesetzesumgehung vorgenommen werden, sollten nicht anerkannt werden[103].

II. BVerfG: Benutzungszwang als Inhalts- und Schrankenbestimmung grundsätzlich zulässig, BGH-Rechtsprechung verfassungskonform

Das BVerfG hat die Verfassungsmäßigkeit des Benutzungszwangs als Inhalts- und Schrankenbestimmung des eigentumsrechtlich anerkannten Markenrechts bestätigt[104]. Da aber der Benutzungszwang in die eigentumsrechtlich abgesicherte Position des Markeninhabers eingreift, müssen die Anforderungen an die rechtserhaltende Benutzung mit dem Verhältnismäßigkeitsgrundsatz zu vereinbaren sein. Diese Anforderungen sieht das BVerfG in der Rechtsprechung des BGH zum WZG als gewahrt an und bejahte - im Gegensatz zu Kroitzsch - insbesondere die Zulässigkeit von objektiven Anforderungen an den Umfang der Benutzung, solange auch besonderen Umständen des Einzelfalls Rechnung getragen werde[105]. Im Ergebnis billigte es die Entscheidung des BGH[106], eine Zigarettenmarke, unter der jahrelang nur der durchschnittliche Bedarf dreier Raucher abgesetzt wurde, als unbenutzt anzusehen.

III. Stellungnahme

Der Benutzungszwang ist vom BVerfG zutreffend als eine Inhalts- und Schrankenbestimmung des Eigentums an der eingetragenen Marke bezeichnet worden. Dem deshalb bei der Ausgestaltung des Benutzungszwangs zu beachtenden Verhältnismäßigkeitsgrundsatz hat der Gesetzgeber insbesondere durch die 5-jährige Benutzungsschonfrist Rechnung getragen. Diese macht für einen bestimmten Zeitraum unbenutzte Vorratsmarken rechtsbeständig. Das ist erforderlich, weil es an Vorratsmarken ein praktisches Bedürfnis gibt, da für neu zu entwickelnde Produkte schon während der Vorbereitung des Marktauftritts ein abgesichertes Zeichenrecht bereitstehen muß, um das Marketing vernünftig planen zu können[107]. Es bestehen deshalb weder gegen die

[102] BGH GRUR 1980, 289 f. - *Trend* - m. krit. Anm. Kicker.

[103] Kroitzsch, GRUR 1984, 397 (399f.).

[104] BVerfG v. 19.6.1987 - 1 BvR 639/8 (Nichtannahmebeschluß gegen BGH GRUR 1986, 542 ff. - *King II*, unveröffentlicht, insofern zit. bei v. Gamm, FS GRUR, 801 (816, Fn. 79), hier im Anhang beigefügt).

[105] BVerfG v. 19.6.1987 - 1 BvR 639/8 (Nichtannahmebeschluß gegen BGH GRUR 1986, 542 ff. - *King II*, unveröffentlicht, insofern zit. bei v. Gamm, FS GRUR, 801 (816, Fn. 79), hier im Anhang beigefügt).

[106] BGH GRUR 1986, 542 ff. - *King II*.

[107] Baumbach/Hefermehl, § 11, Rn. 45.

gesetzgeberische Konzeption des Benutzungszwangs noch gegen die Auslegung der betreffenden Vorschriften verfassungsrechtliche Bedenken.

D. Zusammenfassung

Die Marke ist eine von Art. 14 GG geschützte Rechtsposition. Sie unterscheidet sich von den Urheberrechten dadurch, daß ihre Schaffung keine schöpferische Leistung erfordert. Das Urheberrecht belohnt den Schöpfungsakt, das Markenrecht die Verwendung des Zeichens. Vom Namen unterscheidet sie sich dadurch, daß Rechtssubjekte ohne Benennung nicht am Rechtsverkehr teilnehmen können und ihn deshalb zwingend brauchen. Rechtsgeschäfte über die mit Marken benannten Rechtsobjekte wären aber auch ohne die Marke möglich.

Diese Unterschiede sind die sachliche Rechtfertigung für den Benutzungszwang, den es bei den anderen Rechten nicht gibt. Dieser stellt eine Inhalts- und Schrankenbestimmung des Markenrechts dar und führt zu Eingriffen in dieses Recht. Die Anwendung des Benutzungszwangs muß deshalb dem Verhältnismäßigkeitsgrundsatz genügen.

Für die Rechtsprechung des BGH zum WZG hat das BVerfG die Einhaltung dieser Anforderungen bejaht.

2. Teil: Herleitung des Begriffs der rechtserhaltenden Benutzungshandlung aus der Markenfunktion. Korrektiv „Ernsthaftigkeit“ und „gerechtfertigte Nichtbenutzung“

§ 6 Ausgangspunkt

Nicht jede Verwendung einer Marke, darüber bestand und besteht in Deutschland Einigkeit[108], kann als rechtserhaltende Benutzung anerkannt werden. Der klassische Fall der rechtserhaltenden Benutzung ist der Vertrieb von markierten Waren am allgemeinen Markt. Klassische Probleme der rechtserhaltenden Benutzung sind die Verwendung des als Marke registrierten Zeichens nur in Korrespondenz und Werbung[109], die ausschließlich innerbetriebliche[110] oder dem Marktauftritt vorgelagerte Verwendung in Registrierungsverfahren[111] und die Verwendung nur im Ausland[112] oder für Bestandteile der Ware[113]. Eine hinreichend präzise Interpretationsleitlinie zur rechtserhaltenden Benutzung müßte aus sich heraus erkennen lassen, ob in solchen Fällen die Marke aufrecht erhalten werden kann oder nicht.

A. Keine Definition in den Regelungswerken

Der Begriff der Benutzung ist einer der zentralen Begriffe des Markenrechts. Er spielt an zwei Stellen im Text des MarkenG eine Rolle[114]. Im Bereich der Rechtsverletzung verwendet ihn § 14 II MarkenG[115], um die verbotene Handlung zu beschreiben („Dritten ist es untersagt, ohne Zustimmung des Inhabers im geschäftlichen Verkehr ein mit der Marke identisches Zeichen (...) zu benutzen“), in § 25, 26 MarkenG[116] bezeichnet das Wort „benutzen“ die Handlung, die zur Erhaltung der Marke erforderlich ist. Das legt die Annahme nahe, daß das Wort „benutzen“ in beiden Normen dasselbe bedeutet. Das würde insbesondere bedeuten, daß die in § 14 III MarkenG aufgeführten Beispiele von rechtsverletzenden Benutzungen auch als rechtserhaltend anzuerkennen sind[117].

108 S. etwa BGH GRUR 1980, 52 (53) - *Contiflex*; Baumbach/Hefermehl, § 5, Rn. 21; Althammer-Ströbele, § 26, Rn. 9. Das erkennen auch Ingerl/Rohnke, § 26, Rn. 19 und Fezer, § 26, Rn. 4 ff. an.

109 BGH GRUR 1980, 52 (53) - *Contiflex.*

110 BGH GRUR 1979, 551 - *lamod.*

111 Zum WZG BGH GRUR 1978, 294 - *Orbicin*; BGH WRP 1998, 497 - *Sapen*; zum MarkenG BGH WRP 2000, 743 - *IMMUNINE/IMUKIN.*

112 BGH GRUR 86, 538 ff. - *Ola* m. Anm. Fezer.

113 BGH GRUR 1995, 583 - *MONTANA.*

114 Das entspricht auch dem alten WZG-Sprachgebrauch. Dort tauchte das Wort „benutzen” zwar nur in §§ 5 VII, 11 V bei der rechtserhaltenden Benutzung auf, Rechtsprechung und -lehre verwendeten es aber auch zur Bezeichnung der Verletzungshandlung, vgl. etwa Baumbach/Hefermehl, § 15, Rn. 23 a.E.

115 Ebenso Art. 5 MRRL, Art. 9 GemMV.

116 Ebenso Art. 10 ff. MRRL, Art.15 GemMV.

117 In dieser Richtung besonders Ingerl/Rohnke, § 26, Rn. 19; auch bereits Sack, FS Piper, 603 (608).

Das WZG, das MarkenG, die MRRL und die GemMV enthalten indes keine Definition des Begriffs der rechtserhaltenden Benutzung. Sie enthalten auch keinen Verweis, der die entsprechende Anwendung von § 14 MarkenG anordnen würde. Bereits im Vorabgesetz wurde die Konkretisierung des Benutzungstatbestandes „wegen der Vielfalt der möglichen Umstände des Einzelfalls“[118] bewußt der Rechtsprechung überlassen. Die Denkschrift zu GemMV verfährt ebenso; sie legt den Gerichten nur nahe, eher strenge als milde Maßstäbe bei der Auslegung der Benutzungsvorschriften anzuwenden[119]. Die MRRL, die GemMV und das MarkenG enthalten zwar über das WZG hinausgehende Bestimmungen, indem sie eine „ernsthafte“ Benutzung verlangen[120] und bestimmte Sonderfälle anders als das WZG ausdrücklich als Benutzung anerkennen[121]; eine allgemeine Definition sucht man aber auch hier vergeblich.

B. Bedeutung der Markenfunktion

Diese Definition muß also im Wege der Auslegung gefunden werden. Ein maßgebliches Kriterium sowohl für die Bestimmung der rechtsverletzenden als auch der rechtserhaltenden Benutzung war und ist in WZG und MarkenG nach ganz überwiegender Meinung[122] die zeichenrechtlich geschützte Markenfunktion. Auch bei Fragen, die oberhalb des einfachgesetzlichen Markenrechts angesiedelt sind, haben das BVerfG[123] und der EuGH[124] maßgeblich die Funktionen der Marke herangezogen. Die Marken-

[118] Begr. BlPMZ 1967, 244 (265); Nastelski, MA 1968, 319 (327) meinte, daß dies für die Rechtsprechung das Zentralproblem bilden werde.

[119] Denkschrift GemM 1976, Nr. 127 = GRUR Int. 1976, 481 ff; ebenso GemM-Vorschlag 1980, GRUR Int. 1981, 86 (89).

[120] § 26 Abs. 1 MarkenG; Art. 10 Abs. 1 MRRL; Art. 15 Abs. 1 GemMV.

[121] Abweichende Benutzung: § 26 Abs. 3 MarkenG, Art. 10 Abs. 2 a) MRRL, Art. 15 Abs. 2 a) GemMV; Exportmarke: § 26 Abs. 4 MarkenG, Art. 10 Abs. 2 b) MRRL, Art. 15 Abs. 2 b) GemMV.

[122] Für die Auslegung der *Verletzungs*regelungen der MRRL nach der Markenfunktion EuGH WRP 1999, 407 (Rn. 39) - *BMW/Deenik;* im Anschluß daran BGH GRUR 2002, 814 ff. (815) – *Festspielhaus*; Fezer, § 14, Rn. 30e, 48. Im *Erhaltungsrecht* operieren mit der Funktionenlehre etwa BGH GRUR 1980, 52 (53) - *Contiflex*; BGH GRUR 1980, 289, 290 - *Trend*; BGH GRUR 1993, 972, (973) - *Sana/Schosana*; BGH GRUR 1996, 267 (268) - *Aqua*; zum MarkenG bereits BGH GRUR 1995, 583 (584) - *MONTANA*. In der Literatur etwa Fezer, Benutzungszwang, 79 ff.; ebenso, aber für eine Neubestimmung des Benutzungsbegriffs im MarkenG wegen Ausweitung der geschützten Markenfunktionen Fezer, § 26, Rn. 8. Dagegen halten Ingerl/Rohnke Einl., Rn. 35 und § 26, Rn. 19 die Markenfunktion im Verletzungs- und Erhaltungsrecht generell für unbeachtlich. Einschränkend jetzt Ingerl, WRP 2002, 861 (866), der eine verletzungstaugliche Markennennung nur bei Hinweis auf die Herkunft der eigenen Produkte des Nennenden annehmen will (klassische Herkunftsfunktion, während der EuGH in der Deenik-Entscheidung auch den Hinweis auf die Herkunft fremder Produkte („Ich repariere BMW-PKW“) als verletzungstauglich ansehen will).

[123] BVerfG GRUR 1979, 773 (777) - *Weinbergsrolle* bei Ausführungen zu Art. 12 GG.

[124] Bei Erörterungen zur Rechtfertigung von Beschränkungen des innergemeinschaftlichen Warenverkehrs im Rahmen von Art. 28, 30 (ex Art. 30, 36) EG-Vertrag. S. z.B. EuGH ZIP 1999, 1856 (Rn. 16) - *Pharmacia & Upjohn/Paranova*; EuGH GRUR Int. 1994, 614 (Rn. 37) - *Ideal Standard II*; EuGH GRUR 1990, 960 (Rn.13) - *HAG II*; EuGH GRUR Int. 1976, 402 (Rn. 6) - *Terranova/Terrapin.*

funktion spielt also bei der einfachgesetzlichen Auslegung und auch bei übergeordneten Fragen eine entscheidende Rolle.

Bei der rechtserhaltenden Benutzung gelangt man zur besonderen Bedeutung der Markenfunktion[125] in zwei Argumentationsschritten. *Erstens* muß sich nach einhelliger Auffassung der Begriff der rechtserhaltenden Benutzung ausrichten am Zweck des Benutzungszwangs[126]. Der ist es, bloß formalen Zeichenrechten, „Karteileichen"[127] den Rechtsschutz zu versagen. Wann eine Marke nun wiederum in diesem Sinne „tot" ist, wird überwiegend danach bestimmt, ob der Zeicheninhaber die Marke so einsetzt, daß ihre markenspezifischen Funktionen realisiert werden[128]. Tut er das, „lebt" die Marke, tut er es nicht, ist sie „tot" und wird nicht geschützt.

125 Fast einhellige Auffassung: mit der Funktionenlehre operieren im Erhaltungsrecht etwa BGH GRUR 1980, 52 (53) - *Contiflex*; BGH GRUR 1980, 289, 290 - *Trend*; BGH GRUR 1993, 972, (973) - *Sana/Schosana*; BGH GRUR 1996, 267 (268) - *Aqua*; zum MarkenG BGH GRUR 1995, 583 (584) - *MONTANA*. In der Literatur etwa Fezer, Benutzungszwang, 79 ff.; ebenso, aber für eine Neubestimmung des Benutzungsbegriffs im MarkenG wegen Ausweitung der geschützten Markenfunktionen Fezer, § 26, Rn. 8. Dagegen halten Ingerl/Rohnke Einl., Rn. 35 und § 26, Rn. 19 die Markenfunktion generell für unbeachtlich.

126 BGH GRUR 1995, 583 (584) - *MONTANA*; BGH GRUR 1978, 294 (295) - *Orbicin*; BGH GRUR 1980, 52 (53) - *Contiflex*; Fezer, § 26, Rn. 4; Althammer-Ströbele, § 26, Rn. 7 u. 9; Baumbach/Hefermehl, § 5, Rn. 35; Fezer, Benutzungszwang, 79; Sack, FS Piper, 603 (607); zur GemMV Hackbarth, Benutzungszwang, 100.

127 Sack, FS Piper, 603 (607); Fezer, Benutzungszwang, 75 („vom Zeicheninhaber ‚nicht ins Leben gerufene Zeichen' ").

128 BGH GRUR 1995, 583 (584) - *MONTANA*; BGH GRUR 1980, 52 (53) - *Contiflex*; BGH GRUR 1986, 538 (539) - *Ola*; Baumbach/Hefermehl, § 5, Rn. 36; Althammer -Ströbele, § 26, Rn. 7,9; auch Fezer, § 26, Rn. 7.

§ 7 Spezifische Markenfunktion: Entwicklung anhand eines Modells und Abgrenzung von anderen Kennzeichen

A. Gang der Überlegungen

Für eine Definition der Benutzungshandlung auf Grundlage dieser Auffassung muß man also die Funktionen der Marke kennen. Im weiteren Fortgang werden die Markenfunktionen zunächst aus wirtschaftswissenschaftlicher, nämlich informationsökonomischer Sicht dargestellt. Alsdann wird – nach einer Darstellung der Begrifflichkeiten der „juristischen Funktionenlehre" - zu ermitteln sein, welche Markenfunktionen das Markengesetz anerkennt, und welche von diesen Funktionen wiederum für den Benutzungszwang relevant sind.

B. Grundannahmen

Die jetzt folgenden Ausführungen beruhen auf der sogenannten ökonomischen Analyse des Rechts, einer Betrachtungsweise, die mit ökonomischen Überlegungen, vorzugsweise anhand von Modellen, die Wirkungen rechtlicher Regelungen vorauszusagen und zu bewerten versucht. Für das Verständnis ist es nicht notwendig, diese Lehre eingehend darzustellen, dazu sei auf die einschlägige Literatur verwiesen[129]. Nur einige Grundannahmen müssen erläutert werden.

I. Der REM

Die Bezeichnung „REM" ist das Kurzwort für „rationaler egoistischer Mensch"[130]. Es handelt sich dabei nicht um ein „Menschenbild" [131], sondern um ein Modell, eine Arbeitshypothese, aus der man versucht, Voraussagen für ökonomisches Verhalten herzuleiten, ohne daß diese Verhaltenweisen damit als richtig, falsch, ethisch oder unethisch beurteilt würden.

„*Rational*" bedeutet vor allem zunächst, daß Menschen das Verhältnis zwischen eingesetzten Mitteln und angestrebten Zielen zu *optimieren* trachten. Ist also das Ziel definiert, versucht man es mit minimalem Aufwand zu erreichen. Ist aber die Menge der Ressourcen definiert, so versucht man, sie so einzusetzen, daß man den maximalen Effekt erzielt. Rational meint zweitens Transitivität. Das bedeutet, daß ein REM, der

129 S. dazu insbes. die Lehrbücher von Posner, Analysis; Schäfer/Ott, Analyse und Lehmann, Analyse.

130 S. dazu Schäfer/Ott, Analyse, 46 ff.

131 Mit der Menschenwürde, dem Menschenbild des Grundgesetzes hat der REM wenig zu tun (insofern zutr. Fezer, JZ 1986, 817 (822)). Posner bezeichnet sein eigenes Vorgehen selbst als „reduktionistisch" und will nicht am Realismus seiner Prämissen gemessen werden, sondern an der Qualität der damit begründeten Vorhersagen (Analysis, 16). Er selbst relativiert seinen Ansatz ganz offen: Zwar seien Rassendiskriminierung, Kinderhandel, Verträge über Tötung auf Verlangen u.a. nicht notwendigerweise ineffizient, aber in jedem Fall ungerecht und deshalb verboten: „There is more to justice than economics, a point the reader should keep in mind evaluating normative statements in this book" (Analysis, 24 f.).

Zustand A besser findet als B, und B besser als C, den Zustand A auch dem Zustand C vorzieht[132].

Weiter setzt diese Hypothese voraus, daß Menschen *egoistisch* sind, und zwar in einem extremen Maße. Altruismus gibt es nicht[133]. Auch Rechtstreue als Selbstzweck kann ein REM nicht kennen, er muß vielmehr das Verhältnis von erzielbarem Nutzen abwägen mit der Schwere der drohenden Sanktionen und dem Risiko, ertappt zu werden[134].

II. Monopolisierung von Nutzungsrechten (Property Rights) - Effizienzsteigerung durch Internalisierung

1. Internalisierung

Die positiven und negativen Effekte eines Verhaltens, so fordert es die ökonomische Analyse des Rechts, sollen so weit wie möglich *internalisiert* werden. Sie sollen mit anderen Worten dem zufließen, der das Verhalten gezeigt hat. Denn nur wenn ein REM von den Konsequenzen seines Verhaltens unmittelbar persönlich betroffen ist, wird er sein Verhalten auch an diesen Konsequenzen ausrichten. Gelingt es, diese Verantwortlichkeit herzustellen, so ermöglicht das insgesamt ein effizienteres Wirtschaften. Externalisierung führt demgegenüber zur Vergeudung von Ressourcen.

2. Property Rights

Die Internalisierung der Konsequenzen individuellen Verhaltens kann dadurch erreicht werden, daß Nutzungsrechte an einzelnen Gegenständen nicht Kollektiven, sondern Individuen zugeschrieben werden[135]. Solche monopolisierten Nutzungsrechte heißen „*Property Rights*".

132 Intransitv und deshalb irrational handelt jemand, der Wein lieber trinkt als Bier und Bier lieber als Wasser, wenn er in einer Gaststätte, in der es nur Wein und Wasser gibt, Wasser bestellt. Diese Bestellung ist entweder nicht richtig überlegt, dann ist sie intransitiv und folglich nicht REM-kompatibel. Oder sie beruht auf einem zwischenzeitlichen Wechsel der Präferenzen - etwa: Entscheidend ist nicht nur der Geschmack des Getränks, sondern auch, ob man danach noch Autofahren kann oder nicht. Ein solcher Wechsel von Präferenzen ist im Rahmen der REM-Hypothese möglich und führt dazu, daß das betreffende Verhalten, sofern es mit der aktuellen Prioritätenliste übereinstimmt, als rational bewertet wird. Ob die Präferenzen selbst „rational" sind, will die REM-Hypothese nicht beurteilen.

133 Das hat sehr drastische Konsequenzen, die Schäfer/Ott beispielhaft verdeutlichen: Während jemand, der nicht ausschließlich egoistisch und rational ist, aus allgemeinen, ethischen Erwägungen zu dem *Urteil* (i.S. einer nicht von Parteilichkeit geprägten Aussage) kommen könnte, daß Rassendiskriminierung „böse" ist, macht ein REM seine Einschätzung davon abhängig, ob er zu den Diskriminierten oder den Diskriminierenden gehört, wenn er sicher sein kann, daß sich das nicht ad hoc ändert: Auf die Frage „Finden Sie Rassendiskriminierung gut?" würde also ein REM mit der Gegenfrage „Meinen Sie gut für die Weißen oder gut für die Schwarzen?" antworten (Schäfer/Ott, Analyse, 48).

134 Chu, International Review of Law and Economics, 1991 (11), 111 (115) will mit ökonomischen Erwägungen die Unterscheidung nach Antrags- und Offizialdelikten rechtfertigen. Ähnlich Posner, Analysis, 201 ff. und Nash, International Review of Law and Economics, 1991 (11), 101 ff.

135 Posner, Economic Analysis, 33 ff.

Wie ein Property Right durch Internalisierung zu Effizienz führt, illustriert das folgende Beispiel:

3. Beispiel: Das Jagdrecht

Demsetz entwickelt die Theorie der Entwicklung von Property Rights am empirischen Vorbild der Pelztierjagd bei nordamerikanischen Indianern[136]. Die Indianer hatten zunächst alle gleichermaßen das Recht, im Stammesgebiet auf Pelztierjagd zu gehen. Es gab kein „Property Right" an Wildtieren oder Jagdrevieren, das Jagdrecht war Allgemeingut. Als die Nachfrage nach Pelzen mit der Ansiedlung von Europäern anstieg, die Zahl der Pelztierjäger zunahm und schließlich die Pelztiere knapp wurden, teilten die Indianer aber das Jagdrecht auf und wiesen einzelnen Jägern bestimmte Gebiete zu. Die Installation privater Jagdreviere verhinderte tatsächlich die Ausrottung der Pelztiere.

Im Sprachgebrauch der ökonomischen Analyse des Rechts heißt das: Das Property Right bewirkte die *Internalisierung* der Effekte des Jagdverhaltens beim einzelnen Jäger, statt diese Effekte - in verdünnter Form - auf das Kollektiv umzulegen: Ohne das Property Right hatte niemand ein Interesse, nur in ökologisch vertretbarem Umfang zu jagen. Seine Zurückhaltung wäre zwar allen Jägern zugute gekommen, aber es gab keine Gewähr dafür, daß die andern dieselbe Zurückhaltung übten. Durch übermäßige Bejagung hingegen schadete man zwar dem Kollektiv, sich selbst aber - gemessen am gesamten Pelztierbestand und in Relation zur Gesamtzahl der Jäger - kaum. Die Effekte sowohl des produktiven wie destruktiven individuellen Verhaltens waren also ohne das Property Right externalisiert, was eine vernünftige Bewirtschaftung der knapp werdenden Ressource verhinderte.

III. Transaktionskosten, Suchkosten

Ein Wirtschaftssystem funktioniert umso effizienter, je weniger zusätzlichen, nicht unmittelbar zum Geschäft gehörenden Aufwand die Beteiligten bei der Durchführung von Tauschvorgängen treiben müssen. Solchen „zusätzlichen Aufwand" nennt man „*Transaktionskosten*". Dieser Begriff bezeichnet also alle mit einem Tauschvorgang (Ware oder Dienstleistung gegen Geld) verbundenen zusätzlichen Aufwendungen beider Seiten für die Anbahnung, Durchführung und Überwachung des Vertrags[137]. Der Käufer muß für das Produkt außer dem Kaufpreis insbesondere *Suchkosten* aufbringen. Damit wird der Aufwand an Geld (etwa für Testzeitschriften) und Zeit für Informationsbeschaffung[138] bezeichnet, den der Käufer treiben muß, um das gesuchte Produkt in akzeptabler Qualität zu einem akzeptablen Preis zu finden. Diese Kosten variieren nach Art und Umfang von Produktgattung zu Produktgattung, aber auch danach, ob die für die Kaufentscheidung relevanten Merkmale von außen, vor Erwerb des Pro-

136 Demsetz, 57 Am. Econ. Review - Papers and Proceedings (1967), 347 (351 ff.).

137 Schäfer/Ott, Analyse, 72; Posner, Analysis, 44, 49 u. passim; Schönfeld, Gemeinschaftsmarke, 158.

138 Schönfeld, Gemeinschaftsmarke, 159 m.w.N.; Gruber, Gütezeichen, 50 ff.; s. z. Informationsökonomie Funk, Qualitätsfunktion, 260 ff.

dukts überhaupt feststellbar sind (Sucheigenschaften), ob der Kunde ihr Vorliegen aus früheren Kauferfahrungen vermuten (Erfahrungseigenschaften) oder nur auf ihr Vorhandensein vertrauen kann (Vertrauenseigenschaften)[139].

C. Marktversagen durch Informationsasymmetrie - The Market for Lemons[140]

Was geschieht unter den Grundannahmen der REM-Hypothese in einem Wirtschaftssystem mit konkurrierenden Unternehmen und konkurrierenden, untereinander substitutionsfähigen Produkten, wenn es keinen Markenschutz gibt[141]?

I. Das Modell

Sind die Informationen über die Qualität von Verbrauchsgütern auf einem Markt ungleich verteilt, nämlich – wie im Regelfall – so, daß die Anbieter die Qualität ihrer Produkt besser kennen als die Abnehmer, setzt das ein, was Akerlof als Marktversagen bei mangelhafter Informationsverteilung beschrieben hat. Die dann eintretende „adverse Selektion"[142] verdreht das evolutionistische Prinzip des „survival of the fittest" zum „survival of the worst (but cheapest)". Ein Instrument zur effizienzsteigernden Internalisierung ist der rechtliche Schutz von Marken, mit anderen Worten die Schaffung eines entsprechenden Property Right[143].

Akerlof hat zur Illustration des Marktversagens ein Modell entwickelt[144]. Es sei hier mit einer kleinen Abwandlung verwendet, um die spezielle Wirkungsweise von Marken zu veranschaulichen. Angenommen, es gibt auf dem Markt für Kraftfahrzeuge verschiedene Kraftfahrzeughersteller, die Fahrzeuge unterschiedlicher Qualität herstellen; die Fahrzeuge sehen aber alle exakt gleich aus, und der normale Kunde kann die

139 Stich, Qualitätssignal, 18 f.; Schönfeld, Gemeinschaftsmarke, 161; Schäfer/Ott, Analyse, 409 machen darauf aufmerksam, daß es nicht sinnvoll ist, nach Such-, Vertrauens- und Erfahrungs*gütern* zu differenzieren, da fast jedes Gut teilweise allen drei Gruppen angehören wird. Sucheigenschaft: Farbe von Tomatenmark; Erfahrungseigenschaft: Geschmack; Vertrauenseigenschaft: ökologische Herstellung. Ebenso Kaas, Konsumentenverhalten, 245 (248).

140 Titel des Aufsatzes von Akerlof, 84 Quarterly Journal of Economics, 488 ff. („Lemon": umgangssprachlich für „schlechter Gebrauchtwagen").

141 Ähnlich BVerfG GRUR 1979, 773 (777) - *Weinbergsrolle*: Das Warenzeichen soll der „durchsichtigen Gestaltung der unternehmerischen Leistung dienen und damit im Wettbewerb eine ausgleichende Wirkung entfalten." Ähnliche volkswirtschaftliche Erwägung bei Generalanwalt Jacobs, Anträge zu EuGH GRUR 1990, 960 (963, Nr. 18 f.) - *HAG II* und bei EuGH GRUR 1990, 960 (963, Nr. 13.) - *HAG II*: Das Warenzeichen sei „wesentliche(r) Bestanteil eines *Systems* unverfälschten Wettbewerbs" .

142 Lehmann/van den Bergh, GRUR Int. 1992, 588 (591); Schönfeld, Gemeinschaftsmarke, 162. Darstellung auch bei Schäfer/Ott, Analyse, 283 f. mit Anwendung auf den „Markt" konkurrierender Allgemeiner Geschäftsbedingungen, dessen Versagen zum AGBG geführt habe, auf S. 421 ff.

143 Als „Counteracting institution" auch von Akerlof, 84 Quarterly Journal of Economics, 488 (499) genannt.

144 Akerlof, 84 Quarterly Journal of Economics, 488 ff.

Qualität nicht überprüfen[145]. Einmal aus der Fabrik herausgelangt, kann deshalb das Fahrzeug des Herstellers A nicht von dem des Herstellers B unterschieden werden, obwohl Fahrzeug A viel schlechter ist als Fahrzeug B. Die Hersteller können ihre Fahrzeuge markieren - um sie so unterscheidbar zu machen -, aber es gibt keinen Markenschutz; die jeweilige Marke darf also jeder nachmachen. Dann läuft der modellhafte Prozeß so ab[146]:

Die Anbieter bemühen sich zu Beginn des Prozesses mit unterschiedlichem Aufwand und unterschiedlichem Erfolg um die Qualität und den Ruf ihrer Waren, indem sie Kosten für Forschung und Entwicklung, Werbung etc. aufwenden. Die Qualität der Waren spricht sich bei den Abnehmern herum, die Abnehmer schließen von der Marke auf die gehobene Qualität des gekennzeichneten Produktes. Die Marke beginnt also, als Signal für Qualität zu wirken, insbesondere bei Produkteigenschaften, die von außen nicht zu erkennen sind[147]. Die anerkannt bessere Qualität dieser Waren ermöglicht es dem betreffenden Anbieter sodann, mehr als den Durchschnittspreis zu verlangen. Denn die REM-Verbraucher ersparen sich durch den Kauf der markierten Wagen Fehlkäufe und sonstige Suchkosten. Diese Ersparnis an sonstigen Kosten veranlaßt sie – da ihre Gesamtzahlungsbereitschaft grundsätzlich gleich bleibt[148] – einen höheren Geldpreis zu zahlen.

Die dadurch entstehende verbesserte Gewinnmöglichkeit aber veranlaßt nun die anderen REM-Anbieter dazu, jeweils das Kennzeichen mit dem aktuell besten Ruf zu verwenden - was in einem Wirtschaftssystem ohne Markenschutz auch keiner verhindern könnte. Die „Trittbrettfahrer" werden zur Gewinnmaximierung den Aufwand für die Qualität der Produkte verringern. Für den einzelnen Trittbrettfahrer wäre es nämlich sinnlos, Qualitätsanstrengungen zu unternehmen, weil er seine besseren Produkte nicht kenntlich machen und deshalb auch nicht teurer verkaufen könnte als die anderen Anbieter - was er aber müßte, da Qualitätsbemühungen Kosten verursachen.

Die Durchschnittsqualität der markierten Produkte wird deshalb sinken. Das führt alsbald dazu, daß die REM-Verbraucher sich auf die Marke als Qualitätssignal nicht mehr verlassen. Die Marke hat ihre suchkostenreduzierende Wirkung eingebüßt. Weil sich aber die Gesamtzahlungsbereitschaft der Käufer nicht erhöht hat, werden sie für die markierten Produkte nur mehr geringere Kaufpreise zu zahlen bereit sein[149]. Um

145 Bei Fahrzeugen vielleicht unrealistisch, nicht aber etwa bei Zigaretten, was hier gleichgültig ist, denn es geht nur um das Prinzip.

146 Ein ähnliches Modell für eine „Welt ohne Urheberrecht", in der es kaum Veröffentlichungen gäbe, bei Gordon, Marktversagen, 329 (335 f., Fn. 56); für Marken ähnlich wie hier Eger, Kommentar zu Köhler, 270 (272).

147 Also Erfahrungs- und Vertrauenseigenschaften. Aber auch bei offensichtlichen Eigenschaften erspart die Marke (Such)kosten, da der Käufer das betreffende Produkt blind, eben nur mit Blick auf die Markierung, kaufen kann.

148 Im wirtschaftwissenschaftlichen Sinn: die Gesamtkosten des Gutes setzen sich zusammen aus dem zu zahlenden Geldbetrag zuzüglich der Transaktionskosten, also auch Zeit.

149 Huntley/Stephen, International Review of Law and Economics, 15, (1995), 446 (452).

weiter rentabel zu bleiben, muß nun auch der erste Markenverwender die Qualität des Produkts senken. Daraufhin senken die Trittbrettfahrer ihre Qualität noch weiter ab usw. Am Ende gibt es die betreffenden Produkte - unabhängig von ihrer Markierung - nur noch mit der denkbar schlechtesten Qualität zum niedrigstmöglichen Preis. Also setzt sich in einer Wirtschaft ohne Markenschutz nicht der beste Anbieter durch, sondern der billigste, und damit tendenziell der schlechteste[150]. Daß daran letztlich niemand ein Interesse haben kann, ist evident.

II. Internalisierung durch Markenschutz

Wenn man das Recht zur Verwendung der Marke monopolisiert, läßt sich diese negative Qualitätsauslese vermeiden. Da dann die Kunden wissen, daß ihre Kaufentscheidung letztlich immer den hinter der Markierung stehenden Markeninhaber - den sie gar nicht kennen müssen, solange das Recht nur sicherstellt, daß es einen gibt - ökonomisch treffen wird, können sie darauf vertrauen, daß der Markeninhaber - um das aufgebaute Vertrauen[151] nicht zu enttäuschen - sich um die Aufrechterhaltung einer gewissen Produktqualität bemühen wird[152]. Dieses Vertrauen erspart ihnen Suchkosten, was dazu führt, daß sie für die Produkte einen höheren Geldpreis zu zahlen bereit sind. Der damit mögliche Preisaufschlag wiederum weckt im Markeninhaber das Interesse, das Kundenvertrauen durch Qualitäts- und Werbeanstrengungen aufrechtzuerhalten, da das Markenrecht die Früchte auch dieser Bemühungen internalisieren wird.

D. Ergebnis: Makroökonomische Funktion der Marke: Ermöglichung von Qualitätswettbewerb durch Internalisierung

Somit ermöglicht und fördert die Marke als das monopolisierte Recht eines Marktteilnehmers, seine Produkte durch die Verwendung eines bestimmten Zeichens von den Produkten anderer Teilnehmer zu unterscheiden und den potentiellen Erwerbern als die „eigenen" kenntlich zu machen, Qualitätswettbewerb unter substituierbaren Produkten konkurrierender Anbieter.

[150] „The prospect of free riding may therefore eliminate the incentive to develop a valuable trademark in the first place.", Landes/Posner, Journal of Law and Economics 30 (1987), 265 (271).

[151] Die kontraproduktive Rationalität von zwar schadensbegrenzendem, aber trotzdem suboptimalem Verhalten aufgrund von Vertrauensdefiziten illustriert das Gefangenendilemma: Zwei Gefangene werden getrennt verhört. Beide wissen: Gestehen wir beide nicht, ist uns außer einer Lappalie nichts nachzuweisen, und jeder von uns bekommt 1 Jahr Gefängnis. Gesteht der eine, der andere nicht, kommt der Geständige als Belohnung frei, der Leugnende aber geht 10 Jahre ins Gefängnis. Gestehen beide, bekommen beide 5 Jahre. Addiert man jeweils die Strafen, gibt es zwei mögliche Resultate: Bei einheitlichem Leugnen werden 2 Jahre (für jeden ein Jahr) Gefängnis verhängt, leugnet einer, der andere gesteht oder gestehen beide, werden jeweils insgesamt 10 Jahre verhängt.

Die beste Lösung *für beide* wäre, wenn *beide nicht* gestünden, denn dann bekämen beide nur ein Jahr. Aus Angst, daß der jeweils andere gestehen könnte, werden aber wahrscheinlich beide gestehen und je 5 Jahre bekommen (wiedergegeben bei Rawls, Theorie der Gerechtigkeit, 302 (Fn. 8); Schäfer/Ott, Analyse, 413 f.). Das Dilemma kann überwunden werden, wenn sich die Gefangenen vertrauen (Schäfer/Ott, Analyse, 413 f.).Ein Instrument zur Vermeidung suboptimalen, aber rationalen Marktverhaltens durch Institutionalisierung von Vertrauen ist das Markenrecht.

[152] So sinngemäß auch die Funktionsbeschreibung bei EuGH GRUR 1990, 960 (Rn.13) - *HAG II.*

E. Vergleich der Marke mit anderen Kennzeichen

Fraglich ist noch, was die Ermittlung der markenspezifischen Funktionsweise angeht, ob es wirklich gerade nur die Marke ist, die auf diese Weise qualitätswettbewerbsfördernd und transaktionskostenverringernd wirkt. Möglicherweise leisten andere Zeichen genau dasselbe?

I. Firma, andere Unternehmensbezeichnungen

Die Marke ist ein produktbezogenes Kennzeichen (§ 3 MarkenG), die Firma und die sonstigen Unternehmensbezeichnungen sind unternehmensbezogen (§ 5 II MarkenG). Ein Zeichen kann beides zugleich sein, wenn das Unternehmen seinen Namen auch zur Benennung der Produkte verwendet. Die Grenzen zwischen firmen- und markenmäßiger Verwendung sind fließend; häufig wird beides zugleich vorliegen[153].

Auch die Firma kann als Qualitätssignal wirken, indem ein Kunde wegen positiver Erfahrungen mit dem Unternehmen zum Stammkunden wird. Der Unterschied zwischen Marke und Firma ist aber der, daß das Unternehmen mit Hilfe der Marke *über das Produkt* Kontakt zum Kunden aufnehmen kann. Das geht mit der Unternehmensbezeichnung nicht. Hat der Kunde mit einem nicht gekennzeichneten Produkt das Unternehmen verlassen oder die Lektüre des Geschäftsbriefs mit dem Firmenbriefkopf beendet, so ist auch die Kommunikation vorbei[154]. Anders liegt es bei markierten Produkten. Hier beginnt mit jedem Gebrauchsvorgang eine neue Kommunikation mit demjenigen, auf dessen Veranlassung das Produkt gekennzeichnet wurde.

Es ist klar, daß diese Form der Kommunikation über das Produkt nicht generell möglich ist, insbesondere nicht bei Dienstleistungen, da diese unkörperlich sind und deshalb nicht gekennzeichnet werden können. Auch Dienstleistungsunternehmen können aber Marken für ihre Produkte innehaben (§ 3 I MarkenG[155]). Firmen- und markenmäßige Zeichenverwendung sind deshalb bei Dienstleistungen noch schwerer auseinander zuhalten als bei Warenmarken[156]. Das ändert aber nichts daran, daß die Möglichkeit der Kommunikation über das Produkt, losgelöst von sonstigem aktuellen geschäftlichen Kontakt und ohne Verwendung anderer Kommunikationsmittel als dem Produkt selbst, die Marke wesentlich von der Unternehmensbezeichnung unterscheidet.

II. Gütezeichen

Ebenso beginnt eine neue Kommunikation mit jedem Gebrauchsvorgang bei auf dem Produkt angebrachten Gütezeichen und sonstigen Angaben, die in irgendeiner Weise

[153] BGH GRUR 1962, 647 (649) - *Strumpfzentrale*; Fezer, § 5, Rn. 7; § 26, Rn. 22; Ingerl/Rohnke, § 26, Rn. 22.

[154] Ist hingegen die Firma auf dem Produkt selbst vermerkt, wird sie dadurch selbst zur Marke, es sei denn der Aufdruck sei so unauffällig, daß er nicht als Kennzeichen wirke (so bei BPatG, Mitt. 1983, 56 - *Patrizier Leicht*).

[155] Art. 4 GemMV, Art. 2 MRRL.

[156] Ingerl/Rohnke, § 26, Rn. 23.

verbürgen, daß das betreffende Produkt objektiven Standards entspricht[157]. Eine solche verbindliche Beschaffenheitsaussage enthält aber die Marke nicht. Sie gibt kein rechtlich verbindliches Qualitätsversprechen. Sie funktioniert nur praktisch als ein solches, wenn sich alle Beteiligten wie REMs verhalten. Insofern unterscheidet sich die Marke vom Gütezeichen.

III. Werktitel

Der Werktitel ist der Name, mit dem ein geistiges Werk im Rechtsverkehr bezeichnet wird, also der Titel eines Buches, eines Films oder eines Computerprogramms[158] (§ 5 III MarkenG). Die Abgrenzung zur Marke erfolgt hier danach, daß der Werktitel den geistigen Gehalt des Produkts, also die inhaltliche Beschaffenheit, kennzeichnet, die Marke aber den physischen Datenträger, auf dem es verkörpert ist[159]. Da das Produkt zugleich Ware, nämlich physischer Datenträger[160], und verkörpertes geistiges Werk, z.B. Programm[161], sein kann, ist die Abgrenzung von Werktitel und Marke im Einzelfall problematisch. Dasselbe Zeichen kann auch in derselben Verwendung beides zugleich sein. Etwa beim Titel eines Computerprogramms, der zugleich als Marke eingetragen ist, ist der Aufdruck auf dem Datenträger regelmäßig zugleich Werktitel und Marke[162].

Im Grundsatz ist die Differenzierung aber einfach zu treffen: Der Werktitel kennzeichnet den Inhalt des Datenträgers und unterscheidet ihn von den Inhalten anderer Datenträger. Der Werktitel enthält folglich seinem Sinn nach eine präzise Beschaffenheitsangabe über das Innere des physisch in Erscheinung tretenden Produkts. Das tut die Marke nicht, sie unterscheidet Datenträger nicht nach Inhalten, sondern ordnet sie den verschiedenen Markeninhabern zu. So können unter derselben Marke Datenträger mit ganz verschiedenen Inhalten vertrieben werden. Der Werktitel hingegen bezeichnet hingegen stets denselben Inhalt, etwa die Bibel, während die Datenträger von verschiedenen Herstellern (Verlegern) stammen und deshalb (zusätzliche) unterschiedliche Marken tragen können.

F. Zusammenfassung

Die spezifische Fähigkeit der Marke liegt darin, daß sie ihren Inhaber in die Lage versetzt, seine Produkte durch die Verwendung eines bestimmten Zeichens von den Pro-

157 Darunter fallen etwa auch die geographische Herkunftsangaben der, §§ 99 ff. MarkenG, §§ 126 ff. MarkenG und §§ 130 ff. MarkenG i.V.m. VO (EG) 2081/92. Der objektive Standard ist dabei jeweils die geographische Herkunft des Produktes (und ggf. die Übereinstimmung mit weiteren Anforderungen der Spezifikation).

158 BGH GRUR 1998, 155 - *Power Point.*

159 Fuchs, GRUR 1999, 460 (463).

160 BGH GRUR 1985, 1055 (1056) - Datenverarbeitungsprogramme als „Ware".

161 BGH GRUR 1998, 155 (156) - *Powerpoint* m. zahlr. Nachweisen zum Meinungsstand und krit. Anm. Betten.

162 Ingerl/Rohnke, § 26, Rn. 24.

dukten anderer Teilnehmer zu unterscheiden und den potentiellen Erwerbern als die „eigenen“ kenntlich zu machen.

Andere Kennzeichen haben diese Funktion nicht. Von Unternehmensbezeichnungen unterscheidet sich die Marke dadurch, daß man mit ihrer Hilfe unmittelbar über das Produkt, ohne sonstigen Kontakt, mit dem Abnehmer kommunizieren kann, der seine Qualitätserfahrungen bei Gebrauch des Produkts aufgrund der Marke dem Markeninhaber zuordnet. Von Gütezeichen und auch vom Werktitel unterscheidet sich die Marke, weil sie Produktbeschaffenheiten nicht rechtlich verbürgt, sondern ein entsprechendes, auf ökonomischen Erwägungen beruhendes Verhalten der Marktteilnehmer fördert.

§ 8 Markenfunktion im Benutzungszwang

Zu überprüfen ist nun, inwieweit sich diese ökonomischen Überlegungen in MRRL, GemMV, MarkenG und in der Rechtsprechung zum Benutzungszwang wiederfinden. Dazu ist die Funktionenlehre darzustellen, um alsdann zu ermitteln, welche der juristisch relevanten Funktionen Bedeutung auch im Benutzungszwang haben.

A. Die Funktionenlehre

Im juristischen Sprachgebrauch haben sich bestimmte Schlagworte eingebürgert, die beschreiben, wie eine Marke wirken kann. Umstritten ist, welche dieser verschiedenen Markenfunktionen in welchem Umfang verletzungsrechtlich geschützt ist, und umstritten ist auch, welche dieser Markenfunktionen bei der rechtserhaltenden Markenbenutzung realisiert werden muß.

I. Unterscheidungsfunktion

Die Marke macht Produkte, die sonst nicht unterscheidbar wären, unterscheidbar. Bei Waschpulver, Zigaretten und vielen anderen ist mit bloßem Auge kein Unterschied zu erkennen, die Unterscheidbarkeit wird durch die Marke gewährleistet.

II. Herkunftsfunktion

Die Marke unterscheidet Produkte nach ihrer Herkunft von einem Markeninhaber. Er hat die Markierung gebilligt und zu verantworten. Diese Fähigkeit der Marke, über das produktunterscheidende Zeichen auf den Kennzeichnenden zu verweisen, bewirkt die im Modell[163] beschriebene Internalisierung des Markterfolges.

III. Qualitätsfunktion

Die Marke weckt im Abnehmer die Erwartung, daß alle markierten Produkte in bestimmten Hinsichten gleich sein werden. Eigene oder fremde Konsumerfahrungen werden im Wege eines Wahrscheinlichkeitsschlusses durch die identische Markierung auf alle gegenwärtigen und zukünftigen Produkte mit der betreffenden Marke übertragen.

Dieser Wahrscheinlichkeitsschluß gewinnt seine Plausibilität dadurch, daß über die Monopolisierung des Kennzeichnungsrechts und über die Herkunftsfunktion gesichert ist, daß sich der Markterfolg gerade beim Markeninhaber niederschlägt. Das Publikum kann deshalb davon ausgehen, daß sich vernünftige Markeninhaber um Qualität bemühen werden, um das erworbene Vertrauen nicht zu enttäuschen und sich so ihre Absatzchancen und die Möglichkeit zu Preisaufschlägen zu erhalten. Diese Fähigkeit der Marke ist das, was für die Volkswirtschaft die Schaffung eines Markenrechts letztlich wirtschaftlich sinnvoll macht.

IV. Werbefunktion

Die Marke eröffnet dadurch, daß sie Produkte unterscheidet, über die Herkunftsfunktion dem Markeninhaber zuordnet und den Markterfolg bei ihm monopolisiert, die Mög-

[163] S. o. S. 52.

lichkeit, daß die Produkte für sich selbst werben und der Markeninhaber die Marke für die betreffenden Produkte, für andere Produkte oder für sein ganzes Unternehmen werbend einsetzen kann. Außerdem kann eine ansprechend gestaltete Marke auch als solche werbend und damit absatzfördernd wirken. So ermöglicht die Marke über ihre Werbefunktion die Sicherung und Ausweitung des Markterfolges.

V. Kommunikationsfunktion

Über die Markierung des Produkts und Werbemaßnahmen kann der Markeninhaber, auch wenn er sonst nicht in Erscheinung tritt, mit den Abnehmern Kontakt aufnehmen. Eine solche über die Marke vermittelte Kommunikation mit dem Endverbraucher ist für den Hersteller bei Zwischenschaltung von Handelsstufen eine einfache Möglichkeit, unmittelbar Kontakt mit dem Endverbraucher aufzunehmen. Die Marke ist geeignet, Herkunfts-, Qualitäts- und andere Informationen vom Markenverwender zum potentiellen Erwerber des Produkts zu transportieren. Sie ist folglich ein Kommunikationsmittel, sie hat eine Kommunikationsfunktion[164], sie ist ein „Botschafter"[165]. Aus dieser, von der Literatur zwar als letzte beschriebenen[166], logisch aber vorrangigen[167] Funktion resultieren die gerade beschriebenen weiteren Effekte, welche die Marke entfalten kann, wenn ihr Inhaber sie sich entsprechend zunutze macht.

Daß die Kommunikationsfunktion in der Rechtswissenschaft so lange unbeachtet blieb, dürfte einen einfachen Grund haben: Sie ist nur formal[168], sie bezeichnet die schlichte Tatsache, *daß* die Marke geeignet ist, Informationen zu transportieren, während die anderen Funktionen beschreiben, *welche* Informationen übermittelt werden können[169], und dabei durch eine „juristische Brille"[170] nur diejenigen Informationen in Erwägung ziehen, die (zeichen)rechtlich von Bedeutung sein können. Für den Verbraucher ist das besonders das Qualitätsversprechen, die Qualitätsfunktion, für den Unternehmer besonders die Werbefunktion. Die Kommunikationsfunktion ist also ein Oberbegriff, unter den sich diese Funktionen subsumieren lassen.

Man erkennt hier schon, daß die Kommunikationsfunktion nicht das spezifisch Markenmäßige der Marken beschreibt. Kommunizieren kann man im allgemeinen, und auf dem Markt im besonderen, über alle möglichen Medien. Will man aber begründen, warum eine Marke anders geschützt ist als Äußerungen in Geschäftsbriefen oder -gesprächen, als ein Werbeslogan, ein Spot, ein Firmenname etc., muß man fragen, wodurch sich die Marke von anderen Kommunikationsmitteln unterscheidet und inwie-

164 Schreiner, Dienstleistungsmarke, 451; HB I, 9 ff.

165 Galli, Funzione 151.

166 Zuerst Schreiner, Dienstleistungsmarke, 451 ff.; im Anschluß daran Schönfeld, Gemeinschaftsmarke, 155 ff. (171); Lehmann, GRUR Int. 1986, 6 (14 ff.); GRUR Int. 1992, 588 ff.; auch Fezer, Einl., Rn. 39 ff.

167 HB I, 8; Gruber, Gütezeichen, 101 f.

168 Funk, Qualitätsfunktion, 263.

169 Ähnlich HB I 8; Schreiner, Dienstleistungsmarke, 452; Schönfeld, Gemeinschaftsmarke, 157.

170 Schönfeld, Gemeinschaftsmarke, 157.

weit das für sie geschaffene Spezialrecht des MarkenG diese Kommunikation vor Störungen schützen soll. Diese Unterschiede versuchen Herkunfts-, Qualitäts- und Werbefunktion zu beschreiben. Diese können deshalb bei der Auslegung markenrechtlicher Regelungen eine wichtige Hilfestellung bieten, welche die Kommunikationsfunktion nicht leisten kann[171]. Deshalb wird die Kommunikationsfunktion im folgenden nicht mehr gesondert erörtert.

VI. Fungibilitätsfunktion

Cionti meint, der Markeninhaber übernehme durch die Markierung indirekt die Gewähr dafür, daß alle gleich markierten Produkte seiner Auffassung nach gleichwertig (equivalente) seien. Dieses Versprechen werde er mit Rücksicht auf das Vertrauen der Verbraucher auch einlösen[172]. So garantiere die Marke indirekt, daß alle zur Serie gehörenden Produkte untereinander austauschbar sind (garanzia indiretta di fungibilità relativa[173]). Dabei stellt das „indiretta" klar, daß diese Funktion nicht unmittelbar rechtlich abgesichert ist, sondern nur in tatsächlicher Hinsicht das Markenspezifische sein soll.

Tatsächlich ist das aber nur eine neue Formulierung der Qualitätsfunktion. Denn fungibel sind Produkte mit gleichen Eigenschaften. Das von Cionti konstruierte Fungibilitätsversprechen („statt des Exemplars 1 der Produktgruppe mit der Marke X kann man wahrscheinlich auch das Exemplar 2 verwenden") ist also nur eine Paraphrase der Aussage „Alle Produkte mit der Marke X sind wahrscheinlich im wesentlichen gleich (gut)", welche schon die Qualitätsfunktion ermöglicht. Der Begriff der Fungibilitätsgarantie bringt keinen selbständigen Erkenntnisgewinn und wird deshalb hier nicht weiter verwendet[174].

171 Daß die Anknüpfung an der Kommunikationsfunktion tatsächlich zur Annahme eines sehr weiten Schutzumfangs führen kann, sieht man bei Galli, Funzione, 142 f. 150 f. Er schließt zutreffend aus der freien Übertragbarkeit der Marke auch im neuen italienischen Recht auf eine Veränderung der Herkunftsfunktion und daraus auf eine umfassende Ausweitung des Markenschutzes: Die Marke sei nun ein „insieme di informazioni e suggestioni" (142), und rechtlich anerkannt „non più soltanto in relazione ad una specifica componente del messaggio che vi è collegato (l'indicazione di provenienza), ma con riferimento a tutti gli elementi, informativi e suggestivi, che possono essere compresi in tale messaggio (...)." „Tutti gli elementi", schlechterdings alle Botschaften, die eine Marke transportieren kann, sollen danach also geschützt sein.

172 Cionti, Funzione, 135 ff.

173 Cionti, Funzione, 136.

174 Fraglich ist auch, ob dieser Begriff überhaupt alle Erscheinungsformen von Markenprodukten erfaßt. Er geht davon aus, daß Marken auf Serienprodukten angebracht werden. Das setzt Cionti in der Tat explizit voraus: „Il marchio (... garantisce) la fungibilità dei prodotti della stessa serie che possono essere ‚buoni' o ‚cattivi', non importa, perché giudicherà il consumatore, e possono essere anche ‚uguali' o ‚differenti' dagli altri presenti sul mercato, non importa, giudicherà sempre il consumatore, ma ‚*devono*' essere fungibili tra loro." (Cionti, Funzione, 86, Hervorh. im Original). Serienprodukte sind zwar der praktische Regelfall, aber nicht der einzige Fall von Markenprodukten. Ein Unternehmen kann etwa Bekleidung, Industrieanlagen oder anwenderspezifische Software ausschließlich nach Maß und nur auf Einzelbestellung anfertigen, aber immer mit derselben Marke versehen. Dann sind die gleich markierten Produkte untereinander nicht austauschbar, was auch der

B. Rechtliche Absicherung von Unterscheidungs-, Werbungs- und Qualitätsfunktion

Zu prüfen ist nunmehr, inwieweit die klassischen Funktionen in den Regelungswerken auch rechtlich anerkannt sind, um alsdann erörtern zu können, ob und welche Bedeutung sie für den Benutzungszwang haben.

I. Unterscheidungsfunktion

Unbestritten war zum WZG und ist zu den neueren Kodifikationen der Schutz der Unterscheidungsfunktion[175]. Die Eignung des Zeichens zur Unterscheidung von Produkten war gem. § 1 und gem. § 4 Abs. 2 Nr. 1 WZG unabdingbare Voraussetzung für die Anerkennung als Warenzeichen[176] und ist es auch gem. § 3 MarkenG[177]. Das folgt daraus, daß dies einen wesentlichen Unterschied der Marke zu anderen geschäftlichen Kennzeichen ausmacht. Während die Firma ein Unternehmen individualisiert und der Personenname eine Person, bietet die Marke die Möglichkeit, ein Erzeugnis gewerblicher Tätigkeit von anderen, sonst nicht oder nicht so leicht unterscheidbaren Erzeugnissen zu unterscheiden.

II. Qualitätsfunktion

1. WZG

Nach h.M[178] und Rechtsprechung war die Qualitätsfunktion im WZG nicht selbständig gewährleistet. Eine umfassende Anerkennung der Qualitätsfunktion hätte bedeutet, daß der Markeninhaber verpflichtet gewesen wäre, den einmal gewählten Qualitätsstandard beizubehalten[179]. Eine solche Pflicht gab es nach einhelliger Auffassung nicht[180], so daß ein umfassender Schutz der Qualitätsfunktion - zugunsten der Verbraucher und (auch) zu Lasten des Zeicheninhabers - nicht bestand[181].

Auch eine nur eingeschränkte, aber doch selbständige Anerkennung der Qualitätsfunktion, mit Wirkung allein zugunsten des Markeninhabers, wurde ganz überwiegend abgelehnt. Soweit etwa der Markeninhaber dagegen geschützt war, daß von ihm in Ver-

---

Verbraucher bemerkt und bemerken soll. Hier enthält die Marke also sehr wohl eine indirekte, unverbindliche Qualitäts-"garantie", aber keine „garanzia di fungibilità relativa", da das Produkt durch kein anderes mit derselben Marke ersetzt werden kann. - Kritisch zur ohnehin schon bestehenden Begriffsvielfalt und -unklarheit in der Funktionenlehre Sack, GRUR 1972, 402 (403); Schreiner, Dienstleistungsmarke, 451.

175 S. nur BGH GRUR 1964, 372 (374) - *Maja*; Baumbach/Hefermehl Einl., Rn. 23; Fezer, Einl., Rn. 39.

176 Sack, GRUR 1972, 402 (404).

177 Fezer, Einl., Rn. 39.

178 Sack, GRUR 1972, 445 (449); Schulte-Beckhausen, Verhältnis, § 1 UWG, 124; skeptisch Henning-Bodewig/Kur I, 250 wegen des ebenfalls fehlenden Schutzes nach dem UWG und der darin liegenden „Verweigerung des rechtlichen Schutzes" von Verbraucherinteressen. Für selbständigen Schutz Loewenheim, Wettbewerbsbeschränkungen, 244.

179 Beier, GRUR Int. 1976, (127); Vanzetti, GRUR Int. 1965, 128 (134).

180 Schulz, Benutzungshandlung, 68; Sack, GRUR 1972, 445 (447).

181 Sack, GRUR 1972, 445 (448).

kehr gebrachte, aber veränderte Ware weiter unter seiner Marke vertrieben wurde, sah die Rechtsprechung darin ausdrücklich keine Anerkennung der Qualitätsfunktion, sondern nur eine besondere Konsequenz des Herkunftsschutzes. Dieser umfaßte danach auch die Gewähr, daß die markierte Ware nur so, wie sie ursprünglich in Verkehr gebracht worden war, weitervertrieben werden durfte[182]. Der Schutz vor Eingriffen in die Ware bedeutete deshalb keine rechtliche Anerkennung der Qualitätsfunktion[183].

2. *MarkenG und MRRL*

Unter der MRRL und MarkenG ist diese Rechtsprechung beibehalten worden. Die Veränderung von Originalware *kann* nach der Rechtsprechung des EuGH zur MRRL und zu Art. 28, 30 EG markenrechtliche Ansprüche begründen[184]. Darüberhinaus wird für das MarkenG aus § 30 Abs. 2 Nr. 5 MarkenG (zeichenrechtliche Ansprüche des Markeninhabers bei Nichteinhaltung lizenzvertraglicher Qualitätsabreden) gefolgert, daß das MarkenG einen weitergehenden Schutz der Qualitätsfunktion anstrebe[185]. Diese Vorschrift führt gegenüber dem WZG in der Tat zu einer neuen Rechtslage. Denn nach wohl h.M. zum WZG lag bei Qualitätsabweichungen keine Zeichenverletzung, sondern nur eine Verletzung des ohnehin nur schuldrechtlich wirkenden[186] Lizenzvertrages vor[187]. Insofern geht § 30 MarkenG tatsächlich über das WZG hinaus, so daß es zutreffend ist, hierin eine gesetzliche Anerkennung der Qualitätsfunktion zu sehen.

III. Werbefunktion

Der Schutz der Werbefunktion war in der Entwicklung vom WZG zur MarkenG einem gewissen Wandel ausgesetzt.

182 Etwa RG GRUR 1921, 9 (10) - *Meißen*; RGZ 103, 359 (363 ff.) - *Singer*; RGZ 161, 29 (37 ff.) - *Zählerersatzteile*; BGH GRUR 1952, 521 (522) - *Nachfüllung von Feuerlöschern/Minimax*; BGHZ 41, 84 (88) - *Maja*; BGHZ 82, 152 (155) - *Öffnungshinweis*; BGH GRUR 1988, 213 (214) - *Griffband;* BGH GRUR 1990, 678 (679) - *Herstellerkennzeichen auf Unfallwagen*, wo es heißt, daß mit der Herkunftsgewähr diejenige einer bestimmte Beschaffenheit verbunden sei und so die Qualitätsfunktion als Appendix zur Herkunftsfunktion aufgefaßt wird; zuletzt so zum WZG: BGH GRUR 1996, 271 (275) - *Gefärbte Jeans* (m. Anm. Albert/Heath). Zum Warenumpacken und ex Art. 30, 36 (jetzt Art. 28, 30) EG-Vertrag EuGH GRUR Int. 1978, 291 (Rn. 10) - *Hoffmann-La Roche./.Centrafarm*; Darstellung der Entwicklung im WZG bei Schuster, Erschöpfungsgrundsatz 54 ff.

183 A.A. Loewenheim, Wettbewerbsbeschränkungen, 246: das sei „ein Spiel mit Worten"; wie hier Schulz, Benutzungshandlung, 69.

184 EuGH GRUR Int. 1996, 1144 (Rn. 59) *Bristol-Myers Squibb*; EuGH GRUR Int. 1978, 291 (Rn. 10) - *Hoffmann-La Roche.*

185 Abs. 3 der Gesetzesbegründung zu § 30 MarkenG; Nordemann, Wettbew- u. MarkenR, Rn. 425; Schmieder, NJW 1994, 1241 (1244); Lehmann, GRUR 1994, 481 (487); Schuster, Erschöpfungsgrundsatz, 35; differenzierend Funk, Qualitätsfunktion, 238.

186 BGH GRUR 1051, 324 - *Piek fein*; Baumbach/Hefermehl Anh, § 8, Rn. 2 m.w.N.; Busse/Starck, § 8, Rn. 10.

187 v. Gamm, § 8, Rn. 19; Baumbach/Hefermehl Anh, § 8, Rn. 17; a.A. Storkebaum/Kraft-Endemann, § 1 Anh 2, Rn. 32.

1. WZG

Die h.M. und die Rechtsprechung zum WZG verneinte einen selbständigen Schutz der Werbefunktion. Sie gestand bei Eingriffen in den Werbewert einer Marke allenfalls Ansprüche aus §§ 823, 826 BGB, §§ 1, 3 UWG zu[188]. Die Literatur trat bereits frühzeitig für einen selbständigen rechtlichen Schutz der Werbefunktion als der wirtschaftlich wichtigsten Markenfunktion ein[189]. Überwiegend war aber anerkannt, daß die Werbefunktion nicht unmittelbar zeichenrechtlich geschützt war, sondern daß sich ihr Schutz nur mittelbar über den Schutz der Herkunfts- und Unterscheidungsfunktion ergab[190]. Denn der bloße Einsatz der Marke als Produktkennzeichen realisiert bereits die Werbefunktion. Deshalb war diese auch im WZG bereits geschützt, aber nur als Reflex des Schutzes der Herkunftsfunktion[191].

Der EuGH hat indes schon zu Zeiten des WZG und vor Erlaß der MRRL entschieden, daß zum spezifischen Gegenstand des Markenrechts auch der Schutz des Rufs der Marke gehöre[192] und so ausdrücklich den zeichenrechtlichen Schutz der Werbefunktion wenn nicht für geboten, so doch jedenfalls im Rahmen von (damals) Art. 30, 36 (heute: Art. 28, 30) EG-Vertrag für zulässig erklärt[193].

2. MarkenG

Diese Rechtsprechung hat der EuGH nach Erlaß der MRRL und der GemMV nahtlos fortgeführt. Ganz deutlich wird der selbständige Schutz der Werbefunktion im Dior-Urteil, wo der EuGH markenrechtliche Ansprüche für möglich hält, wenn Werbemaßnahmen des Wiederverkäufers den Ruf der Ware erwiesenermaßen schädigen[194].

Der selbständige Schutz der Werbefunktion ist eine derjenigen Neuerungen im MarkenG, deren Gesamtheit Fezer als „Paradigmenwechsel" im Markenrecht bezeich-

188 BGH GRUR 1985, 550 ff. - *Dimple*; BGH GRUR 1985, 867 ff. - *Tchibo/Rolex*; BGH GRUR 1983, 247 ff. - *Rolls Royce*.

189 Etwa Oppenhoff, GRUR Int. 1973, 433 (436), der meint, die Werbefunktion stehe rechtlich und wirtschaftlich völlig gleichwertig neben der Herkunftsfunktion, ohne aber auszuführen, was das für Konsequenzen hätte. Ebenso Heydt, FS Hefermehl, 59 (75 f.); Kraft, GRUR 1989, 79 (82).

190 Baumbach/Hefermehl Einl., Rn. 23; Loewenheim, Wettbewerbsbeschränkungen, 361 ff.; Loewenheim GRUR Int. 1971, 265; für Anerkennung eines „mittelbaren Schutzes" der Werbefunktion Sack, GRUR 1972, 445 (451); Schulte-Beckhausen, Verhältnis, § 1 UWG, 127; Schulz, Benutzungshandlung, 69.

191 v. Gamm, § 15, Rn. 26 (Werbehinweisrecht als Ergänzung zur Herkunftsfunktion), der von Oppenhoff, GRUR Int. 1973, 433 (436) zu Unrecht als Beleg für die Gegenmeinung zitiert wird.

192 So bereits EuGH GRUR Int. 1978, 291 - *Hoffmann-La Roche./. Centrafarm* (m. Berichtigung zu Rn. 7 in GRUR Int. 1978, 478). Auch weiterhin EuGH WRP 1999, 407 (Rn. 50) - *BMW/Deenik*; EuGH GRUR Int. 1998, 145 (Rn. 50) - *Loendersloot/Ballantine*; EuGH GRUR Int.1998, 140 (Rn. 43) - *Dior/Evora;* EuGH GRUR Int. 1996, 1144 (Rn. 75) - *Bristol-Myers Squibb.*

193 So Sack, WRP 1998, 1127 (1133).

194 EuGH GRUR Int. 1998, 140 (Rn. 59) - *Dior/Evora*. Allzu weit geht dieser Schutz aber nicht, da eben eine Rufschädigung erforderlich ist. Die bloße Tatsache also, daß die Werbung oder der Vertrieb nicht genau so erfolgt, wie es der Markeninhaber wünscht, löst noch keine Ansprüche aus.

net[195]. Der Schutz der Werbefunktion kommt an zahlreichen Stellen des MarkenG zum Ausdruck, am deutlichsten aber wohl in § 14 Abs. 2 Nr. 3 MarkenG[196]. Danach sind bekannte Marken auch außerhalb des Produktähnlichkeitsbereichs gegen Rufausbeutung geschützt, was nichts anderes bedeutet, als daß bei solchen Marken die Realisierung der Werbefunktion durch Transfer des Markenimage auf ganz andere Warengattungen dem Markeninhaber vorbehalten ist.

Auch die freie Übertragbarkeit der Marke und die Möglichkeit der dinglichen Lizenz können als Anerkennung der Werbefunktion gesehen werden, da der Markeninhaber hierdurch die Möglichkeit hat, den mit der Marke verbundenen Goodwill selbständig zu verwerten. Die Verselbständigung der Marke zum verkehrsfähigen Vermögensgegenstand kann verstanden werden als eine Anerkennung des von ihr verkörperten Attraktionspotentials und damit ihrer Werbefunktion.

C. Die entmaterialisierte[197] Herkunftsfunktion als Hauptfunktion der Marke

Das obige Modell[198] ergab, daß die spezifische Funktion der Marke in ihrer Fähigkeit besteht, Produkte nach ihrer Herkunft zu unterscheiden und so Qualitätswettbewerb zu ermöglichen. Diese Sichtweise entspricht der zu Zeiten des WZG ganz h.M. und Rechtsprechung[199] und auch der Judikatur des EuGH zu Art. 30, 36 (jetzt Art. 28, 30) EGV[200], die alle in der Herkunftsfunktion die wesentliche, die spezifische Funktion der Marke sahen.

Zu prüfen ist, ob dieser Standpunkt auch unter Geltung des MarkenG und der MRRL aufrechtzuerhalten ist. Die Frage ist von entscheidender Bedeutung für die Definition sowohl des Begriffs der rechtserhaltenden wie der rechtsverletzenden Benutzung.

I. Rechtsprechung des EuGH zum Verletzungsrecht der MRRL

Bereits in den Erwägungsgründen zur MRRL ist die Herkunftsfunktion als Schutzgegenstand des Markenrechts besonders hervorgehoben. So heißt es im 10. Erwägungsgrund der MRRL, daß es Zweck des Markenrechts sei, „insbesondere die Herkunftsfunktion der Marke zu gewährleisten"[201].

Auf dieser Grundlage ist nach der Rechtsprechung des EuGH insbesondere das Zusammenspiel der Verletzungstatbestände des Art. 5 I-IV mit Art. 5 V MRRL zu verstehen. Art. 5 V MRRL bestimmt, daß das nationale Recht Schutz auch dann vorsehen

195 Fezer, Einl., Rn. 35.

196 Schuster, Erschöpfungsgrundsatz, 35.

197 Hackbarth, Benutzungszwang, 93 ff. spricht im Anschluß an Beier, GRUR Int. 1968, 8 (14) von der „erweiterten Herkunftsfunktion".

198 S. o. S. 52

199 BGHZ 41, 84 (88) - *Maja*; BGH GRUR 1973, 468 (471) - *Cinzano*; Baumbach/Hefermehl Einl., Rn. 23; Beier/Krieger, GRUR Int. 1976, 125 (126); v. Gamm, § 8, Rn. 23; Schulte-Beckhausen 119 ff.

200 EuGH GRUR Int. 1990, 960 (Rn. 13) - *Hag II*.

201 Wörtlich ebenso 7. Erwägungsgrund zur GemMV.

darf, wenn ein Zeichen „zu anderen Zwecken als der Unterscheidung von Waren oder Dienstleistungen" verwendet wird. Aus dieser Formulierung schließt der EuGH, daß die Kollisionstatbestände der MRRL voraussetzen, daß das Zeichen zur Produktunterscheidung verwendet wird. Dabei fügt er in seinen Ausführungen das Kriterium, nach dem die Marke die Produkte unterscheiden muß, damit eine relevante Verwendungsform vorliegt, hinzu: Das Zeichen sei dann in richtlinienrelevanter Weise verwendet, wenn es „zur Unterscheidung von Waren und Dienstleistungen als solchen eines bestimmten Unternehmens" gebraucht wird[202], um so auf die „Herkunft" [203] der Waren hinzuweisen. Das Verletzungsrecht der MRRL befaßt sich also nach Auffassung des EuGH nur mit Markenverwendungen, welche die Herkunftsfunktion realisieren.

Dabei erweitert der EuGH das klassische Verständnis der Herkunftsfunktion allerdings. Die Herkunftsfunktion ist nicht nur realisiert, wenn der Verwender das Zeichen so benutzt, daß es auf die Herkunft seiner *eigenen* Produkte hinweist. Ausreichend ist es auch, wenn der Herkunftshinweis *fremde* Produkte von *anderen fremden* Produkten unterscheidet, weil der Verwender etwa deutlich machen will, daß er seine Leistung vornehmlich an Produkten bestimmter Marken (i.e.: bestimmter Herkunft) erbringen will[204].

Auch die Verwechslungsgefahr, die - außer in den Sonderfällen der Markenidentität und der bekannten Marke - Voraussetzung aller Verletzungsansprüche der MRRL ist, setzt nach der Rechtsprechung des EuGH voraus, daß das Publikum einem Irrtum über die Herkunft der Produkte erliegen kann[205]. Auch das folgt mit dem EuGH aus der „Hauptfunktion" der Marke, die Ursprungsidentität der gekennzeichneten Produkte zu gewährleisten[206].

II. Herkunftsfunktion als Hauptfunktion auch in MarkenG und GemMV

1. Meinungsstand zum MarkenG

Im deutschen Schrifttum wurde schon frühzeitig vertreten, daß auch unter Geltung der MRRL und des MarkenG verletzungsrechtlich weiter „markenmäßige" Benutzung erforderlich sei und die Herkunftsfunktion weiter die primäre Funktion der Marke

202 EuGH WRP 1999, 407 (Rn. 37) - *BMW/Deenik*; s.a. EuGH GRUR 2002, 692 – *Hölterhoff*: Markenverwendung zur Beschaffenheitsangabe begrifflich keine Verletzungshandlung, zustimmend dazu Ingerl, WRP 2002, 861 (865).

203 EuGH WRP 1999, 407 (Rn. 38) - *BMW/Deenik*.

204 Im Fall EuGH WRP 1999, 407 - *BMW/Deenik* verwendete eine Kfz-Werkstatt die BMW-Marke, um deutlich zu machen, daß vornehmlich Kfz der Marke BMW repariert wurden. Auch das realisierte die Herkunftsfunktion (EuGH WRP 1999, 407 (Rn. 38) - *BMW/Deenik*).

205 EuGH WRP 1998, 1165 (Rn. 29) - *Canon*. Weitergehend allerdings jetzt Schlussanträge des Generalanwalts v. 13.06.2002, Rs. C-206/01 – *Arsenal/Reed*, Rn. 47, 50, s.dazu auch noch unten S. 201.

206 EuGH WRP 1998, 1165 (Rn. 28) - *Canon* in Anknüpfung an EuGH GRUR 1990, 960 (Rn.13) - *HAG II* und EuGH GRUR 1998, 387 (Rn. 16 ff.) - *Springende Raubkatze II*.

bleibe[207]. Dabei wurde zutreffend insbesondere auf den eben geschilderten Zusammenhang von Art. 5 I–IV und Art. 5 V MRRL verwiesen[208]. Die instanzgerichtliche Rechtsprechung und mittlerweile auch der BGH gehen weiter vom Erfordernis einer markenmäßigen Benutzung aus[209]. Fezer allerdings hält - auch angesichts der *Deenik*-Entscheidung - daran fest, daß das Verletzungsrecht der MRRL und des MarkenG keine markenmäßige Verletzerbenutzung verlange[210].

2. *Bindende Wirkung der EuGH-Rechtsprechung*

Unbestritten ist, daß die Auslegung der Verletzungstatbestände der MRRL durch den EuGH für das Verständnis des MarkenG bindend ist, weil das MarkenG die Vorschriften der MRRL umsetzt[211].

Da der EuGH auch zur MRRL an seiner zu Art. 28, 30 EG entwickelten Sichtweise festgehalten und die Herkunftsfunktion weiterhin als Hauptfunktion der Marke bezeichnet hat, ist davon auszugehen, daß dies der gegenwärtige Zustand in den europäischen Markenrechten und damit auch im MarkenG ist[212].

Das Ergebnis ist auch sachlich zutreffend, wie oben gezeigt wurde: Die entmaterialisierte Herkunftsfunktion der Marke unterscheidet sie von anderen Kennzeichenrechten und macht deshalb das wesentliche und spezifisch Schützenswerte an ihr aus.

III. Entmaterialisierung der Herkunftsfunktion

Seit Einführung des WZG hat die Ausgestaltung der Herkunftsfunktion aber wesentliche Änderungen durchgemacht. Sie hat sich zusehends entmaterialisiert. Das ist auch für das Verständnis des Benutzungszwangs, etwa die Auslegung des § 26 II MarkenG (Benutzung der Marke durch Dritte kann rechtserhaltend sein) von Bedeutung, so daß eine kurze Darstellung sinnvoll ist.

207 v. Gamm, FS GRUR, 801 (804); v. Gamm, FS GRUR, 801 (804). Auch die amtliche Begründung zum MarkenG erwähnt deren Schutz besonders: Begr. zu, § 9, 7. Abs. und zu, § 24, letzter Abs.

208 Sack, GRUR 1995, 81 (94); Kunz-Hallstein, GRUR Int. 1990, 747 (757); Keller, Rufausbeutung, 75; Schulz, Benutzungshandlung, 89 f.

209 So jetzt BGH GRUR 2002, 814 ff. (815) – *Festspielhaus*; offengelassen noch in BGH GRUR 1998, 697 (699) - *VENUS* MULTI; OLG Hamburg WRP 1996, 572 (576) - *Les-Paul-Gitarren*; OLG München Mitt. 1996, 174 - *FAT TIRE*; KG GRUR 1997, 295 - *Alles wird teurer.*

210 Fezer, § 14, Rn. 36 f.; so auch (vor der *Deenik*-Entscheidung) Berlit, GRUR 1998, 423 (426); Nägele, Rechtsverletzende Benutzung, 53 ff. Für die GemMV v. Mühlendahl/Ohlgart, § 6, Rn. 21 ff.

211 Ingerl/Rohnke, § 14, Rn. 6; Fezer, § 14, Rn. 31; Sack, GRUR 1995, 81 (94); Schulz, Benutzungshandlung, 47 f. Im praktischen Ergebnis wird die Rechtsprechung des EuGH zur MRRL auch die Auslegung der GemMV bestimmen, da in beiden Fällen der EuGH das letztlich maßgebliche Gericht ist. Sack, GRUR 1995, 81 (94) spricht vom „wünschenswerten Gleichlauf" zwischen GemMV und MRRL.

212 Weitergehend aber Schlussanträge v. 13.06.2002, Rs. C-206/01 – *Arsenal/Reed*, Rn. 47, 50. S. dazu noch unten S. 201.

1. WZG: deutlich physischer Bezug der Herkunftsfunktion zur Betriebsstätte

Im WZG wurde als entscheidend die Verbindung zwischen Marke und Betriebs*stätte*, deren Konstanz die Marke verbürgte, angesehen[213]. Das erkannte man insbesondere daran, daß die Marke zwar veräußert werden konnte, aber nur zugleich mit der Betriebsstätte, sonst war die Veräußerung als „Leerübetragung" nichtig[214]. Zwar stellte das WZG, darauf wurde schon frühzeitig aufmerksam gemacht, die physische Konstanz der Herkunftsstätte letztlich gar nicht sicher[215], da es etwa dem Markeninhaber nicht verbot, seinen Betrieb zu schließen und die Produktion oder den Vertrieb seiner Waren in einem neuen Betrieb fortzuführen[216]. Auch waren schuldrechtliche Warenzeichenlizenzen zulässig, was ebenfalls zur Unabhängigkeit der Markierung von der physischen Herkunft der Produkte führte[217]. Das Publikum konnte sich deshalb schon unter Geltung des WZG nie darauf verlassen, daß gleich markierte Produkte auch aus demselben Betrieb stammten.

Festzuhalten bleibt aber, daß in den Regelungen des WZG noch erkennbar war, daß sie einmal von dem Gedanken getragen gewesen waren, daß Warenzeichen und physischer Geschäftsbetrieb zusammengehörten, daß das Warenzeichen also - idealiter - die physische Herkunft der Produkte verbürgte. Tatsächlich gab es eine solche Gewähr nicht, aber das Fortbestehen etwa des Verbots, die Marke ohne Geschäftsbetrieb zu veräußern, ist nur dadurch zu erklären, daß hier eben noch hergebrachte Vorstellungen wirksam waren[218].

213 BGH GRUR 1953, 175 (176) - *Kabel-Kennzeichnung*; Baumbach/Hefermehl Einl., Rn. 16; v. Gamm, § 8, Rn. 23; so auch Trib. Roma, 13.3. 1993, Giur.ann. dir. ind. 1993, 2952 (1) = Lecce, Marchio Giurisprudenza, 4.

214 Und wurde sogar als Verstoß gegen den ordre public angesehen: BGH GRUR 1987, 525 - *LITAFLEX* m. Anm. Bauer; BGH GRUR 1992, 107 - *Barbarossa*; Busse/Starck, § 1, Rn. 10. *Weitere Indizien* für die physische Anbindung der Marke an den Geschäftsbetrieb: Inhaber von Warenzeichen und Geschäftbetrieb mußte dieselbe Person sein. Der Markeninhaber mußte seinen Geschäftsbetrieb hatte, der bei der Anmeldung angeben (§ 2 Abs. 1 S. 3 WZG). Die Waren, für die das Warenzeichen angemeldet war, durften nicht betriebsfremd sein (Baumbach/Hefermehl, § 2, Rn. 14).

215 Sack, GRUR 1972, 405 (407 ff.).

216 Sack, GRUR 1972, 405 (409).

217 Baumbach/Hefermehl Anh. § 8, Rn. 2.

218 Das ist auch heute durchaus noch der Fall. Der Verfasser eines der großen Aufsätze zu den Markenfunktionen (Vanzetti, GRUR Int. 1965, 128 ff.) meint zum neuen Recht weiterhin, daß die freie Übertragbarkeit der Marke der Herkunftsfunktion eklatant widerspreche und, weil sich die Verbraucher auf die Konstanz der Herkunftsstätte verlassen, die „Institutionalisierung eines Betrugs" sei (Vanzetti, Riv. Dir. Ind. 1998, 71 (79)). Dieser Vorwurf ist nicht überzeugend, denn *faktisch* werden die Verbraucherinteressen durch die Marktgesetze geschützt, so daß die Herkunftsfunktion *rechtlich* gar nicht abgesichert werden muß (s. oben S. 52).

2. MarkenG und GemMV: Aufgabe der physischen Anknüpfung

Die MRRL enthält hinsichtlich der Akzessorietät der Marke keine verbindlichen Vorgaben[219], sie schreibt nur vor, daß Lizenzen möglich sein müssen (Art. 8 MRRL). Teilweise entfiel die nicht praxisgerechte, aber eben gesetzlich angeordnete Akzessorietät der Marke bereits mit dem Erstreckungsgesetz von 1992[220]. Darin wurde die Bindung der Marke an den Geschäftsbetrieb aufgehoben, der künftig bei der Anmeldung nicht mehr angegeben werden mußte[221], dessen Wegfall kein Löschungsgrund mehr war[222] und der bei der Veräußerung des Warenzeichens nicht mehr mitübertragen werden mußte[223].

Ins MarkenG[224] wurden diese Regelungen übernommen[225], so daß eine Leerübertragung von Marken weiterhin zulässig ist. Außerdem wurde die dingliche Markenlizenz ermöglicht[226], was eine weitere Entkörperlichung der Herkunftsfunktion bedeutet. Da die Übertragung von Marken auch formlos[227] und ohne Änderung des Registereintrags möglich ist (§ 27 I, III MarkenG), führt die Möglichkeit der Leerübertragung dazu, daß sich bei keiner Marke mit Sicherheit feststellen läßt, wem sie gehört[228]. Deshalb muß § 28 I MarkenG die Vermutung aufstellen, daß der im Register eingetragene auch der tatsächliche Inhaber der Marke sei. Die GemMV trifft gleichlautende Bestimmungen[229].

219 Fezer, § 27, Rn. 3.

220 BGBl. I 938.

221 § 47 Nr. 2 ErstrG. S. dazu und zur Entwicklung der Rechtsprechung zu § 8 WZG Kunz-Hallstein, GRUR 1993, 439 (440 und passim).

222 § 47 Nr. 4 ErstrG.

223 § 47 Nr. 3 ErstrG.

224 § 27 MarkenG: freie Übertragbarkeit: § 7 MarkenG: Markeninhaberschaft auch für Nichtunternehmer: § 32 MarkenG: kein Geschäftsbetrieb bei Anmeldung erforderlich.

225 Schmieder, NJW 1994, 1241 (1243); Ingerl/Rohnke NJW 1994, 1247 (1248).

226 § 30 MarkenG.

227 Anders Art. 17 III GemMV: bei Leerübertragung Schriftform erforderlich.

228 v. Gamm, GRUR 1994, 775 (777 f.) meint unzutreffenderweise, daß in der freien Übertragbarkeit der Marke keine Abschwächung der Herkunftsfunktion zu sehen sei. Gewährleistet werde nunmehr der Hinweis auf den jeweiligen Betrieb. Da dieser aber täglich wechseln kann und obendrein der Markeninhaber selbst überhaupt keinen Betrieb haben muß, ist dieser Hinweis völlig inhaltsleer. *So* läßt sich die fortdauernde Bedeutung der Herkunftsfunktion nicht begründen, worauf Vanzetti, Riv. dir. ind. 1998, 71 (83) zutreffend hinweist. Er meint aber a.a.O. auf S. 79, daß die freie Übertragbarkeit der Marke der Herkunftsfunktion eklatant widerspreche und die „Institutionalisierung eines Betrugs“ sei .Er fordert deshalb, daß bei Markenübertragungen entsprechende Vermerke auf den Produkten auf die erfolgte Übertragung hinweisen sollen (Vanzetti, Riv. Dir. Ind. 1998, 71 ff. (86)) - was aber im MarkenG und in der MRRL keinen Anknüpfungspunkt hat und die freie Übertragbarkeit faktisch sehr erschweren würde.

229 Art. 17 GemMV: freie Übertragbarkeit; Art. 5 GemMV: Markeninhaberschaft auch für Nichtunternehmer; Art. 22 GemMV: Lizenz; Art. 26 GemMV: kein Geschäftsbetrieb bei Anmeldung erforderlich.

Die physische Gleichmäßigkeit der Herkunftsstätte ist also nicht der Anknüpfungspunkt der Herkunftsfunktion, von der im 10. Erwägungsgrund der MRRL die Rede ist. Auch wenn danach Zweck des Markenschutzes ist, „insbesondere die Herkunftsfunktion der Marke zu gewährleisten"[230] und auch die amtliche Begründung zum MarkenG deren Schutz besonders erwähnt[231], muß man feststellen, daß dies eine ganz entmaterialisierte Herkunftsfunktion ist, ohne den physischen Bezug, den das WZG noch als ursprünglichen Schutzgegenstand erkennen ließ[232]. Gewährleistet wird im MarkenG nur noch, daß hinter den möglicherweise aus ganz verschiedenen Quellen stammenden markierten Produkten ideell letztlich ein Markeninhaber steht. Dieser kann anonym sein und auch wechseln[233]. Garantiert wird mit anderen Worten nur noch die identische kommerzielle Herkunft in dem Sinne, daß die Markierung der Produkte mit dem Willen des Markeninhabers übereinstimmt[234].

3. Vergleich der entmaterialisierten Herkunftsfunktion mit der im Modell ermittelten „Internalisierungsfunktion"

Das Property Right „Marke" ermöglicht es, so hatte das Modell gezeigt[235], über die dem Publikum bewußte Akkumulation des Produkterfolges bei einem anonymen Markeninhaber, ein auf die ökonomische Vernunft des Markeninhabers gründendes Vertrauen darauf zu schaffen, daß dieser sich um die Qualität seiner Produkte bemühen werde. Genau das, was zur rechtlichen Absicherung dieses Vertrauens erforderlich ist, garantiert die entmaterialisierte Herkunftsfunktion, nach der die Marke gewährleistet, daß das Produkt mit dem Willen des Markeninhabers markiert wurde. Denn wenn der Markeninhaber - der sonst mit dem Produkt nichts zu tun hat - die Markierung duldet, reicht allein das aus, den Produkterfolg oder -mißerfolg auf seine Marke, damit auf sein Vermögen und so auf seine Person zurückwirken zu lassen.

Die vom WZG betonte Verbindung von Marke und Geschäftsbetrieb, die wirtschaftshistorisch erklärbar ist, erweist sich als überflüssig[236]. Die konstante oder wechselnde physische Herkunft der Produkte sagt über deren konstante oder wechselnde Qualität gar nichts aus, ein solches Vertrauen wäre naiv. Die entmaterialisierte Herkunftsfunk-

230 Wörtlich ebenso 7. Erwägungsgrund zur GemMV.

231 Begr. zu, § 9, 7. Abs. und zu, § 24, letzter Abs.

232 Toni, GRUR Int. 1990, 929 (930); Vanzetti, Riv.Dir.Ind 71, 81; i. Erg. auch Hackbarth, Benutzungszwang, 96.

233 Ubertazzi, GRUR Int. 1992, 101 (106); Hackbarth, Benutzungszwang, 96; Henning-Bodewig/Kur I , 245; Beier, GRUR Int. 1968; 8 (14); Schönfeld, Gemeinschaftsmarke, 216; Funk, Qualitätsfunktion, 216.

234 So beschreibt EuGH GRUR 1990, 960 (Rn.13) - *HAG II* die Funktion der Marke. Ebenso auch bereits zum WZG etwa wegen der Möglichkeit gemeinschaftlicher Markennutzung Henning-Bodewig/Kur I 246; Beier/Krieger, GRUR Int. 1976, 125 (126); Sack, GRUR 1972, 402 (406): „abstrakte Herkunftsfunktion"; skeptisch Krüger-Nieland, GRUR 1980, 425 (427), ob darauf noch der Begriff „Herkunftsfunktion" paßt.

235 S. o. S. 52.

236 A.A. insbesondere Vanzetti, Riv. Dir. Ind. 1998, 71 (79).

tion stellt sicher, daß der Markeninhaber für gute Qualität belohnt und für schlechte bestraft wird. Das reicht aus, damit die Marke ihre Funktion, den Ausgleich von Informationsasymmetrien durch eine bestimmte Form der Produktkennzeichnung, ausüben kann.

D. Relevanz der Markenfunktionen im Benutzungszwang

Auch im MarkenG spielt also die Herkunftsfunktion eine dominierende Rolle. Geschützt sind aber - anders als im WZG - auch weitere Markenfunktionen. Zu prüfen ist nunmehr, ob und ggf. welche dieser Funktionen im Rahmen des Benutzungszwangs relevant sind. Das ist streitig.

I. Rechtsprechung und h.M.: Realisierung der Herkunftsfunktion erforderlich

1. Ausgangspunkt: Verschiedenheit von verletzungs- und erhaltungsrechtlichem Benutzungsbegriff

Anknüpfungspunkt für die Erörterung ist heute § 14 III und IV MarkenG (früher § 15 WZG). Diese Norm beschreibt die dem Markeninhaber vorbehaltenen und Dritten verbotenen Handlungen und zählt eine Reihe von Beispielen dafür auf. Die h.M.[237] und Rechtsprechung stellt sich auf den Standpunkt, daß diese Beispiele nicht unmittelbar zur Bestimmung des erhaltungsrechtlichen Benutzungsbegriffs in § 5 VII WZG (heute §§ 25, 26 MarkenG) herangezogen werden können. Das begründet die Rechtsprechung damit, daß der Begriff der rechtserhaltenden Benutzung der § 5 Abs. 7 Satz 1 und § 11 Abs. 1 Nr. 4 WZG (§§ 25, 26 MarkenG) nach seinem Sinn und Zweck eigenständig auszulegen sei[238]. Der Bedeutungsinhalt jedes der beiden Begriffe deckt sich nach der Rechtsprechung nur teilweise mit dem des andern[239]. Die Bedeutungsfelder von „rechtserhaltender Benutzung“ und „rechtsverletzender Benutzung“ bilden also eine Schnittmenge.

2. Erhaltungs- und Verletzungsrecht verlangen markenmäßige Verwendung

Erforderlich ist nach Rechtsprechung und h.M. die Realisierung der markenspezifischen Funktion, nämlich ein „warenzeichenmäßiger“[240] bzw. „kennzeichenmäßi-

237 Grundlegend Fezer, Benutzungszwang, 74 f.; ebenso *zum MarkenG*: Althammer-Ströbele, § 26, Rn. 9; Nordemann, Wettbew- u. MarkenR, Rn. 431; Starck, GRUR 1996, 688 (691); Kellerhals, GRUR Int. 1999, 14 (17, 18) *zur GemMV* Hackbarth, Benutzungszwang, 99; v. Mühlendahl/Ohlgart, § 8, Rn. 6; *zum WZG*: Baumbach/Hefermehl, § 5, Rn. 20, 35; v. Gamm, GRUR 1980, 390 (391); Busse/Starck, § 5, Rn. 52; Schricker, GRUR Int. 1969, 14 (20); Bökel, Diss. 92. *Für Gleichsetzung* teilweise die frühe Literatur: v. Gamm, WZÄndG, Einf., Rn. 5; Tilmann, GRUR 1968, 619; Miosga, Benutzungszwang, 38; Schulze zur Wiesche, NJW 1968, 1809 (1810).

238 Zum MarkenG geht stillschweigend davon aus BGH GRUR 1995, 583 (584) - *MONTANA*; BPatG GRUR 1996, 981 (982) - *ESTAVITAL*: Zum WZG: BGH GRUR 1978, 294 (295) - *Orbicin*; BGH GRUR 1980, 52 (53) - *Contiflex*; BGH GRUR 1980, 289 , 290 - *Trend*; BGH GRUR 1980,1075 (1077) - *Frisium*; BGH GRUR 1984, 354, 357 - *Tina-Spezialversand II*; BGH GRUR 1993, 972, (973) - *Sana/Schosana*; BGH GRUR 1996, 267 (268) - *Aqua*; a.A. und explizit für Gleichsetzung der Benutzungsbegriffe allerdings OLG München Mitt. 1996, 216 (219) - *St. Michael*.

239 In diesem Sinne etwa BGH GRUR 1980, 52 (53) - *Contiflex*.

240 BGH GRUR 1993, 972 (974) - *Sana/Schosana*.

ger“[241], „markenmäßiger“[242] oder „funktionsgemäßer“[243] Gebrauch, also die herkunftshinweisende Zeichenverwendung[244].

Das gilt zwar grundsätzlich auch für die Verletzungsbenutzung. Denn nicht-warenzeichenmäßige Zeichenverwendungen waren im WZG und sind im MarkenG[245] auch keine Verletzungshandlungen[246]. Das Erfordernis des markenmäßigen Gebrauchs scheint deshalb in Widerspruch zum Ausgangspunkt zu stehen, daß der erhaltungs- und verletzungsrechtliche Benutzungsbegriff je eigenständig auszulegen seien, da danach die Voraussetzungen von Verletzungs- und Erhaltungsbenutzung eigentlich dieselben wären.

3. Unterschied: Benutzungszwang erfordert ***eindeutigere*** *Realisierung der Herkunftsfunktion*

Der Unterschied war in der Tat weder zu Zeiten des WZG und ist auch unter Geltung des MarkenG kein prinzipieller, sondern nur einer in der Tendenz. Die Rechtsprechung verlangt im Erhaltungsrecht eine wesentlich deutlichere Ausübung des Herkunftshinweises als im Verletzungsrecht. Für die Warenzeichenmäßigkeit der Verwendung im Rahmen der Verletzerbenutzung reicht bereits die bloße, *nicht völlig fernliegende Möglichkeit* eines solchen Verkehrsverständnisses[247]. Im Erhaltungsrecht muß umgekehrt die Zeichenverwendung dem Verkehr ein Verständnis als Herkunftshinweis *nahelegen*[248]. Das läßt sich auf die zwar verkürzende, zumindest die Tendenz aber illustrierende Formel bringen: Im Verletzungsrecht ist im Zweifel die Markenmäßigkeit der Benutzung zu bejahen, im Erhaltungsrecht ist sie im Zweifel zu verneinen.

So ist etwa nach zutreffender Rechtsprechung die Verwendung einer Marke als Bestellzeichen[249] regelmäßig - da ein (auch) markenmäßiges Verständnis häufig möglich

241 Zum MarkenG: BGH GRUR 1995, 583 (584) - *MONTANA*; BGH GRUR 1996, 267 (268) - *Aqua*.

242 Zum MarkenG BPatG GRUR 1996, 981 (982) - *ESTAVITAL*; zur GemMV v. Mühlendahl/Ohlgart, § 8, Rn. 30.

243 BPatG GRUR 1996, 981 (982) - *ESTAVITAL*; für die GemMV Hackbarth, Benutzungszwang, 99.

244 BGH GRUR 1980, 52 (53) - *Contiflex*; BGH GRUR 1979, 551 (552) - *lamod*.

245 Allerdings unter Zugrundelegung eines erweiterten Verständnisses der Herkunftsfunktion, s. EuGH WRP 1999, 407 (Rn. 39) - *BMW/Deenik*.

246 BGH GRUR 1957, 433 (434) - *St. Hubertus*; BGH GRUR 1975, 275 - *Buddelei*; BGH GRUR 1977, 789 (790) - *Tina-Spezialersand I*; BH, § 15, Rn. 22, a.A. Heydt GRUR 1976, 7 ff.; Heydt GRUR 1971, 251; ebenso zum MarkenG KG GRUR 1997, 295 - *Alles wird teurer*.

247 EuGH WRP 1998, 1165 (Rn. 28) - *Canon* bejaht Verwechslungsgefahr, wenn das „Publikum glauben *könnte*“, daß die Produkte dieselbe Herkunft haben; BGH GRUR 1953, 175 - *Kabelkennstreifen*; BGH GRUR 1962, 647 (649) - *Strumpfzentrale*; BGH GRUR 1990, 274, 275 - *Klettverschluß*; BGH GRUR 1991, 609 - *SL*.

248 BGH GRUR 1995, 583 (584) - *MONTANA*.

249 Ein Bestellzeichen unterscheidet Produkte nicht nach Herkunft, sondern benennt Produkte identischer Herkunft - eben die verschiedenen Artikel des Bestellzeichenverwenders - nach Zweck, Typ oder Farbe S. dazu im einzelnen unten 115 ff..

ist - eine taugliche Verletzungshandlung[250], reicht aber nach der - jedenfalls im Grundsatz - ebenfalls zutreffenden Rechtsprechung zur Rechtserhaltung häufig nicht aus[251], weil ein solches Verständnis eben nicht naheliegt.

Die Rechtsprechung zum WZG und zum MarkenG fordert also bei der rechtserhaltenden Benutzung - wie im Verletzungsrecht - die Realisierung der Herkunftsfunktion. Sie stellt daran bei der rechtserhaltenden Benutzung aber höhere tatsächliche Anforderungen als im Verletzungsrecht.

II. Abweichende Literaturauffassungen zum MarkenG

1. Abschied von der Funktionenlehre - grundsätzlicher Gleichlauf der Benutzungsbegriffe

Im Gegensatz dazu schlagen vornehmlich Ingerl/Rohnke[252] vor, die Unterscheidung von rechtserhaltender und rechtsverletzender Benutzung tendenziell aufzugeben[253]. Alles, was rechtsverletzend sei, müsse im Rahmen eines „Gleichlaufs mit Ausnahmen"[254] auch rechtserhaltend wirken können. Die verletzungs- und erhaltungsrechtlichen Benutzungsbegriffe seien zwar nicht identisch, aber verknüpft[255]. Diese Auffassung knüpft an den Schwierigkeiten an, die sich aus der überkommenen Differenzierung ergeben. Insbesondere die Tatsache, daß die benutzungsrechtliche „Warenzeichenmäßigkeit" bzw. „Funktionsgerechtigkeit" in Fällen fehlt, in denen sie verletzungsrechtlich unproblematisch vorliegt, führe zu Wertungswidersprüchen, wenn die Rechtsprechung ein schützenswertes Interesse an der praktizierten Zeichenverwendung bejahte, trotzdem aber den Zeichengebrauch nicht als rechtserhaltende Benutzung anerkennt. Denn wenn man zwischen rechtserhaltender und rechtsverletzender Benutzung unterscheidet, stünde, wer ein Zeichen ausschließlich auf eine zwar als Rechtsverletzung, nicht aber als Rechtserhaltung anerkannte Weise nutzen möchte, vor dem Problem, daß ihm Dritte grundsätzlich den Zeichengebrauch verbieten können[256]. Wer ein Zeichen anmeldet und es 5 Jahre lang nur in der Werbung nutzt (was gem. § 14 Abs. 3 Nr. 5 MarkenG eine Rechtsverletzung wäre), kann sich weder gegen die Verfallsklage noch gegen den Antrag eines Dritten, ein identisches Zeichen einzutragen, wehren, wenn man die Verwendung in der Werbung nicht als rechtserhaltend an-

[250] BGH GRUR 1961, 280 (281 f.) - *Tosca*; BGH GRUR 1970, 552 (553) - *Felina-Britta*; anders für den (Allerwelts)vornamen „Gaby" BGH GRUR 1988, 307 (308) - *Gaby*; ebenso auch für den Vornamen „Jeannette" OLG Stuttgart, GRUR 1953, 537 - *Jeannette-Modell*.

[251] BGH GRUR 1980, 52 (53) - *Contiflex*; BGH GRUR 1984, 813 (814) - *Ski-Delial*.

[252] Explizit Ingerl/Rohnke, § 26, Rn. 19; in diese Richtung auch Sack, FS Piper, 603 (608).

[253] Ebenso Kunz-Hallstein, GRUR 2001, 643 (647).

[254] Ingerl, WRP 2002, 861 (868).

[255] Ingerl, WRP 2002, 861 (869).

[256] So Sack, FS Piper, 603 (608) für Exportmarke bei Verschiedenheit von Inlands- und Auslandsmarkeninhaber, Kritik an BGH GRUR 86, 538 ff. - *Ola*; auch BPatG GRUR 1980, 922 ff. (923) - *Exportmarke* - als Begründung für grundsätzliche Anerkennung von Exportmarken.

erkennt[257]. Jemand, der nur eine bestimmte der gem. § 14 MarkenG dem Markeninhaber vorbehaltenen Handlungen vornehmen möchte, könnte sich ohne erhaltungsrechtliche Anerkennung die markenrechtliche Basis, deren er dafür bedarf, nicht dauerhaft verschaffen. Das spreche für einen Gleichlauf der Begriffe von rechtserhaltender und rechtsverletzender Benutzung[258], wobei über das Kriterium der Ernsthaftigkeit im Einzelfall die zutreffenden Ergebnisse zu begründen seien[259].

Dieser Vorschlag beruht auch auf gewissen Zweifeln am Sinn der Funktionenlehre überhaupt[260], einer Skepsis, die auch andere Autoren teilen[261]. Die Marke sei ein vollwertiges gewerbliches Schutzrecht. Da es bei den anderen Schutzrechten keine Beschränkungen auf Grundlage einer Funktionenlehre gebe, dürfe auch der Schutz von Marken nicht auf deren Funktionen abstellen[262].

2. Paradigmenwechsel in der Funktionenlehre und Annäherung der Benutzungsbegriffe im Verletzungs- und Erhaltungsrecht

Fezer hält in seinem Kommentar zwar an der These aus seiner Dissertation[263] fest, daß verletzungs- und erhaltungsrechtlicher Benutzungsbegriff voneinander zu unterscheiden seien. Er verlangt auch unter Geltung des MarkenG eine „funktionsgerechte" Benutzungshandlung[264].

In Abweichung von seiner Auffassung zum WZG[265] ist er aber nunmehr zum MarkenG der Ansicht, daß die verletzungsrechtliche Anerkennung von Markenfunktionen präjudizielle Wirkung auch für den Benutzungszwang entfalte, so daß die Realisierung irgendeiner der geschützten Markenfunktionen potentiell auch rechtserhaltend sei[266].

[257] Was die h.M. weder zum WZG noch zum MarkenG tut, BGH GRUR 1980 52 (53) - *Contiflex*; BPatG GRUR 1996, 981 - *ESTAVITAL*; Baumbach/Hefermehl, § 5, Rn. 42; a. A. Fezer, § 26, Rn. 30, der ausreichen läßt, daß sich aus der Werbung zumindest die Absicht des Inverkehrbringens ergebe, auch wenn dann die Markteinführung unterbleibt; a.A. auch Ingerl/Rohnke, § 26, Rn. 36; Krieger, FS Rowedder, 229 (243); König, Mitt. 1997, 18; für gegenüber dem WZG weniger strenge Behandlung auch Althammer-Ströbele, § 26, Rn. 19.

[258] Von diesem Gleichlauf wollen Ingerl/Rohnke, § 26, Rn. 19 allerdings wieder solche Handlungen ausnehmen, die lediglich im Interesse eines effektiven Markenschutzes als Verletzungen anerkannt sind, aber „zweifelsfrei - d.h. unabhängig vom Umfang und sonstigen Umständen - keine die Rechterhaltung rechtfertigende Markenverwendung darstellen."

[259] Ingerl/Rohnke, § 26, Rn. 19.

[260] Ingerl/Rohnke Einl., Rn. 35; dagegen Fezer, WRP 1998, 1123 (1127, Fn. 17).

[261] Gegen die Berücksichtigung der Herkunftsfunktion zur Auslegung des MarkenG Tilmann, ZHR 158 (1994), 371 (389); Kunz-Hallstein, GRUR Int. 1992, 82 (90); Schweer, Erste Markenrechts-Richlinie, 106.

[262] Ingerl/Rohnke Einl., Rn. 35.

[263] Fezer, Benutzungszwang, 67 ff., 79 ff.

[264] Fezer, § 26, Rn. 5.

[265] Fezer, Benutzungszwang, 78 f.

[266] Fezer, § 26, Rn. 8, 13; zust. Lückenbach, GRUR 2000, 7 (8).

Mit dem MarkenG habe sich ein zeichenrechtlicher „Paradigmenwechsel“[267] vollzogen. Die Nichtakzessorietät der Marke, ihre freie Übertragbarkeit, der Schutz der kommerziellen Verwertung bekannter Marken und die dingliche Markenlizenz stellten nicht nur punktuelle Rechtsänderungen dar, sondern seien als eine wesentliche Umgestaltung des Markenschutzes anzusehen[268]. Dies habe auch Konsequenzen im Benutzungszwang. Da nunmehr insbesondere auch die Werbefunktion markenrechtlich anerkannt sei, seien alle Verwendungsarten des § 14 Abs. 3 MarkenG, auch die Ausübung des Ankündigungsrechts bei Vorliegen eines konkreten Produktbezuges[269] grundsätzlich zur Rechtserhaltung geeignet[270]. Die Marke müsse nur als Unterscheidungszeichen zur Identifizierung von Unternehmensprodukten auf dem Markt verwendet werden[271]. Funktionsgerecht und potentiell rechtserhaltend sollen nicht nur die Markenverwendungen des § 14 III MarkenG sein, sondern darüberhinaus auch die Vorbereitungshandlungen des § 14 IV MarkenG (Anbringung des Zeichens auf Ware, bloßer Besitz markierter Ware)[272] und auch noch weitere, in diesen Katalogen des Verletzungsrechts nicht auftauchende Verwendungen[273]. Ob bei Vorliegen solcher Markenverwendungen insgesamt tatsächlich eine rechtserhaltende Benutzung vorliege, sei im Rahmen einer Gesamtwürdigung des Benutzungssachverhalts - also auf der zweiten Prüfungsstufe „Ernsthaftigkeit“ - zu beurteilen[274].

Damit nähert sich Fezer - allerdings unter strikter Anknüpfung an die Markenfunktion - sehr weitgehend der Position von Ingerl/Rohnke an, die ebenfalls den tendenziellen Gleichlauf von Rechtserhaltung und -verletzung befürworten.

III. Stellungnahme: Realisierung der Herkunftsfunktion erforderlich

Der Rechtsprechung ist zuzustimmen, den abweichenden Literaturauffassungen kann nicht gefolgt werden. Als rechtserhaltende Benutzung ist nur derjenige Markengebrauch anzuerkennen, der die entmaterialisierte Herkunftsfunktion verwirklicht. Lediglich während der 5-jährigen Benutzungsschonfrist, die dem Markeninhaber eine aus praktischen Gründen erforderliche Entwicklungsbegünstigung[275] zur Planung des Marktauftritts eröffnet, bleibt die fehlende funktionsgerechte Verwendung sanktionslos.

[267] So zuerst wohl Balz, RabelsZ 45 (1981), 317 ff. in Auseinandersetzung mit dem Entwurf zur EG-Marke, bes. 326 ff.; Fezer, Einl., Rn. 35; Kiethe/Groeschke, WRP 1998, 541 (541).

[268] Fezer, Einl., Rn. 35.

[269] Fezer, § 26, Rn. 9.

[270] Fezer, § 26, Rn. 30.

[271] Fezer, § 26, Rn. 13.

[272] Fezer, § 26, Rn. 13.

[273] So befürwortet Fezer, § 26, Rn. 14a ein Festhalten an der Orbicin-Rechtsprechung (BGH GRUR 1978, 294 (295) - *Orbicin*: Verwendung einer Marke im Registrierungsverfahren als rechtserhaltend, aufgegeben in BGH WRP 2000, 743 (744) - *IMMUNINE/IMUKIN*, dazu Fezer § 26 Rn. 14b).

[274] Fezer, § 26, Rn. 12; Lückenbach, GRUR 2000, 7 (8).

[275] Baumbach/Hefermehl, Einl., Rn. 32.

Die generelle Abkehr von der Herkunftsfunktion steht zunächst in Widerspruch zur oben geschilderten ständigen Rechtsprechung des EuGH. Danach ist für eine markenrechtlich relevante Verletzungshandlung erforderlich, daß das Zeichen zur Unterscheidung von Produkten nach der Herkunft aus dem einen oder anderen Unternehmen verwendet wird[276]. Angesichts dessen wäre es nicht überzeugend, im Erhaltungsrecht einen grundsätzlich anderen Maßstab anzulegen.

Das Erfordernis des funktionsgerechten Gebrauchs folgt aber schon aus dem Zweck des Benutzungszwangs. Der Benutzungszwang soll das Markeninhaber von Karteileichen freihalten. *Keine* Karteileichen sind im Sprachgebrauch der Denkschrift diejenigen Marken, bei denen der Markeninhaber durch die Benutzung den Preis[277] dafür zahlt, daß ihm die Rechtsgemeinschaft Schutz für seine Marke gewährt. Diesen Preis aber - für gerade den *marken*rechtlichen Schutz, den ihm die Rechtsgemeinschaft durch Bereitstellung des Markenregisters und auf seinen bloßen Eintragungsantrag hin zur Verfügung stellt - zahlt der Markeninhaber nur, wenn er sein Zeichen auch *gerade als Marke*, und nicht etwa bloß als Firma, Werbemittel, Werktitel als Dekor auf seinem Produkt oder auf andere, nicht markenspezifische Weise nutzt. Zwar ist es – *verletzungsrechtlich* – richtig, ihn auch gegen Eingriffe in die Werbekraft seiner Marke etc. zu schützen, um Fehllokationen durch Verbraucherirreführung zu vermeiden, die auch volkswirtschaftlich unproduktiv wären. Im Benutzungszwang geht es aber darum, daß der Markeninhaber die Existenz seiner Marke *gerade als Marke* rechtfertigt, und dazu muß er (zumindest auch) die markenspezifische Funktion realisieren. Das Erfordernis, im Erhaltungsrecht eine spezifische markenmäßige Benutzung zu verlangen, rechtfertigt sich eben daraus, daß Marken besonders leicht zu erwerbende und zugleich sehr schneidige Rechte sind: Marken sind - anders als etwa ein Unternehmenskennzeichen - durch den rein formalen Akt der Registrierung zu erwerben, und geben allein kraft ihrer Eintragung ein deutschlandweites Verbietungsrecht[278]. Rechte an geschäftlichen Bezeichnungen werden demgegenüber nur durch tatsächliche firmen- bzw. werktitelmäßige Benutzung[279] erworben und wirken auch dann nur territorial beschränkt[280].

Die Kombination von Leichtigkeit des Markenrechtserwerb mit der territorialen Weite und der sonst bei Kennzeichen nicht vorhandenen registermäßigen Absicherung des Schutzes rechtfertigen es, vom Markeninhaber auch die Realisierung der gerade markenspezifischen Funktion zu verlangen. Der Markeninhaber muß, wenn er der Rechts-

276 So für die MRRL EuGH WRP 1998, 1165 (Rn. 28) - *Canon*; EuGH WRP 1999, 407 (Rn. 39) - *BMW/Deenik*, mit der Modifikation zum herkömmlichen Verständnis, daß auch die Verwendung zur Unterscheidung der einen *fremden* Ware, an der man eine Dienstleistung erbringen will, von anderen fremden Waren, an denen man diese nicht erbringen will, ebenfalls eine zeichenmäßige Benutzung sei.

277 GemM-Vorschlag 1980, GRUR Int. 1981, 86 (89)

278 Nach der GemMV sogar ein europaweites.

279 § 5 II 1 MarkenG.

280 Fezer, § 15, Rn. 46 m.w.N.

gemeinschaft den „Preis" für die Zubilligung des Markenschutzes zahlen will, seine Marke so benutzen, wie man nur eine Marke benutzen kann, also „markenmäßig". Wenn er das nicht tut[281], so ist ihm nach Ablauf der Benutzungsschonfrist nur noch der firmen-, werktitel-, Geschmacksmuster- oder sonstige Schutz zuzugestehen, den er sich durch die Verwendung des Zeichens möglicherweise erworben hat, nicht aber markenrechtlicher. Die dagegen vorgebrachten Bedenken greifen nicht durch:

1. Bestimmung des Rechtsinhalts durch Funktionenlehre ist kein Spezifikum des Markenrechts

Ingerl/Rohnkes Vorbehalte gegenüber der Funktionenlehre sind unbegründet. Zunächst ist es unzutreffend, daß die Funktionenlehre nur bei der Marke zur Bestimmung des Schutzbereichs herangezogen würde, bei anderen Schutzrechten aber nicht, was den Charakter der Marke als vollwertiges Schutzrecht verkenne. Oben wurde schon dargelegt, daß auch die Schutzfristen des Patent- und Urheberrechts ihre Rechtfertigung letztlich in den Funktionen dieser Rechte finden[282]. Auch der allen Rechten des geistigen Eigentum gemeinsame Erschöpfungsgrundsatz erklärt sich letztlich aus der Funktion, die diese Recht im Marktgeschehen haben bzw. - noch wichtiger - nach Auffassung des Gesetzgebers haben *sollen.* Der Erschöpfungsgrundsatz beruht auf einer Abwägung der Interessen des Rechtsinhabers mit denen der Allgemeinheit[283]. Bei dieser Abwägung muß man sich fragen, welche Funktionen die betreffenden Rechte haben können und welche davon als *schutzwürdig* anzuerkennen sind. Eigentlich ist deshalb die Funktionenlehre nichts anderes als eine teleologische Bestimmung des Rechtsschutzes für das jeweilige Rechtsgut, die im MarkenG ebenso notwendig ist wie bei anderen subjektiven Rechten.

2. Gleichlauf von Verletzungs- und Erhaltungsrecht auch auf andere Weise herstellbar

Ingerl/Rohnke verweisen zu Recht darauf, daß es Fälle geben kann, in denen nach der strengeren Auffassung keine rechtserhaltende Benutzung vorliegt, es aber wertungsmäßig, intuitiv klar ist, daß das betreffende Zeichen nicht gelöscht werden *darf.* So lag es etwa im Fall *Ola.* Die Rechtsprechung behalf sich hier mit der Lösung über die gerechtfertigte Nichtbenutzung[284]. Es wird zu zeigen sein, daß dies ein zutreffender Ansatz ist. Die gerechtfertigte Nichtbenutzung stellt dort, wo keine vollgültige rechtserhaltende Benutzung vorliegt, den aus praktisch-ökonomischen Gründen notwendigen Gleichlauf von rechtserhaltender und rechtsverletzender Benutzung her. Sie vermittelt aber im Hinblick auf die Dauer und Umfang des Rechtsschutzes nicht notwendig dieselben Vorteile wie die „echte" Benutzung.

281 und die Nichtbenutzung auch nicht gerechtfertigt ist

282 S. o. 38

283 Sack, WRP 1999, 1088 (1089).

284 BGH GRUR 86, 538 ff. - *Ola*, neuerdings unter Aufgabe der Orbicin-Rechtsprechung (BGH GRUR 1978, 294 (295) - *Orbicin*) mit ähnlicher Methode BGH WRP 2000, 743 (744) - *IMMUNINE/IMUKIN* und BPatG MarkenR 1999, 309 - *Sapen II.*

Der Gleichlauf von Rechtsverletzung ist deshalb in der Tat ein wichtiges Kriterium für die Überprüfung erhaltungsrechtlicher Ergebnisse. Diesem Kriterium trägt die hier zu entwickelnde Auffassung durch den „verletzungsrechtlichen Test"[285] Rechnung. Als dogmatische Leitlinie für die Definition des eigentlichen Benutzungsbegriffs sollte der Gleichlauf von Rechtserhaltung und Rechtsverletzung aber nicht herangezogen zu werden.

3. Verletzungsrechtliche Anerkennung weiterer Markenfunktionen erhaltungsrechtlich irrelevant

Die im Verhältnis zum WZG festzustellende Ausweitung des Markenschutzes durch das MarkenG ist - entgegen Fezers Auffassung - für den Benutzungszwang ohne Bedeutung. Denn diese Ausweitung des Markenschutzes ändert nichts daran, daß es eine Kernfunktion der Marke gibt, die nur die Marke ausüben kann, und diese Kernfunktion muß der Markeninhaber[286] nutzen, wenn er der Rechtsgemeinschaft den „Preis" dafür zahlen will, daß ihm ein registermäßig abgesichertes Kennzeichnungsrecht zur Verfügung gestellt wird.

Die Umgestaltung der Marke zum selbständig verkehrsfähigen Vermögensgegenstand, ihre dingliche Lizenzierbarkeit oder der besondere Schutz bekannter Marken sind zwar Neuerungen im deutschen Markenrecht, stellen aber nur folgerichtige Ausgestaltungen der Hauptfunktion der Marke dar, wie sie der Rechtsprechung des EuGH seit dem *Hag II*-Urteil zugrundeliegt. Diese besteht darin, die markierten Produkte einer gemeinsamen Herkunftsquelle, und sei diese auch anonym, zuzuordnen[287]. Die Tatsache, daß die Marke diese Funktion ausüben kann, ist die volkswirtschaftliche Rechtfertigung des markenrechtlichen Ausschließlichkeitsrechts. Da der Markeninhaber durch die rechtserhaltende Benutzung die Fortdauer seines Markenrechts gegenüber der Rechtsgemeinschaft rechtfertigen soll, ist es diese markenspezifische Funktion, die er verwirklichen muß.

E. Formulierung der Anforderungen an die rechtserhaltende Benutzung

Auf Grundlage der nunmehr ermittelten Markenfunktion und der Abgrenzung von Marke und anderen Kennzeichen läßt sich jetzt umreißen, wie eine rechtserhaltende Benutzungshandlung im Grundsatz beschaffen sein muß. Rechtserhaltende Benutzung ist die Realisierung der gerade markenspezifischen Funktion der Marke.

Eine rechtserhaltende Benutzung liegt danach (nur dann) vor, wenn die entmaterialisierte Herkunftsfunktion realisiert wird. Das ist der Fall, wenn die Marke in den Augen des Verkehrs verwendet wird, um Produkte zu benennen[288] und dadurch von anderen Produkten zu unterscheiden und weiter diese Unterscheidung nicht nach Produktbe-

285 S. zum verletzungsrechtlichen Test S. 88.

286 nach Ablauf der Benutzungsschonfrist

287 EuGH GRUR 1990, 960 - *HAG II* (Rn.13).

288 Das ist der Unterschied zu Unternehmenskennzeichen, Personennamen etc.

schaffenheit[289] erfolgt, sondern dadurch, daß signalisiert wird[290], daß die Markierung der Produkte auf den Willen des dahinterstehenden, individualisierbaren, wenn auch unbekannten, Markeninhabers zurückgeht[291].

F. Erste Ergebnisse: Keine Rechtserhaltung bei rein firmen- oder werktitelmäßiger Verwendung

Das führt insbesondere zu dem Ergebnis, daß die *reine*[292] Verwendung eines als Marke eingetragenen Zeichens als Firma[293] oder als Werktitel[294] nicht rechtserhaltend wirkt. Das ist auch wertungsmäßig überzeugend. Denn während Firmen- und Werktitelrechte nur durch tatsächliche Benutzung, also wirkliche Aktivität am Markt, erworben werden können, erwirbt man ein Markenrecht durch die bloße Eintragung. Dieser Unterschied im Rechtserwerb führt dazu, daß eine Marke auch besonderen Benutzungsanforderungen unterliegt. Wer sich durch eine Zeichenverwendung ein Werktitelrecht erworben hat, kann deshalb nicht automatisch reklamieren, zugleich auch seine Marke benutzt zu haben. Das hat er nur dann, wenn er das betreffende Zeichen auch und zugleich markenmäßig verwendet hat.

289 Das ist der Unterschied zu Gütezeichen, Werktiteln, qualifizierten geographischen Herkunftsangaben.

290 Das betrifft die Frage, ob die konkrete Verwendung die markenspezifischen Möglichkeiten realisiert.

291 Das ist die Abgrenzung zur physischen Herkunftsfunktion.

292 Häufig wird allerdings eine *auch* markenmäßige Verwendung vorliegen, so Ingerl/Rohnke, § 26, Rn. 20, 24.

293 BGH GRUR 1979, 551 (552) - *lamod*; Fezer, § 26, Rn. 21; so auch Ingerl/Rohnke, § 26, Rn. 20; Baumbach/Hefermehl , § 5, Rn. 39.

294 Ingerl/Rohnke, § 26, Rn. 24.

§ 9 Grundsätze für die Ernsthaftigkeit der Benutzung

A. Einführung

Bereits unter Geltung des WZG war anerkannt, daß die bloße Vornahme von Benutzungshandlungen zur Rechtserhaltung nicht ausreichend ist. Gefordert wurde darüberhinaus ein gewisses Gewicht des sich aus den einzelnen Benutzungstatbeständen ergebenden Gesamtsachverhaltes[295]. Das war zwar nicht ausdrücklich geregelt, wurde aber auf den Zweck des Benutzungszwangs, die Geltendmachung formaler Zeichenrechte zu verhindern, gestützt[296].

Nunmehr ist von § 26 I MarkenG[297] ausdrücklich angeordnet, daß die Markenbenutzung „ernsthaft" sein muß. Zweck dieser Regelung ist es insbesondere, Scheinbenutzungen vorzubeugen[298]. Die richterrechtlich entwickelten Grundsätze zum Merkmal der „Ernsthaftigkeit" unter Geltung des WZG können weiterverwendet werden[299]. Oben wurde gezeigt, daß es mit den verfassungsrechtlichen Vorgaben in Einklang steht[300], von der rechtserhaltenden Benutzung einen gewissen objektiven, am sonstigen Marktgeschehen orientierten Umfang zu verlangen. Daraus ergibt sich, daß die Ernsthaftigkeit am Verkehrsüblichen zu messen ist[301]. Geprüft werden insbesondere drei Parameter: Die Benutzung muß ernsthaft sein nach Art, Dauer und Umfang der eigentlichen Benutzungshandlungen, wobei hier wieder nach Art der Waren[302], Art und Umfang des Gewerbebetriebs zu differenzieren sein kann[303]. Auch eine unrentable Zeichenbenutzung muß keine Scheinbenutzung sein[304]. Daraus erklärt sich auch, daß die Rechtsprechung insbesondere Testaktionen, mit denen nur festgestellt werden soll, ob Marktchancen für das Produkt bestehen, als hinreichende rechtserhaltende Be-

295 S. etwa BGH GRUR 1986, 168 (169) - *Darcy*; BPatG GRUR 1994, 629 (630) - *Duotherm*; OLG Hamburg GRUR 1984, 56 (57) - *Ola*; Baumbach/Hefermehl, § 5, Rn. 36 u. 65; Busse/Starck, § 5, Rn. 52 ff., 55 ff.; Fezer, Benutzungszwang, S. 67 ff., 94 ff.; Fezer MA 1984, 76 (79); Hackbarth, Benutzungszwang, S. 89 ff., 92, 109 ff.; Schulze zur Wiesche, Mitt. 1970, 61.

296 BGH GRUR 1978, 46 - *Doppelkamp I*; BGH GRUR 80, 289 - *Trend*; Baumbach/Hefermehl, § 5, Rn. 65.

297 Ebenso Art. 15 I GemMV, Art. 10 I MRRL.

298 Begr. z. MarkenG zu § 26, 2. Abs. 5. Spiegelstrich.

299 Fezer, § 26, Rn. 31.

300 S. auch zur abweichenden Ansicht Kroitzsch, GRUR 1984, 397 (399). Dagegen BVerfG v. 19.6.1987 - 1 BvR 639/8 (Nichtannahmebeschluß gegen BGH GRUR 1986, 542 (544) - *King II*, unveröffentlicht, insofern zit. bei v. Gamm, FS GRUR, 801 (816, Fn. 79), im Anhang dieser Arbeit beigefügt).

301 OLG München Mitt. 1996, 216 - *St. Michael.*

302 BGH GRUR 1990 364, 365 - *Baelz* hält 10 Thermostaten/Jahr nicht schlechterdings für zu wenig (weitere Feststellungen erforderlich); BPatG GRUR 1995, 590 (591) - *Manhattan* hält 1,5 Mio. Zigaretten/Jahr für die untere Grenze.

303 BPatG GRUR 2001, 58 (60) – *COBRA CROSS*; Ingerl/Rohnke, § 26, Rn. 113 ff.

304 Ingerl/Rohnke, § 26, Rn. 110.

nutzungen anerkennt[305], sofern der Test selbst als „ernsthafter Test" zu qualifizieren ist[306]. Das wiederum setzt voraus, daß solche Tests branchenüblich sind[307].

B. Berücksichtigung von Markenverwendungen jenseits des strengen Benutzungsbegriffs möglich

Da die Frage der Ernsthaftigkeit eine umfassende Wertung des Einzelfalles erfordert, kommen hier auch Umstände in Betracht, die auf der vorgelagerten Prüfungsstufe „Benutzungshandlung" überhaupt nicht berücksichtigt werden können[308]. Auf der Ebene der Benutzungshandlung kommen etwa nur inländische Zeichenverwendungen in Betracht. Deshalb ist es bedeutungslos, ob Waren unter dem Zeichen im Ausland hergestellt und vertrieben werden[309]. Im Rahmen der Ernsthaftigkeit können aber Auslandsumsätze den Schluß erlauben, daß es dem Zeicheninhaber auch mit seiner Präsenz auf dem inländischen Markt ernst ist, weil er etwa den Kontakt zu Kunden aufrechterhalten will, die dienstlich hierher abgeordnet sind[310].

Weiter spielen auf der ersten Prüfungsstufe alle Benutzungshandlungen keine Rolle, die außerhalb des je maßgeblichen 5-Jahreszeitraums liegen. Für die Ernsthaftigkeit aber kann der Umfang der Markennutzung in diesen Zeiten durchaus ein Indiz dafür sein, ob die Benutzung noch wirtschaftlich vernünftige Ziele verfolgt oder nur der Markenaufrechterhaltung dient[311].

Detailfragen zur Ernsthaftigkeit der Benutzung werden im Zusammenhang mit den nachfolgend erörterten Einzelproblemen abgehandelt, so daß darauf ebenso zu verweisen ist wie auf den Abschnitt über die gerechtfertigte Nichtbenutzung. Auch dort ist ein wertendes Kriterium in das Tatbestandsmerkmal der Rechtfertigung hineinzulesen, das der „Ernsthaftigkeit" der echten Benutzung entspricht.

305 BGH GRUR 1980, 289 - *Trend*; OLG Hamburg, GRUR 1980, 294 - *King City*.

306 S. etwa BGH GRUR 1986, 542 (544) - *King II*; Ingerl/Rohnke, § 26, Rn. 114.

307 Der BGH GRUR 1978, 642 (644) – *SILVA* stellt im Urteil auch darauf ab, daß die Gegenpartei die Üblichkeit von Tests auf dem Zigarettenmarkt nicht bestritten habe.

308 Anders, aber wohl nur mißverständlich Ingerl/Rohnke, § 26, Rn. 113: einzubeziehen seien in die Ernsthaftigkeitsprüfung nur Handlungen, die der Art nach rechtserhaltend sein können, Berücksichtigung von (auch nach Ingerl/Rohnkes Auffassung nicht ausreichenden) Vorbereitungshandlungen als Indiz aber möglich. Hier ist wohl gemeint, daß für die Ernsthaftigkeitsprüfung überhaupt erst dann Raum ist, wenn der Art nach taugliche Handlungen vorliegen, daß aber bei Vorliegen solcher Handlungen dann auch Verhaltensweisen geprüft werden können, die auf der Stufe „Benutzungshandlung" irrelevant sind.

309 Erforderlich ist für eine rechtserhaltende Benutzungs*handlung* zumindest, daß die Kennzeichnung von Exportware in Deutschland erfolgt (§ 26 IV MarkenG). Wenn die Ware im Ausland hergestellt, gekennzeichnet und vertrieben wird, ist das benutzungsrechtlich irrelevant.

310 So für eine in Deutschland nur in belgischen Kasernen vertriebene Zigarettenmarke BGH GRUR 1986, 168 (169) - *Darcy* m. krit Anm. Heil.

311 BPatG MarkenR 1999, 309 (312) - *Sapen II* für die entsprechende Bewertung, ob eine Nichtbenutzung insgesamt als gerechtfertigt anzuerkennen ist. BPatG GRUR 1996, 356 (358) - *JOHN LORD/JOHN LOBB* leitet auch aus der Zeit nach dem Benutzungszeitraum Ernsthaftigkeit wegen Umsatzsteigerung her.

§ 10 Die Nichtbenutzung mit berechtigten Gründen - Gleichlauf von Rechtserhaltung mit Rechtsverletzung: der „verletzungsrechtliche Test" und „Markenschutz zweiter Wahl"

Es kann der Fall eintreten, daß der Markeninhaber ohne sein Zutun daran gehindert ist, die Marke zu verwenden. Fraglich ist, ob ihn auch dann die Sanktionen der Nichtbenutzung treffen. Ebenso kann es sein, daß der Markeninhaber auf eine bestimmte Markenverwendung, die für eine rechtserhaltende Benutzung nicht ausreicht, praktisch angewiesen ist. Dann stellt sich die Frage, ob dieses praktische Bedürfnis dem Verfall der - eigentlich unbenutzten - Marke entgegenstehen kann.

Tatsächlich enthalten alle markenrechtlichen Regelungswerke Bestimmungen über die Aufrechterhaltung nichtbenutzter Marken. Voraussetzungen und Rechtsfolgen dieser Regelungen sind nunmehr zu untersuchen.

A. Vorgaben der PVÜ und des TRIPS - Vergleich des MarkenG mit der Rechtslage im WZG

Der Wortlaut dieser Regelungen ist unterschiedlich. Art. 19 TRIPS verlangt vom nationalen Recht der WTO-Mitglieder, daß die Nichtbenutzung dann unschädlich sein muß, wenn „triftige Gründe" dafür vorliegen. Art. 5 C I PVÜ bestimmt, daß die Nichtbenutzung der Marke nur dann sanktioniert sein darf, wenn der Markeninhaber seine Untätigkeit nicht rechtfertigt.

Gem. § 26 I MarkenG bleibt die Nichtbenutzung einer Marke folgenlos, wenn „berechtigte Gründe für die Nichtbenutzung" bestehen[312]. Gem. § 11 I Nr. 4 WZG mußten dazu „Umstände vorliegen, unter denen die Benutzung in diesem Zeitraum nicht zumutbar war".

Es stellt sich die Frage, ob diese abweichenden Formulierungen auch sachliche Unterschiede nach sich ziehen.

I. Kein sachlicher Unterschied zwischen „gerechtfertigter Nichtbenutzung" und „Unzumutbarkeit der Benutzung"

Zum WZG war einhellige Meinung, daß zwischen der „Unzumutbarkeit" des § 11 I Nr. 4 WZG und der „fehlenden Rechtfertigung" des Art. 5 C I PVÜ kein sachlicher Unterschied bestand[313]. Da der Wortlaut der neuen Kodifikationen mit den „berechtigten Gründen" noch näher an den der PVÜ herangerückt ist, liegt es nahe, auch hier keinen sachlichen Unterschied anzunehmen und mithin die „Rechtfertigung der Nichtbenutzung" des § 26 I MarkenG genauso zu verstehen wie die „Unzumutbarkeit der Benutzung" des § 11 I Nr. 4 WZG. Das entspricht auch der einhelligen Meinung und der Rechtsprechung zum MarkenG. Auch die vom DPMA erlassene Widerspruchsverfahrensrichtlinie[314] meint zutreffenderweise, daß die

312 ebenso Art. 15 I a. E. GemMV; Art. 10 I a.E. MRRL

313 Begr. zum VorabG, Bl. PMZ 1967, 244 (268); BGH GRUR 1997, 747 (749) - *Cirkulin*; Baumbach/Hefermehl, § 11, Rn. 51; Fezer, § 26, Rn. 40; Ingerl/Rohnke, § 26, Rn. 120; Hackbarth, Benutzungszwang, 129 ff.

fahrensrichtlinie[314] meint zutreffenderweise, daß die Grundsätze der Rechtsprechung zur Unzumutbarkeit der Benutzung beibehalten werden können, hält aber in Einzelfällen Änderungen für denkbar[315].

II. Berücksichtigung der gerechtfertigten Nichtbenutzung in allen markenrechtlichen Verfahren

1. WZG: keine Berücksichtigung im Widerspruchsverfahren

Unter dem WZG konnte ein Zeichen, dessen Benutzung unzumutbar gewesen war, nicht gelöscht werden (§ 11 I Nr. 4 WZG). Man konnte daraus Löschungsklagen gegen jüngere Zeichen erheben (§ 11 I Nr. 1 WZG)[316] und die Unzumutbarkeit der Benutzung einer Eintragungsbewilligungsklage (§ 6 II WZG) entgegenhalten[317]. Schließlich konnten auf solche gerechtfertigterweise unbenutzten Marken Verletzungsklagen gestützt werden (§ 15 II WZG).

Nur wenn dem Altmarkeninhaber im Widerspruchsverfahren entgegengehalten wurde, er habe seine Marke nicht benutzt, konnte er sich nicht darauf berufen, die Benutzung sei unzumutbar gewesen (§ 5 VII WZG). Im WZG konnte also der Neuanmelder im Widerspruchverfahren zunächst obsiegen, um im anschließenden gerichtlichen Löschungsverfahren (§ 11 I Nr. 1 WZG) zu unterliegen. Die Unzumutbarkeit der Benutzung stellte deshalb den Zeicheninhaber schlechter als eine echte Benutzung, weil sie im Widerspruchverfahren nicht eingewandt werden konnte.

2. MarkenG: Berücksichtigung der Rechtfertigung der Nichtbenutzung in allen Verfahrensarten

Dieser Unterschied ist mit dem MarkenG weggefallen. Die gerechtfertigte Nichtbenutzung kann in allen markenrechtlichen Verfahren berücksichtigt werden, in denen der Benutzungszwang eine Rolle spielt. Gem. § 25 I i.V.m. § 26 I a.E. MarkenG kann sie Verletzungsansprüchen aus der Marke zum Erfolg verhelfen, ebenso Widersprüchen aus der unbenutzten Marke (§ 43 I i.V.m. § 26 I MarkenG) und der anschließenden Eintragungsbewilligungsklage (§ 44 i.V.m. § 43 MarkenG) oder der Löschungsklage aus der unbenutzten Marke als älterem Recht (§ 51 IV Nr. 1 i.V.m. §§ 49 I 1, 26 I MarkenG). Insofern ist die Rechtfertigung der Nichtbenutzung der echten Benutzung gleichwertig.

[314] Richtlinie für das markenrechtliche Widerspruchsverfahren v. 17.11.1997, BlPMZ 1998, 1 ff.; abgedr. bei Fezer, 2514 ff.

[315] Widerspruchsverfahrensrichtlinie C II b). Fezer, § 26, Rn. 40 meint, die Widerspruchsverfahrensrichtlinie sei anderer Auffassung, da sie die gerechtfertigte Nichtbenutzung als „wichtige Neuregelung" ansehe. Damit meint die Widerspruchsverfahrensrichtlinie aber wohl nicht, daß sich materiell etwas geändert habe, neu ist vielmehr in formeller Hinsicht tatsächlich der Umstand, daß die Nichtbenutzung auch im Widerspruchsverfahren gerechtfertigt werden kann (so auch Fezer, § 26 Rn. 40). Das war im WZG nicht möglich. Dort konnte die Unzumutbarkeit der Benutzung nur im Verfahren vor den ordentlichen Gerichten eingewandt werden.

[316] Baumbach/Hefermehl, § 11, Rn. 51.

[317] Baumbach/Hefermehl, § 11, Rn. 51.

B. Die gerechtfertigte Nichtbenutzung als Auffangtatbestand für Gleichlauf von Verletzungs- und Erhaltungsrecht

Das hier zu entwickelnde Konzept der gerechtfertigten Nichtbenutzung ist das eines Auffangtatbestandes[318]: Es ermöglicht die Aufrechterhaltung der Markeneintragung da, wo nach der hier vertretenen strengen Auffassung eine rechtserhaltende Benutzung nicht vorliegt, Markenschutz aber trotzdem billigerweise nicht versagt werden darf, weil die betreffende wirtschaftlich sinnvolle Zeichenverwendung potentielle Markenrechte Dritter verletzen würde, so daß der Verwender auf eine eigene, rechtsbeständige Marke angewiesen ist. Zu zeigen wird sein, daß es insbesondere im Hinblick auf die Rechtsfolgen von „echter" Benutzung und gerechtfertigter Nichtbenutzung angemessen ist, Zweifelsfälle erst auf der Ebene der gerechtfertigten Nichtbenutzung zu erfassen und so an einem strengen Begriff der rechtserhaltenden Benutzung festzuhalten.

I. Meinungsstand

Traditionell werden strenge Anforderungen an die Rechtfertigung einer Nichtbenutzung bzw. die Unzumutbarkeit der Benutzung gestellt. Schon frühzeitig hat die Rechtsprechung aber unter diesen Tatbestand auch Fallgestaltungen subsumiert, in denen bei genauer Betrachtung diese strengen Anforderungen nicht vorlagen, die aber anders nicht sachgerecht zu lösen waren.

1. Unmöglichkeit der Benutzung wegen höherer Gewalt u.ä.

Gerechtfertigte Nichtbenutzung liegt nach einhelliger Auffassung dann vor, wenn Tatbestände höherer Gewalt (Krieg, Naturkatastrophen), die der Markeninhaber selbst nicht zu beeinflussen vermag, die Benutzung verhindern[319]. Die Literatur formuliert, es müsse sich um einen Ausnahmefall[320], um Umstände außerhalb der Einflußsphäre des Markeninhabers handeln, die auch ein umsichtiger Markeninhaber nicht hätte abwenden können[321]. Die Umstände dürfen nicht vom Zeicheninhaber beeinflußbar sein[322] oder zum normalen unternehmerischen Risiko zählen bzw. durch unternehmerische Sorgfalt vermeidbar sein[323]. Dem Zweck des Benutzungszwangs entsprechend,

[318] Auch Ingerl, WRP 2002, 861 (869) plädiert dafür, den Begriff der echten Benutzung nicht mit zweifelhaften Fällen zu „befrachten", sondern diese unter das Konzept der gerechtfertigten Nichtbenutzung zu fassen.

[319] BGH GRUR 1997, 747 (749) - *Cirkulin* m. Verweis auf BGH GRUR 1974, 276 - *King I*; BGH GRUR 1986, 542 (545) - *King II.* Althammer-Ströbele, § 26, Rn. 46. Ähnlich verneint BPatGE 37, 233 - *Sachsenkrone* die Rechtfertigung der Nichtbenutzung: Die Biermarke „Sachsengold" war nicht benutzt, weil der Markeninhaber angesichts der von ihm vertriebenen Biersorte „Sachsenkrone" den Markt nicht für aufnahmefähig hielt.

[320] Fezer, § 26, Rn. 41; zustimmend Kellerhals, GRUR Int. 1999, 14 (22).

[321] Fezer, § 26, Rn. 41.

[322] Busse/Starck, § 11, Rn. 26.

[323] so in Anlehnung an die Benelux-Rechtsprechung Hackbarth, Benutzungszwang,134; Althammer-Ströbele, § 26, Rn. 34.

sei die Vorschrift eng auszulegen[324]. Die Rechtsprechung verwendet, wenn sie die Rechtfertigung der Benutzung verneint, die Formel: „Als unzumutbar (...) ist die Nichtbenutzung nur dann zu erachten, wenn Tatbestände höherer Gewalt (...) gegeben sind, die der Zeicheninhaber selbst nicht zu beeinflussen vermag. Von dem Zeicheninhaber selbst zu beeinflussende Umstände (...) sind nicht als ein Grund anzusehen, der die Benutzung einer Marke als unzumutbar erscheinen läßt."[325]

2. Anwendbarkeit der gerechtfertigten Nichtbenutzung auf andere Fallgestaltungen

In anderen Fällen sucht man diese Definition vergebens. In der Ola-Entscheidung, welche eine nur zum Zwecke des Exports verwendete Marke betraf, bejahte der BGH die Unzumutbarkeit der Benutzung im Sinne des § 11 IV WZG und formulierte[326]: „Angesichts dieser Rechtslage[327] ist anzuerkennen, daß die Bekl. ein erhebliches wirtschaftliches Interesse an der Aufrechterhaltung ihres hier umstrittenen Warenzeichens hat. (...) Bei dieser Sachlage würde die Forderung nach einer inländischen Benutzung keinen anderen Sinn haben, als die Bekl. zu einer rein formalen, wirtschaftlich nicht gebotenen Handlung zu zwingen, um den Zeichenschutz aufrechtzuerhalten, dessen sie bedarf, um ihrer wirtschaftlichen Tätigkeit, so wie sich diese entwickelt hat, zeichenrechtlich ungestört nachgehen zu können. Das ist im Sinne des § 11 Abs. 1 Nr. 4 WZG nicht zumutbar"[328].

II. Stellungnahme, Entwicklung des eigenen Konzeptes

Dafür, das Institut der gerechtfertigten Nichtbenutzung als Auffangtatbestand anzusehen, kann man zunächst auf den Wortlaut der Nichtbenutzungsregelung in Art. 19 TRIPS verweisen. Kunz-Hallstein sieht zutreffend in den dort geforderten „triftigen Gründen" einen inhaltlichen Unterschied zu den „berechtigten Gründen" des MarkenG, da hierfür nicht nur objektive Umstände, sondern auch Sachverhalte aus der Risikosphäre des Markeninhabers ausreichen können[329]. Dieser abweichende Wortlaut des TRIPS ist bei der Auslegung des MarkenG und der MRRL in der Weise zu berücksichtigen, daß die Rechtsanwendung möglichst TRIPS-konform erfolgt[330]. Da

324 Fezer, § 26, Rn. 41; Baumbach/Hefermehl, § 11, Rn. 51; Kraft, GRUR 1968, 123 (127); Busse/Starck, § 11, Rn. 26; weiter Schricker, GRUR Int. 1969, 14 (27), demzufolge ausdrücklich nicht nur in Fällen höherer Gewalt Rechtfertigung eintritt.

325 BGH GRUR 1997, 747 (749) - *Cirkulin* m. Verweis auf BGH GRUR 1974, 276 - *King I*; ebenso BGH GRUR 1994, 512 (513) - *Simmenthal;* BGH GRUR 1986, 542 (545) - *King II*; ähnlich BPatGE 37, 233 - *Sachsenkrone*.

326 Langnese-Auslandsmarke „Ola" war am deutschen Markt nie aufgetaucht, es wurden aber zum Export bestimmte Waren in Deutschland so damit versehen, daß auf der Verpackung nur die ausländische Schwestergesellschaft als Markeninhaberin erkennbar war.

327 Gemeint: Kennzeichnung der Waren zum Zwecke des Exports war nach dem WZG Rechtsverletzung, reichte aber für Rechtserhaltung nicht aus. Anders heute § 26 IV MarkenG.

328 BGH GRUR 1986, 538 (539) - *Ola*.

329 Kunz-Hallstein, GRUR 2001, 643 (647).

330 s. dazu EuGH GRUR Int. 2001, 327, Rn. 47 ff. - *Dior/Tuk Consultancy*; EuGH GRUR Int. 1998, 697, Rn. 28 - *Hermès*; Kunz-Hallstein, GRUR 2001, 643 (647).

ein triftiger Grund auch vom Markeninhaber selbst herbeigeführt sein kann, sind auch Umstände aus der Risikosphäre des Markeninhabers als berechtigte Gründe für eine Nichtbenutzung in Betracht zu ziehen.

1. Entscheidend ist nicht der Grund der Nichtbenutzung, sondern das berechtigte Interesse an der Aufrechterhaltung des Zeichens

Auch der BGH hat in der Ola-Entscheidung die (damalige) „Unzumutbarkeit der Benutzung" des § 11 I Nr. 4 WZG stillschweigend als Auffangtatbestand benutzt und selbst herbeigeführte Gründe als rechtfertigend anerkannt[331]. Denn mit der Definition aus der Cirkulin[332]- und Simmenthal-Entscheidung[333] und auch dem Maßstab des „umsichtigen Zeicheninhabers" hätte die Marke im Ola-Fall gelöscht werden müssen. Die Markeninhaberin hätte ihre mißliche Situation nämlich sehr leicht vermeiden können, indem sie im In- und Ausland dieselbe Bezeichnung verwendet hätte. Warum sollte ihr das - jedenfalls zu Beginn der Exporttätigkeit - unzumutbar gewesen sein? Der BGH sieht dieses „Verschuldens"-problem und entschuldigt die Zeicheninhaberin mit einem Hinweis auf die „Normativität des Faktischen": So habe sich die Geschäftstätigkeit eben entwickelt![334]

Ein dogmatischerer Ansatz zur Begründung des Ergebnisses, das der BGH zutreffenderweise erreichen wollte, findet sich, wenn man sich zunächst klarmacht, daß der Ola-Fall kein Problem der höheren Gewalt, nämlich der *objektiven* Unmöglichkeit der Benutzung, war. Der Zeicheninhaber hätte seine Geschäftstätigkeit auch anders organisieren und im In-und Ausland dasselbe Zeichen verwenden können. Zu fragen war deshalb auch weniger nach den Gründen der Nichtbenutzung als vielmehr, ob trotz der Nichtbenutzung die *Aufrechterhaltung* der Marke gerechtfertigt war. Betrachtet man die bereits wörtlich zitierten Ausführungen aus der Ola-Entscheidung genauer, erkennt man, daß der BGH auch so mit diesem Aufrechterhaltungsinteresse und nicht mit der eigentlichen Ursache der Nichtbenutzung argumentiert. „Angesichts dieser Rechtslage[335] ist anzuerkennen, daß die Bekl. ein erhebliches wirtschaftliches Interesse an der

331 Darauf, daß der Ola-Fall heute unter § 26 IV MarkenG fiele und eine rechtserhaltende Benutzung zu bejahen wäre, kommt es hier nicht an. Es geht nur darum, daß der BGH das aus der Diskrepanz von Verletzungs- und Erhaltungsrecht folgende unbillige Ergebnis über den Rückgriff auf die „unzumutbare Benutzung" korrigierte.

332 BGH GRUR 1997, 747 (749) - *Cirkulin.*

333 BGH GRUR 1994, 512 (513) - *Simmenthal.*

334 Der BGH GRUR 1986, 538 (539) – *Ola* führt aus: „Andererseits hat die Bekl., die ihre Ware, soweit sie sie im Inland vertreibt, seit langem unter ihrer eingeführten und bekannten Marke "L" auf den Markt bringt, offensichtlich kein Bedürfnis, diese Ware im Inland unter der Marke ‚Ola' zu vertreiben. Bei dieser Sachlage würde die Forderung nach einer inländischen Benutzung keinen anderen Sinn haben, als die Bekl. zu einer rein formalen, wirtschaftlich nicht gebotenen Handlung zu zwingen, um den Zeichenschutz aufrechtzuerhalten, dessen sie bedarf, um ihrer wirtschaftlichen Tätigkeit, *so wie sich diese entwickelt hat*, zeichenrechtlich ungestört nachgehen zu können. Das ist im Sinne des § 11 Abs. 1 Nr. 4 WZG nicht zumutbar" (Hervorhebung nur hier).

335 Daß nämlich die fragliche Verwendung eine rechtsverletzende Benutzung war.

Aufrechterhaltung ihres hier umstrittenen Warenzeichen hat. (...)"[336]. Der BGH stellte also - in Abweichung vom Wortlaut des § 11 I Nr. 4 WZG! - nicht auf die Ursachen der Nichtbenutzung (Unzumutbarkeit), sondern auf das Interesse an der Aufrechterhaltung der Marke ab.

Das läßt sich auf Fälle, in denen die Benutzung nicht durch höhere Gewalt verhindert wurde, verallgemeinern: Es kommt nicht auf die Ursachen der Nichtbenutzung an, sondern darauf, ob der Markeninhaber an der Aufrechterhaltung der unbenutzten Marke ein berechtigtes Interesse hat. Wenn ja, kann die Nichtbenutzung gerechtfertigt sein.

2. Das „berechtigte" Interesse an der Aufrechterhaltung - der „verletzungsrechtliche Test"

Zu fragen ist nun nach dem Kriterium, das „berechtigte" Aufrechterhaltungsinteressen von „unberechtigten" unterscheidet.

a) Fälle höherer Gewalt

Ein berechtigtes Aufrechterhaltungsinteresse liegt zunächst vor, wenn der Markeninhaber tatsächlich durch höhere Gewalt u.ä. an der rechtserhaltenden Benutzung gehindert war. Dann gibt es keinen Grund, ihn durch Löschung der Marke „zu bestrafen", sein Aufrechterhaltungsinteresse ist schutzwürdig. Insofern ist der Rechtsprechung und einhelligen Literatur zuzustimmen.

b) Erhaltungsrechtlich irrelevante, aber potentiell rechtsverletzende Markenverwendung

Ebenfalls kommt aber in Betracht, daß der Markeninhaber seine Marke zwar nicht im erhaltungsrechtlichen Sinne *benutzt*, aber doch auf andere Weise *verwendet* hat. Zu fragen ist in solchen Fällen, ob jedwede Markenverwendung bereits ein berechtigtes Interesse an der Aufrechterhaltung begründen kann, oder ob die Markenverwendung irgendwelche Anforderungen erfüllen muß. Auch hier läßt sich der Ansatzpunkt der Ola-Entscheidung verallgemeinern, um daraus das erste Kriterium für ein „berechtigtes" Interesse an der Erhaltung der Marke herzuleiten: Die Art, in der der Markeninhaber das Zeichen bisher verwendet hat, muß im Verhältnis zu Dritten eine Verletzungshandlung sein. Da, wo die bisher ausgeübte Markenverwendung keine potentiellen Markenrechte Dritter verletzen würde, kann sie dem Markeninhaber auch keiner verbieten. Dann gibt es kein berechtigtes Aufrechterhaltungsinteresse, da die Löschung dem Zeicheninhaber keinen Nachteil bringt.

[336] BGH GRUR 1986, 538 (539) - *Ola* (Hervorh. nur hier). Das klingt auch in der Cirkulin-Entscheidung an, wenn der BGH dort zustimmend die Auffassung der Löschungskläger zitiert, wonach die *Aufrechterhaltung* der Zeicheneintragung *nicht zu rechtfertigen* sei, da die Inhaberin aufgrund des Vertrages für alle Zeiten gehindert sei, das Zeichen zu benutzen (BGH GRUR 1997, 747 (748) - *Cirkulin*).

So also läßt sich erreichen, daß - wie Sack[337] es als praktische Anforderung an den Benutzungswang beschrieben hat und Ingerl/Rohnke es verlangen[338] - Rechtsverletzungs- und Rechtserhaltungsbenutzung parallellaufen. Im Prüfungsaufbau führt das dazu, daß dann, wenn eine Markenverwendung nicht als rechtserhaltende Benutzung anerkannt wird, das Ergebnis einem „verletzungsrechtlichen Test" zu unterwerfen ist. Wenn sich dabei ergibt, daß die betreffende Markenverwendung potentielle Markenrechte Dritter verletzen würde, muß geprüft werden, ob es erforderlich ist, sicherzustellen, daß die Verwendung weiter möglich bleibt. Ist das der Fall, muß die betreffende Markenverwendung als gerechtfertigte Nichtbenutzung anerkannt werden.

3. „Ernsthaftigkeit" des rechtfertigenden Sachverhaltes - Analogie zur echten Benutzung

a) Grundsatz

Eine Ergänzung aber ist noch erforderlich: Wenn nämlich jede potentiell rechtsverletzende Handlung schon das berechtigte Interesse an der Aufrechterhaltung begründen könnte, würde das die Möglichkeit zu bloßen „Scheinverwendungen" eröffnen: Ein Markenverwender könnte irgendwelche, wirtschaftlich eigentlich sinnlose, potentiell rechtsverletzende Handlungen in sehr geringem Umfang vornehmen, nur um den Tatbestand einer gerechtfertigten Nichtbenutzung zu schaffen und so sein Zeichen aufrechtzuerhalten.

Hier muß es ein Korrektiv geben. Im Rahmen der echten Benutzung ist es das Merkmal der Ernsthaftigkeit, welches es ermöglicht, formal ausreichende Benutzungshandlungen über eine Wertung des Gesamtsachverhaltes auszusondern. Eine solche Gesamtbetrachtung ist auch im Rahmen der Nichtbenutzung erforderlich. Der Sachverhalt, aufgrund dessen die echte Benutzung unterbleibt, muß bei einer Gesamtbetrachtung, auch gemessen am Umfang eventueller Verwendungen und den Ursachen der Nichtbenutzung, die Aufrechterhaltung rechtfertigen.

Damit ergibt sich im Rahmen der gerechtfertigten Nichtbenutzung dieselbe Systematik wie bei der echten Benutzung: Zunächst müssen entweder ein die Markenverwendung sinnlos bzw. unmöglich machender Sachverhalt oder aber Verwendungshandlungen (potentiell rechtsverletzender Natur) vorliegen, die insgesamt als ernsthaft zu bewerten sind. Im Hinblick auf die Ernsthaftigkeit können dieselben Kriterien berücksichtigt werden wie bei der Ernsthaftigkeit der echten Benutzung, also insbesondere Umfang und Dauer der Verwendung.

b) Problem der verschleierten Vorratsmarke

Speziell bei Markenverwendungen, die als gerechfertigte Nichtbenutzung in Betracht kommen, ist zu berücksichtigen, ob es Indizien dafür gibt, daß der Inhaber seinen Betrieb mit Bedacht so organisiert, daß er das Zeichen benötigt, um es über die gerecht-

337 Sack, FS. Piper, 603 (608 ff.); bereits Heydt (Anm. zu BGH - *Epigran II*, GRUR 1971, 355 (357)) unterwirft das Ergebnis der Entscheidung einem solchen verletzungsrechtlichen Test.

338 Ingerl/Rohnke, § 26, Rn. 19.

fertigte Nichtbenutzung zu okkupieren. Da ein Ausweichen auf andere Handlungsweisen aber zumindest theoretisch immer möglich sein wird[339], muß berücksichtigt werden, daß der Tatbestand der gerechtfertigten Nichtbenutzung gerade dazu dient, Härten zu vermeiden, damit der Benutzungszwang insgesamt nicht die „wirtschaftlichen Abläufe“ stört[340]. Eine „Scheinverwendung“ kann aber zu bejahen sein bei objektiven Anhaltspunkten dafür, daß der Zeicheninhaber die Betriebsabläufe absichtlich gerade so organisiert, daß er das Zeichen braucht. So läge es etwa, wenn auffallend einprägsame, kennzeichnungskräftige Marken nur für innerbetrieblichen oder konzerninternen Warenverkehr[341] verwendet werden, die sich ebensogut durch glatt beschreibende Bezeichnungen oder nichtssagende Artikelnummern und dergleichen ersetzen ließen[342]. Dann spricht einiges dafür, daß es sich um verschleierte Vorratsmarken handelt. Der Nichtbenutzungssachverhalt wäre dann insgesamt als nicht ernsthaft zu qualifizieren.

C. Einzelfälle der gerechtfertigten Nichtbenutzung

Im nächsten Teil dieser Arbeit werden einzelne Markenverwendungen auf ihre erhaltungsrechtliche Relevanz untersucht. Soweit das Vorliegen einer rechtserhaltenden Benutzung verneint wird, wird der „verletzungsrechtliche Test“ jeweils im dortigen Text durchgeführt, so daß insofern auf die Ausführungen zu den Einzelfragen zu verweisen ist[343]. Hier müssen deshalb nur noch einige spezielle Probleme der gerechtfertigten Nichtbenutzung angesprochen werden.

I. Verwendung von Marken in Registrierungsverfahren

Bevor Medikamente auf dem Markt vertrieben werden dürfen, müssen sie ein aufwendiges Zulassungsverfahren durchlaufen. Während dieses Zulassungsverfahrens müssen sie schon einen Namen tragen. Weil aber während des Zulassungsverfahrens nie Produkte mit der Marke am Markt erschienen sind, ist nach dem oben entwickelten Begriff der Benutzungshandlung keine Benutzung erfolgt, denn das Zeichen ist nie den Abnehmern gegenüber in Erscheinung getreten und konnte deshalb auch nicht ihnen gegenüber die markenspezifische Funktion ausüben. Da aber bereits im Registrierungsverfahren das Medikament bezeichnet werden muß und es zugleich unter dieser Bezeichnung mangels Zulassung noch nicht am Markt erscheinen darf, liegen Umstände vor, welche die Benutzung unmöglich machen, ohne daß der Markeninhaber das beeinflussen könnte. Solange das Registrierungsverfahren dauert, kann deshalb die Nichtbenutzung gerechtfertigt sein.

339 Etwa im Ola-Fall: Produktion der Ware in Deutschland, Kennzeichnung erst im Ausland oder Verwendung derselben Marke im In- und Ausland.

340 Begr. zum VorabG, Bl. PMZ 1967, 244 (268).

341 vorausgesetzt, man sieht das als Markenverletzung an, was streitig ist. Dafür Ingerl/Rohnke, § 14, Rn. 39; dagegen Fezer, § 14, Rn. 42.

342 BGH GRUR 1979, 551 (552) - *lamod.*

343 S. zu Transitmarken S. 192, zu Bestellzeichen S. 115 ff., zu unternehmens- und konzernintern verwendeten Zeichen S. 121; zum Merchandising S. 198.

Wenn der BGH solche Fälle unter Geltung des WZG als echte Benutzung qualifizierte[344], so war das darauf zurückzuführen, daß - wie schon erwähnt - die Rechtfertigung der Nichtbenutzung im Widerspruchsverfahren gem. § 5 VII WZG nicht eingewandt werden konnte[345]. Nach § 43 I MarkenG, der auf den gesamten § 26 MarkenG verweist und damit auch auf die dort geregelte gerechtfertigte Nichtbenutzung, ist das nun möglich, so daß insofern keine Veranlassung mehr besteht, die Verwendung im Registrierungsverfahren als echte Benutzung anzuerkennen. Die Einordnung als gerechtfertigte Nichtbenutzung entspricht der zum MarkenG mittlerweile h.M.[346].

II. Nichtbenutzung wegen Geltendmachung von Verletzungs- oder Löschungsansprüchen aus älteren Rechten

Streitig ist, ob die Nichtbenutzung gerechtfertigt ist, wenn der Markeninhaber seine Marke deshalb nicht verwendet, weil er vom Inhaber einer älteren Marke mit Verletzungs- oder Löschungsansprüchen überzogen wird.

1. h.M.: kein Rechtfertigungsgrund

Die h.M zum WZG und wohl auch zum MarkenG sieht hierin einen Bestandteil des normalen unternehmerischen Risikos. Der Markeninhaber müsse sich Klarheit darüber verschaffen, ob die Ansprüche bestehen. Sei das zu verneinen, müsse er auch die Benutzung aufnehmen[347].

2. Ingerl/Rohnke

Ingerl/Rohnke schlagen eine differenzierende Lösung vor. Die Nichtbenutzung soll dann gerechtfertigt sein, wenn der Markeninhaber noch in der Benutzungsschonfrist mit einer Klage überzogen wird, nicht aber, wenn die Klage erst nach Ablauf der (ersten) Schonfrist erhoben wird. Sie verweisen dazu auf § 26 V MarkenG, der bestimmt, daß im Falle eines Widerspruchs gegen die Marke die Benutzungsschonfrist erst mit dem Abschluß des Widerspruchsverfahrens beginnt. Es sei wertungsmäßig nicht überzeugend, daß ein bloßer Widerspruch den Beginn der Benutzungsschonfrist hinausschiebe, eine gegen die Marke gerichtete Klage aber noch nicht einmal die Nichtbenutzung rechtfertige[348].

344 BGH GRUR 1978, 294 (295) - *Orbicin*.

345 so zur Motivation der Entscheidung etwa Ingerl/Rohnke, § 26, Rn. 121.

346 BGH WRP 2000, 743 (744) - *IMMUNINE/IMUKIN*; BPatG MarkenR 1999, 309 - *Sapen II*; in dieser Richtung für das MarkenG bereits BGH WRP 1998, 497 (499) - *Sapen*; Althammer-Ströbele, § 26, Rn. 47; Hackbarth, Benutzungszwang, 135. A.A. (für Einordnung als echte Benutzung und kritisch zur neuen Rechtsprechung) weiterhin Fezer, § 26, Rn. 14a, 14b; Kunz-Hallstein, GRUR 2001, 643 (647); auch noch BPatG GRUR 1997, 653 - *IMMUNINE*.

347 OLG Hamburg, GRUR 1988, 914 (915) - *Lip Kiss*; Fezer, § 26, Rn. 44; Althammer-Ströbele, § 26, Rn. 50; Hackbarth, Benutzungszwang, 136.

348 Ingerl/Rohnke, § 26, Rn. 126.

3. Stellungnahme

Für Ingerl/Rohnkes Auffassung spricht außer § 26 V MarkenG auch eine informationsökonomische Erwägung: Es wäre kontraproduktiv, von einem Markeninhaber zu verlangen, die Benutzung seiner Marke aufzunehmen, obwohl Dritte dagegen vorgehen. Dem Markeninhaber gelänge es zwar womöglich, während des Verletzungsverfahrens einen Goodwill für seine Marke aufzubauen, doch dieser Goodwill verpufft, wenn das Verfahren verlorengeht. Die Verkehrskreise würden sich also an eine Marke gewöhnen, obwohl nicht sicher ist, ob diese aufrechterhalten bleibt.

Über Ingerl/Rohnkes Vorschlag hinaus ist aber eine weitere Einschränkung zu machen: Wenn einem sachkundig beratenen Markeninhaber von vornherein hätte klar sein müssen, daß der Angriffe auf seine Marke unberechtigt ist, rechtfertigt dieser die Nichtbenutzung nicht, weil dann kein vernünftiger Anlaß bestand, die Benutzung hinauszuschieben.

Angriffe aus älteren Rechten rechtfertigen die Nichtbenutzung mithin dann, wenn sie innerhalb der 5-jährigen Benutzungsschonfrist nach der Eintragung erfolgen und der Angriff nicht von vornherein als aussichtslos beurteilt werden kann.

D. Beschränkung des Schutzumfangs bei gerechtfertigter Nichtbenutzung

Die saubere Trennung von echter Benutzung und einer exakter definierten gerechtfertigten Nichtbenutzung eröffnet der Rechtsanwendung einen entscheidenden Vorteil. Denn es bietet sich an, bei der gerechtfertigten Nichtbenutzung - die zur Vermeidung unbilliger Härten[349], zur Gewährleistung reibungsloser wirtschaftlicher Abläufe[350] ins Gesetz aufgenommen wurde - auf der Rechtsfolgenseite eben diesen gesetzgeberischen Intentionen Rechnung zu tragen und den Markenschutz bei Nichtbenutzung nur in dem Umfang aufrechtzuerhalten, wie er erforderlich ist, um solche unbillige Härten zu vermeiden. Grundsätzlich hat zwar eine Marke, die wegen gerechtfertigter Nichtbenutzung aufrechterhalten bleibt, dieselben Rechtswirkungen wie eine wirklich benutzte Marke[351]. Es wird aber von gewichtigen Stimmen in der Literatur bereits seit langem die Auffassung vertreten, daß es Fälle geben könne, in denen die gerechtfertigte Nichtbenutzung zwar eine Löschung hindert, aber keine sonstigen Rechte des Markeninhabers, insbesondere keine Unterlassungs- oder Schadensersatzansprüche begründet.

I. Kein Angriff aus Basismarken

Das wird zutreffenderweise etwa bei Basismarken befürwortet, die nur deshalb eingetragen bleiben müssen, damit ein ausländischer Staat die Marke schützt[352]. Angriffe aus einer solchen - in Deutschland nur aus formalen Gründen aufrechtzuerhaltenden

349 Begr. zum Vorabgesetz, Bl. PMZ 1967, 244 (250).

350 Begr. zum Vorabgesetz, Bl. PMZ 1967, 244 (266).

351 Fezer, § 26, Rn. 40.

352 Ingerl/Rohnke, § 26, Rn. 125; Fezer, § 26, Rn. 43; Althammer-Ströbele, § 26, Rn. 48; Sack, FS Piper, 603 (618); Kraft, GRUR 1968, 123 (124); Bökel, GRUR 1970, 391 (398); Baur, GRUR 1983, 615 (619); Fezer, Benutzungszwang, 152 .

Marke - wären als wettbewerbswidrig und rechtsmissbräuchlich (§ 242 BGB) anzusehen[353].

II. Kein Angriff aus Marken, die nicht zum Zwecke des Marktauftritts in Deutschland aufrechterhalten werden

Eine solche Schutzbeschränkung kann in Ausweitung dieses Gedankens immer dann in Betracht kommen, wenn das Interesse des Markeninhabers nicht darauf gerichtet ist, im Geltungsbereich des MarkenG tatsächlich am Markt aufzutreten, sondern er die Marke nur benötigt, um seine - nicht die Benutzungsanforderungen erfüllende, trotzdem aber als berechtigt anzuerkennende - Markenverwendung fortzusetzen, ohne sich Verletzungsansprüchen Dritter auszusetzen. Das kommt etwa bei nur innerbetrieblich verwendeten Zeichen[354] oder bei Transitmarken[355] in Betracht. Hier kann es an einem anerkennenswerten Interesse des Markeninhabers fehlen, Dritte, die ein ähnliches Zeichen benutzen, anzugreifen[356]. Solchen Angriffen aus seiner Marke stünde der Einwand des Rechtsmißbrauchs entgegen. Bei der Erörterung von Einzelproblemen im dritten Teil dieser Arbeit wird deshalb, soweit das Vorliegen einer gerechtfertigten Nichtbenutzung bejaht wird, auch stets das Erfordernis einer Schutzbeschränkung geprüft.

E. Verfahrensrechtliche Behandlung der gerechtfertigten Nichtbenutzung

I. Beweislast

1. Beweislast im Widerspruchs-, Verletzungs- und Eintragungsbewilligungsverfahren bei Altmarkeninhaber

Unter dem WZG oblag im Löschungsverfahren (§ 11 Abs. 1 Nr. 4 WZG)[357], bei der Eintragungsbewilligungsklage (§ 6 Abs. 2 WZG) und im Verletzungsprozeß (§ 24 WZG) dem jeweiligen Kläger der Nachweis der Nichtbenutzung. Folglich hätte der Kläger in diesen Verfahren eigentlich auch die „Nicht-Unzumutbarkeit" dieser Benutzung beweisen müssen. Nach h.M. mußte aber der Altmarkeninhaber die Unzumutbarkeit der Benutzung nachweisen[358].

[353] da das Zeichen auf dem deutschen Markt nicht zur Förderung des eigenen, sondern nur zur Verhinderung des fremden Wettbewerbs eingesetzt würde, s. zum Behinderungswettbewerb durch Marken etwa KG GRUR 1998, 412 ff. - *Analgin*; s.a. Baumbach/Hefermehl WettbewR, § 1 UWG, Rn. 240.

[354] sofern man darin eine taugliche Verletzungshandlung sieht, was streitig ist (dafür Ingerl/Rohnke, § 14, Rn. 39; dagegen Fezer, § 14, Rn. 42), S. zu den Problemen S.121 ff.

[355] S. dazu 192.

[356] So auch bereits für Exportmarken Fezer, Anm. zu BGH GRUR 1986, 438 - *Ola*, GRUR 1986, 441 (442).

[357] Jackermeier, Löschungsklage, 111 ff.; Fezer, Anm. zu BGH GRUR 1986, 438 - *Ola*, GRUR 1986, 441 (442); zustimmend Hackbarth, Benutzungszwang, 139 (für GemMV); a.A. Wolff, Mitt. 1975, 221.

[358] Fezer, Anm. zu BGH GRUR 1986, 438 - *Ola*, GRUR 1986, 441 (442); zustimmend Hackbarth, Benutzungszwang, 139 (für GemMV).

Im MarkenG folgt diese Beweislastverteilung im Widerspruchs-[359], Verletzungs-[360], Eintragungsbewilligungs- und im Löschungsverfahren *aus* der Altmarke schon aus dem Wortlaut der Vorschriften (§§ 43 I; 26 II; 44 I i.V.m. 43 I; 55 III MarkenG[361]). In all diesen Verfahren muß der Altmarkeninhaber, wenn er seine Marke nicht benutzt hat, beweisen, daß das auf berechtigten Gründen beruhte[362].

2. Löschungsverfahren: trotz abweichenden Wortlauts von § 49 I MarkenG Beweislast ebenfalls bei Altmarkeninhaber

Im Löschungsverfahren wegen Verfalls *gegen* die Altmarke (§ 49 I MarkenG) hingegen obliegt dem Löschungskläger der Beweis, daß ein Verfallsgrund vorliegt[363]. Das könnte den Schluß nahelegen, der Löschungskläger müsse auch darlegen und beweisen, daß die fehlende Benutzung nicht auf berechtigten Gründen beruhte. Dagegen spricht indes - vom Ergebnis aus betrachtet -, daß ein solcher Beweis praktisch nicht zu führen wäre. Der Löschungskläger müßte zunächst zeigen, daß die Marke nicht benutzt ist. Schon das ist - da es um den Beweis einer negativen Tatsache geht - schwer genug und wird ohne auf § 242 BGB und § 138 ZPO gestützte Beweiserleichterungen kaum zu schaffen sein[364]. Der Beweis, daß keine rechtfertigenden Umstände vorlagen, geht aber noch eine negative Stufe weiter. Ob es solche Umstände gibt, kann in der Regel nur der Altmarkeninhaber wissen. Hier ist deshalb der Verweis in § 49 MarkenG auf § 26 MarkenG so zu lesen, daß auch auf die dortige Beweislastverteilung Bezug genommen wird[365]. Das läßt sich außerdem auch so rechtfertigen, daß die gerechtfertigte Nichtbenutzung nur zum Zuge kommt, wenn der Kläger die - an sich den Löschungsanspruch begründende - Tatsache „Nichtbenutzung" bewiesen hat. Die Rechtfertigung der feststehenden Nichtbenutzung ist relationstechnisch dann eine Gegeneinwendung des Beklagten („Marke ist zwar nicht benutzt, *aber* gerechtfertigterweise"), die folglich er zu beweisen hat.

359 BPatG GRUR 1996, 981 (982) - *ESTAVITAL*.

360 Begr. z. MarkenG, Abs. 6 zu § 25; so schon für WZG Baumbach/Hefermehl, § 11, 50, Jackermeier, Löschungsklage 111 f., a. A. Wolff, Mitt. 75, 221.

361 anders Art. 58 I ital. MarkenG und auch schon die italienische Rechtsprechung zum alten Recht, derzufolge derjenige die Nichtbenutzung beweisen muß, der sich darauf beruft, Trib Genova, Nr.3035 (7); Cass Giur. ann.dir ind. Nr. 1476 (7); App. Milano, Giur. ann. dir. ind. Nr. 1793 (1). Nach Vanzetti, Legge Marchi, 171 und Sena, Marchi, 197 f. soll hier der Angreifer aber jeweils nur den Beweis eines ersten Anscheins zu führen haben (etwa durch Zeugnis eines Kaufmanns aus der Branche, der die Marke nicht kennt), den sodann der Altmarkeninhaber widerlegen muß; so auch bei Beibringung allerdings mehrerer Zeugen Trib. Roma 5.6.1986, gadi 2046 (5).

362 Ingerl/Rohnke, § 26, Rn. 129.

363 Ingerl/Rohnke, § 55, Rn. 10; Jackermeier, Löschungsklage, 111 ff.

364 so bereits Jackermeier, Löschungsklage, 113.

365 Für dieselbe Beweislastverteilung auch auf Grundlage des „strengen und konsequenten" Benutzungszwangs Hackbarth, Benutzungszwang, 139, für die GemMV.

3. Ergebnis

Im Hinblick auf die Beweislast steht sich folglich ein Markeninhaber, der sich statt auf echte Benutzung nur auf gerechtfertigte Nichtbenutzung beruft, in allen markenrechtlichen Verfahren schlechter als ein Markeninhaber, der „echte" Benutzung behauptet. Auch insofern begründet die gerechtfertigte Nichtbenutzung nur Markenschutz „zweiter Wahl".

II. Fristlauf bei Eintritt und Wegfall berechtigter Gründe für Nichtbenutzung

Wie bei Aufnahme und nachfolgender Einstellung der Benutzung kann es auch beim Vorliegen berechtigter Gründe für die Nichtbenutzung so sein, daß ein solcher Grund entsteht und wieder wegfällt, um dann wieder neu zu entstehen. Fraglich ist, wie solche Umstände bei der Berechnung des 5-Jahreszeitraums berücksichtigt werden sollen.

1. Keine Vorgaben der MRRL

Vorgaben des Richtliniengebers zu dieser Frage gibt es nicht. Art. 10 I MRRL ordnet nur an, daß bei Ablauf der Benutzungsschonfrist die Sanktionen der Nichtbenutzung eintreten müssen, „es sei denn, daß berechtigte Gründe für die Nichtbenutzung vorliegen". Art. 12 I MRRL bestimmt, daß die Marke verfallen ist, wenn sie 5 Jahre lang nicht benutzt wurde „und keine berechtigten Gründe für die Nichtbenutzung vorliegen." Aus diesen Formulierungen läßt sich nichts dafür herleiten, was gelten soll, wenn die berechtigten Gründe für die Nichtbenutzung nur während eines Teils der 5 Jahre vorlagen. Ebenfalls ist diesen Vorschriften kein Hinweis darauf zu entnehmen, wie das bloß zeitweise Vorliegen von Rechtfertigungsgründen bei der Berechnung der Benutzungsschonfrist berücksichtigt werden soll.

Es ist deshalb davon auszugehen, daß diese Fragen unter die Regelungskompetenz des nationalen Gesetzgebers fallen.

2. Keine Regelung im MarkenG

Auch der Wortlaut der Vorschriften des MarkenG gibt keinen Anhaltpunkt für eine Entscheidung. Hier bestimmt § 26 I MarkenG, auf den die anderen Vorschriften Bezug nehmen, daß die 5-jährige Nichtbenutzung sanktioniert ist, „es sei denn, daß berechtigte Gründe für die Nichtbenutzung vorliegen." Diese, unmittelbar auf den Wortlaut von Art. 10 I MRRL zurückgehende Formulierung gibt keinen Hinweis darauf, was gelten soll, wenn berechtigte Gründe zeitweise vorlagen und zeitweise nicht.

3. Darstellung der Auffassungen

a) Literatur: Hemmung der Frist

Die h.M. sowohl zum WZG[366], zur GemMV[367] als auch zum MarkenG[368] geht davon aus, der zeitweise Eintritt berechtigter Gründe für die Nichtbenutzung führe zu einer

366 Baumbach/Hefermehl, § 11, Rn. 52; Fezer, Benutzungszwang, 113 f.; Heydt, GRUR 1972, 290 (303); Schricker, GRUR Int. 1969, 14 (27); Bökel, GRUR 1970, 391 (399).

367 Hackbarth, Benutzungszwang, 139

368 Fezer, § 26, Rn. 47; Ingerl/Rohnke, § 26, Rn. 127; Winkler, GRUR 1994, 569 (573)

Hemmung der Benutzungsfrist i.S.d. § 209 BGB. Solange diese Gründe vorliegen, läuft die Frist hiernach nicht; fallen die Gründe weg, läuft die alte Frist weiter. Bei der echten Benutzung beginnt hingegen nach dem eindeutigen Wortlaut des § 26 I MarkenG mit dem Ende jedes ernsthaften Benutzungssachverhaltes eine neue 5-Jahresfrist.

Diese Differenzierung wird mit dem Zweck des Benutzungszwangs begründet. Ein Zeichen, das überhaupt nie wirklich benutzt wurde, dürfe schlechter behandelt werden als eines, das zumindest zeitweise am Markt erschienen ist. Die bloße Hemmung der Schonfrist stelle sicher, daß bei nichtbenutzten Marken der Zeicheninhaber insgesamt nicht mehr als 5 Jahre Schonfrist zur Verfügung habe[369].

b) BPatG: keine Fristhemmung, da keine Frist i.S.d. BGB

Diese einhellige Meinung, die seit Einführung des Benutzungszwangs, soweit ersichtlich, nicht bezweifelt wurde, hatte bis 1999 nicht an einem konkreten Sachverhalt auf ihre Tauglichkeit überprüft werden müssen. Als dieser Fall eintrat, verwarf das BPatG die auf den ersten Blick so einleuchtende Analogie zu den BGB-Regeln von Fristunterbrechung und -hemmung zugunsten einer wertenden Einzelfallbetrachtung[370].

aa) der zu entscheidende Fall

Das BPatG hatte über einen Widerspruch aus einer Arzneimittelmarke zu entscheiden. Sie war 1973 erstmals angemeldet worden, das erst 1986 begonnene erste arzneimittelrechtliche Registrierungsverfahren war 1991 gescheitert. 1992 wurde die jüngere Marke angemeldet und aus der bis dato unbenutzten Marke Widerspruch dagegen eingelegt. 1996 leitete man für „Sapen" ein neues Registrierungsverfahren ein, der Zulassungsantrag wurde aber 1998 zurückgenommen. Das BPatG nahm im Anschluß an die Sapen I-Entscheidung des BGH[371] zutreffenderweise[372] an, daß die Verwendung einer Marke in einem Registrierungsverfahren keine Benutzung sei, sondern grundsätzlich nur eine Nichtbenutzung aus berechtigten Gründen darstellen könne[373]. Ausgehend davon entwickelte das BPatG aber eine neue Fristenberechung für die gerechtfertigte Nichtbenutzung.

bb) die Lösung des Falles nach der h.M.

Maßgeblich für die Entscheidung ist zunächst gem. § 43 I 1 MarkenG der 5-Jahreszeitraum vor der Neumarkenveröffentlichung, also von 1987 bis 1992. Während dieser Zeit lief bis Juli 1991 das erste Registrierungsverfahren, so daß die Nichtbenutzung gerechtfertigt war. Nach der h.M wäre dadurch die Frist gehemmt gewesen, so daß im Juli 1991 die alte, vor 1991 in Gang gesetzte Benutzungsfrist weiterlief. Diese Frist aber folgte unmittelbar auf die 13 Jahre von 1973 bis 1986, in denen die Marke ohne Rechtfertigung nicht benutzt war. Deshalb war die Marke am Tag nach der Zu-

369 Hackbarth, Benutzungszwang, 139 (für die GemMV); Fezer, Benutzungszwang, 113.

370 BPatG MarkenR 1999, 309 (312) - *Sapen II*, Althammer-Ströbele, § 43, Rn. 9.

371 BGH WRP 1998, 497 (499) - *Sapen I.*

372 jetzt auch BGH WRP 2000, 743 (744) - *IMMUNINE/IMUKIN.*

373 BPatG MarkenR 1999, 309 (312) - *Sapen II.*

lassungsversagung löschungsreif, da es keinen Rest an Benutzungsschonfrist mehr gab, der noch hätte weiterlaufen können. Mithin hätte der Markeninhaber nicht den Nachweis erbringen können, daß seine Marke in den 5 Jahren vor Neumarkenveröffentlichung benutzt war. Sein Widerspruch wäre also an § 43 I 1 MarkenG gescheitert.

cc) BPatG: Keine Fristhemmung, sondern wertende Betrachtung

Das BPatG hat den Widerspruch - anders, als es nach der h.M. möglich gewesen wäre[374] - auf Grundlage von § 43 I 2 MarkenG zurückgewiesen[375]. Es hat zunächst - soweit ersichtlich: erstmals - darauf aufmerksam gemacht, daß der 5-Jahreszeitraum rechtstechnisch eigentlich weder als Frist verstanden noch von „Unterbrechung" oder „Hemmung" im Sinne des BGB die Rede sein könne. Denn während bei der Verjährung der Frist*beginn* feststehe (§§ 187, 199-201 BGB) und sich durch eine Hemmung oder Unterbrechung das *Ende* der Frist in die Zukunft verschiebe, sei es bei der Benutzungsfrist umgekehrt. Hier stehe durch die Stichtagsregelungen (Tag der mündlichen Verhandlung, Tag der Entscheidung etc.) das *Ende* der Frist fest, so daß eine Hemmung allenfalls den *Anfang* der Frist verschieben könne. Das aber sei nicht die Wirkung der Fristhemmung, wie sie in § 209 BGB definiert ist[376].

Die analoge Anwendung des § 209 BGB scheitere auch am Wortlaut der markengesetzlichen Vorschriften. Die bei einer Fristhemmung erforderlich werdende Berücksichtigung von Zeiträumen, die länger als 5 Jahre zurückliegen, widerspreche dem Gesetzeswortlaut, da es hiernach ausdrücklich jeweils nur auf die 5 Jahre vor dem Stichtag ankomme. Außerdem könne sie dazu führen, daß sich für den Markeninhaber auch die Nichtbenutzung im ersten, unmittelbar auf die Eintragung folgenden 5-Jahreszeitraum schädlich auswirkt. Das aber sei unzulässig[377]. Die Zeiträume außerhalb der eigentlich maßgeblichen 5 Jahre könnten nur - wie bei der echten Benutzung

374 Gem. § 43 I 2 MarkenG ist außerdem der 5-Jahreszeitraum vor dem Entscheidungsdatum maßgeblich da die Stichtagsregelungen kumulativ anwendbar sind, BGH GRUR 1998, 938 - *DRAGON*), also von Januar 1994 bis Januar 1999. In diesem Zeitraum lief von Juni 1996 bis Juli 1998 ein Registrierungsverfahren, so daß die Benutzung hier gerechtfertigterweise unterblieben war. Hätte das den Lauf der Benutzungfrist gehemmt, hätte die Rückrechnung statt bis Januar 1994 bis Januar 1992 erfolgen müssen. Dann hätten sich ungerechtfertigte Nichtbenutzungszeiträume von Januar 1992 bis Januar 1994 und von Juli 1998 bis Februar 1999 ergeben, insgesamt also etwa 2 ½ Jahre. Da mithin die Marke weniger als 5 Jahre ungerechtfertigterweise unbenutzt war, wäre sie vollwirksam geblieben. Der Benutzungsnachweis gem. § 43 I 2 MarkenG wäre dem Altmarkeninhaber also geglückt; der Widerspruch wäre nur an § 43 I 1 MarkenG gescheitert.

375 BPatG MarkenR 1999, 309 (313 ff.) - *Sapen II*.

376 Fezer, § 26, Rn. 47 kritisiert, das „(missachte) ohne Not die zivilistischen Grundlagen des Markenverfahrensrechts".

377 BPatG MarkenR 1999, 309 (312) - *Sapen II* mit Beispiel auf S. 313: Ein Markeninhaber ist grundsätzlich berechtigt, die Benutzung seiner Marke während der ersten 4 Jahre nach der Eintragung zu unterlassen, da er darauf vertrauen kann, er werde sie im 5. Jahr benutzen können. Ist aber wider Erwarten die Benutzung im 5. bis 8. Jahr unmöglich und wird sie es erst wieder im 9. Jahr, so führt die Hemmung zwingend dazu, daß sich die Nichtbenutzung im 1.-4. Jahr, also ein 8 Jahre zurückliegender Sachverhalt, als schädlich erweist.

bei Prüfung der Ernsthaftigkeit - im Rahmen einer Gesamtbetrachtung des Sachverhaltes berücksichtigt werden können[378].

Eine Nichtbenutzung sei nur dann gerechtfertigt, wenn die betreffenden Gründe im wesentlichen während des gesamten 5-Jahreszeitraums vorlägen. Damit ergab sich aus der nur 2-jährigen Dauer des zweiten Zulassungsverfahrens ein starkes Argument gegen die Aufrechterhaltung des Zeichens. Außerdem wertete das BPatG entscheidend, daß zwischen Eintragung des Zeichens im Jahre 1973 und dem ersten Zulassungsverfahren 1986 gar nichts geschehen und daß das zweite Zulassungungsverfahren erst kurz vor Ablauf der durch die Zulassungsversagung - vermeintlich - erneut in Gang gesetzten Schonfrist eingeleitet worden sei. Im Ergebnis verneint das BPatG deshalb eine (ausreichende) Rechtfertigung der Nichtbenutzung[379]. Das Resultat ist also dasselbe wie nach der h.M., die dogmatische Anknüpfung aber eine andere.

c) Stellungnahme: Ergebnis nach h.M überzeugt nicht

Die mit der h.M. zu erzielenden Ergebnisse können nicht befriedigen. Daß nämlich - nach erstmaligem Ablauf der Schonfrist - in den Zeiträumen zwischen zwei rechtfertigenden Sachverhalten keinerlei Markenschutz bestehen soll, ist nicht überzeugend: Wenn im Streitfall das zweite Registrierungsverfahren auch nur kurz nach Anmeldung der jüngeren Marke eingeleitet und ernsthaft betrieben worden wäre, so wäre doch die Widerspruchsmarke verfallen gewesen, da die Benutzungsschonfrist eben schon vor dem ersten Registrierungsverfahren vollständig abgelaufen war. Der Markeninhaber muß aber nicht nur nach einer echten Benutzung sondern auch nach dem - unvorhersehbaren[380] - Ende eines rechtfertigenden Sachverhaltes Zeit haben, die Markenbenutzung vorzubereiten. Diese Zeit bliebe ihm nicht, wenn rechtfertigende Umstände nur zur Fristhemmung führten. Hier muß eine wertende Betrachtung auch zugunsten des Markeninhabers möglich sein, und das gestattet die h.M nicht. Sie ist deshalb abzulehnen.

F. Zusammenfassung

Die „gerechtfertigte Benutzung" ist als Auffangtatbestand dazu geeignet, den erforderlichen Gleichlauf von Verletzerbenutzung und Erhaltungsbenutzung herzustellen. Insbesondere gilt das, wenn der Markeninhaber seine Marke nicht rechtserhaltend benutzt, aber doch auf andere Weise verwendet hat. Ob die betreffenden Markenverwendung einen solchen Gleichlauf erfordert und deshalb als gerechtfertigte Benutzung anzuerkennen ist, ist im Einzelfall danach zu entscheiden,

- ob die Markenverwendung potentiell rechtsverletzend ist („verletzungsrechtlicher Test"),

- ob es ein berechtigtes Interesse an der Markenverwendung gibt

378 BPatG MarkenR 1999, 309 (313) - *Sapen II.*

379 BPatG MarkenR 1999, 309 (314) - *Sapen II.*

380 Etwa eine plötzliche Gesetzesänderung oder Änderung der Rechtsprechung wie im Fall BGH GRUR 1994, 512 ff. - *Simmenthal.*

- und ob der gesamte Verwendungssachverhalt „ernsthaft“ ist, d.h. es sich insbesondere nicht um den Versuch einer Markenbevorratung handelt.

Die gerechtfertigte Nichtbenutzung vermittelt im Hinblick auf die Benutzungsschonfrist, die Beweislast und die Möglichkeit, Verletzungsansprüche auf das Zeichen zu stützen, nur einen geringeren Schutz als die „echte“ Benutzung („Markenschutz zweiter Wahl“).

3. Teil. Ausgewählte materiellrechtliche Probleme

§ 11 Der Bezug der Benutzungshandlung auf eingetragene Produkte

Der bürgerliche Name individualisiert eine natürliche Person, die Firma benennt ein Unternehmen. Die Marke ist der Name von Produkten (§ 3 I MarkenG). Daraus und der sich hieraus ergebenden spezifischen Funktion der Marke, welche die rechtserhaltende Benutzung realisieren muß[381], folgt, daß die Verwendung der Marke sich in bestimmter Weise auf Produkte beziehen muß. Wie diese Beziehung im einzelnen auszusehen hat, ist nun zu erörtern.

A. Erfordernis der körperlichen Verbindung von Zeichen und Produkt?

Allgemein anerkannt ist bei der Art der Benutzung zunächst, daß die körperliche Verbindung von Zeichen und Produkt grundsätzlich als rechtserhaltende Benutzungshandlung ausreicht, wenn der Verkehr darin ein Unterscheidungsmerkmal gegenüber Waren anderer Herkunft sehen kann[382].

Meinungsunterschiede bestehen aber, wenn die körperliche Verbindung fehlt. Problematisch ist besonders die Verwendung des Zeichens nur in der Korrespondenz und in der Werbung.

I. Systematik: körperliche Verbindung als Frage der tauglichen Benutzungshandlung oder der Ernsthaftigkeit?

Die Rechtsprechung und einen Teil der Literatur[383] könnte man so verstehen, daß die körperliche Verbindung von Produkt und Zeichen bereits auf der ersten Prüfungsebene eine Rolle spiele, daß nämlich ohne sie schon von keiner tauglichen Benutzungshandlung die Rede sein könne: „Mangels einer funktionsgerechten Benutzung kann daher die bloße Anführung des Warenzeichens in der Geschäftskorrespondenz zur Benennung einer nicht so gekennzeichneten Ware *grundsätzlich* nicht als Benutzung in Sinn des § 5 Abs. 7 WZG anerkannt werden.“[384]

Das klingt so, als werde strikt die körperliche Verbindung von Zeichen und Ware gefordert. Das Wort „grundsätzlich“ bzw. die demzufolge möglichen Ausnahmen weisen aber darauf hin, daß die körperliche Verbindung nicht schon auf der Ebene des Benutzungsbegriffs zu prüfen ist, sondern erst auf derjenigen der Ernsthaftigkeit. Das folgt auch aus der Tatsache, daß der BGH vom Erfordernis der körperlichen Verbindung

381 S. o. 73.

382 BGH GRUR 1995, 583 (584) - *MONTANA*; Ingerl/Rohnke, § 26, Rn. 36; Fezer, § 26, Rn. 24; Althammer-Ströbele, § 26, Rn. 11.

383 strikt für Erfordernis der körperlichen Verbindung Nastelski, MA 1968, 319 (328); wie die Rechtsprechung Althammer-Ströbele, § 26, Rn. 11; Baumbach/Hefermehl, § 5, Rn. 40, ff.; v. Gamm, GRUR 1977, 517 (524); Kraft, GRUR 1973, 495 (497); zustimmend zur „Contiflex“- Entscheidung: Jackermeier, Löschungsklage, 72; Baur, GRUR 1983, 617 (619).

384 BGH GRUR 1980, 52, 53 - *Contiflex*; BPatG GRUR 1996; 981 (982) - *ESTAVITAL*; BGH GRUR 1996, 267 (268) - *Aqua*; so auch für Warenherstellermarken bei Üblichkeit der physischen Kennzeichnung Althammer-Ströbele, § 26, Rn. 11.

absieht, wenn eine solche „unzumutbar" wäre[385]. Eine solche Frage kann nur auf der Stufe der Ernsthaftigkeit, die ohnehin eine wertende Betrachtung verlangt, geprüft werden[386].

Das steht auch im Einklang mit den übrigen Auffassungen. Weniger streng als insbesondere die ältere Rechtsprechung meinen die wohl überwiegende Literatur[387] und ein Teil der neueren Rechtsprechung[388], daß die physische Verbindung *nicht grundsätzlich erforderlich* sei. Auch nach dieser Ansicht hat also die körperliche Verbindung eine besondere Bedeutung für die rechtserhaltende Benutzung, sie ist aber öfter entbehrlich als nach der hergebrachten Rechtsprechung. Auch hiernach ist die Frage also auf der Ebene der Ernsthaftigkeit zu prüfen.

II. Bedeutung der körperlichen Verbindung im Rahmen der Ernsthaftigkeit

1. bisher herrschende Rechtsprechung: entscheidende Relevanz als Indiz für Ernsthaftigkeit

Problematisch sind hier insbesondere Fälle, in denen Zeichen nur in der Werbung, nicht aber unmittelbar am Produkt oder auf dessen Verpackung genutzt werden.

Nach Auffassung der überwiegenden Rechtsprechung [389] und eines Teils der Literatur[390] ist das Fehlen der körperlichen Verbindung von Zeichen und Ware regelmäßig ein ausreichendes Indiz auch dafür, daß die Benutzung nicht ernsthaft ist. Die Zeichenverwendung nur in Korrespondenz oder Werbung soll ebensowenig rechtserhaltend sein wie die bloß mündliche Verwendung der Marke[391]. Die körperliche Verbindung sei nur dann entbehrlich, wenn sie unmöglich oder unzumutbar ist. Unzumutbar-

385 BGH GRUR 1995, 347 (349) - *Tetrasil*; BGH GRUR 1996, 267 (268) - *Aqua*.

386 Dagegen und für Abgrenzung bereits auf der Ebene des Benutzungsbegriffs Tietgen, Fabrik- und Händlermarken, 137; Nastelski, MA 1968, 321 (328) will beides prüfen.

387 Fezer, Benutzungszwang, 87, 92 104 f.; Schreiner, Dienstleistungsmarke, 368; *zum WZG:* Schulze zur Wiesche, NJW 1968, 1809 (1812, 1813); Heydt, Fs. Hefermehl, 59 (80 f.); Fezer, MA 1984, 76 (80); Schricker, GRUR Int. 1969, 14 (20); Krieger, FS Rowedder, 224 (243); *zum MarkenG:* Fezer, § 26, Rn.8, 30; Ingerl/Rohnke, § 26, Rn. 36; König, Mitt. 1997, 18; für gegenüber dem WZG weniger strenge Behandlung auch Althammer-Ströbele, § 26, Rn. 13,14; *zur GemMV* Hackbarth, Benutzungszwang, 101, 126

388 BPatG GRUR 2001, 166 (168) - *Warenvertrieb im Internet;* OLG München, Mitt. 97, 30 (34) - *aliseo.*

389 zum MarkenG: BPatG GRUR 1998, 1032 (1033) - *MAPAX/MAPAG*; BPatG GRUR 1996; 981 (982) - *ESTAVITAL*; zum WZG: BGH GRUR 1980, 52 (53) - *Contiflex.*

390 Althammer-Ströbele, § 26, Rn. 11 für Warenherstellermarken, einschränkend aber Rn. 13,14 für Verwendung in der Werbung; Schmieder NJW 1995, 1240 (1245); Starck, WRP 1996, 269 (272). Zum WZG wie die Rechtsprechung Baumbach/Hefermehl, § 5, Rn. 42, 43; Jackermeier, Löschungsklage, 72; Baur, GRUR 1983, 617 (619); v. Gamm, GRUR 1977, 517 (524); Kraft, GRUR 1973, 495 (497). Recht strikt für das Erfordernis der körperlichen Verbindung Nastelski, MA 1968, 319 (328); Althammer, 4. Aufl., § 5 Rn. 42, 61; Bökel, GRUR 1970, 391 (394); Bökel, Benutzungszwang, 102 ff.

391 Bökel, GRUR 1970, 391 (394).

keit hat der BGH bei einer in Miettankwaggons ausgelieferten Flüssigkeit angenommen, da hier eine Kennzeichnung der Waggons nicht erwartet werden könne.[392]

Das BPatG hat ausführlich begründet, wieso - im Gegensatz zur amtlichen Begründung[393] - das MarkenG am Erfordernis der physischen Verbindung nichts geändert habe. Es hat dabei insbesondere auf die Exportmarkenregelung in § 26 IV MarkenG abgestellt. Daraus, daß dort ausdrücklich bestimmt sei, daß eine inländische Benutzung (bereits) vorliege, wenn die Ware nur in Deutschland gekennzeichnet und dann exportiert wird, müsse man schließen, daß die physische Verbindung von Zeichen und Ware weiterhin regelmäßig erforderlich sei[394].

2. Literatur, neuere Rechtsprechung: körperliche Verbindung als ein Indiz neben anderen

Die überwiegende Literatur bereits zum Vorabgesetz[395] und auch zum MarkenG[396] hält eine körperliche Verbindung von Ware und Zeichen nicht für so entscheidend. Vor allem Heydt stellte in diesem Zusammenhang auf die beträchtliche wirtschaftliche Bedeutung der Werbefunktion ab und leitete daraus her, daß schon die Realisierung dieser Funktion rechtserhaltend sein müsse[397]. Fezer hielt die Verwendung in der Werbung für ausreichend, weil auch sie jedenfalls dann herkunftskennzeichnend wirke, wenn sie den Verbraucher dazu veranlasse, Zeichen und Ware gedanklich in Verbindung zu setzen[398]. Einer Aufweichung des Benutzungszwangs durch Anerkennung solcher Benutzungsformen könne begegnet werden, indem man die Ernsthaftigkeit der Benutzung streng beurteilt[399].

392 BGH GRUR 1995, 347 (349) - *Tetrasil*. Dasselbe deutet der BGH bei zum Einbau bestimmten Teilen an, da deren Kennzeichnung ohnehin deshalb alsbald von niemandem mehr wahrgenommen werde, BGH GRUR 1996, 267 (268) - *Aqua*.

393 Begr. z. MarkenG, 2. Abs. 1. Spiegelstrich zu § 26.

394 a.A. (ohne auf den Sinneswandel hinzuweisen) aber BPatG GRUR 2001, 166 (168) - *Warenvertrieb im Internet*.

395 Heydt, Fs. Hefermehl, 59 (80 f.); Fezer, Benutzungszwang, 87, 92, 104 f.; Fezer, MA 1984, 76 (80); Schricker, GRUR Int. 1969, 14 (20); Schulze zur Wiesche, NJW 1968, 1809 (1813); Krieger, FS Rowedder, 224 (243).

396 Fezer, § 26, Rn. 8, 30; Ingerl/Rohnke, § 26, Rn. 36; zur GemMV Hackbarth, Benutzungszwang, 101.

397 Heydt, Fs. Hefermehl, 59 (80 f.); ebenso Schreiner, Dienstleistungsmarke, 369.

398 Fezer, Benutzungszwang, 104; Schricker, GRUR Int. 1968, 14 (19 ff.); v. Gamm, GRUR 1977, 517 (524).

399 Fezer, Benutzungszwang, 105; Schreiner, Dienstleistungsmarke, 368; Hackbarth, Benutzungszwang, 102; dagegen und für Abgrenzung bereits auf der Ebene des Benutzungsbegriffs Tietgen, Fabrik- und Händlermarken, 137; etwas unklar Nastelski, MA 1968, 321 (328) der beides prüfen will.

Auch ein Teil der neueren Rechtsprechung[400] sowie die Literatur zum MarkenG sind dieser Auffassung. Fezer begründet dies im Gegensatz zu seinen früheren Ausführungen nicht mehr damit, daß auch die Verwendung in der Werbung die Herkunftsfunktion realisieren könne, sondern damit, daß das MarkenG im Gegensatz zum WZG die Werbefunktion selbständig schütze, so daß ihre Realisierung rechtserhaltend sei[401]. Ingerl/Rohnke folgern dies aus dem ihrer Auffassung nach erforderlichen Gleichlauf von Rechtsverletzung und Rechtserhaltung, wonach grundsätzlich jedes potentiell rechtsverletzende Verhalten auch rechtserhaltend wirkt[402].

3. Stellungnahme

Ausgangspunkt ist, daß das MarkenG nach wie vor primär die Herkunftsfunktion der Marke schützt, und daß gerade im Benutzungszwang deshalb eine Realisierung gerade dieser markenspezischen Funktion erforderlich ist[403]. Zuzugeben ist dem BGH dann zunächst, daß der Herkunftshinweis intensiver, nämlich insbesondere dauerhafter ist, wenn die Ware selbst das Zeichen trägt. Denn dann tritt das Zeichen schon bei jeder optischen Wahrnehmung der Ware, auch lange nach dem Erwerb, ins Bewußtsein des Wahrnehmenden und wirkt herkunftshinweisend. Dieser Effekt könnte immerhin dafür sprechen, mit dem BGH grundsätzlich eine physische Kennzeichnung zu verlangen. Dagegen sprechen aber entscheidende Gründe.

a) auch Zeichenverwendung ohne körperliche Verbindung kann ernsthafte Benutzung sein

Die körperliche Verbindung von Zeichen und Produkt fehlt insbesondere bei der Verwendung in Bestellunterlagen und in der Werbung. Diese beiden Verwendungsformen wären nach der hergebrachten Rechtsprechung des BGH grundsätzlich nicht als ernsthaft zu qualifizieren[404].

Indes kann auch die produktbezogene Verwendung eines Zeichens in Bestellunterlagen die Herkunftsfunktion realisieren. Wenn ein Kunde nach dem Katalog unter dem angegebenen Namen den Artikel bestellt, so unterscheidet der Artikelname in diesem Moment die vom Hersteller angepriesene Ware von allen anderen derselben Gattung. Wenn der Kunde beim Eintreffen der Ware deren Namen in der Rechnung wiederfindet und sodann mit ihren Eigenschaften zufrieden ist, kann er anhand des Katalogs auf

400 BPatG GRUR 2001, 166 (168) - *Warenvertrieb im Internet;* OLG München, Mitt. 97, 30 (34) - *aliseo* (Aufdruck auf Geschäftspapieren kann reichen); OLG Hamburg, GRUR 2001, 191 - *Rechtserhaltende Benutzung vor Warenvertrieb* bei innerhalb der Schonfrist erteilten Produktionsaufträgen.

401 Fezer, § 26, Rn. 30.

402 Ingerl/Rohnke, § 26, Rn. 19, 36; zur GemMV Ingerl, Gemeinschaftsmarke, 107

403 s. zu dieser Kernthese oben 73.

404 BGH GRUR 1980, 52 (53) - *Contiflex*; BGH GRUR 1996, 267 (268) - *AQUA*; BPatG GRUR 1996; 981 (982) – *ESTAVITAL.*

den Hersteller zurückkommen und Ware unter demselben Namen nachbestellen[405]. Die Marke hat dann ihre Herkunftsfunktion realisiert.

b) Betonung der körperlichen Verbindung von Zeichen und Produkt paßt nicht bei Dienstleistungsmarken

Gegen die Auffassung des BGH ist einzuwenden, daß sie zwar gut auf Warenherstellermarken paßt, nicht aber auf Dienstleistungsmarken. Der Warenhersteller kann, wenn Zwischenhandel eingeschaltet ist, mit dem Endkunden am sichersten kommunizieren, wenn das Produkt selbst markiert ist. Das geht bei der Dienstleistungsmarke nicht. Denn hier gibt es gar kein körperliches Produkt, das gekennzeichnet werden könnte. Das Zeichen *kann* sich nur an den Geschäftsräumen befinden oder auf Hilfswaren, in Schriftwechsel und Werbematerial verwendet werden, und ist, wenn diese Verwendung nach Umfang und Dauer hinreichend ist, damit auch ernsthaft benutzt[406].

c) bei Händlermarken Produktverantwortung auch ohne körperliche Verbindung

Aber nicht nur bei unkörperlichen Produkten paßt das grundsätzliche Erfordernis der physischen Verbindung nicht. Auch bei einer Händler-Warenmarke überzeugt es nicht. Bei einer Händlermarke kommunizieren zwei Marktteilnehmer, die ohnehin schon unmittelbar in Kontakt stehen, weil sich der Kunde im Ladenlokal des Markenverwenders, auf seiner Internetsite o. ä. aufhält. Der Kunde *kann* deshalb die Marke auch dann als Herkunftszeichen auffassen, wenn die Produkte nicht unmittelbar markiert sind[407]. Nach der Rechtsprechung reicht aber diese bloße Möglichkeit nicht aus, sondern es muß bei der rechtserhaltenden Benutzung ein solches Verständnis naheliegen[408]. Auch das ist aber häufig der Fall. Denn der Verkehr weiß, daß es gerade im Billig-Discount-Bereich die Produkte noch nicht einmal mit einem Preisschild gekennzeichnet sind[409]. Trotzdem übernehmen auch viele solche Discounter - ganz im Sinne des Qualitätswettbewerbs, den die Marke über die entmaterialisierte Herkunftsfunktion ermöglichen soll[410] - besondere Produktverantwortung gerade für die bei ihnen gekauften

405 Ob dann eine marken- oder - nicht ausreichende - bestellzeichenmäßige Verwendung vorliegt, ist eine Frage des Einzelfalls. Zur Abgrenzung zwischen Bestellzeichen und Marken - die keine Frage der körperlichen Verbindung ist - s.u. 115.

406 Althammer-Ströbele, § 26, Rn. 11,22; v. Mühlendahl/Ohlgart, § 8, Rn. 33; Schreiner, Dienstleistungsmarke, 365.

407 Ingerl/Rohnke, § 26, Rn. 23. Erhaltungsbenutzung verneinen Fezer, § 26, Rn. 21; Baumbach/Hefermehl, § 5, Rn. 40. Verletzerbenutzung bejaht (nicht völlig fernliegende Möglichkeit reicht aus) BGH GRUR 1962, 647 (648, 649) - *Strumpfzentrale.*

408 BGH GRUR 1995, 583 (584) - *MONTANA.*

409 Bei Verwendung von Preisschildern sieht BPatG Mitt. 1996, 169 (171) - *Benutzung von Handelsmarken* m. zust. Anm. Betten zutreffend ausreichende Benutzung. Diese Markenverwendung sei bei Handelsmarken verkehrsüblich. Deshalb könne man vom Händler nicht die eine noch weitergehende, großformatigere Kennzeichnung der Ware erwarten. A.A. Doetsch, GRUR 1989, 485 (487), der Preisetiketten nicht als ausreichend ansehen will, um Mißbrauch durch Scheinbenutzung zu verhindern. Dieser Mißbrauch indes kann nur auf der Ebene der Ernsthaftigkeit geprüft werden.

410 EuGH GRUR 1990, 960 (Rn.13) - *HAG II.*

Markenwaren. Das erkennt man etwa an der sich im Handel verbreitenden bedingungslosen „Bei Unzufriedenheit Geld zurück"-Garantie, bei der der Händler unter Abbedingung der §§ 459 ff. BGB a.F., §§ 434 ff., 323 BGB n.F. den Kunden ein umfassendes, grundloses Rücktrittsrecht einräumt. Etwa bei einer solchen Garantie liegt es nicht fern, daß der Kunde das am Ladengeschäft oder dem Regal angebrachte Zeichen nicht nur als Firma, sondern auch als produktbezogenes Herkunftszeichen auffaßt. Denn eine solche Garantie macht einen dort gekauften Markenartikel wirtschaftlich zu einem anderen - nämlich viel weniger riskanten - Produkt als denselben Markenartikel, der bei einem Discounter ohne solche Umtauschrechte gekauft wurde. Die Herkunftsfunktion verlangt es deshalb bei Handelsmarken nicht zwingend, daß die Produkte selbst mit der Händlermarke gekennzeichnet sind. Häufig kann auch ohne die physische Verbindung eine rechtserhaltende Benutzung vorliegen. Die Grenzen zwischen firmen- und markenmäßiger Erhaltungsbenutzung sind hier fließend[411].

Der BGH müßte diese Fälle lösen, indem er am Erfordernis der physischen Kennzeichnung festhält, aber Händler- und Dienstleistungsmarken wegen praktischer Unmöglichkeit bzw. fehlender Verkehrsüblichkeit einer solchen Verwendung generell davon freistellt. Die Benutzung von Händler- und Dienstleistungsmarken wäre deshalb auf Grundlage der hergebrachten BGH-Rechtsprechung als Sonderfall anzusehen. Das entspricht aber nicht der Systematik von WZG[412] und MarkenG, die für die rechtserhaltende Benutzung von Händler- und Dienstleistungsmarken keine besonderen Vorschriften enthalten. Es ist deshalb nicht überzeugend, grundsätzliche Anforderungen an die rechtserhaltende Benutzung zu stellen, die dann auf diese Markentypen nicht passen[413].

III. Ergebnis

Auch ohne körperliche Verbindung von Zeichen und Produkt kann eine ernsthafte rechtserhaltende Benutzung vorliegen. Wenn indes die Kennzeichnung des Produktes möglich und zumutbar gewesen wäre und auch dem Verkehrsüblichen entsprochen hätte, wird man vom Zeicheninhaber detaillierte Darlegungen dazu erwarten können, warum trotz fehlender Kennzeichnung die Benutzung ernsthaft sein soll.

B. Benutzung für eingetragene Produkte

I. Überblick über die Regelungen und Problemstellung

1. Überblick

Art. 10 I, 12 I MRRL sehen vor, daß eine Marke für diejenigen Waren oder Dienstleistungen benutzt werden muß, für die sie eingetragen ist. Das wird in §§ 26 I, 51 I MarkenG und in §§ 49 I, 55 III MarkenG (durch Verweis auf § 26 MarkenG) umgesetzt. In der GemMV wird dasselbe von Art. 15 I, 43 II, 50 I a) 1. Hs., 56 II 1 GemMV bestimmt.

411 v. Mühlendahl/Ohlgart, § 8, Rn. 30.

412 Dienstleistungsmarken wurden durch Gesetz v. 29.1.1979, BGBl. I, 125, in das WZG eingeführt.

413 Hackbarth, Benutzungszwang, 101.

Art. 13 MRRL sieht ergänzend vor, daß eine Marke, bei der die Verfallsvoraussetzungen nur für einen Teil der eingetragenen Produkte vorliegen, auch nur für diese Produkte für verfallen erklärt werden kann, im übrigen aber wirksam bleibt. Diese Bestimmung setzen §§ 25 II 1, II 3, 49 III, 51 V, 55 III 4 MarkenG um. Art. 43 II 3, 50 II, 56 III 4 GemMV enthalten entsprechende Regelungen, auf die für das Verletzungsverfahren Art. 95 III GemMV verweist.

Eine Marke verfällt also trotz Benutzung, wenn sie für andere Produkte als die eingetragenen benutzt wurde. Teillöschungsreife der Marke tritt dann ein, wenn sie nur für einen Teil der eingetragenen Produkte benutzt wurde.

2. Problemstellung: Produkterstreckung bei teilweiser Benutzung

Die Anwendung dieser Regelungen kann in zwei Fällen problematisch sein: Zum einen, wenn das Produktverzeichnis weite Oberbegriffe enthält, die Marke aber nur für einzelne Produkte verwendet wurde. Dann muß festgestellt werden, ob und welche Begriffe vollständig zu löschen oder zu beschränken sind. Zum anderen kann bei Produkten, die aus mehreren Bestandteilen bestehen, fraglich sein, ob die Marke nur für das Gesamtprodukt oder auch für die einzelnen Bestandteile benutzt ist.

Zwei gegensätzliche Positionen sind zu dieser Frage denkbar: Eine Minimallösung, welche die Benutzung nur für genau die Warenart anerkennt, für die sie auch erfolgt ist und alle anderen Einträge löscht, eine Maximallösung, mit der man die Eintragung von Oberbegriffen stets aufrechterhält, wenn nur eine darunter subsumierbare Ware benutzt wurde, außerdem Kompromisse zwischen diesen Lösungen.

II. Meinungsstand

1. Maximallösung

Das OLG Köln hat sich in einer neueren Entscheidung der Maximallösung angeschlossen und eine nur für eine Hauptgruppe der roten Liste benutzte Arzneimittelmarke für „Arzneimittel" insgesamt aufrechterhalten[414]. Es begründet dieses bewußte Abweichen von der sonstigen Rechtsprechung und Literatur damit, daß man vom Markeninhaber nicht verlangen dürfe, verschiedene Medikamente unter exakt demselben Namen auf den Markt zu bringen, nur um umfassenden Schutz für seine Marke auf dem Produktsektor „Arzneimittel" sicherzustellen. Das aber müsse der Markeninhaber nach allen Varianten der Minimallösung tun, um seine Marke insgesamt aufrechtzuerhalten und so dagegen abgesichert zu sein, daß Dritte unter seiner Marke Arzneimittel mit anderen Indikationen auf den Markt bringen.

2. erweiterte Minimallösung

Schon die Begründung zum Vorabgesetz lehnte die Maximallösung ab. Sie war der Auffassung, eine Zurechnung der Benutzung komme jedenfalls nicht im verletzungsrechtlichen Gleichartigkeitsbereich in Betracht[415]. Daran anknüpfend, verfolgte die

414 OLG Köln, GRUR 2002, 264 (268).

415 Amtl. Begr., Bl.f.PMZ 1967, 244 (266 unter 7.).

überwiegende Rechtsprechung zum WZG die „erweiterte Minimallösung". Diese Grundsätze will die herrschende ins MarkenG[416] bzw. in die GemMV[417] übernehmen. Außer der sachlichen Richtigkeit dieser Konzeption spreche dafür auch der Vertrauensschutz[418].

Die erweiterte Minimallösung läßt eine Benutzungszurechnung nach den folgenden Grundsätzen zu:

a) Produkterstreckung: „gleiche" (nicht: „ähnliche") Produkte

Danach liegt bei Benutzung des Zeichens für eine Ware auch die Benutzung für alle Waren des „gleichen Warenbereichs" vor. Dieser ist anders, nämlich enger zu verstehen als der im Verletzungsrecht relevante Ähnlichkeitsbereich (früher: Warengleichartigkeitsbereich)[419]. Der gleiche Warenbereich ist betroffen, wenn die Produkte nach Eigenschaften und Zweckbestimmung in weitem Umfang übereinstimmen[420]. Weite Oberbegriffe („chemische Erzeugnisse für gewerbliche Zwecke"[421], „Bekleidungsstücke, einschl. Stiefel, Schuhe und Hausschuhe"[422]) müssen aufgespalten und teilweise gelöscht werden[423].

b) Löschung überzähliger Oberbegriffe

Läßt sich das Produkt unter mehrere eingetragene Oberbegriffe subsumieren, so verlangt die Rechtsprechung die Löschung aller Oberbegriffe bis auf einen, da ein schützenswertes Interesse an der Aufrechterhaltung mehrerer Oberbegriffe nicht bestehe[424]. Es müsse ohnehin jeder dieser Oberbegriffe auf die jeweils benutzte Produktgattung konkretisiert werden, so daß nach dieser Konkretisierung alle Oberbegriffe denselben Schutzbereich abdecken würden.

416 BPatGE 39, 224 (226) - *Vita-Combex* für Tierarzneimittel und Vitaminpräparate für Tiere; BPatG GRUR 1997, 652 (653) - *IMMUNINE*: Benutzung für ein Medikament aus der Hauptgruppe der roten Liste wirkt rechtserhaltend für die ganze Hauptgruppe; Fezer, § 26, Rn. 56, 58; Althammer-Ströbele, § 26, Rn. 76.

417 Hackbarth, Benutzungszwang, 146; wohl auch v. Mühlendahl/Ohlgart, § 8, Rn. 43.

418 So BPatGE 41, 267 (271 f.) - *Taxanil/Taxilan* wo die Frage, ob die Rezeptpflichtigkeit eines Arzneimittels konstitutiv für die erhaltungsrechtliche Warengruppe ist, bejaht wird und zur Begründung auf die entsprechende Handhabung im WZG und auf den nötigen Vertrauensschutz verwiesen wird.

419 BGH GRUR 1994, 512 (514) - *Simmenthal*; BGH GRUR 1990, 39 (40) - *Taurus*; Ingerl/Rohnke, § 49, Rn. 23 und Fezer, § 26, Rn. 53 jeweils m.w.N.

420 BGH GRUR 1990, 39 (40) - *Taurus;* BGH GRUR 1974, 84 (88) - *Trumpf*; BGH GRUR 1978, 647 (648) - *Tigress.*

421 BGH GRUR 1969, 604 - *Slip.*

422 Beispiel bei Munzinger, Mitt. 1972, 181 (187).

423 Anders allerdings BPatG GRUR 1976, 591 (592) - *Ceresan* für Maximallösung: Aufrechterhaltung des Oberbegriffs „Arzneimittel" bei Benutzung für bestimmte Spezialitäten.

424 BGH GRUR 1990, 39 (41) - *Taurus*; BGH GRUR 1994, 512 (515) - *Simmenthal*; BGH GRUR 1978, 647 (648) - *Tigress*; Fezer, § 26, Rn. 60.

Die Taurus-Entscheidung illustriert die Auffassung der Rechtsprechung. Eingetragen war hier der Oberbegriff „Geräte zur Aufzeichnung, Übertragung und Wiedergabe von Ton" (Klasse 9). Benutzt war die Marke für Rundfunkgeräte einschließlich Autoradios sowie für Kassettenabspielgeräte. Hier wurde der gleiche Warenbereich für Tonbandgeräte und Kassettenrekorder bejaht; für Plattenspieler und Zubehörteile (Kopfhörer, Lautsprecher) im Verhältnis zu Kassettenrekordern aber verneint[425]. Der Oberbegriff wird also konkretisiert durch einen Zusatz: „Geräte zur Aufzeichnung, Übertragung und Wiedergabe von Ton, *nämlich Tonbandgeräte und Kassettenrekorder*"[426], da es ein schützenswertes Interesse an der Aufrechterhaltung mehrerer Oberbegriffe nicht gebe.

3. Ingerl/Rohnke: Differenzierung nach Verfahrensarten

Ingerl/Rohnke melden Kritik an dieser Auffassung an. Sie bilden ein krasses Beispiel, um zu zeigen, daß die h.M. zu unangemessenen Ergebnissen führe[427]: Wird eine generell für Bekleidung eingetragene Marke zunächst für „Hosen" benutzt, auf einen entsprechenden Antrag für „Hemden" teilgelöscht und nur für „Hosen" aufrechterhalten („Bekleidungsstücke, nämlich Hosen"), die nächsten 5 Jahre nur für „Hemden" benutzt, so ist sie nach der erweiterten Minimallösung insgesamt löschungsreif: Für „Hosen" ist die Marke eingetragen, aber nicht (mehr) benutzt, für Hemden ist sie benutzt, aber nicht (mehr) eingetragen. Eine „Karteileiche", welche die Löschung verdiente, ist diese Marke nach Ingerl/Rohnkes Auffassung aber nicht.

Ingerl/Rohnke schlagen eine differenzierende Behandlung von Warenoberbegriffen im Rahmen von Löschungsverfahren einerseits und Verletzungsverfahren andererseits vor. Ein Markeninhaber soll ihnen zufolge über eine strenge Minimallösung Verletzungsansprüche aus der Marke nur auf genau die Warengattung stützen können, für die er die Marke auch benutzt hat[428]. Hier wollen Ingerl/Rohnke also strenger sein als die h.M., die den Bereich auch auf „gleiche Produkte" ausdehnt. Andererseits wollen sie aber bei Löschungsverfahren die Maximallösung anwenden und teilbenutzte Oberbegriffe gar nicht löschen[429]. Im Beispiel würde das dazu führen, daß die Marke für „Bekleidung" insgesamt eingetragen bliebe, Angriffe aus der Marke aber zunächst nur im Ähnlichkeitsbereich von „Hosen" möglich wären, später nur im Ähnlichkeitsbereich von „Hemden".

425 BGH GRUR 1990, 39 (41) - *Taurus.*

426 Weitere Beispiele: BGH GRUR 1978, 647 (648) - *Tigress*: Benutzung für „Parfum und Eau de Toilette" rechtfertigt nur einen der Oberbegriffe „Parfumerien" oder „Mittel zur Körper- und Schönheitspflege". BGH GRUR 1994, 512 (515) - *Simmenthal*: Benutzung für „Rindfleisch in Gelée" führt zur Beschränkung des Oberbegriffs „Conserves" auf „Conserves de Viande" und zur vollständigen Löschung der Oberbegriffe „Viande" und „Extrait de Viande". BPatGE 41, 267 (271) - *Taxanil/Taxilan* befürwortet Differenzierungen bei Arzneimitteln nach Wirkstoffen, Indikationen, Darreichungsformen und Rezeptpflicht/freier Verkäuflichkeit.

427 Ingerl/Rohnke, § 49, Rn. 24.

428 Ingerl/Rohnke, § 49, Rn. 25.

429 Ingerl/Rohnke, § 49, Rn. 25.

III. Stellungnahme

1. Kritik der Maximallösung

Die vom OLG Köln[430] favorisierte Maximallösung ist abzulehnen. Sie berücksichtigt nicht hinreichend die Unterschiede zwischen Verletzungs- und Erhaltungsrecht. Das vom Gericht befürchtete Ergebnis, der Markeninhaber müsse seine Phantasiemarke umfassend für alle Arzneimittelgruppen benutzen, um umfassend gegen Verletzungen geschützt zu sein, droht nicht. Der (verletzungsrechtliche) Ähnlichkeitsbereich ist, sowohl was ähnliche Produkte als auch ähnliche Zeichen angeht, deutlich weiter abgesteckt als der enge Bereich, auf dem der Inhaber seine Marke tatsächlich benutzt. Gerade bei einer reinen Phantasiebezeichnung - wie im Falle des OLG Köln - ist außerdem über die dann stärkere Kennzeichnungskraft der Marke – bei Arzneimitteln haben Marken häufig einen beschreibenden Beiklang und deshalb nur beschränkte Kennzeichnungskraft – eine Ausdehnung des Schutzumfangs möglich, die dem Markeninhaber auch gegen ähnlich klingende Marken für Medikamente mit anderen (ähnlichen) Indikationen den erforderlichen Schutz gibt. Außerhalb dieser, das konkret benutzte Zeichen und die konkret vertriebene Warengattung umlagernden Ähnlichkeitscorona *braucht* der Markeninhaber gar keinen Schutz, da keine Verwechslungsgefahr droht. Die Maximallösung vermittelt also markenrechtlichen Schutz auch noch da, wo das Marktverhalten des Markeninhabers gar keinen mehr erfordert. Sie schafft Kennzeichnungsmonopole über das wirtschaftlich erforderliche hinaus und beschränkt so die Kennzeichnungsmöglichkeiten Dritter, ohne daß der Markeninhaber daran ein schutzwürdiges Interesse hätte.

2. Kritik der Varianten der Minimallösung

Auf den ersten Blick scheint Ingerl/Rohnkes Lösung des Beispielsfalles „Bekleidung – Hemden – Hosen" sachgerechter als die der h.M., aber auf den zweiten erkennt man, daß die mit der h.M herbeizuführende völlige Löschung der Marke richtig ist. Denn schließlich weiß der Markeninhaber nach der ersten Teillöschung, daß seine Marke nur noch für „Hosen" geschützt ist, und kann deshalb erkennen, daß die Benutzung für „Hemden" bei keinem der (noch) eingetragenen Produkte rechtserhaltend sein werde. Er muß, wenn er Hemden unter der Marke vertreiben will, dasselbe Zeichen erneut anmelden und in das Warenverzeichnis „Hemden" aufnehmen[431]. Wenn er das tut, wird zwar nach Ablauf der zweiten 5 Jahre seine alte „Hosen"-Marke komplett löschungsreif. Das beeinträchtigt ihn aber nicht, da er für die nunmehr vertriebenen Hemden über die zweite Marke abgesichert ist. Die dadurch eintretenden Prioritätsnachteile und auch die Nachteile bei der Benutzungsschonfrist[432] muß er hinnehmen, da er seine Marke eben nur diskontinuierlich - nämlich für wechselnde Produkte - benutzt hat.

[430] OLG Köln, GRUR 2002, 264 (268).

[431] Das wäre möglich, s. zum Problem der Wiederholungsmarke s. S. 169.

[432] Da die zweite Marke eine Wiederholungsmarke ist, läuft dafür keine neue Benutzungsschonfrist. S. dazu unten 172.

Für die h.M und gegen die von Ingerl/Rohnke vorgeschlagene Differenzierung nach Verfahrensarten spricht auch ein Vergleich mit der Rechtslage bei Verwendung eingetragener Marken in abgewandelter Form. Hier ist trotz der Abwandlung die eingetragene Marke rechtserhaltend benutzt, wenn eingetragene und benutzte Marke vom Verkehr (noch) als dasselbe Zeichen angesehen werden (§ 26 III 1 MarkenG[433]), die marke genießt dan Schutz *in allen Verfahren.* Das beruht darauf, daß die Benutzung *gerade das* Kennzeichnungsmonopol rechtfertigen muß, das sich der Markeninhaber durch die Eintragung verschafft hat.

Dasselbe nun sollte man, da die Marke ein *produkt*bezogenes Kenn*zeichen* ist, nicht nur auf der Zeichen-, sondern auch auf der Produktseite ausreichen lassen. Hier kann man also den Rechtsgedanken des § 26 III 1 MarkenG übernehmen, so daß die Benutzung einer Marke für eine bestimmte Produktgattung auch für alle die Produkte rechtserhaltend wirkt, die (noch) als dieselben angesehen werden können, so daß die Marke auch für alle diese Produkte in allen Verfahren Schutz bereit stellt. Genau das ist aber der Inhalt der Taurus-Entscheidung, wenn dort die Benutzung allen „gleichen Produkten" zugerechnet wird.

Folglich ist mit der überwiegenden Meinung auch unter Geltung des MarkenG sowohl in Löschungs- als auch Verletzungsverfahren einheitlich von der erweiterten Minimallösung auszugehen.

C. Benutzung bei Produktbestandteilen

Fraglich ist, was gelten soll, wenn eine Marke für Produkte eingetragen ist, die nur einen Bestandteil desjenigen Gesamtproduktes darstellen, auf dem die Marke tatsächlich benutzt ist. Wirkt dann die Benutzung nur rechtserhaltend für das Gesamtprodukt oder auch für alle oder einige Bestandteile?

I. Benutzung für Gesamtprodukt ohne Hinweis auf Bestandteil

Anknüpfungspunkt ist der Wortlaut von § 26 I MarkenG[434], wonach die Marke „für die Waren und Dienstleistungen" benutzt sein muß, für die sie eingetragen ist. Nimmt man diesen Wortlaut ernst, so folgt daraus, daß es nicht ausreicht, wenn die Marke nur für einen Produktbestandteil verwendet ist, da dieser eben nicht selbst „Ware" oder „Dienstleistung", sondern nur Teil einer solchen ist[435].

Das entspricht auch der zutreffenden Rechtsprechung und h.M. zu dieser Frage. Verneint wird eine rechtserhaltende Benutzung für den Produktbestandteil dann, wenn die Marke nach der Art ihrer Verwendung als Name des Gesamtprodukts und nicht als besonderer Name des Bestandteils wirkt und auch keine Anhaltspunkte dafür vorliegen, daß der Bestandteil unter eben der Bezeichnung auch selbständig in den Handels-

433 s.o. S. 132.

434 Dieselbe Formulierung enthalten Art. 10 I MRRL, Art. 15 I GemMV und auch §§ 25 II 1, 49 III, 51 V, 55 III 4 MarkenG.

435 So Fezer, § 26, Rn. 62.

verkehr gelangt[436]. Demzufolge wurde bei einem Fertiggericht namens „Montana", das auch Parmesankäse enthielt, die rechtserhaltende Benutzung der Marke „Montana" für den Käse verneint[437].

Das OLG Karlsruhe hat eine zutreffende Ausnahme von diesem Grundsatz für den Fall gemacht, daß der Bestandteil so wesentlich für die Ware ist, daß er in den Augen des Verkehrs ihre Eigenart erst ausmacht. Es hat die Benutzung der Marke „Varimot" für Reibradgetriebe bejaht, obwohl die Getriebe nicht isoliert, sondern nur als Bestandteil eines fertigen Motors mit der Bezeichnung „Regelgetriebemotor mit Varimot" verkauft wurden. Da es gerade die Getriebe waren, welche die besondere technische Eigenart des Motors ausmachten, faßte der angesprochene fachkundige Verkehr die Bezeichnung als eine solche des Getriebes auf, auch wenn sich das für den Laien nicht so dargestellt hätte [438].

II. Benutzung mit ausdrücklichem Hinweis auf Bestandteil

Umstritten ist, was gelten soll, wenn aus der Markenverwendung auf dem Gesamtprodukt eindeutig klar wird, daß sich die Marke nur auf einen Bestandteil des Produkts, nicht auf das Produkt insgesamt[439], beziehen soll. Das kommt insbesondere dann in Betracht, wenn das Gesamtprodukt eine andere Marke trägt als der besonders hervorgehobene Bestandteil. Der erste hierzu vom BGH entschiedene Fall betraf die Salbe „Mirfulan", die den auf der Tube eigens genannten Lebertran namens „Epigranul" enthielt[440].

1. Meinungsstand

Eine verbreitete Auffassung differenziert danach, ob der Bestandteil auch selbständig vermarktet wird oder nicht.

a) Bestandteil wird selbständig vermarktet

Ist der Produktbestandteil auch selbständig Gegenstand des Handelsverkehrs, wird eine rechtserhaltende Benutzung bejaht[441]. Das betrifft insbesondere die „begleitende Marke". Eine begleitende Marke liegt vor, wenn auf dem Fertigprodukt die Marke des Vorproduktes angegeben ist, aus dem es hergestellt wurde. Die Marke „begleitet" also das Vorprodukt durch die Produktionsschritte. Bekannt sind solche Marken insbesondere aus der Textilindustrie, wo fertige Kleidungsstücke auch mit der Marke der Faser gekennzeichnet sind, um so auf die betriebliche Herkunft des Vorproduktes hinzuwei-

436 BGH GRUR 1995, 583 (584) - *MONTANA;* BGH GRUR 1971, 355 (356) - *Epigran II*; OLG Karlsruhe GRUR 1979, 319 (320) - *Varimot*; Fezer, § 26, Rn. 62; Ingerl/Rohnke, § 26, Rn. 41; Baumbach/Hefermehl, § 5, Rn. 61; v. Gamm, GRUR 1977, 517 (524).

437 BGH GRUR 1995, 583 (584) - *MONTANA*.

438 OLG Karlsruhe GRUR 1979, 319 (320) - *Varimot*; zustimmend Fezer, § 26, Rn. 62.

439 Hier liegt der Unterschied zu BGH GRUR 1995, 583 (584) - *MONTANA*.

440 BGH GRUR 1971, 355 ff. - *Epigran II*.

441 BGH GRUR 1971, 355 (356) - *Epigran II*; BGH GRUR 1995, 583 (584) - *MONTANA*, Fezer, § 26, Rn. 62; Ingerl/Rohnke, § 26, Rn. 41; v. Gamm, GRUR 1977, 517 (524).

sen[442]. Solche begleitenden Marken werden u.a. dadurch rechtserhaltend benutzt, daß die Fertigprodukte mit ihnen gekennzeichnet sind[443].

b) Bestandteil wird nicht selbständig vermarktet

Streitig ist aber, was gelten soll, wenn der auf dem Produkt mit einer Marke benannte Einzelbestandteil nicht selbständig in den Verkehr gelangt[444], sich aber die Markenverwendung ausdrücklich auf ihn bezieht. Der BGH hat in einem obiter dictum beträchtliche Zweifel geäußert, ob das eine ausreichende Benutzung sei. Wenn nämlich der Hinweis auf selbständig nicht gehandelte Warenbestandteile erhaltungsrechtlich anerkannt werde, so ermögliche das die Umgehung des Benutzungszwangs[445].

Heydt hat die Auffassung des BGH dem (hier sogenannten) „verletzungsrechtlichen Test"[446] unterworfen, den sie nach seiner Meinung nicht besteht. Er stellt zutreffend fest, daß die ausdrückliche Verwendung einer Marke für einen Warenbestandteil unproblematisch als Verletzungshandlung in Betracht kommt[447]. Er hält eine solche Markenverwendung für wirtschaftlich sinnvoll, auch wenn der Bestandteil nicht eigenständig vertrieben werde. Deshalb müsse diese Verwendung erhaltungsrechtlich anerkannt werden[448].

2. Stellungnahme: Selbständige Vermarktung des Bestandteils nicht erforderlich

Nach der hier vertretenen Auffassung liegt eine rechtserhaltende Benutzung nur da vor, wo das Zeichen so eingesetzt wird, daß der Verkehr die Tatsache der Markierung einer bestimmten Quelle, dem Markeninhaber, zuordnet und deshalb das Zeichen ein Vertrauen in die Produktqualität aufbauen kann[449]. Diese Funktion verwirklicht der Zeichengebrauch aber auch dann, wenn der damit benannte Produktbestandteil nicht selbständig zu erwerben ist. Das wird deutlich, wenn man sich vorstellt, daß etwa im Falle Epigran eine Werbeaktion durchaus den Effekt hätte haben können, daß die Verbraucher die Salbe „Mirfulan" gerade mit dem „Epigranul" genannten Lebertranzusatz kaufen wollen, „Mirfulan" mit einem „No-Name-Lebertran" aber in den Regalen liegenlassen hätten. Dabei käme es nicht darauf an, ob „Epigranul" auch isoliert zu erwerben ist oder nicht. Das Qualitätssignal, das der am Endprodukt angebrachte Hin-

442 Heydt, Anm. zu BGH - *Epigran II*, GRUR 1971, 355 (357). Verletzungsrechtlicher Beispielsfall BGH GRUR 1970, 80 - *Dolan* für Fasermarke auf Kleidung.

443 So auch v. Gamm, GRUR 1977, 517 (524).

444 So in BGH GRUR 1971, 355 - *Epigran II*, wo Lebertran ein Bestandteil der Salbe „Mirfulan" war und die Salbe deswegen den Hinweis „mit Epigranul®" trug.

445 BGH GRUR 1971, 355 (356) - *Epigran II* ; zustimmend Fezer, § 26, Rn 62; v. Gamm, GRUR 1977, 517 (524); a.A. Ingerl/Rohnke, § 26, Rn. 41.

446 S. zum verletzungsrechtlichen Test oben S. 88.

447 Heydt, Anm. zu BGH - *Epigran II*, GRUR 1971, 355 (357); s. zur Verletzung durch begleitende Marken etwa BGH GRUR 1970, 80 - *Dolan*; BGH GRUR 1973, 316 - *Smarty*; kurze Zusammenfassung der Rechtsprechung bei Schwendy, GRUR 1982, 379 (383).

448 Ebenso Ingerl/Rohnke, § 26, Rn. 41.

449 S.o. Modell S. 52.

weis auf den Bestandteil an die Marktteilnehmer aussendet, ist in beiden Fällen gleich intensiv, so daß der Markeninhaber auch in beiden Fällen den „Preis“[450] für die Beständigkeit seines Markenrechtes zahlt.

Festzuhalten ist deshalb, daß die Verwendung einer Marke unter ausdrücklichem Bezug auf einen Produktbestandteil als rechtserhaltende Benutzungshandlung anzuerkennen ist, auch wenn der Bestandteil nicht isoliert vertrieben wird. Allerdings ist dann die Ernsthaftigkeit der Benutzung streng zuprüfen, um Umgehungsmöglichkeiten auszuschließen. Die Ernsthaftigkeit kann insbesondere fehlen, wenn der betreffende Bestandteil keine besondere Bedeutung für die Qualität des Gesamtprodukts hat.

D. Zusammenfassung

1. Die fehlende körperliche Verbindung von Zeichen und Produkt ist ein Umstand, der an der Ernsthaftigkeit der Markenverwendung zweifeln lassen kann, der aber - sofern der erforderliche konkrete Produktbezug vorliegt - am Vorhandensein einer tauglichen Benutzungshandlung nichts ändert.

2. Sind für eine Marke Produktoberbegriffe eingetragen, wird die Marke aber nur für einzelne Produktarten benutzt, so sind Teillöschungen nach der „erweiterten Minimallösung“ vorzunehmen. Kann das Produkt unter mehrere eingetragene Oberbegriffe zugleich subsumiert werden, so sind alle Oberbegriffe bis auf einen, welcher konkretisiert werden muß, zu löschen.

3. Bei der Benutzung einer Marke für Produktbestandteile liegt eine taugliche Benutzungshandlung vor, wenn klar erkennbar ist, daß sich die Marke gerade auf den Bestandteil beziehen soll. Die Ernsthaftigkeit ist dann streng zu prüfen, um Scheinbenutzungen vorzubeugen.

4. Wird die Marke ohne ausdrücklichen Hinweis darauf verwendet, daß sie nur den Bestandteil bezeichnen soll, so liegt eine rechtserhaltende Benutzung für den Bestandteil nur dann vor, wenn dieser für das Gesamtprodukt so wesentlich ist, daß er es eigentlich ausmacht.

450 GemM Vorschlag 1980, GRUR Int. 1981, 86 (89).

§ 12 Bestellzeichen

A. Begriff, Problemstellung

Nach der oben entwickelten These stellt die bloße Realisierung der Unterscheidungsfunktion noch keine rechtserhaltende Benutzung dar, solange die Unterscheidung nicht nach Herkunft der Markierung von einem Markeninhaber erfolgt. Eine unter diesem Aspekt sowohl im Verletzungsrecht als auch im Erhaltungsrecht problematische Fallgruppe ist die des Bestellzeichens. Bestellzeichen sind Produktbenennungen, die nicht dazu dienen, die Produkte des einen Markeninhabers von denen anderer Unternehmen zu unterscheiden, sondern nur im Binnenangebot des Verwenders Ordnung schaffen, indem sie sein Sortiment gliedern. Sie wirken deshalb produktunterscheidend, entfalten aber keinen Herkunftshinweis. Deutlich wird das etwa an Katalogbestellnummern, die dem Kunden die Auswahl aus einem Versandhausangebot ermöglichen: Diese Nummern entfalten zwar eine produktunterscheidende Wirkung, einen Herkunftshinweis enthalten sie aber nicht.

Es fragt sich, ob die Verwendung als Artikelbezeichnung trotz fehlenden Herkunftshinweises einerseits als Markenverletzung und andererseits als rechtserhaltende Benutzung in Betracht kommen kann.

B. Rechtsprechung zu Bestellzeichen

I. Verletzungsrecht: im Zweifel Rechtsverletzung

1. Rein bestellzeichenmäßige Verwendung keine Markenverletzung - Gaby

Für das Verletzungsrecht ist entschieden, daß die Verwendung eines Zeichens in *reiner* Bestellzeichenfunktion keine Warenzeichenverletzung darstellt[451]. Im Fall der Marke „Gaby" wurde eine Verletzung durch Werbeanzeigen für diverse Schuhmodelle namens Helen, Katrin, Ina, Elfie, Anne, Sophia, Rosy, Jenny, Elly und eben „Gabi" geltend gemacht. Der BGH wies die Klage ab. Er verneinte die Warenzeichenmäßigkeit der Verwendung, da bei einem solchen Allerweltsnamen, der in einer Kette von vielen anderen Vornamen zur Modellbezeichnung verwendet werde, der Verkehr keinen Herkunftshinweis annehme. Hier realisierte die Produktbezeichnung also zwar die Unterscheidungsfunktion, denn sie gliederte das Binnensortiment des Verwenders. Das Zeichen gab aber keinen Herkunftshinweis, denn es enthielt keine Abgrenzungsaussage zu Sortimenten anderer Unternehmen. Die Verwendung war deshalb markenrechtlich irrelevant[452], so daß keine Verletzungsansprüche bestanden.

2. Regelmäßig (auch) warenzeichenmäßige Verwendung

Daß bei Bestellzeichen die Markenverletzung verneint wird, ist aber die Ausnahme. Nach Auffassung des BGH kann nämlich dieselbe Zeichenverwendung binnenangebotsdifferenzierend und somit bloß bestellzeichenmäßig wirken, *zugleich* aber auch

[451] Von diesem Grundsatz gehen etwa aus BGH GRUR 1970, 552 (553) - *Felina-Britta;* BGH GRUR 1968, 367 (369) - *Corrida*; BGH GRUR 1954, 123 - *NSU Fox/Auto Fox*; BGH GRUR 1961, 280 (281 f.) - *Tosca*; BGH GRUR 1988, 307 (308) - *Gaby.*

[452] BGH GRUR 1988, 307 (308) - *Gaby.*

herkunftshinweisend und damit markenmäßig sein[453]. Im Falle der Parfummarke „Tosca“ hatte der Verletzer in seinem Katalog ein Kleid „Tosca“ genannt. Der BGH bejahte die Warenzeichenmäßigkeit der Benutzung, da der Name selten sei und auch als Phantasiewort verstanden werden könne. Deshalb habe im Katalog das Wort „Tosca“ zugleich Bestellzeichen- und Herkunftsfunktion, auch wenn es nur eine Artikelbezeichnung unter vielen andern, ebenfalls aus weiblichen Vornamen bestehenden, sei[454]. Generell ist die Rechtsprechung zu Bestellzeichen in Fortführung der *Tosca*-Entscheidung verletzerfeindlich. Im Zweifel, so kann amn sagen, liegt keine rein bestellzeichenmäßige, sondern eine (auch) warenzeichen/markenmäßige Verwendung und damit eine Verletzung vor[455].

II. Erhaltungsrecht: Bestellzeichen wirkt im Zweifel nicht rechtserhaltend

Auf dieser Rechtsprechung zum Verletzungsrecht baut diejenige zum Erhaltungsrecht auf, allerdings mit umgekehrter Tendenz. Grundsätzlich reicht die Verwendung als Bestellzeichen wie für die Rechtsverletzung auch für eine rechtserhaltende Benutzung nicht aus. Die Vermutungsrichtung, so kann man die Tendenz zusammenfassen, ist aber umgekehrt: Wenn nicht klar ist, ob eine bloß bestellzeichen- oder schon eine markenmäßige Verwendung vorliegt, liegt im Zweifel noch keine Erhaltungsbenutzung vor[456]. Das Vorliegen einer rechtsverletzenden Benutzung wird also im Zweifel bejaht, das Vorliegen einer rechtserhaltenden Benutzung im Zweifel verneint.

C. Abweichende Literatur zum Erhaltungsrecht

I. Markenfunktionen gleichgültig, grundsätzlicher Gleichlauf von Verletzungs- und Erhaltungsrecht (Ingerl/Rohnke)

Ingerl/Rohnke halten – in Übereinstimmung jedenfalls mit der Tendenz der Rechtsprechung - die Verwendung eines Zeichens als Bestellzeichen für rechtsverletzend[457].

453 BGH GRUR 1970, 552 (553) - *Felina-Britta;* BGH GRUR 1968, 367 (369) - *Corrida*; BGH GRUR 1954, 123 - *NSU Fox/Auto Fox.* Die Entscheidung BGH GRUR 1996, 781 (783) - *Verbrauchsmaterialien* betrifft die Übernahme am Markt *bekannter*, aber *nicht als Marke geschützter* Artikelnummern (im Fall: eines Original-Toshiba-Fotokopiertoners). Das begründet Ansprüche aus, § 1 UWG (Rufausbeutung durch Anlehnung).

454 BGH GRUR 1961, 280 (281 f.) - *Tosca*; anders für den (Allerwelts)vornamen „Gaby“ BGH GRUR 1988, 307 (308) - *Gaby*; ebenso auch für den Vornamen „Jeannette“ OLG Stuttgart, GRUR 1953, 537 - *Jeannette-Modell.*

455 BGH GRUR 1970, 552 (553) - *Felina-Britta;* so auch Baumbach/Hefermehl, § 15, Rn. 39.

456 BGH GRUR 1980, 52 (53) - *Contiflex*: „(Dem Zeichen) kommt bei der alleinigen Verwendung in der Geschäftskorrespondenz zwischen Abnehmerin und Lieferantin allenfalls die Bedeutung eines Bestellzeichens zu; dagegen dient es nicht der Unterscheidung der Warenherkunft. Mangels einer funktionsgerechten Benutzung kann daher die bloße Anführung des Warenzeichens in der Geschäftskorrespondenz zur Benennung einer nicht so gekennzeichneten Ware *grundsätzlich* nicht als Benutzung in Sinn des § 5 Abs. 7 WZG anerkannt werden“ (Hervorh. nur hier). S.a. BGH GRUR 1995, 347 (348) - *TETRASIL*; BGH GRUR 1996, 267 (268) - *Aqua;* BPatG GRUR 1996, 981 (982) - *ESTAVITAL.*

457 Ingerl/Rohnke, § 14, Rn. 80 unter ausdrücklicher Ablehnung der BGH-Rechtsprechung (BGH GRUR 1961, 280 (282) - *Tosca*; BGH GRUR 1988, 307 - *Gaby.*

Deshalb erfordere der notwendige Gleichlauf von Rechtserhaltung und Rechtsverletzung auch die erhaltungsrechtliche Anerkennung von Bestellzeichen[458].

II. Kein Herkunftshinweis erforderlich, da alle Markenfunktionen im Benutzungszwang relevant (Fezer)

Zum gegenteiligen Ergebnis müßte Fezer kommen, der die Realisierung jedweder Markenfunktion im Benutzungszwang als potentiell rechtserhaltend berücksichtigen will, da das MarkenG als solches eben alle Markenfunktionen anerkenne. Rechtserhaltende Benutzung liegt ihm zufolge vor, wenn die Marke als „produktidentifizierendes Unterscheidungszeichen im Marktwettbewerb verwendet wird"[459], und das ist bei einem Bestellzeichen zu bejahen.

D. Stellungnahme

I. Rechtfertigung der unterschiedlichen Vermutungsrichtung im Verletzungs- und Erhaltungsrecht

1. Verletzungsrecht

Bereits im Wortlaut der Verletzungstatbestände von WZG und MarkenG ist es angelegt, „im Zweifel" die *verletzungsrechtliche* Markenmäßigkeit anzunehmen. Denn sowohl § 31 WZG als auch §§ 9 Nr. 2, 14 II NR. 2 MarkenG lassen für Verletzungsansprüche die *Gefahr* von Verwechslungen ausreichen; nicht erforderlich ist, daß es tatsächlich zu Verwechslungen kommt. Die *Gefahr*, daß der Verkehr ein bloß bestellzeichenmäßig *gemeintes* Zeichen als Herkunftshinweis auffassen *kann*, wird aber meistens vorliegen. Deshalb ist verletzungsrechtlich im Zweifel die Markenmäßigkeit der Bestellzeichenverwendung zu bejahen.

2. Erhaltungsrecht

Im Erhaltungsrecht ergibt sich indes aus dem Wortlaut der Vorschriften kein Hinweis darauf, wie in Zweifelsfällen zwischen bloßer Bestellzeichenverwendung und (schon) erhaltungstauglicher Markenbenutzung unterschieden werden soll. Aus informationsökonomischer Sicht ist die „erhaltungsfeindliche" Tendenz der Rechtsprechung aber berechtigt. Denn beim Benutzungszwang geht es darum, die Fortdauer des Kennzeichnungsmonopols zu rechtfertigen. Hier muß deshalb der Markeninhaber zeigen, daß seine Zeichenverwendung der Art nach dazu geeignet ist, diejenigen externen Effekte zu zeitigen, deren Internalisierung sodann das Verletzungsrecht sicherstellt. Diese externen Effekte - Qualitätswettbewerb zwischen substituierbaren Produkten aus *verschiedenen* Unternehmen[460] - kann die Marke aber nur bewirken, wenn sie dem Verkehr eine Orientierungsmöglichkeit zwischen den Angeboten *verschiedener Anbieter* gibt. Daraus folgt, daß ein Zeichen, das nach der Verkehrsauffassung nur eine Orientierung im Binnenangebot ermöglicht, nicht im erhaltungsrechtlichen Sinne „als Marke" benutzt ist. Die bloße Möglichkeit, daß das Zeichen auch anders verstanden wer-

[458] Ingerl/Rohnke, § 26, Rn. 50.

[459] Fezer, § 26, Rn. 9, 13.

[460] so die Funktionsbeschreibung etwa bei EuGH GRUR Int. 1990, 960 (Rn. 13) - *Hag II.*

den könnte - die im Verletzungsrecht als Verwechslungs-„gefahr“ ausreicht - spielt im Erhaltungsrecht keine Rolle.

3. Ergebnis

Mit der Rechtsprechung ist nach alledem davon auszugehen, daß die Verwendung einer Marke als Bestellzeichen „im Zweifel“ keine rechtserhaltende Benutzung darstellt.

II. Verletzungsrechtlicher Test

1. Verletzungs- und erhaltungsrechtlicher Gleichlauf wegen unterschiedlicher Vermutungsrichtung nicht gewährleistet

Wenn im Verletzungsrecht im Zweifel markenmäßige Verwendung bejaht, im Erhaltungsrecht im Zweifel verneint wird, ist der Gleichlauf von Verletzungs- und Erhaltungsbenutzung zwar dogmatisch, aber nicht praktisch gewährleistet[461]. Das ist bedenklich, weil die Wirtschaft Bestellzeichen benötigt, ohne die etwa der Versandhandel nicht auskommt. Der Versandhändler steht aber ständig vor der Gefahr, daß ein Dritter sich das Zeichen als Marke schützen läßt und die weitere Verwendung als Bestellzeichen verbietet[462]. Diese Gefahr hat sich im MarkenG, verglichen mit dem WZG, noch verschärft. Gemäß § 3 MarkenG ist es nämlich nunmehr möglich, reine Buchstaben- und Zahlenkombinationen als Marke eintragen zu lassen[463]. Es gibt deshalb keine Zeichen mehr, bei denen eine „ungestörte“ Verwendung als Bestellzeichen noch möglich wäre. Das bedeutet im Ergebnis, daß jedes Bestellzeichensystem ständig in der Gefahr steht, durch Markenanmelder gestört zu werden. Zu einem solchen Ergebnis darf die Umsetzung des Benutzungszwangs aber nicht führen, da er die wirtschaftlichen Abläufe, wie schon die Begründung zum Vorabgesetz bemerkte[464], nicht erschweren soll.

Es stellt sich also die Frage, wie der Gleichlauf von Verletzungs- und Erhaltungsrecht herzustellen ist.

2. Herstellung des Gleichlaufs über die gerechtfertigte Nichtbenutzung

Zur Lösung des Problems bietet sich das Institut der gerechtfertigten Nichtbenutzung an. Nach dem oben entwickelten Konzept[465] liegt bei einem zwar „verwendeten“, aber nicht im Sinne des § 26 MarkenG „benutzten“ Zeichen eine gerechtfertigte Nichtbenutzung vor, wenn

- die Verwendung potentiell rechtsverletzend ist,
- an der Zeichenverwendung ein berechtigtes Interesse besteht und

461 S. zum verletzungsrechtlichen Test oben S. 88.

462 Zutreffend Ingerl/Rohnke, § 26, Rn. 50.

463 Das war gemäß § 4 II Nr. 1 WZG ausgeschlossen, außer die Zahlen- bzw. Buchstabenkombination war durchgesetzt (§ 4 III WZG).

464 Begr. zum VorabG, Bl. PMZ 1967, 244 (268); ebenso im Anschluß daran etwa BGH GRUR 1995, 347 (348) - *TETRASIL;* Althammer-Ströbele, § 26, Rn. 6.

465 S. o. S. 88

- schließlich die Zeichenverwendung „ernsthaft“ ist.

Das erste Merkmal ist zu bejahen, da nach der Rechtsprechung Bestellzeichen „im Zweifel“ rechtsverletzend wirken. Auch das zweite Merkmal liegt vor, wenn der Verwender einen Betrieb hat, in dem er auf die Verwendung von Bestellzeichen angewiesen ist.

Beim dritten Merkmal, der Ernsthaftigkeit, bietet es sich an, zu überprüfen, ob der Verwender das Bestellzeichen nur gebraucht, um auf diese Weise unzulässige Markenbevorratung über die Benutzungsschonfrist hinaus zu betreiben. Einen solchen Vorwurf wird man dem Verwender desto weniger machen können, je weniger kennzeichnungskräftig seine Bestellzeichen sind und je geschlossener und folgerichtiger er das Bestellzeichensystem aufbaut. Bestehen seine Bestellzeichen jedoch aus disparaten, je für sich gesehen durchaus kennzeichnungskräftigen Zeichen, so kann ihn der Vorwurf treffen, nicht ein „ernsthaftes“ Bestellzeichensystem zu unterhalten, sondern eigentlich Vorratsmarken zu horten. Dann kommt keine gerechtfertigte Nichtbenutzung in Betracht.

3. Konsequenzen für den Rechtsschutz von Bestellzeichen

Die Unterschiede im Schutzumfang zwischen benutzten und gerechtfertigterweise nichtbenutzten Marken wurden oben[466] dargestellt, so daß die Ausführungen hier knapp sein können.

a) Nachteile bei Beweislast und Dauer der Schutzfrist

Die Lösung über die gerechtfertigte Nichtbenutzung führt dazu, daß der Markeninhaber schlechter steht, als wenn die Bestellzeichenverwendung als echte Benutzung anerkannt würde. Insbesondere ist die Ausgestaltung der Beweislast und, wenn er die Verwendung einstellt, die Berechnung der Schonfrist für ihn ungünstiger. Das erscheint auch angemessen, da die Verwendung als Bestellzeichen nicht diejenige Verwendung ist, für die das Kennzeichnungsmonopol der Marke vorgesehen ist.

b) Angriffe aus Bestellzeichen möglich

Fraglich ist, ob dem Bestellzeichenverwender - im Gegensatz zu anderen Fällen der gerechtfertigten Nichtbenutzung - nicht nur Schutz gegen Angriffe Dritter zuzubilligen ist, sondern ihm aus dem Bestellzeichen auch Angriffe auf Dritte möglich sein sollen. Nach dem oben entwickelten Konzept liegt bei Angriffen aus gerechtfertigterweise nichtbenutzten Zeichen der Einwand des Rechtsmißbrauchs nahe. Da ein Bestellzeichen aber am inländischen Markt auftaucht und deshalb bei Verwendung ähnlicher Zeichen auch Verwechslungsgefahr eintreten kann, ist die Geltendmachung von Verletzungsansprüchen - anders als etwa bei Basis[467]- oder Transitmarken[468] - regelmä-

[466] S. o. S. 92.

[467] S.o. S. 92.

[468] S.u. S. 192.

ßig nicht rechtsmißbräuchlich[469], da sich der Bestellzeichenverwender gegen solche Verwechslungsgefahren schützen darf.

E. Zusammenfassung

Die Verwendung eines Zeichens in reiner Bestellzeichenfunktion ist markenrechtlich weder eine Verletzungs- noch eine Erhaltungsbenutzung.

Im Zweifel ist aber verletzungsrechtlich keine reine Bestellzeichenverwendung anzunehmen, da das Zeichen häufig auch als Herkunftshinweis verstanden werden *kann*. Verletzungsrechtlich liegt also im Zweifel eine (auch) markenmäßige Benutzung vor.

Erhaltungsrechtlich liegt umgekehrt im Zweifel keine Benutzung vor, da das Zeichen nicht als Herkunftshinweis, sondern als Orientierung im Binnensortiment des Anbieters aufgefaßt wird.

Die dadurch auftretende Diskrepanz und die praktische Notwendigkeit von Bestellzeichen erfordert die Herstellung eines Gleichlaufs von Verletzungs- und Erhaltungsbenutzung. Das geschieht dadurch, daß die Nicht*benutzung* der bloß als Bestellzeichen *verwendeten* Marke gerechtfertigt ist, wenn der Verwender an der Verwendung von Bestellzeichen ein berechtigtes Interesse hat und keine Indizien dafür sprechen, daß das von ihm gewählte Bestellzeichensystem (auch) der Markenbevorratung dient.

Soweit die Verwendung als Bestellzeichen danach als gerechtfertigte Nichtbenutzung anzuerkennen ist, kommt - im Unterschied zu anderen Fällen der gerechtfertigten Nichtbenutzung - in grundsätzlicher Ausschluß von Verletzungsansprüchen in der Regel nicht in Betracht.

469 S. zu Ansprüchen bei am Markt bekannten aber nicht als Marke eingetragenen Bestellzeichen BGH GRUR 1996, 781 (783) - *Verbrauchsmaterialien*.

§ 13 Marktbezug der Zeichenverwendung

A. Ausgangspunkt: Vertrieb markierter Produkte als Grundfall der rechtserhaltenden Benutzung

Nach der oben entwickelten Definition ist die spezifische Funktion der Marke nur realisiert, wenn das Publikum die Marke als Herkunftshinweis wahrnehmen kann. Damit im Einklang steht, daß nach einhelliger Auffassung der Vertrieb gekennzeichneter Produkte der „Prototyp“ der rechtserhaltenden Benutzung ist[470].

Das führt zu der Frage, ob die rechtserhaltende Benutzung zwingend erfordert, daß markierte Produkte am Markt auftauchen, oder ob es ausreichen kann, wenn die Marke für (noch) gar nicht existente Produkte oder nur abseits vom allgemeinen Marktgeschehen, etwa nur innerbetrieblich oder nur im Konzern, verwendet wird.

B. Nur innerbetriebliche oder konzerninterne Verwendung

I. Meinungsstand

1. Innerbetriebliche Vorgänge können ausreichen

Teilweise differenziert die Literatur danach, ob die innerbetriebliche Verwendung der Marke unmittelbar darauf angelegt ist, auch nach außen in Erscheinung zu treten. Nur wenn auch diese Absicht fehle - wie bei der Herstellung bloßer Produkt- oder Verpackungsmuster -, liege keine rechtserhaltende Benutzung vor[471]. Seien die Waren jedoch zum Vertrieb bestimmt, so komme auch die bloße Kennzeichnung als rechtserhaltende Benutzung in Betracht[472], da dies der Gleichlauf von Verletzungs- und Erhaltungsbenutzung erfordere[473]. Dafür spreche auch, daß § 26 IV MarkenG bei Exportmarken die bloße Kennzeichnung - also einen rein innerbetrieblichen Vorgang - als rechtserhaltende Benutzung ausdrücklich anerkenne[474].

Noch weitergehend wird teilweise beim zwar unternehmensüberschreitenden, aber noch konzerninternen Warenverkehr eine rechtserhaltende Benutzung auch dann bejaht, wenn kein externer Vertrieb beabsichtigt ist. Das ergebe sich daraus, daß auch Lieferungen aus verbundenen Unternehmen beim Empfänger auf ihre Qualität überprüft würden, da auch konzernintern ein ineffizienter Leistungsbezug auf Dauer wirtschaftlich nicht vertretbar sei. Deshalb stelle sich die markierte Ware auch hier dem Qualitätswettbewerb, so daß sie herkunftsunterscheidend und als Qualitätssignal wirke[475]. Ingerl/Rohnke verweisen darauf, daß § 26 MarkenG im Gegensatz zu § 14 MarkenG das Merkmal „im geschäftlichen Verkehr“ nicht enthalte, so daß der unter-

[470] Fezer, § 26, Rn. 13; Hackbarth, Benutzungszwang, 123.

[471] BGH GRUR 1982, 417 (419) - *Ranger*; Fezer, § 26, Rn. 14, 17; Ingerl/Rohnke, § 26, Rn. 29.

[472] Fezer, § 26, Rn. 15; Fezer, Benutzungszwang, 88; Hackbarth, Benutzungszwang, 103.

[473] So Ingerl/Rohnke, § 26, Rn. 28.

[474] Ingerl/Rohnke, § 26, Rn. 28, vgl. § 14 III Nr. 1 MarkenG.

[475] Zeug, Konzernmarke, 210.

nehmensinterne Warenaustausch von § 26 MarkenG erfaßt sei[476]. Außerdem sei zu bedenken, daß das Merkmal „geschäftlicher Verkehr" bei § 14 I MarkenG weit ausgelegt werde, so daß auch interne Sachverhalte rechtsverletzend sein könnten. Deshalb erfordere wiederum der Gleichlauf von Erhaltungs- und Verletzungsbenutzung die erhaltungsrechtliche Anerkennung[477]. Streng zu prüfen sei bei konzerninternen Benutzungssachverhalten aber das Merkmal der Ernsthaftigkeit[478].

2. Innerbetriebliche Vorgänge reichen nicht aus

Nach der wohl h.M und Rechtsprechung liegt bei innerbetrieblichen[479] und auch bei konzerninternen[480] Vorgängen keine rechtserhaltende Benutzung vor[481]. Dabei stellt die lamod-Entscheidung ausdrücklich klar, daß es - anders als im Verletzungsrecht - keine Rolle spielt, wenn die Konzernunternehmen die betreffenden Produkte auch von anderen Wettbewerbern beziehen[482]. Auch die bloß betriebsinterne Kennzeichnung von Waren - ob mit oder ohne Vertriebsabsicht - ist hiernach für eine Rechtserhaltung nicht ausreichend. Die gekennzeichneten Produkte müßten vielmehr die innerbetriebliche Sphäre verlassen. Das sei insbesondere zu verlangen, um Umgehungsmöglichkeiten zu versperren[483].

II. Stellungnahme

1. Unternehmens-, konzerninterner Warenverkehr keine Rechtserhaltung

Im Benutzungszwang geht es nach der hier vertretenen Auffassung darum, daß der Markeninhaber das Kennzeichnungsmonopol, das ihm die Rechtsgemeinschaft gewährt, der Rechtsgemeinschaft gegenüber rechtfertigt, indem er - mit den Worten der Begründung zum Vorschlag der GemMV[484] - den „Preis" dafür zahlt. Das bedeutet, daß eine rechtserhaltende Benutzung im Einklang mit der Rechtsprechung[485] nur da anerkannt werden kann, wo der Markeninhaber die Marke außerhalb seiner eigenen Sphäre, gegenüber zumindest einem Teil der Rechtsgemeinschaft einsetzt. Nur dann kann die Marke ihre spezifische Funktion realisieren[486]. Das ist aber bei der nur be-

476 Ingerl/Rohnke, § 26, Rn. 26 f.

477 Ingerl/Rohnke, § 26, Rn. 30; Zeug, Konzernmarke, 211.

478 Ingerl/Rohnke, § 26, Rn. 30; ähnlich wohl v. Mühlendahl/Ohlgart, § 8, Rn. 36, die „auf die Umstände des Einzelfalls" abstellen.

479 v. Mühlendahl/Ohlgart, § 8, Rn. 37 für betriebsinterne Vorgänge, anders Rn. 36 für konzerninterne Abläufe.

480 BGH GRUR 1979, 551 (552) - *lamod.*

481 Althammer-Ströbele, § 26, Rn.15; Baumbach/Hefermehl, § 5, Rn. 36.

482 BGH GRUR 1979, 551 (552) - *lamod.*

483 Hackbarth, Benutzungszwang, 122; v. Mühlendahl/Ohlgart, § 8, Rn. 6.

484 GemM Vorschlag 1980, GRUR Int. 1981, 86 (89).

485 BGH GRUR 1979, 551 (552) - *lamod.*

486 S. dazu oben S. 78.

triebs- oder konzerninternen Verwendung nicht der Fall. Eine rechtserhaltende Benutzung liegt deshalb dann nicht vor.

Dabei kommt es auch nicht darauf an, ob der Markeninhaber beabsichtigt, die Produkte zu vertreiben. Hier ist darauf zu verweisen, daß nach der zutreffenden Rechtsprechung die Benutzungsabsicht die tatsächliche Benutzung nicht ersetzt[487]. Solange die Marke den potentiellen Abnehmern überhaupt nicht zur Kenntnis gebracht wurde, ist es auch ausgeschlossen, daß die Marke als Herkunftshinweis wirkt, so daß dann auch keine rechtserhaltende Benutzung vorliegt.

2. verletzungsrechtlicher Test

Zu prüfen ist[488], ob sich aus dem praktischen Gebot des Gleichlaufs von Verletzungs- und Erhaltungsbenutzung die Notwendigkeit ergibt, auch nur betriebs- oder konzernintern verwendete Marken bestandsfest zu machen, indem solche Verwendungen etwa als gerechtfertigte Nichtbenutzung anerkannt werden.

a) Grundsätzlich keine Markenverletzung, da kein „geschäftlicher Verkehr“

Eine solche Notwendigkeit kann sich daraus ergeben, daß insbesondere größere Unternehmen darauf angewiesen sind, auch im internen Verkehr kurze Produktbezeichnungen zu verwenden, um die internen Warenströme zu erfassen und zu steuern. Es kann deshalb erforderlich sein, solche Zeichen auch erhaltungsrechtlich abzusichern. Das ist aber nach dem oben entwickelten Konzept[489] nur dann geboten, wenn diese Art der Markenverwendung potentiell rechtsverletzend ist. Zwar liegen auch bei nur internem Gebrauch zweifellos Handlungsmodalitäten des § 14 III MarkenG vor (Kennzeichnung von Produkten, Besitz markierter Produkte). § 14 II MarkenG verlangt aber für alle Verletzungsmodalitäten, daß sie „im geschäftlichen Verkehr“ vorgenommen werden. Nach h.M finden aber rein betriebs- oder konzerninterne Vorgänge, die nicht auf eine Außenwirkung angelegt sind, nicht im geschäftlichen Verkehr statt[490].

b) aber: Verletzerfeindliche Vermutung für „geschäftlichen Verkehr“

Nach ebenso h.M. wird aber bei jedem Handeln von Gewerbetreibenden vermutet, daß es im geschäftlichen Verkehr erfolgt[491]. Daran anknüpfend, ist zutreffenderweise auch beim Besitz markierter Waren zu vermuten, daß ein Gewerbetreibender diesen zum

487 BPatGE 37, 233 (235) - *Sachsenkrone.* Anders noch BGH GRUR 1958, 544 (546) - *Colonia*, wo zur Rechtfertigung der Aufrechterhaltung des Markenschutzes darauf hingewiesen wurde, daß der Inhaber es zukünftig vielleicht auch konzernüberschreitend verwenden werde. Damals gab es noch keinen Benutzungszwang. Heute stünde ein solches Argument in Widerspruch zur Benutzungsschonfrist.

488 S.o.S. 88.

489 S.o. S.88.

490 BGH GRUR 1987, 438 (449) - *Handtuchspender* (in diesem Fall aber bejaht, da die vom Beklagten Papierhersteller nachgefüllten, markenfremden Papierhandtücher in den Spendern allen Behördenbesuchern etc. zur Verfügung standen); Fezer, § 14, Rn. 42 f.

491 für das UWG BGH GRUR 1962, 34 (36) - *Torsana.*

Zwecke des Anbietens oder Inverkehrbringens, also im geschäftlichen Verkehr, ausübt[492]. Diese Vermutung kann der Verletzer nur mit detailliertem Sachvortrag, den er beweisen muß, entkräften. Das wird ihm häufig nicht gelingen.

c) deshalb: Anerkennung als „gerechtfertigte Nichtbenutzung" wegen diskrepanter Beweislastverteilungen erforderlich

Diese Diskrepanz der Beweislast kann in der Praxis dazu führen, daß dem Markenverwender eine Verletzungshandlung vorgeworfen wird - weil er die Vermutung für das „Handeln im geschäftlichen Verkehr" nicht widerlegen kann - er aber keine rechtserhaltende Benutzung darlegen oder beweisen kann, weil die Produkte eben am Markt nicht aufgetaucht sind. Der Gleichlauf von Rechtserhaltung und Rechtsverletzung ist also zwar theoretisch vorhanden, praktisch aber nicht gewährleistet. Da interne Zeichen aber notwendig sind - ohne sie lassen sich in großen Wirtschaftseinheiten die internen Produktströme nicht steuern - muß die konzern- und betriebsinterne Verwendung markenrechtlich über das Institut der gerechtfertigten Nichtbenutzung abgesichert werden.

3. Behandlung unternehmens-, konzernintern verwendeter Zeichen

a) grundsätzlich wie Bestellzeichen

Bei Bestellzeichen führte dieselbe Diskrepanz der Beweislasten zur Anerkennung als gerechtfertigte Nichtbenutzung. Oben wurde dargelegt, daß die Verwendung als Bestellzeichen, sofern sie ernsthaft erfolgt, als gerechtfertigte Nichtbenutzung anzuerkennen ist. Auf diese Ausführungen kann verwiesen werden. Insbesondere wenn stark kennzeichnungskräftige Zeichen, die kein kohärentes System bilden, nur zu internen Zwecken verwendet werden, kann danach der Vorwurf einer unzulässigen Markenbevorratung begründet sein[493].

b) Rechtsmißbrauchseinwand gegen Verletzungsansprüche aus nur intern verwendeten Zeichen

Allerdings droht dem Inhaber einer nur intern genutzten Marke - anders als dem Bestellzeichenverwender - schlechterdings keine Marktverwirrung bei Verwendung ähnlicher Zeichen. Er braucht deshalb die Markeneintragung nur als Schutz gegen fremde Verletzungsansprüche, nicht aber zum Vorgehen gegen fremde Zeichen. Der Angriff aus ausschließlich unternehmensintern genutzten Zeichen kann also als Behinderungswettbewerb rechtsmißbräuchlich sein.

4. Betriebsinterne, auf Vertrieb zielende Kennzeichnung

Zu prüfen bleibt noch, ob mit Ingerl/Rohnke die bloß betriebsinterne, aber auf Vertrieb angelegte Kennzeichnung von Waren als Rechtserhaltung anzuerkennen ist[494]. Nach

492 Fezer, § 14, Rn. 41; Ingerl/Rohnke, § 14, Rn. 35.

493 S.o. 115 ff.

494 Ingerl/Rohnke, § 26, Rn. 18; a.A. Fezer, § 26, Rn. 15 ff.; Fezer, Benutzungszwang, 88; Hackbarth, Benutzungszwang, 103.

der hier vertretenen Auffassung kann hierin keine rechtserhaltende Benutzung gesehen werden, da der Verkehr (noch) nicht mit dem Zeichen konfrontiert wurde und deshalb die entmaterialisierte Herkunftsfunktion nicht realisiert ist.

Der verletzungsrechtliche Test[495] nötigt hier auch nicht zur Anerkennung als gerechtfertigte Nichtbenutzung. Zwar liegt bei der Kennzeichnung von zum Vertrieb bestimmten Waren eine potentielle Rechtsverletzung vor, jedenfalls fällt der anschließende Besitz unter § 14 III Nr. 2 MarkenG, so daß tatsächlich der Gleichlauf von Rechtserhaltung und Rechtsverletzung gefährdet scheint. Jedoch bedarf ein Markeninhaber, der innerhalb der Benutzungsschonfrist zwar Kennzeichnungen zum Zwecke des Vertriebs vorgenommen hat, mit seiner Marke aber die innerbetriebliche Sphäre noch nicht überschritten hat, keines weiteren Schutzes. Die Benutzungsschonfrist gibt ihm 5 Jahre Zeit, den Marktauftritt vorzubereiten. Wenn er den Marktauftritt innerhalb dieser Frist nicht bewerkstelligt hat, so hat er kein anerkennenswertes Interesse an einer faktischen Verlängerung der Benutzungsschonfrist über das Institut der gerechtfertigten Nichtbenutzung. Daß hier kein Gleichlauf von Rechtsverletzung und Rechtserhaltung eintritt, ist also durch die beschränkte Dauer der Benutzungsschonfrist wertungsmäßig vorgegeben.

C. Betriebsüberschreitende Handlungen zur Vorbereitung des Vertriebs

Wenn der Vertrieb gekennzeichneter Produkte am allgemeinen Markt als Prototyp der rechtserhaltenden Benutzung gilt, so ist fraglich, ob die Marke auch für Produkte, die am Markt gar nicht existieren, rechtserhaltend benutzt werden kann.

1. Ernsthafte Benutzung durch Werbung für noch herzustellende Produkte

Ausgangspunkt ist zunächst, daß die rechtserhaltende Benutzung nicht zwingend die physische Verbindung von Zeichen und Produkt verlangt[496]. Das führte zunächst dazu, daß auch die konkret produktbezogene Werbung als rechtserhaltende Benutzung in Betracht kommt[497]. Im weiteren ist - schon rein begrifflich - zu folgern, daß ein Zeichen grundsätzlich auch für solche Produkte rechtserhaltend benutzt werden kann, die aktuell noch gar nicht existieren.

a) Meinungsstand

Das ist in der Literatur anerkannt, wenn es sich etwa um selten verkaufte, sehr teure Maschinen, Flugzeuge oder dergleichen handelt. Hier kann es betriebswirtschaftlich unsinnig sein, die Maschinen auf Abruf vorzuhalten. Trotzdem sei es sachgerecht und erforderlich, die Produkte bereits unter einer Marke zu bewerben. Überdies sei denkbar, daß es sich bei den Produkten jeweils um Spezialanfertigungen handelt, so daß eine Anfertigung überhaupt nur auf Bestellung in Betracht kommt. In solchen Fällen sei es ausreichend, wenn der Markeninhaber nachweist, daß er sich unter Verwendung

495 S. zum verletzungsrechtlichen Test oben S. 88.

496 S.o. 101.

497 S.o. 104.

der Marke um den Absatz seine Produkte bemüht hat. Die physische Existenz der Produkte sei dann nicht erforderlich[498].

b) Stellungnahme

Diese Auffassung ist zutreffend. Auch das Erfordernis des funktionsgemäßen Gebrauchs spricht nicht dagegen. Denn auch bei nicht existenten Produkten kann die Marke bereits als Hinweis auf deren künftige Herkunft dienen, und über die produktbezogenen Aussagen in der Werbung kann sie auch schon ihre Qualitätsfunktion realisieren. Diese Aussagen kann der Verbraucher dann zwar noch nicht empirisch anhand konkreter Produkte überprüfen, es kann sich aber bereits eine Assoziation vom Zeichen auf bestimmte Eigenschaften des künftigen Produktes bilden. Streng zu prüfen ist aber die Ernsthaftigkeit einer solchen Markenbenutzung. Als Indiz *dafür* können insbesondere die Kosten einer Werbeaktion herangezogen werden[499]. *Gegen* die Ernsthaftigkeit kann insbesondere die lange Dauer erfolgloser (angeblicher) Absatzbemühungen sprechen.

c) Ergebnis

Konkret produktbezogene Werbung kann als ausreichende rechtserhaltende Benutzung anzusehen sein, auch wenn es die Produkte noch gar nicht gibt.

2. Ernsthafte Benutzung durch Abschluß von Verträgen über noch herzustellende Produkte

a) Abschluß oder Angebot von Vertriebsverträgen

Auch der Abschluß von Kaufverträgen über noch herzustellende Waren kann ausreichen, wenn in diesen Verträgen die Art der Waren und die Gestaltung der Marke schon so festgelegt ist, daß tatsächlich genau die eingetragene Marke für bestimmte Produkte verwendet wird. Denn dann ist die notwendige Verbindung von Zeichen und Produkt schon hergestellt, das Zeichen wirkt schon als Hinweis auf die Herkunft der künftigen Waren, es fehlt lediglich die - für den Begriff der rechtserhaltenden Benutzungshandlung aber nicht konstitutive - körperliche Verbindung von Produkt und Zeichen. Die allerdings auch dann streng zu prüfende Ernsthaftigkeit kann sich insbesondere daraus ergeben, daß die unter der Marke nur angebotenen, aber noch nicht angefertigten Produkte alsbald nach Abschluß der Verträge tatsächlich produziert werden und auf den Markt gelangen[500].

b) Abschluß von Fertigungsaufträgen mit Lohnunternehmern

Nicht ausreichend dagegen ist der bloße Abschluß von Fertigungsaufträgen zwischen Markeninhaber und Lohnunternehmer. Denn die Realisierung der Herkunftsfunktion

[498] So BPatG GRUR 2001, 166 (168) - *Warenvertrieb im Internet*; Althammer-Ströbele, § 26, Rn. 9; Hackbarth, Benutzungszwang, 123; Schricker, GRUR Int. 1969, 123 (124); Schulze zur Wiesche, NJW 1968, 1809 (1813). A.A. Bökel, GRUR 1070, 391 (395).

[499] BPatG GRUR 2001, 166 (168) - *Warenvertrieb im Internet*; Althammer-Ströbele, § 26, Rn. 19; Baumbach/Hefermehl, § 5, Rn. 36.

[500] OLG Hamburg, GRUR 2001, 191 (194) - Rechtserhaltende Benutzung vor Warenvertrieb.

muß gegenüber potentiellen Abnehmern erfolgen. Bei der Verwendung in Aufträgen oder Korrespondenz mit Lohnunternehmern handelt es sich demgegenüber um einen der betriebsinternen Verwendung ähnlichen Sachverhalt, der keine rechtserhaltende Benutzung darstellt und - wie die betriebsinterne Kennzeichnung - auch keine Anerkennung als gerechtfertigte Nichtbenutzung erfordert. Auf die obigen Ausführungen wird verwiesen.

Zu beachten ist aber, daß solche Fertigungsaufträge ein Indiz dafür sein können, daß die zeitgleich damit an potentielle Abnehmer gerichteten Angebote oder Werbemaßnahmen ernsthaft sind.

D. Zusammenfassung

Eine rechtserhaltende Benutzung kann auch vorliegen, wenn es die zu kennzeichnenden Produkte noch gar nicht gibt. Die Marke muß dann aber ernsthaft betriebsüberschreitend gegenüber potentiellen Abnehmern verwendet worden sein, etwa in konkret produktbezogener Werbung oder in konkret auf Produkt und Marke bezogenen Vertriebsverträgen.

Ausschließich betriebs- oder konzerninterne Markenverwendung ist keine rechtserhaltende Benutzung. Auch die bloße Kennzeichnung von Produkten reicht nicht aus. Eine Anerkennung als gerechtfertigte Nichtbenutzung ist bei Zeichen erforderlich, die für unternehmens- oder konzerninternen Warenverkehr verwendet werden. Die Voraussetzungen der Anerkennung entsprechen denjenigen bei Bestellzeichen. Bei Geltendmachung von Verletzungsansprüchen aus solchen Zeichen kann Rechtsmißbrauch vorliegen.

§ 14 Abweichende Benutzung, § 26 III 1 MarkenG

A. Vorbemerkung

I. Zweck der Regelung

Grundsätzlich muß eine Marke so benutzt werden, wie sie eingetragen ist. Andererseits ist aber auch klar, daß völlig unbedeutende Abweichungen der Markengestaltung erhaltungsrechtlich unschädlich bleiben müssen. Evident ist etwa, daß eine in 12-Punkt-Schrift eingetragene Wortmarke auch durch die Verwendung in 20-Punkt-Schrift rechtserhaltend benutzt wird. Fraglich ist aber, wie die Grenze zwischen schädlichen und unschädlichen Markenabweichungen zu ziehen ist.

II. Überblick über TRIPS, PVÜ, GemMV, MRRL und MarkenG

Das TRIPS enthält keine Bestimmung über die rechtserhaltende Benutzung von Marken in abweichender Form. Gemäß Art. 5 C II PVÜ darf die Verwendung einer von der Eintragung abweichenden Markenausgestaltung dann nicht zur Schutzentziehung führen, wenn durch die Abeichung die „Unterscheidungskraft der Marke" nicht beeinflußt wird[501]. Auch gem. Art. 10 II a MRRL ist eine Abweichung in Bestandteilen unbeachtlich, wenn sie die Unterscheidungskraft nicht beeinflußt[502]. Denselben Wortlaut hat Art. 15 II a) GemMV.

Art. 10 II a MRRL wiederum wird von § 26 III 1 MarkenG in nationales Recht transformiert. § 26 III 1 MarkenG enthält nun aber einige Unterschiede zum Wortlaut von PVÜ und MRRL. Er beschränkt zum einen die zulässigen Abweichungen nicht auf solche bloß „in Bestandteilen", sondern läßt eine Abweichung von der eingetragenen Form der Marke insgesamt zu. Außerdem stellt er nicht darauf ab, ob die Abweichung „die Unterscheidungskraft beeinflußt", sondern darauf, ob sie den „kennzeichnenden Charakter verändert". Fraglich ist, ob diese Unterschiede im Wortlaut auch sachliche Unterschiede nach sich ziehen.

Die Begründung zum MarkenG rechtfertigt die Abweichung vom deutschen Text der PVÜ und der MRRL damit, daß „Veränderung des kennzeichnenden Charakters" eine bessere Übersetzung der PVÜ sei als die übliche Wendung „Beeinflussung der Unterscheidungskraft"[503]. Die Weglassung des Merkmals „Veränderung (nur) von Bestandteilen" wird demgegenüber nicht erklärt. Auch diese Wortlautabweichung ist aber geboten, da sonst der Eindruck entstehen könnte, daß etwa eine Veränderung des Schriftbilds der gesamten Marke per se nicht unter § 26 III 1 MarkenG falle und deshalb nicht rechtserhaltend sei. Das wäre aber nicht sachgerecht[504].

501 Verbindlich ist der französische Wortlaut (Art. 29 I c PVÜ). Art. 5 C II PVÜ spricht von Verwendung der Marke „(...) sous une forme qui diffère, par des éléments n'altérant pas le caractère distinctif de la marque dans la forme sous laquelle celle-ci a été enregistrée (...)."

502 In etwa der englischen, französischen und italienischen Fassung heißt es nicht „beeinflussen", sondern wie im Text der PVÜ „verändern" (alter, altérant, alterano).

503 Begr. zu, § 26, 2. Abs. 2. Spiegelstrich, insofern zustimmend Ingerl/Rohnke 3 26, Rn. 78.

504 Ingerl/Rohnke, § 26, Rn. 79.

Mit der einhelligen Meinung ist deshalb davon auszugehen, daß kein sachlicher Unterschied zwischen der Formulierung des § 26 III 1 MarkenG und den entsprechenden Vorschriften der PVÜ, der MRRL und der GemMV besteht[505].

B. Vergleich von WZG und MarkenG

I. WZG: sachlich gerechtfertigte und unerhebliche Abweichung

Im WZG gab es keine Entsprechung zu § 26 III 1 MarkenG, es war in diesem Punkt lückenhaft[506]. Es war aber auch seinerzeit von Art. 5 C II PVÜ bereits vorgegeben[507] und allgemein anerkannt, daß bei Verwendung abweichender Markenformen eine rechtserhaltende Benutzung vorliegen könne[508]. Die Unbeachtlichkeit von Abweichungen wurde aber als Ausnahme angesehen, sie kam nur in engen Grenzen in Betracht. Die Abänderung der Marke mußte insbesondere verkehrsüblich oder durch den praktischen Gebrauch geboten, also sachlich gerechtfertigt sein[509].

Daran fehlte es nach Ansicht des BGH beispielsweise bei der (einzeiligen) Eintragung „ARTHREXFORTE", die auf Salbentuben zweizeilig verwendet wurde als

„ARTHREX

FORTE."

Der BGH sah hier eine unzulässige, weil willkürliche Abwandlung. Er monierte, die zweizeilige Schreibung sei nicht technisch-praktisch geboten gewesen. Die Schrifttype hätte schmaler und die Marke dann in einer Zeile gedruckt sein können. Er verneinte deshalb das Vorliegen einer rechtserhaltenden Benutzung[510]. Demgegenüber sah das BPatG es als gerechtfertigt an, die ebenfalls in einer Zeile eingetragene Weinmarke

505 BGH GRUR 1997, 744 (746) - *ECCO I*; BGH GRUR 1999, 54 (55) - *Holtkamp*; Ingerl/Rohnke, § 26, Rn. 79; Fezer, § 26, Rn. 91; Althammer-Ströbele, § 26, Rn. 73; kritisch gegenüber der Argumentationsmethode, im Ergebnis aber wohl derselben Auffassung Klette, WRP 2000, 913 (914).

506 Kraft, GRUR Int. 1983, 531 (534).

507 Darauf bezieht sich ausdrücklich BGH 1986, 892 (893) - *Gaucho*; BPATG GRUR 1979, 712 (714) - *BioMix* überprüft das gefundene Ergebnis am Maßstab des Art. 5 C II PVÜ.

508 BGH GRUR 1981, 53 ff. - *Arthrexforte*; BPatG GRUR 1990, 276 ff. - *Petersburger Schlittenfahrt;* BGH GRUR 1975, 135 - *KIM-MOHR*; GRUR 1985, 892 (893) - *Gaucho*; BGH GRUR 1990, 364 (365) - *Baelz*; BPatG GRUR 1995, 588 - *Jeanette/Annete.*

509 BGH GRUR 1975, 135 - *KIM-MOHR*; GRUR 1985, 892 (893) - *Gaucho*; BGH GRUR 1990, 364 (366) - *Baelz*; Baumbach/Hefermehl, § 5, Rn. 23.

510 BGH GRUR 1981, 53 (54) - *Arthrexforte*; ähnlich BGH GRUR 1990, 364 (366) - *baelz*, wo die einzeilig und in Normalschrift eingetragene Marke „baelz automatic" benutzt wurde als

„b a e l z®

automatic",

was nicht ausreichte. Ausreichend dagegen:

„BAELZ-AUTOMATIC"

(eingetragen) und

„BAELZ AUTOMATIC"

(benutzt).

„Petersburger Schlittenfahrt" zweizeilig zu verwenden, da die Worte sonst zu klein hätten gedruckt werden müssen[511]. Die Abgrenzung war also hier durchaus eine Frage des Einzelfalls.

Das Erfordernis der sachlichen Rechtfertigung wurde von der Literatur als unnötig streng kritisiert[512]. Es stehe eigentlich sogar einem der Zwecke des Benutzungszwangs, der Entlastung des Markenregisters[513], entgegen. Denn es nötige den Markeninhaber dazu, jede Markenabweichung gesondert einzutragen[514].

II. MarkenG: Sachliche Rechtfertigung kein eigenes Tatbestandsmerkmal, aber Argumentationstopos

Nach nahezu einhelliger und zutreffender Meinung gibt es das Erfordernis „sachliche Rechtfertigung der Abweichung" nicht mehr, da es nach dem Wortlaut von § 26 III 1 MarkenG ausdrücklich nur noch auf die Frage ankommt, ob der kennzeichnende Charakter der Marke verändert wird oder nicht[515]. Grundsätzlich ist deshalb vom MarkenG eine weitergehende Anerkennung abweichender Verwendungsformen als im WZG gefordert. Die restriktive Praxis des WZG ist durch § 26 III 1 MarkenG beträchtlich liberalisiert worden[516].

Für § 26 III 1 MarkenG ist also nur noch entscheidend, ob für den Verkehr die abgewandelte Marke und die Eintragung denselben kennzeichnenden Charakter haben. Das allerdings wird eher der Fall sein, wenn der Verkehr der Abwandlung anmerkt, daß sie durch die Verkehrsüblichkeit oder den praktischen Gebrauch geboten war. So entschied der BGH bereits zum WZG, daß die Modernisierung der Schreibweise (eingetragen „Thee", benutzt „Tee") der Verkehrsüblichkeit entspreche und deshalb rechterhaltend sei.[517]. Entsprechend wäre auch bei § 26 III 1 MarkenG zu argumentieren, daß eine abweichende Orthographie, die neue Rechtschreibregeln berücksichtigt, für den Verkehr den kennzeichnenden Charakter unberührt läßt, eine willkürlich von der Eintragung abweichende Schreibweise aber nicht[518]. Insofern kann die Verkehrsüb-

[511] BPatG GRUR 1990, 276 - Petersburger Schlittenfahrt.

[512] Lehmpfuhl, Anm. zu *Arthrexforte*; GRUR 1981, 53 (56); Schulze zur Wiesche, Anm. zu *SILVA*, GRUR 1978, 642 (645).

[513] S. zum Zweck des Benutzungszwangs im MarkenG oben S. 31.

[514] Giefers, FS. Vieregge, 267; Ingerl/Rohnke, § 26, Rn. 76.

[515] BPatG GRUR 1995, 588 - *Jeannette/Annete*; BPatG GRUR 1997, 301 (302) - *LORDS/LORD*; Althammer-Ströbele, § 26, Rn. 73; Harte-Bavendamm/v. Bomhard, WRP 1996, 534 (536); Fezer, § 26, Rn. 97; Ingerl/Rohnke, § 26, Rn. 82; Giefers, FS Vieregge, 267 (283). A.A. Hackbarth, Benutzungszwang, 215, der weiterhin einen sachlichen Grund verlangt.

[516] BGH GRUR 2000, 1040 (1041) - *FRENORM/FRENON*; Fezer, § 26, Rn. 97; Ingerl/Rohnke, § 26, Rn. 80; Klette, WRP 2000, 913 (915); Harte-Bavendamm/v. Bomhard, WRP 1996, 534 (536).

[517] BGH GRUR 1989, 510 (512) - *Teekanne II.* Weitere Beispiele bei Althammer-Ströbele, § 26, Rn. 79.

[518] Einen solchen Fall betraf etwa BPatG GRUR 1998, 64 (65) – *bonjour* (eingetragen „bonyour", benutzt „bonjour", dort allerdings mit anderer Begründung gelöst.

lichkeit oder praktische Gebotenheit einer Zeichenabwandlung durchaus noch ein Indiz für oder gegen die Anwendung von § 26 III 1 MarkenG sein, sie ist aber anders als im WZG kein selbständiges Tatbestandsmerkmal mehr.

C. Erheblichkeit der Abweichung

I. Schutzbereich oder Identitätsbereich?

Nach einhelliger Ansicht kann für die damit allein noch relevante Frage, ob eine „den kennzeichnenden Charakter beeinflussende Abweichung" vorliegt, prinzipiell auf die zum WZG entwickelten Grundsätze zurückgegriffen werden[519]. Allerdings gab es dort zur Erheblichkeit der Abweichung zwei verschiedene Ansätze. Die überwiegende Auffassung wollte und will darauf abstellen, ob der Verkehr in der Abweichung „noch dasselbe Zeichen" sieht[520], während die Gegenmeinung[521] und teilweise wohl auch die Rechtsprechung[522] es für entscheidend hält, ob das eingetragene und das benutzte, abweichende Zeichen denselben verletzungsrechtlichen Schutzumfang haben.

1. Unterschied zwischen „Markenähnlichkeit" (§ 14 II Nr. 2 MarkenG) und „kennzeichnendem Charakter" (§ 26 III 1 MarkenG) - die BioMix-Formel

Zur Entscheidung der Frage, ob der verletzungsrechtliche Schutzumfang für § 26 III 1 MarkenG eine Rolle spielen kann, ist es hilfreich, den Unterschied zwischen Verletzungsrecht (hier hat der Begriff „Schutzumfang" seine Herkunft) und Erhaltungsrecht informationsökonomisch darzustellen. Man kann ihn durch ein Testmodell illustrieren:

Als Testperson zur Überprüfung der verletzungsrechtlichen Schutzbereiche stellt man sich einen Verbraucher vor, der Marke A zwar nicht vor sich sieht, aber eine Erinnerung daran hat, und dem nun die ähnliche Marke A* vorgehalten wird[523]. Wenn er anhand seines Erinnerungsbildes A* für A hält oder A* assoziativ mit A in Verbindung bringt, kann Marke A* am Goodwill der Marke A schmarotzen, was informationsökonomisch unerwünscht ist (Fehlallokation durch Externalisierung). Da das Verletzungsrecht solches Schmarotzen verhindern soll, verletzt Marke A* in solchen Fällen den Schutzbereich von Marke A.

519 BGH GRUR 1999, 54 (55) - *Holtkamp*; BGH GRUR 1997, 744 (746) - *ECCO I*; BGH GRUR 1975, 135 (139) - *KIM-Mohr*; Fezer, § 26, Rn. 98; Althammer-Ströbele, § 26, Rn. 73 f.; Ingerl/Rohnke, § 26, Rn. 81; Hackbarth, Benutzungszwang, 215.

520 BGH Mitt. 2000, 411 (412) - *Kornkammer*; Fezer, § 26, Rn. 98; Althammer-Ströbele, § 26, Rn. 74; Ingerl/Rohnke, § 26, Rn. 81; Hackbarth, Benutzungszwang, 215; Fezer, Benutzungszwang, 125.

521 BPatG GRUR 1997, 301 (302) - *LORDS/LORD;* Albrecht, GRUR 1996, 251; Schmieder; NJW 1994, 1245; Bauer, GRUR 1970, 447; Kraft, GRUR Int. 1983, 531 (536).

522 BPatG GRUR 1995, 588 (589) - *Jeanette/Annete* hält bei engem verletzungsrechtlichen Schutzbereich eine Veränderung des kennzeichnenden Charakters für leichter möglich als bei weitem Schutzbereich.

523 So die Rechtsprechung, die im Rahmen der Markenähnlichkeit von dem Erfahrungssatz ausgeht, daß dem Verbraucher die Marken nicht gleichzeitig gegenübertreten, so etwa BGH GRUR 1990, 450 (452) - *St. Petersquelle*; BGH GRUR 1993, 973 (974) - *Sana/Schosana*; BGH GRUR 1990, 367 (369) - *alpi/Alba Moda*.

Für den Test der rechtserhaltenden Benutzung muß man sich denselben Verbraucher vorstellen, der die Marken A und A* zu gleicher Zeit vor Augen hat[524]. Dieser Verbraucher wird Waren mit der Marke A dann für qualitätsgleich mit Waren der Marke A* halten, wenn er A* als (noch) identisch mit A empfindet; stellt der Verbraucher Unterschiede fest, wird er auch Beschaffenheitsunterschiede vermuten. Um den reibungslosen Transfer von Qualitätserfahrungen vom einen auf das andere Produkt zu ermöglichen, darf der Markeninhaber sich also nur ein sehr geringes Maß von Abwandlung erlauben. Nur im Rahmen dieser Noch-Identität ist die Verwendung der Marke A* als Benutzung der Marke A anzusehen, denn nur dann hat der Markeninhaber genau das Kennzeichnungsmonopol benutzt, das ihm die Markeneintragung verschafft.

Es zeigt sich, daß es im Rahmen von § 26 III 1 MarkenG nicht auf die verletzungsrechtliche Übereinstimmung des Schutzumfangs von Marke und Abweichung ankommt. Der Ähnlichkeitsbereich des § 14 II Nr. 2 MarkenG ist vom „Noch-Identitätsbereich" des § 26 III 1 MarkenG verschieden. Eine Überschreitung des Ähnlichkeitsbereichs von § 14 II NR. 2 MarkenG ist nur Indiz dafür, daß *erst recht* der Noch-Identitätsbereich von § 26 III 1 MarkenG verlassen ist[525].

2. „Noch dieselbe Marke" im Sinne von § 26 III 1 MarkenG und Markenidentität des Verletzungsrechts (§ 14 I Nr. 1 MarkenG)

Es stellt sich nun die Frage, ob der bei § 26 III 1 MarkenG zu prüfende Identitätsbereich derselbe ist wie der des Verletzungsrechts. § 14 II Nr. 1 MarkenG verbietet nämlich die Verwendung identischer Marken grundsätzlich, ohne wie § 14 II Nr. 2 MarkenG eine Verwechslungsgefahr zu verlangen.

a) Fezer: § 14 II Nr. 1 MarkenG tendenziell weiter als § 26 III 1 MarkenG

Fezer sieht den (noch-) Identitätsbegriff des § 26 III 1 MarkenG als verschieden von demjenigen des § 14 II Nr. 1 MarkenG an[526]. § 14 II Nr. 1 MarkenG sei weiter als § 26 III 1 MarkenG. Das ist innerhalb seiner Argumentation notwendig, weil danach Markenidentität im Sinne des § 14 II Nr. 1 MarkenG auch dann noch vorliegen soll, wenn die Verletzermarke nur aus einem von mehreren selbständig kennzeichnungsfähigen Bestandteilen der anderen Marke besteht[527].

524 So BPatG GRUR 1979, 712 (713) - *BioMix*: Es ist „nicht auf den Zeichenvergleich aus der ungenauen Erinnerung abzustellen (...): vielmehr ist entscheidend, ob der Verkehr die Zeichen bei unmittelbarem Vergleich der eingetragenen mit der benutzten Form für identisch hält, etwa weil er die benutzte Form als Modernisierung, übliche graphische Ausgestaltung oder die durch den praktischen Gebrauch gebotene Benutzungsform auffaßt." Ebenso BPatG GRUR 2001, 166 (169) - *Warenvertrieb im Internet*; BPatGE 23, 192, 197 - *ISKA*; Schwanhäusser, GRUR 1982, 199 (200).

525 Althammer-Ströbele, § 26, Rn. 75.

526 Fezer, § 26, Rn. 105.

527 Fezer, § 14, Rn. 76.

b) Ingerl/Rohnke: § 14 II Nr. 1 MarkenG tendenziell enger als § 26 III 1 MarkenG

Ingerl/Rohnke kritisieren Fezers weiten verletzungsrechtlichen Identitätsbegriff als unnötig unscharf[528]. Markenidentität i.S.d. § 14 II Nr. 1 MarkenG liegt ihnen zufolge nur vor bei vollständiger Übereinstimmung der beiden Zeichen[529]. Die Lösung in verletzungsrechtlichen Zweifelsfällen soll nicht über eine Aufweichung des Identitätsbegriffs des § 14 II Nr. 1 MarkenG, sondern über die Verwechslungsgefahr des § 14 II Nr. 2 MarkenG laufen[530].

c) Stellungnahme: § 14 II Nr. 1 MarkenG spielt für Auslegung von § 26 III 1 MarkenG keine Rolle

Die von Fezer bei § 14 II Nr. 1 MarkenG für ausreichend gehaltene Teilübereinstimmung kann für eine rechtserhaltende Benutzung nicht ausreichen, da die Benutzung die Markeneintragung insgesamt rechtfertigen muß und nicht nur Teile davon[531]. Folglich kann Fezers weiter verletzungsrechtlicher Identitätsbegriff für die Auslegung des § 26 III 1 MarkenG nicht maßgeblich sein. Auch Ingerl/Rohnkes sehr enge Auffassung zur Identität des § 14 II Nr. 1 MarkenG läßt sich nicht auf § 26 III MarkenG übertragen[532]. Denn § 26 III MarkenG verlangt eben keine vollständige Übereinstimmung, sondern läßt Abweichungen ausdrücklich zu.

Damit bleibt als Ergebnis, daß der Identitätsbereich des § 14 II Nr. 1 MarkenG - ganz gleich, ob man diesen eng oder weit faßt - im Erhaltungsrecht bei § 26 III 1 MarkenG keine Rolle spielt.

II. Rechts- oder Tatfrage?

1. Problemstellung

Im Verletzungsrecht ist anerkannt, daß die Feststellung der Verwechslungsgefahr eine reine Rechtsfrage ist[533]. Das Vorkommen tatsächlicher Verwechslungen hat lediglich indizielle Bedeutung. Allerdings hängt die Frage der Verwechslungsgefahr von tatsächlichen Vorfragen ab. So ist von entscheidender Bedeutung für die Verwechslungsgefahr etwa die Kennzeichnungskraft des verletzten Zeichens. Diese steigt mit seiner Verkehrsgeltung, welche erforderlichenfalls durch Beweiserhebung festzustellen ist[534], so daß, auch wenn die Verwechslungsgefahr ein Rechtsbegriff ist, komplizierte Beweisaufnahmen notwendig sein können.

528 Ingerl/Rohnke, § 14, Rn. 143.

529 Ingerl/Rohnke, § 14, Rn. 141.

530 Ingerl/Rohnke, § 14, Rn. 143.

531 So auch Fezer, § 26, Rn. 105.

532 Das behaupten sie auch nicht, ist hier also nur klarzustellen.

533 BGH GRUR 1990, 450 (452) - *St. Petersquelle*; BGHZ 113, 115 (124) - *SL*; BGH GRUR 1992, 48 (51 f.) - *frei öl*; BGH GRUR 1992, 110 (111) - *dipa/dib*; anders noch RG MuW 1911/12 - *Salamander/Santander*; Darstellung der Entwicklung von ursprünglicher Tatfrage zur Rechtsfrage bei Beier, GRUR 1974, 514 (517). Krit. dazu Völp, GRUR 1974, 754 ff.

534 BGH GRUR 1992, 110 (111) - *dipa/dib*.

Es stellt sich die Frage, ob das bei der Feststellung des kennzeichnenden Charakters und des Ausmaßes der zulässigen Abweichungen im Rahmen von § 26 III 1 MarkenG genauso ist. Die MRRL enthält dazu keine Vorgaben, sondern überläßt diese Frage als Teil der vom Recht der Mitgliedstaaten vorzusehenden Verfahrensregeln dem nationalen Recht[535]. Wie die Lösung nach deutschem Recht auszusehen hat, ist streitig.

Von praktischer Bedeutung ist die Entscheidung des Streits vor allem deshalb, weil der BGH - ob als Revisions- oder Rechtsbeschwerdeinstanz - nur die rechtliche Beurteilung durch die Vorinstanz nachprüfen kann, nicht aber die tatsächlichen Feststellungen (§ 84 II MarkenG, § 545 I ZPO). Wenn also die Veränderung des kennzeichnenden Charakters eine Tatfrage ist, wäre der BGH an die Feststellungen des Berufungsgerichts gebunden, solange diese nicht auf einem Verstoß gegen Denk- oder Erfahrungssätze beruhen. Das könnte die Gefahr einer Rechtszersplitterung begründen.

2. Giefers' Auffassung: Tatfrage

Giefers meint für die Rechtsprechung zum WZG, hier sei die Frage, ob die Abweichung den kennzeichnenden Charakter der Marke verändere, als Tatfrage angesehen worden[536]. Dabei müsse es auch im Rahmen von § 26 III 1 MarkenG bleiben. Denn der Gesetzgeber habe diese Rechtsprechung gekannt und weder in der Begründung noch im Wortlaut des MarkenG die Abkehr davon angeordnet[537].

3. Rechtsprechung, überwiegende Meinung: Rechtsfrage mit tatsächlichen Grundlagen

Die wohl überwiegende Auffassung in der Literatur geht davon aus, daß die Feststellung des kennzeichnenden Charakters und der Erheblichkeit von Abweichungen eine Rechtsfrage darstelle. Zwar komme es auf die kennzeichenmäßige Wirkung des Gesamteindrucks der Marke im Verkehr an, doch werde wegen dieser tatsächlichen Grundlagen der Markencharakter nicht zu einer Tatfrage[538]. Die Frage der Veränderung des kennzeichnenden Charakters soll also genauso behandelt werden wie die Verwechslungsgefahr, die zwar ebenfalls anhand tatsächlicher Grundlagen beurteilt werden muß, aber desungeachtet eine Rechtsfrage darstellt[539]. Begründet wird das mit der Komplexität des Begriffs, der sonst drohenden komplizierten Beweiserhebung und der mangels Revisibilität anderenfalls zu befürchtenden Rechtszersplitterung[540].

535 Giefers, FS Vieregge, 267 (280).

536 Ebenso Anm. Lehmpfuhl zu BGH - *Arthrexforte*, GRUR 1981, 55 (56).

537 Giefers, FS Vieregge, 267 (281).

538 Fezer, § 26, Rn. 99; Ingerl/Rohnke, § 26, Rn. 81; Klette, WRP 2000, 913 (915); v. Mühlendahl/Ohlgart, § 8, Rn. 25 für die GemMV; Schulze zur Wiesche, Anm. zu BGH - *SILVA*, GRUR 1978, 642 (645); Schwanhäusser GRUR 1982, 199 (200).

539 Fezer, § 26, Rn. 99; Schulze zur Wiesche, Anm. zu BGH - *SILVA*, GRUR 1978, 642 (645) ziehen diese Parallele ausdrücklich.

540 Schulze zur Wiesche, Anm. zu BGH - *SILVA*, GRUR 1978, 642 (645).

Eine genauere Analyse der Rechtsprechung illustriert die Differenzierung zwischen Rechtsfrage und tatsächlichen Vorfragen. So spielt die Zufügung oder Weglassung rein beschreibender Bestandteile für den kennzeichnenden Charakter keine Rolle. *Ob* aber im Einzelfall ein Zeichenbestandteil beschreibend ist oder nicht, ist danach eine Tatfrage. Wird (empirisch) festgestellt, daß der Verkehr den Zusatz oder die Auslassung als Teil des Produktnamens - also als Teil des kennzeichnenden Charakters und nicht als rein produktbeschreibende Angabe - versteht, muß im nächsten Schritt - im Wege der Rechtsanwendung - untersucht werden, ob benutzte und eingetragene Form (noch) identisch sind. Dieses Prüfungsabfolge wird zwar von der

Rechtsprechung nicht offen dargelegt, sie tritt aber in zahlreichen Entscheidungen zutage:

a) Achterdiek

In der „Achterdiek"-Entscheidung war der niederdeutsche Begriff „Achterdiek" (hinterm Deich) als Marke eingetragen, wobei die Umrisse des Schriftzuges die Anmutung einer Deichsilhouette hatten. Benutzt war die Marke u.a. ohne diese Silhouettenform. Hier sah der BGH es als *tatsächliche Feststellung* des Berufungsgerichts an, daß das Wort von beachtlichen Teilen des Verkehrs als beschreibend für „Beherbergung von Gästen" angesehen werde[541]. Gestützt auf diese tatsächliche Vorgabe beurteilt es der BGH aber sodann als *Rechtsfrage*, ob angesichts des beschreibenden Wortes die Form des Schriftzuges an kennzeichnungsmäßiger Bedeutung gewinnt, so daß ihre Veränderung auch den kennzeichnenden Charakter verändert. Im Gegensatz zum Berufungsgericht sah der BGH die Deichform als maßgeblich für den kennzeichnenden Charakter an und verneinte demgemäß eine rechtserhaltende Benutzung.

b) audio 1, HONKA

In der Sache *audio 1*[542] war die eingetragene Marke „audio 1" benutzt worden als „audio 250". Das BPatG hatte am Austausch der Zahlen die rechtserhaltende Benutzung scheitern lassen. Das Wort „audio" allein habe so stark beschreibenden Inhalt, daß es erst durch die Hinzufügung der Zahl kennzeichnenden Charakter gewinne. Lasse man die Zahl weg oder tausche sie aus, liege nicht mehr die Marke „audio 1" vor, sondern eine andere. Bei der Wortbildmarke „HONKA"[543] hatte das BPatG einen besonderen herkunftshinweisenden Charakter des Bildbestandteils verneint und die nur als Wort benutzte Marke aufrechterhalten.

Der BGH weigerte sich in beiden Fällen, die Überlegungen des Tatrichters zur Kennzeichnungskraft der Zeichenbestandteile nachzuprüfen, sondern sah sie als tatsächliche Feststellungen an. Er billigte die Entscheidungen des BPatG auch im Ergebnis, da die

541 BGH WRP 1999, 432 (434) - *Achterdiek.*

542 BGH GRUR 1979, 468 - *audio 1.*

543 BGH MarkenR 1999, 297 - *HONKA.*

tatsächlichen Feststellungen über die kennzeichenmäßige Bedeutung der Zeichenbestandteile ohne Verstoß gegen Denk- und Erfahrungsgrundsätze getroffen sei[544].

4. Stellungnahme

Der Ansatz der Rechtsprechung, die komplexe Feststellung des kennzeichnenden Charakters in tatsächliche Vorfragen und anschließend zu prüfende Rechtsfragen aufzuteilen, ist zustimmungswürdig. Gerade in der Entscheidung *ECCO I* ist es sachgerecht, auf die konkrete Verkehrsauffassung abzustellen, um den eventuellen beschreibenden Charakter von „Milano" zu bestimmen. Es wäre kaum überzeugend, im Wege der schlichten Rechtsanwendung darüber zu befinden, ob der Verkehr dieses Wort als Beschreibung der geographischen Herkunft „Mailand" versteht oder als kennzeichnungskräftige Fantasiebezeichnung auffaßt. Sachgerecht ist es sodann auch, die Bedeutsamkeit dieses Wortes für den kennzeichnenden Charakter von der Intensität seiner beschreibenden Wirkung abhängig zu machen und diese Einschätzung - die zu komplex ist, als daß sie einem Beweis zugänglich erschiene - als Rechtsfrage anzusehen.

Festzuhalten ist deshalb - tendenziell im Einklang mit der überwiegenden Auffassung auch der Literatur - daß der eigentliche Vergleich der kennzeichnenden Charaktere von eingetragener und benutzter Form eine Rechtsfrage ist, der aber Tatfragen vorgelagert sein können.

III. Einzelprobleme

Die unübersehbare Vielfalt von Einzelentscheidungen kann hier nicht erörtert werden. Darstellungen mit Systematisierungsversuchen finden sich in der Literatur[545]. Hier sollen nur einige Fragestellungen angesprochen werden, die hinsichtlich der oben entwickelten Grundsätze von Interesse sind.

1. Wortmarkenveränderung durch Weglassung des einzigen kennzeichnungskräftigen Anteils der eingetragenen Marke

Grundsätzlich können nach der Rechtsprechung Buchstabenveränderungen unschädlich sein, wenn sie den phonetischen[546] oder begrifflichen[547] Gehalt der Marke nicht beeinflussen. Das BPatG hatte zu prüfen, ob die Eintragung „bonyour" durch die Abwandlung „Bonjour" benutzt war und verneinte das. Denn die Marke „bonyour" gewinne ihre Schutzfähigkeit gerade nur durch die unübliche Schreibung, das Wort „Bonjour" sei als bekannte französische Grußformel nicht eintragungsfähig, da ihm jede Unterscheidungskraft fehle. Werde die Marke mit der üblichen Schreibung be-

544 BGH GRUR 1979, 468 (469) - *audio 1*; BGH MarkenR 1999, 297 (299) - *HONKA*.

545 Fezer, § 26, Rn. 100 ff.; Ingerl/Rohnke, § 26, Rn. 86 ff.; instruktiv Giefers, FS. Vieregge, 267 ff. und Klette, WRP 2000, 913 ff.

546 BPatG GRUR 1979, 709 - *Kurant* rechtserhaltend benutzt durch „Curant"; BPatG GRUR 1995, 588 - *Jeannette/Annete*: „Jeanette" benutzt durch Jeannette"; BPatG GRUR 1977, 255 (265) - *POSTAFENE* (mit französisch-stummem „e") benutzt durch „Postafen".

547 BPatG GRUR 1979, 709 - *Kurant* nicht rechtserhaltend benutzt durch „Courant", da eigenes französisches Wort mit anderer Bedeutung.

nutzt, verändere das den kennzeichnenden Charakter und sei deshalb nicht rechtserhaltend[548].

In der Tat ist für das Kriterium des § 26 III 1 MarkenG, daß der Verkehr zwei *kennzeichnungskräftige Zeichen* als (noch) identisch empfindet, implizit Voraussetzung, daß beide Zeichen überhaupt kennzeichnungskräftig sind. Wenn man das für „bonjour“ verneint, kann der Verkehr „bonyour“ und „bonjour“ nicht als identisch empfinden, weil das eine Wort Kennzeichnungskraft hat, das andere nicht.

2. Weglassung von Wortbestandteilen

Bei Wortbestandteilen wird eine Weglassung in der Regel zu einer Veränderung des kennzeichnenden Charakters führen[549]. Das gilt aber nicht bei bloß beschreibenden Bestandteilen. Deren Weglassung verändert den kennzeichnenden Charakter der Marke nicht, wenn sie für das Gesamtbild der Marke auch sonst keine besondere, etwa graphische, Bedeutung haben[550]. So lag es bei der eingetragenen Kombination aus den Wörtern „ECCO“ und (kleiner geschrieben) „Milano“ mit zwei schwarzen Dreiecken. Diese Marke war ohne das Wort „Milano“ verwendet worden. Der BGH überprüfte die Feststellung des Berufungsgerichts, daß der deutsche Verkehr das Wort „Milano“ als Städtenamen verstehe[551], nicht, da das Verkehrsverständnis eine Tatfrage sei. Die anschließende Rechtsfrage aber, ob die Weglassung dieses (herkunfts)beschreibenden Bestandteils den Markencharakter veränderte, hatte das Berufungsgericht bejaht, während der BGH sie verneinte. „Milano“ habe als beschreibender Bestandteile keine Bedeutung für den kennzeichnenden Charakter der Marke[552].

3. Hinzufügung von Wortbestandteilen

Wird ein Wortbestandteil hinzugefügt, so ist das irrelevant, wenn es sich um einen zeichenmäßig bedeutungslosen Zusatz handelt. Dabei ist maßgeblich, welches Gewicht der Verkehr dem Zusatz im Verhältnis zur eingetragenen Marke gibt. Insbesondere wenn eine unbekannte Marke zusammen mit einem anderen, bekannten Zeichen so verwendet wird, daß der Eindruck einer einheitlichen Marke entsteht, ist der Noch-

548 BPatG GRUR 1998, 64 (65) - *bonjour*. Zust. Althammer-Ströbele, § 26, Rn. 75.

549 BPatGE 40, 1 (4) - *pro-fit* für die aus „Pro-fit“ und „Kraftfutter Meyer“ bestehende Marke, bei der die Anordnung und Größenverhältnisse der Wortbestandteile umgekehrt worden waren, zustimmend Klette, WRP 2000, 913 (919). Ebenso Ingerl/Rohnke, § 26, Rn. 91; Althammer-Ströbele, § 26, Rn. 83.

550 So BPatG GRUR 1999, 54 - *Holtkamp* für die Marke „Holtkamp“ in der benutzten Form „HOLTKAMP MÖBEL BEISPIELHAFT“; BPatG GRUR 2001, 166 (168) - *Warenvertrieb im Internet* für die Marke „Vision“ und Hinzufügung von „@“ und „Style access“ bei Internetvertrieb von Kosmetika; Fezer, § 26, Rn. 105; Klette, WRP 2000, 913 (917) m.w.N.

551 BGH GRUR 1997, 744 (746) = WRP 1997, 1086 - *ECCO I*; ähnlich BGH MarkenR 2000, 97 (99) - *Contura*: Bei Benutzung der Markenkombination „Constructa Contura“ ist es Tatfrage, ob darin ein einheitliches Kennzeichen oder zwei getrennte (Dach- und Sortenmarke) zu sehen sind.

552 BGH GRUR 1997, 744 (747) = WRP 1997, 1086 - *ECCO I*.

Identitätsbereich des § 26 III MarkenG überschritten, da dann der Verkehr dem unbekannten Zeichenbestandteil nicht die alleinige Kennzeichnungskraft zuschreibt[553].

4. Hinzufügung oder Weglassung von Bildbestandteilen

Die Hinzufügung oder Weglassung von Bildbestandteilen ist öfter möglich als die von Wortbestandteilen[554]. Sie ist dann unschädlich, wenn den bloß ornamentalen Bildbestandteilen kein eigener Herkunftshinweis zukommt[555]. Das wurde etwa für die in besonderer Schrift und mit einer Wellenlinie eingetragene Marke „aliseo" bejaht, die rechtserhaltend in anderer Schrift und unter Weglassung der Wellenlänge benutzt werden konnte[556]. Ebenfalls unschädlich war die Hinzufügung eines Männerporträts zur Wortmarke „LORD[557]".

Informationsökonomisch läßt sich diese Tendenz der Rechtsprechung damit rechtfertigen, daß als „Name" eines Produkts eine Lautfolge besser geeignet ist als ein Bild. Denn die Lautfolge läßt sich im Geschäftsverkehr rasch (und das heißt: mit geringen Zeit„kosten") durch einfache Niederschrift oder eben durch Aussprechen kommunizieren, während ein Bild erst mit Hilfsmitteln kopiert oder in Sprachform umständlich beschrieben werden muß. Damit aber wird bei Kombinationsmarken das Markenwort regelmäßig die größere Bedeutung für den kennzeichnenden Charakter haben, so daß Bildbestandteile leichter weggelassen oder hinzugefügt werden können als Wortbestandteile.

553 BGH GRUR 1972, 180 (181) - *Cheri*: keine Benutzung von „Cheri" durch „Mon Cheri": Zwar ist „mon" als Possessivpronomen eigentlich wenig kennzeichnungskräftig, die Bekanntheit der Marke „Mon Cheri" als Einheit nimmt aber dem Wort „Cheri" die alleinige Bedeutung für den kennzeichnenden Charakter. BGH GRUR 1985, 46 (47) - *IDEE-Kaffee*: Zurückverweisung, das Berufungsgericht mußte über die Benutzung der Marke „IDEE" durch IDEE-Kaffee" Beweis erheben, um zu klären, ob Verkehr „IDEE-Kaffee" als einheitliche Marke auffaßt oder „Kaffee" als bloß beschreibenden Zusatz ansieht. BGH GRUR 1984, 813 (815) - *Ski-Delial*: Marke „Ski" nicht benutzt in der Fügung „Ski Delial", da die Kennzeichnungskraft der bekannten Marke „Delial" dominiert und „Ski" deshalb nicht als selbständiges Kennzeichen aufgefaßt wird.

554 Ingerl/Rohnke, § 26, Rn. 92; Fezer, § 26, Rn. 105.

555 BGH Mitt. 2000, 411 (412) - *Kornkammer*; weitere Beispiele bei Klette, WRP 2000, 913 (916). Sehr weitgehend für Weglassung eines sehr dominierenden Bildbestandteils BGH GRUR 1975, 135 (137) - *Kim-Mohr*. Die Entscheidung hat Ausnahmecharakter. Die Marke war bereits lange vor Einführung des Benutzungszwangs nur noch in der abgewandelten Form benutzt worden, was ein Vertrauen auf die Bestandsfestigkeit der Eintragung begründete. Der BGH stellte den nach Einführung des Benutzungszwangs notwendigen Vertrauensschutz sicher, indem er hier ein sehr großes Maß an zulässiger Abweichung zubilligte (so werten die Entscheidung Ingerl/Rohnke, § 26, Rn. 92; Fezer, § 26, Rn. 106; krit. zu Kim-Mohr auch Schulze zur Wiesche, GRUR 1975, 135 (140); Fezer, BB 1975, 436. Strenger für die Weglassung von Bildbestandteilen wohl auch BGH GRUR 1975, 434 - *H.BOUCHET* m. Anm. Heydt).

556 OLG München, Mitt. 1997, 30 - *aliseo*.

557 BPatG GRUR 1997, 300 (302) - *LORDS/LORD* für die unschädliche Hinzufügung eines Jünglingsgesichts zur Wortmarke „LORD".

5. Formübergreifende Markenbenutzung

§ 3 MarkenG und Art. 4 GemMV erkennen mehr Markenformen an als das WZG. So sind etwa auch Hörmarken oder sogar Geruchsmarken möglich. Es stellt sich damit die Frage, ob dieselbe Benutzungshandlung rechtserhaltend für mehrere dieser Markenformen sein kann. Das könnte naheliegen, weil der verletzungsrechtliche Schutzbereich etwa eines des Wortzeichens sich mit dem eines Bildzeichens überschneiden kann. Formübergreifende Verletzungsansprüche sind also durchaus denkbar[558].

Regelmäßig ist indes davon auszugehen, daß die eingetragene Form auch den kennzeichnenden Charakter der Marke mitbestimmt. Das beruht auf dem oben bereits dargelegten Grundsatz, daß der verletzungsrechtliche Schutzbereich im Rahmen von § 26 III 1 MarkenG keine Rolle spielt. So wäre etwa die (tatsächlich eingetragene) Geruchsmarke „The smell of fresh cut grass"[559] nur durch Grasduft benutzt, nicht aber durch eine verbale Beschreibung oder eine Abbildung frischgemähten Grases. Das beruht darauf, daß von der olfaktorischen Wahrnehmung „Grasduft" ein weiter Assoziationsweg zum geschriebenen oder gesprochenen Wort „Grasduft" ist. Es handelt sich hier deshalb nicht mehr um „noch dasselbe Kennzeichnungsmonopol", wie es für § 26 III 1 MarkenG erforderlich ist.

Ebenfalls liegt auf der Hand, daß die eingetragene Wortmarke „Herz" nicht durch das Bild eines Herzens benutzt ist. Das erkennt man daran, daß zahlreiche verschiedene Herzabbildungen denkbar sind, die untereinander alle als Zeichen mit je verschiedenem kennzeichnenden Charakter anzusehen wären. Diese zahlreichen verschiedenen Bildkennzeichnungsmonopole fallen aber nun nicht etwa in der Wortmarke „Herz" zu einem einzigen zusammen, sondern dieses Wort stellt ein weiteres Zeichen mit wiederum eigenem kennzeichnenden Charakter dar. Es läßt sich generell festhalten, daß zwischen Wort- und Bildzeichen eine übergreifende rechtserhaltende Benutzung nicht möglich ist[560].

In anderen Fällen wird man die formübergreifende Benutzung indes anerkennen müssen. Das kommt insbesondere in Betracht bei der dreidimensionalen Wiedergabe zweidimensionaler Marken. Hier ist zu berücksichtigen, daß die menschliche Wahrnehmung so eingerichtet ist, daß sie zweidimensionale Abbildungen dreidimensional empfinden und so als „Abbild" der Realität ansehen kann. Das wird beim direkten Vergleich des zweidimensionalen mit dem dreidimensionalen Zeichen häufig dazu führen, daß der Verkehr die zweidimensionale Form als „quasi-identische" Wiedergabe der dreidimensionalen Gestaltung empfindet. Anders kann es sein, wenn die Marke gerade aus ihrer Zwei- oder Dreidimensionalität besondere (etwa haptische) Wirkun-

[558] Kiethe/Groeschke, WRP 1998, 541 (547); Ingerl/Rohnke, § 14, Rn. 73; Starck, GRUR 1996, 692 f.; Hackbarth, Benutzungszwang, 215; BGH GRUR 1959, 599 (602) - *Teekanne*: Wort Teekanne, Mädchenfigur mit Tekanne; weitere Beispiele bei Eichmann, GRUR 1995, 184, 196; eingehend Thewes, MarkenR 1999, 145 ff.

[559] zur ausreichenden grafischen Darstellung dieser Geruchsmarke durch die bloße wörtliche Beschreibung s. HABM, MarkenR 1999, 142 ff. - *The smell of fresh cut grass.*

[560] Ingerl/Rohnke, § 26, Rn. 99; Fezer, Benutzungszwang, 131, Fezer, § 26, Rn. 114.

gen schöpft, die in der jeweils anderen Dimension nicht erzielt werden. Dann kann es an der Noch-Identität fehlen. Regelmäßig wird das aber nicht der Fall sein, da der Verkehr daran gewöhnt ist, daß dasselbe Zeichen ihm gelegentlich dreidimensional (etwa als kennzeichnender Stern auf der PKW-Kühlerhaube), als Relief (als derselbe Stern auf dem Lenkrad) oder als Grafik (in Werbung etc.) entgegentritt. Zweidimensionale Marken können also durch dreidimensionale Ausführungen benutzt sein und umgekehrt[561].

Ebenfalls reicht es aus, ein als Wortmarke eingetragenes Zeichen mündlich zu benutzen, da der Verkehr ein gesprochenes und ein - ohne besondere graphische Ausgestaltung - geschriebenes Wort im wesentlichen als dasselbe Zeichen ansieht[562].

D. Rechtserhaltende Benutzung für mehrere Marken, § 26 III 2 MarkenG

I. Benutzung für mehrere deutsche Marken

Wenn nach den obigen Grundsätzen eine eingetragene Marke auch durch die Verwendung eines abgewandelten Zeichens rechtserhaltend benutzt werden kann, so stellt sich die Frage, was gelten soll, wenn auch diese Abwandlung als Marke eingetragen ist. Werden dann beide Marken durch dieselbe Benutzungshandlung rechtserhaltend benutzt oder nur eine?

Zum WZG hatte der BGH entschieden, daß die Benutzung der eingetragenen Marke „Combur-Test“ nicht die spätere Eintragung „Comburtest“ erhalte. Begründet wurde das mit dem Vorwurf, daß die spätere Marke „Comburtest“ offensichtlich ein Defensivzeichen für „Combur-Test“ sei[563].

Diese Entscheidung hätte unter dem MarkenG nicht gefällt werden können[564]. § 26 III 2 MarkenG bestimmt nunmehr ausdrücklich, daß sich die Benutzungshandlung zugunsten beider eingetragenen Marken auswirkt. Dabei schadet es auch nicht, wenn die Marken verschiedenen Inhaber gehören, solange die Voraussetzungen einer Benutzungszurechnung gem. § 26 II MarkenG vorliegen[565]. Soweit also die oben dargelegte Voraussetzung vorliegt, daß der Verkehr die beiden Zeichen (noch) für dasselbe hält, wirkt die Benutzung der einen Zeichenabwandlung auch für alle weiteren eingetragenen Varianten.

II. Benutzung zugleich für europäische und deutsche Marken

1. Rechtslage in der GemMV

Art. 15 II a) GemMV bestimmt wie § 26 III 1 MarkenG, daß auch die Benutzung einer Abwandlung der eingetragenen Marke rechtserhaltend wirken kann. Die GemMV enthält aber keine § 26 III 2 MarkenG entsprechende Bestimmung, so daß unklar ist, ob

561 A.A. Ingerl, WRP 2002, 861 (870).

562 Ingerl/Rohnke, § 26, Rn. 99.

563 BGH GRUR 1976, 315 - *COMBURTEST.*

564 Fezer, § 26, Rn. 121.

565 Ingerl/Rohnke, § 26, Rn. 101.

eine Zurechnung auch möglich ist, wenn die verschiedenen Markenformen alle eingetragen sind[566]. Es ist also eine Auslegung erforderlich.

a) Hackbarth: keine Benutzungszurechnung auf mehrere eingetragene Markenvarianten

Gegen die Zurechnung wendet sich Hackbarth, der die strenge „Comburtest"-Rechtsprechung auf die GemMV übertragen will. Er meint demzufolge, daß bei Gemeinschaftsmarken die Benutzung nicht für mehrere eingetragene Varianten derselben Marke wirke. Denn sonst könne der Markeninhaber seine „Kernmarke" durch einen Ring von eingetragenen (noch) identischen Defensivmarken erweitern, was dem Zweck des Benutzungszwangs widerspreche[567].

b) Stellungnahme

Gegen Hackbarths Auffassung spricht entscheidend, daß Art. 15 II a) GemMV wie § 26 III 1 MarkenG anordnet, daß die Benutzung von Markenabwandlungen rechtserhaltend sein kann. Sind aber nun etwa drei (noch) identische Markenabwandlungen prioritätsgleich eingetragen und ist benutzt worden eine vierte, ebenfalls (noch) identische, aber nicht eingetragene Abwandlung, so ließe sich überhaupt nicht sagen, für welche der eingetragenen Varianten die Benutzung gelten soll und für welche nicht. Es wäre ebenfalls unklar, wer die zu löschende Varianten bestimmen soll: der Markeninhaber, sein Gegner oder das Gericht? Die GemMV enthält dazu keine Regelungen, was zeigt, daß auch im Rahmen von Art. 15 II a GemMV die Benutzung für alle eingetragenen Varianten wirken soll.

Die von Hackbarth über den Benutzungszwang beabsichtigte Lösung des Problems solcher Defensivmarken ist deshalb nicht überzeugend. Die Lösung muß über den Tatbestand des Behinderungswettbewerbs, die Gesetzwidrigkeit der Markenanmeldung (§ 50 I Nr. 1 MarkenG, Art. 50 I a GemMV) oder die Bösgläubigkeit gem. § 50 I Nr. 4 MarkenG, Art. 51 I b) GemMV gesucht werden[568]. Läßt sich gegen den Markeninhaber der dafür jeweils erforderliche Vorwurf des Rechtsmißbrauchs nicht erheben, so wirkt auch in der GemMV die Benutzung für einer Markenvariante rechtserhaltend für alle eingetragenen, (noch-)identischen anderen Abwandlungen.

2. Benutzung für deutsche und europäische Marke

Aus diesen Ausführungen folgt zwanglos, daß dieselbe Benutzungshandlung sich auch zugleich zugunsten einer europäischen und einer nationalen Marke auswirken kann, wenn die Benutzung im übrigen den Anforderungen der GemMV und des MarkenG entspricht[569]. Denn weder die GemMV noch das MarkenG enthalten Regelungen da-

566 Bejahend v. Mühlendahl/Ohlgart, § 8, Rn. 27.

567 Hackbarth, Benutzungszwang, 224; a.A. v. Mühlendahl /Ohlgart, § 8, 27.

568 In Sonderfällen kann die Geltendmachung von Rechten aus unbenutzten Marken auch in der Schonfrist unzulässig sein: HABM v. 28.03.2000, http://oami.eu.int/cancellation/canc53447.htm - *TRILLIUM*

569 So auch Hackbarth, Benutzungszwang, 152.

zu, wie die Auswahl unter mehreren Marken, die Gegenstand derselben Benutzungshandlung waren, zu treffen wäre. Da es keinen sachlichen Grund gibt, die Benutzung nur zugunsten einer der Marken wirken zu lassen, die anderen aber für löschungsreif zu erklären, können durch dieselbe (deutsche) Benutzungshandlung deutsche und europäische Marken zugleich rechtserhaltend benutzt werden.

E. Zusammenfassung

Trotz Abweichung des benutzten Zeichens von der eingetragenen Form liegt gemäß § 26 III 1 MarkenG eine rechtserhaltende Benutzung dann vor, wenn ein fiktiver Verbraucher beide Zeichen beim direkten Vergleich als „noch dieselben" ansieht.

Dabei ist die Feststellung des kennzeichnenden Charakters eine Rechtsfrage mit vorgelagerten Tatfragen. So ist es eine tatsächliche, dem Beweis zugängliche Frage, ob Zeichenbestandteile rein beschreibend wirken oder teilhaben am kennzeichnenden Charakter der eingetragenen bzw. benutzten Gesamtzeichenform. Die daran anschließende Feststellung des kennzeichnenden Charakters des Gesamtzeichens ist eine Rechtsfrage.

Sind mehrere „noch-identische" Markenabwandlungen eingetragen, so wirkt die Benutzung einer Abwandlung auch für alle anderen rechtserhaltend. Das gilt auch für parallel eingetragene europäische und deutsche Marken.

§ 15 Benutzungswille

A. Begriff, Problemstellung

Als Benutzungswille wird die Absicht eines Markenanmelders oder -inhabers bezeichnet, seine Marke in rechtserhaltender Weise zu verwenden oder verwenden zu lassen. Ob ein solches subjektives Moment markenrechtlich bedeutsam ist, wird in den Vorschriften zum Benutzungszwang nicht angesprochen. Es könnte aber sein, daß das Fehlen oder der Fortfall des Benutzungswillens auf die Rechtsbeständigkeit einer Marke schon in den 5 Jahren der ersten Benutzungsschonfrist Einfluß hat, so daß es sinnvoll ist, diese Fragen hier zu erörtern. Denn immerhin könnte man vertreten, daß ein Markenanmelder, der schon weiß, daß er seine Marke nicht nutzen will, keinen Markenschutz verdient Ob und mit welcher Begründung ihm tatsächlich der Schutz zu versagen ist, ist indes streitig.

B. Vorgaben der MRRL, Rechtslage in der GemMV

Die MRRL regelt das Problem des Benutzungswillens nicht. Art. 3 und 4 MRRL, die sich mit Eintragungshindernissen und Ungültigkeitsgründen befassen, enthalten keine Bestimmung über den Benutzungswillen. Teilweise wird deshalb vertreten, daß die MRRL das Erfordernis eines Benutzungswillens bewußt ausschließe, so daß auch die nationalen Rechte dieses nicht vorsehen dürfen[570]. Zu beachten ist aber, daß der 7. Erwägungsgrund ausdrücklich bestimmt, daß nur diejenigen Erwerbshindernisse und Ungültigkeitsgründe, welche „die Marke selbst“ betreffen, also die fehlende Unterscheidungskraft oder Kollisionen mit älteren Rechten, in der MRRL abschließend aufgeführt sind. Den Mitgliedstaaten bleibt es aber unbenommen, weitere „Eintragungshindernisse oder Ungültigkeitsgründe beizubehalten oder aufzunehmen, die an die Bedingungen für den Erwerb oder der Aufrechterhaltung der Marke gebunden sind, für die keine Angleichungsbestimmungen bestehen." Das könnten dann etwa auch Sachverhalte sein, die sich nicht an „der Marke selbst“ manifestieren, sondern in bestimmten Verhaltensweisen oder Absichten des Markenanmelders. Folglich könnte in den nationalen Markenrechten auch das Fehlen des Benutzungswillens als Erwerbshindernis oder Ungültigkeitsgrund ausgestaltet sein. Das ist etwa im britischen Trade Mark Act von 1994 auch der Fall. Hier sieht Art. 32 III vor, daß der Markenanmelder in der Anmeldung erklären muß, daß er entweder die Marke schon benutzt oder aber jedenfalls die Absicht habe, das zu tun[571].

Festzuhalten ist also, daß die MRRL keine ausdrücklichen Regelungen über den Benutzungswillen enthält, es den Mitgliedstaaten aber freistellt, insofern ein Eintragungshindernis oder einen Versagungsgrund vorzusehen.

[570] Für abschließende Regelung durch die MRRL Brauer, Wiederholungszeichen, 62.

[571] Sect. 32 III lautet: "The application shall state that the trade mark is being used, by the applicant or with his consent, in relation to those goods or services, or that he has a bona fide intention that it should be so used."

C. Rechtslage in der GemMV

Auch die GemMV enthält keine ausdrücklichen Regelungen. Das HABM steht auf dem Standpunkt, daß - eben weil keine anderweitige Regelung getroffen ist - kein Benutzungswille erforderlich sei. Es hat die GemMV ausdrücklich vom britischen Recht abgegrenzt. Während nach britischem Recht die „bona fide intention to use" erforderlich ist, kenne die GemMV das Erfordernis eines Benutzungswillens nicht. Das HABM schließt dies aus der Existenz der Benutzungsschonfrist, die „otherwise (...) would make little sense, if any"[572].

D. Meinungsstand zum MarkenG

Ob im MarkenG ein Benutzungswille erforderlich ist, ist streitig.

I. Mindermeinung: Kein Benutzungswille erforderlich

Dafür, daß kein Benutzungswille erforderlich sei, läßt sich mit der Rechtsprechung des HABM auf die bloße Existenz der Benutzungsschonfrist verweisen, die sonst wenig Sinn ergebe[573]. Auch die freie Übertragbarkeit der Marke und die Tatsache, daß kein Geschäftsbetrieb mehr erforderlich ist, könnte dafür spreche, daß der Anmelder nicht die Absicht haben muß, die Marke selbst für seine eigenen Produkte zu nutzen[574].

II. h.M.: Benutzungswille erforderlich, aber vermutet

Der BGH und ein Teil der Literatur sind im Anschluß an die h.M zum WZG der Auffassung, daß grundsätzlich ein Benutzungswille erforderlich ist. Dieser werde aber - wie eben die Existenz der Benutzungsschonfrist zeige - vermutet, doch könne diese Vermutung widerlegt werden[575]. Außerdem reiche - da der Markenanmelder keinen eigenen Geschäftsbetrieb mehr zu haben braucht und Marken frei übertragbar sind - ein genereller Benutzungswille aus. Dieser liegt bereits dann vor, wenn der Markeninhaber die Marke nur lizenzieren oder an seinen Kunden - der ihn mit ihrer Entwicklung beauftragt hatte - übertragen möchte.[576]

E. Stellungnahme

I. Keine Lösung über Bösgläubigkeit

Nicht überzeugend ist es, bei fehlender Benutzungsabsicht ohne weiteres Bösgläubigkeit im Sinne von § 50 I Nr. 4 MarkenG anzunehmen. Denn das MarkenG und die

[572] HABM v. 28.3.2000 - *TRILLIUM*, http://oami.eu.int/cancellation/canc53447.htm, Rn. 8.

[573] HABM v. 28.3.2000 - *TRILLIUM*, http://oami.eu.int/cancellation/canc53447.htm, Rn. 8, s. soeben.

[574] So Ingerl/Rohnke, § 3, Rn. 11. Das gesteht auch der BGH WRP 2001, 160 (163) - *Classe E* zu, der deshalb das Erfordernis des Benutzungswillens so ausweitet, daß auch die Absicht, eine Benutzung durch Dritte herbeizuführen, ausreicht.

[575] BGH WRP 2001, 160 (163) - *Classe E*; Fezer, § 3, Rn. 80.

[576] BGH WRP 2001, 160 (163) - *Classe E*; Fezer, § 50, Rn. 30, 30a; Kiethe/Groeschke, WRP 1997, 269 (273).

GemMV sehen für die meisten Nichtigkeitsgründe Heilungsmöglichkeiten vor, nicht aber für den der Bösgläubigkeit[577]. Das würde dazu führen, daß eine ohne Benutzungswillen angemeldete Marke auch dann nichtig bliebe, wenn sie später doch benutzt wird. Dafür ist aber kein Grund ersichtlich, und es widerspräche dem Grundsatz, daß die Aufnahme der Benutzung die Marke heilt (s. etwa § 49 MarkenG).

II. Dogmatisch kein Benutzungswille erforderlich, sein Fehlen ist aber Indiz für Behinderungsabsicht

Zuzustimmen ist der h.M., nach der das Fehlen des Benutzungswillens ein wesentliches Indiz für die Rechtsmißbräuchlichkeit einer Markenanmeldung bzw. -verteidigung[578] ist.

Das Fehlen des Benutzungswillens allein reicht dafür aber nicht aus. Die Tatsache, daß der Gesetzgeber nach dem 7. Erwägungsgrund der MRRL frei gewesen wäre, das Fehlen des Benutzungswillens (als weiteres Eintragungs- oder Aufrechterhaltungshindernis) aufzunehmen, das aber - in Kenntnis der Rechtslage etwa in Großbritannien - nicht getan hat, läßt erkennen, daß das MarkenG ein solches Erfordernis nicht enthalten sollte. Es wäre auch widersprüchlich. Wenn man dem Markeninhaber zugesteht, seine Marke 5 Jahre lang nicht zu benutzen, so macht es keinen Sinn, von ihm trotzdem zu verlangen, sie während dieser Zeit aber benutzen zu *wollen*. Nur wenn Anhaltspunkte dafür bestehen, daß er sie auch danach nicht benutzen will, kann der Rechtsmißbrauchseinwand greifen.

Fälle des Behinderungswettbewerbs durch Markenanmeldung sind deshalb nicht allein über das Erfordernis eines Benutzungswillens zu lösen, sondern über das allgemeine Wettbewerbsrecht und § 242 BGB. Dabei ist ein maßgebliches Indiz für die Rechtsmißbräuchlichkeit oder die Behinderungsabsicht allerdings das Fehlen der Benutzungsabsicht. Wenn dazukommt, daß der Markeninhaber seine formale Rechtstellung dazu aufgebaut hat, andere in ihrer wirtschaftlichen Betätigung zu behindern und mit Schadensersatzforderungen zu überziehen[579] - statt sein Markenrecht aktiv zum Aufbau eines Goodwill einzusetzen - so steht diesem Vorgehen in Übereinstimmung mit der h.M der Einwand des Rechtsmißbrauchs entgegen.

F. Zusammenfassung

Ein Benutzungswille ist nicht erforderlich. Sein Fehlen kann Indiz sein für die Rechtsmißbräuchlichkeit des Zeichenerwerbs und der Geltendmachung von Rechten aus dem Zeichen.

577 Bösgläubigkeit ist als Nichtigkeitsgrund genannt in § 50 I Nr. 4 MarkenG, Art. 51 I b)GemMV. Der spätere Wegfall eines Nichtigkeitsgrundes heilt die Marke gem. § 50 II MarkenG, Art. 51 b) GemMV. Dort aber sind die heilbaren Nichtigkeitsgründe jeweils abschließend aufgezählt, und der Nichtigkeitsgrund der Bösgläubigkeit wird nicht genannt.

578 nur damit beschäftigt sich BGH WRP 2001, 160 ff. - *Classe E*, s. S. 163

579 so wie im Fall BGH WRP 2001, 160 ff. - *Classe E.*

§ 16 Person des Zeichenverwenders

Im Wirtschaftsleben tritt häufig der Fall ein, daß der Markeninhaber seine Marke nicht selbst nutzen möchte, sondern sie Dritten zur Verfügung stellen will. Der wichtigste Fall einer solchen Benutzung durch Dritte ist die Lizenz, also die - regelmäßig entgeltpflichtige - Vergabe des Benutzungsrechtes an einen anderen. Die Möglichkeit einer solchen Benutzung durch Dritte berücksichtigt auch § 14 II MarkenG, die Verletzungsansprüche nur gewährt, wenn Dritte „ohne Zustimmung" des Markeninhabers die Marke verwenden. Die Benutzung mit Zustimmung des Markeninhabers ist also keine Rechtsverletzung. Zu prüfen ist, ob und unter welchen Umständen die Benutzung durch einen Dritten rechtserhaltend wirkt.

A. Rechtslage im WZG, Vorgaben des TRIPS und der MRRL, Rechtslage nach GemMV und im MarkenG

I. WZG

Bereits gem. § 5 VII 2 WZG reichte es aus, daß das Zeichen „mit Zustimmung" des Inhabers von einem Dritten benutzt wurde, wenn die Benutzung im übrigen den Anforderungen des Benutzungszwangs genügte[580]. Allerdings galt im WZG das Akzessorietätsprinzip, demzufolge Inhaber einer Marke nur sein konnte, wer in seinem Geschäftsbetrieb mit der Herstellung oder dem Vertrieb der betreffenden Produkte befaßt war (§ 1 I WZG)[581]. Das führte dazu, daß die Marke trotz ihrer Benutzung durch den Dritten dann verfiel, wenn die betreffenden Waren für den Markeninhaber betriebsfremd waren. Die Zurechnung der *Benutzung* ermöglichte § 5 VII 2 WZG, die Zurechnung auch des *Geschäftsbetriebes* vom Benutzer auf den Zeicheninhaber war demgegenüber nach einhelliger Auffassung ausgeschlossen[582].

II. MRRL, GemMV

Auch gem. Art. 10 III MRRL, Art. 15 III GemMV gilt die Benutzung einer Marke durch einen Dritten als Benutzung durch den Inhaber, wenn sie mit seiner Zustimmung erfolgt. Isoliert betrachtet enthalten diese Vorschriften nichts, was über § 5 VII 2 WZG hinausginge. Zu beachten ist aber, daß die MRRL und die GemMV das Akzessorietätsprinzip nicht kennen und somit der Markeninhaber keinen Geschäftsbetrieb haben muß. Das bedeutet, daß Drittbenutzung von Zeichen auch für solche Produkte möglich ist, die der Zeicheninhaber nicht selbst in seinem Sortiment führt[583].

III. TRIPS, PVÜ

Das TRIPS kennt ebenfalls das Institut der Drittbenutzung. Hier bestimmt Art. 19 II TRIPS, daß die Drittbenutzung der Marke anerkannt werden muß, „wenn sie der Kon-

580 Baumbach/Hefermehl, § 5 WZG, Rn. 72.

581 Baumbach/Hefermehl, § 2, Rn. 14; Busse/Starck, § 8, Rn. 5; Fezer, § 3, Rn. 55, § 27, Rn. 7.

582 Baumbach/Hefermehl, § 1, Rn. 80 m. zahlr. Nw. für die Zurechnung des Geschäftsbetriebs der Tochtergesellschaft auf die Muttergesellschaft; Fezer, Benutzungszwang, 34 ff.; a.M. allerdings Schulze zur Wiesche, NJW 1968, 1809 (1811).

583 Fezer, § 26, Rn. 78.

trolle durch ihren Inhaber unterliegt." Die PVÜ enthält keine Vorschrift zur Drittbenutzung. Art. 5 C III PVÜ bezieht sich auf die Benutzung desselben Zeichens durch mehrere Unternehmen zugleich, nicht aber auf Lizenzvereinbarungen u.ä.[584].

IV. MarkenG

§ 26 II MarkenG setzt die Vorgabe des Art. 10 III MRRL um und bestimmt, daß die Benutzung der Marke mit Zustimmung des Inhabers als Benutzung durch den Inhaber gilt. Da das MarkenG ebenso wie die MRRL und die GemMV vom Inhaber einer Marke keinen Geschäftsbetrieb verlangt, ist auch hier die Drittzurechnung für solche Produkte möglich, mit denen sich der Zeicheninhaber selbst nicht befaßt.

B. Rechtsnatur der Zustimmung des § 26 II MarkenG

I. Zustimmung als Willenserklärung

§ 14 II MarkenG schließt Verletzungsansprüche dann aus, wenn der Markeninhaber der Markenverwendung seine „Zustimmung" erteilt hat. Diese Zustimmung ist eine Willenserklärung[585], denn sie bringt den Willen des Markeninhabers zum Ausdruck, daß die Markenbenutzung durch den Dritten zulässig sein *soll* und führt diese Zulässigkeit zugleich herbei[586]. Da § 26 II MarkenG an diese - zunächst die Rechte des Markeninhabers aus § 14 MarkenG beschneidende - Erklärung anknüpft, indem er darauf eine für den Markeninhaber günstige Folge stützt, ist davon auszugehen, daß auch die Zustimmung des § 26 II MarkenG eine Willenserklärung darstellt.

II. Zustimmung des § 26 II MarkenG als Zustimmung i.S.v. §§ 182 ff. BGB - Rückwirkung?

Fraglich ist, ob mit „Zustimmung" in § 26 II MarkenG ausgedrückt werden soll, daß es sich um eine Erklärung im Sinne von § 182 BGB handelt. Dort wird dieses Wort als Oberbegriff für „Einwilligung" (die vorherige Zustimmung zu einem Rechtsgeschäft, § 183 BGB) und „Genehmigung" (die nachträgliche, rückwirkende Zustimmung zu einem Rechtsgeschäft, § 184 BGB) verwendet. Wenn „Zustimmung" in diesem Sinne zu verstehen wäre, so hätte das insbesondere zur Konsequenz, daß die Zustimmung zur Drittbenutzung auch nachträglich, als Genehmigung mit rückwirkender Kraft (§ 184 BGB), erklärt werden könnte.

Nach einhelliger Auffassung zu § 5 VII WZG wie auch zu § 26 II MarkenG ist das Wort „Zustimmung" nicht im Sinne von §§ 182 ff. BGB zu verstehen. Schricker verweist darauf, daß die Begriffe in BGB und WZG jedenfalls nicht dasselbe bedeuten *müssen*[587]. Dem ist hinzuzufügen, daß § 182 BGB auf § 5 VII WZG und § 26 II MarkenG schon begrifflich gar nicht paßt: Die Zustimmung der §§ 182 ff. BGB bezieht sich auf ein „Rechtsgeschäft", das durch die Zustimmung wirksam wird. Die Benut-

584 Fezer, Art. 5 PVÜ, Rn. 2.

585 Ingerl/Rohnke, § 14, Rn. 26; inzident auch BGH GRUR 1993, 574 (575) - *Decker* m.w.N. zur Rspr.

586 vgl. zum Begriff der Willenserklärung etwa Soergel-Leptien, v. § 116, Rn. 19.

587 Schricker, GRUR Int. 1969, 14 (24).

zung durch einen Dritten ist aber kein Rechtsgeschäft, sondern bloß eine Tathandlung. Es handelt sich also bei der Zustimmung des § 26 II MarkenG um gar keine Erklärung, die unter §§ 182 ff. BGB subsumiert werden könnte. Vielmehr hat sie ähnlichen Charakter wie die im BGB verschiedentlich angesprochene Erlaubnis[588], welche ebenfalls nicht die Wirksamkeit eines Rechtsgeschäfts herbeiführt, sondern ein rechtliches Dürfen, die rechtliche Zulässigkeit einer Tathandlung begründet[589].

Damit läßt sich ohne begriffliche Schwierigkeiten der einhelligen Meinung zustimmen, welche die Rückwirkung der Zustimmung des § 26 II MarkenG zutreffend verneint[590]. Der Zustimmung nur Wirkung ex nunc zu geben, ist geboten, weil sonst Mißbräuche möglich wären[591]. Der Markeninhaber könnte sich etwa Zeichenverletzungen, von denen er gar nichts wußte oder gegen die er sogar vorgegangen ist, durch nachträgliche Zustimmung zunutze machen und so sein verfallsreifes Zeichen retten. Das widerspräche dem Zweck des Benutzungszwangs. Die Zustimmung führt also nur zur Zurechenbarkeit der Benutzung ex nunc.

C. Rechtswirksamkeit der Zustimmung

Die Frage, ob die Zustimmung zur Drittbenutzung vom Markeninhaber rechtswirksam erklärt werden muß oder nicht, ist in Rechtsprechung und Literatur streitig.

I. Meinungsstand

Überwiegend wird - mit Unterschieden im Detail - die Rechtswirksamkeit der Zustimmung verlangt[592]. Eine unwirksame Zustimmung hindere die Zurechenbarkeit der Drittbenutzung. Einschränkend wollen einige die Rechtswidrigkeit nur dann für beachtlich halten, wenn sie auf einem Verstoß gegen Normen beruht, die das Allgemeininteresse schützen. Bloße vertragliche Mängel (fehlerhafte Vollmacht, Anfechtung der Zustimmung) sollen danach die Zurechenbarkeit der Benutzung nicht ausschließen[593]. Andere meinen, daß nur eine rechtskräftig festgestellte Rechtsunwirksamkeit der Zustimmung die Zurechnung für die Zukunft (die Zeit nach dem Urteil) hindere[594].

Nach der - wohl vordringenden - Gegenauffassung ist es für § 26 II MarkenG irrelevant, ob die Zustimmung zur Zeichenbenutzung rechtswidrig ist. Solange die Drittbenutzung mit dem rein tatsächlich erklärten Willen des Markeninhabers übereinstimme,

588 §§ 549, 603, 1784, 1888 BGB.

589 vgl. dazu Soergel-Leptien, v. § 182, Rn. 1; MüKo-Schramm, v. § 182, Rn. 19.

590 für das WZG: BGH GRUR 1985, 385 - *FLUOSOL*; Baumbach/Hefermehl, § 5, Rn. 72; Zeug, Konzernmarke, 198; Schricker, GRUR Int. 1969, 14 (24); für das MarkenG: BPatG 36, 1 (6) - *CHARRIER*; Fezer, § 26, Rn. 83; Ingerl/Rohnke, § 26, Rn. 68; für die GemMV v. Mühlendahl/Ohlgart, § 8, Rn. 12.

591 Schricker, GRUR Int. 1969, 14 (24); Althammer-Ströbele, § 26, Rn. 52; Fezer, Benutzungszwang, 43.

592 BGH GRUR 1985, 385 - *FLUOSOL*; OLG Karlsruhe, GRUR 1981, 19(200) - *Famila*; KG BB 1997, 1966; Althammer-Ströbele, § 26, Rn. 57.

593 Fezer, § 26, Rn. 84.

594 Kraft, GRUR 1968, 123 (125).

sei die Zurechnung möglich[595]. Die Drittbenutzung müsse nur faktisch, nicht auch in rechtlich wirksamer Weise vom Markeninhaber veranlaßt sein[596].

II. Beispielsfall nach KG BB 1997, 1966: Wettbewerbs- und sittenwidrige Zustimmung

Soweit ersichtlich, gibt es bisher nur einen einzigen Fall, in dem die Rechtsprechung wegen Rechtsunwirksamkeit der Zustimmung die Drittbenutzung nicht zurechnete[597]: Die Firma A vertrieb einen Wodka unter der Bezeichnung W, hatte aber für diese Bezeichnung keinen Markenschutz erworben. Sie ließ den Wodka bei der Firma B herstellen. B wollte nach einer gewissen Zeit selbst Wodka vertreiben und zugleich den A vom Markt verdrängen. B verschaffte sich dazu beim Markeninhaber I einen Lizenzvertrag über dessen (ähnliche, aber unbenutzte) Marke W*, vertrieb fortan den Wodka W* selbst und nahm den früheren Auftraggeber A auf Unterlassung des Vertriebs des Wodka W in Anspruch. A erhob gegen die Marke W* des I den Nichtbenutzungseinwand.

Das KG sah die Marke W* in der Tat als löschungsreif an. Dem I könne die Benutzung durch B könne ihm nicht zugerechnet werden, da es an der erforderlichen rechtswirksamen zustimmun fehle. A und I hätten in Behinderungs- und Schädigungsabsicht gehandelt, der Lizenzvertrag sei deshalb gem. § 138 BGB, § 1 UWG nichtig[598].

Das steht mit der Ansicht des BGH, der „grundsätzlich“[599] (ohne die Ausnahmen zu benennen) ebenfalls Wirksamkeit der Zustimmung verlangt, in Einklang. Zum selben Ergebnis müßten auch die modifizierten Varianten der überwiegenden Meinung kommen: Für Fezer[600] wäre entscheidend, daß die Nichtigkeit auf einem Sittenverstoß beruhte; Kraft[601] müßte die Zurechnung jedenfalls für die auf das Urteil folgende Zeit ausschließen.

III. Stellungnahme

1. Kritik der Beispielsentscheidung

Das Ergebnis der Entscheidung, daß B seinen früheren Auftraggeber A nicht über den Umweg des Markenrechts aus dem Geschäft drängen darf, befriedigt sicher zunächst das Rechtsgefühl. Die Begründung überzeugt aber nicht, wenn man ihre Konsequen-

595 BPatGE 23, 192 (196) - *ISKA*; Ingerl/Rohnke, § 26, Rn. 68, Schricker, GRUR Int. 1969, 14 (24); Schreiner, Dienstleistungsmarke, 338; Zeug, Konzernmarke, 202; für die GemMV v. Mühlendahl/Ohlgart, § 8, Rn. 14; Hackbarth, Benutzungszwang, 162.

596 Hackbarth, Benutzungszwang, 162.

597 in den Entscheidungen BGH GRUR 1985, 385 - *FLUOSOL*, OLG Karlsruhe, GRUR 1981, 198 (200) - *Famila* war die Zustimmung jeweils wirksam.

598 KG BB 1997, 1966 (1967).

599 BGH GRUR 1985, 385 - *FLUOSOL*.

600 Fezer, § 26, Rn. 84.

601 Kraft, GRUR 1968, 123 (125).

zen bedenkt. Angenommen, ein außenstehender Dritter hätte den I wegen Nichtbenutzung auf Löschung in Anspruch genommen (Popularklage des § 55 II Nr. 1 MarkenG): Diese Klage hätte, da keine rechtserhaltende Drittbenutzung vorlag, nach Auffassung des KG unbedingt erfolgreich sein müssen - auch dann, wenn sich A, B und I als unmittelbar Beteiligte zwischenzeitlich verglichen, etwa eine Abgrenzungsvereinbarung geschlossen hätten.

Es gibt aber keinen Grund dafür, einen Dritten davon profitieren zu lassen, daß I und B im Verhältnis zu A sittenwidrig gehandelt hatten. Solange der geschädigte A nicht gegen das Verhalten von B und I vorgeht, besteht kein Anlaß, dem B die Markenverwendung zu untersagen oder gar die Marke zu löschen - denn eine „Karteileiche" ist sie nicht. Der frühere Auftraggeber A bleibt zum einen auch ohne den Nichtbenutzungseinwand geschützt: ihm steht gegenüber den kollusiv handelnden Unternehmen B und I, die das Zeichen zweckfremd zur Behinderung einsetzen[602], ein Unterlassungsanspruch, jedenfalls gegen die Geltendmachung von Ansprüchen aus dem Zeichen, gem. § 1 UWG zu. Außerdem hat er den Einwand der unzulässigen Rechtsausübung[603]. Gegen B kommen darüberhinaus Ansprüche wegen der Verletzung (nach)vertraglicher Treuepflichten in Betracht. Zum anderen kann man auch die Schutzbedürftigkeit des A bezweifeln. Denn er hatte es sowohl versäumt, seine Produktbezeichnung als Marke zu schützen und war obendrein nicht rechtzeitig gegen die (zunächst verfallene, dann aber durch Drittbenutzung geheilte) Marke des I vorgegangen. Die Lösung des Falles über die Nichtbenutzungseinrede wäre nach alledem zur Begründung des Ergebnisses wohl nicht erforderlich, und sie ist auch nicht überzeugend.

2. Verallgemeinerung der Kritik

a) Zweck des Benutzungszwangs und Markenfunktion

Richtigerweise ist davon auszugehen, daß die Nichtigkeit der Zustimmung grundsätzlich belanglos ist. Die Nichtigkeit zieht (nur) die entsprechenden zivilrechtlichen Rechtsfolgen nach sich[604]. Das ergibt sich aus dem Zweck des Benutzungszwangs, „Karteileichen" auszumerzen. Zweck des Benutzungszwangs ist es aber nicht, kartell-, wettbewerbs-, sitten-, oder sonst rechtswidrige Zeichenverwendungen zu sanktionieren. Oben wurde dargelegt, daß eine Benutzungshandlung vorliegt, wenn die Markenverwendung die entmaterialisierte Herkunftsfunktion verwirklicht[605]. Das aber ist bei einer Drittbenutzung auch dann der Fall, wenn die Zustimmung zur Verwendung nich-

602 nämlich nicht nur zum Vertrieb der eigenen Waren, sondern vornehmlich zur Torpedierung der fremden Marke, s. zu unlauterem Zeichenerwerb etwa BGH GRUR 1995, 117 ff.- *NEUTREX* ; zu außermarkenrechtlichen Löschungsansprüchen des Opfers KG GRUR 1998, 412 ff. - *Analgin*; s.a. Baumbach/Hefermehl WettbewR, § 1 UWG, Rn. 240.

603 so Ingerl/Rohnke, § 26, Rn. 68.

604 ebenso BPatGE 23, 192 (196) - *ISKA*; Ingerl/Rohnke, § 26, Rn. 68, Schricker, GRUR Int. 1969, 14 (24); Schreiner, Dienstleistungsmarke, 338; für die GemMV v. Mühlendahl/Ohlgart, § 8, Rn. 14; Hackbarth, Benutzungszwang, 162.

605 s. S. 73.

tig ist. Denn rein faktisch ist die Markierung mit dem Willen des Markeninhabers erfolgt, und damit ist die Herkunftsfunktion realisiert.

b) Beachtung der Spezialvorschriften über die Aktivlegitimation - Popularklage des § 55 II Nr. 1 MarkenG

Zu bedenken ist auch, daß die Nichtbenutzung einer Marke gem. § 55 II Nr. 1 MarkenG eine Popularklage auf Löschung ermöglicht. Es stünde in Widerspruch zu den Regelungen über die Aktivlegitimation der jeweils verletzten Gesetze, etwa § 13 UWG, wenn im Wege der Löschungspopularklage jedermann den Verstoß der Zustimmung gegen etwa das UWG, das GWB oder – wo wollte man die Grenze ziehen? – individualvertragliche Abmachungen gerichtlich geltend machen könnte.

c) Gleichbehandlung von rechtswidriger Benutzung durch den Inhaber selbst und rechtswidriger Drittbenutzung

Dogmatisch läßt sich diese Auffassung auch auf den Umstand stützen, daß nach einhelliger Meinung eine rechtserhaltende Benutzung nicht daran scheitert, daß der Markeninhaber selbst sein Zeichen in rechtwidriger Weise verwendet. Benutzungshandlungen, die gegen das UWG oder andere Rechtsvorschriften verstoßen, lösen die entsprechenden Sanktionen zugunsten der jeweils aktivlegitimierten Personen aus, wirken aber rechtserhaltend[606].

Bei der vom Markeninhaber selbst vorgenommenen Benutzung kommt es also auf die Rechtmäßigkeit der Handlungen nicht an, entscheidend ist allein, daß er sie *tatsächlich* vornimmt. Zusätzlich zur tatsächlichen Benutzungshandlung des Dritten verlangt nun § 26 II MarkenG die Zustimmung des Markeninhabers. Diese bewirkt, daß die fremde Markenbenutzung dem Inhaber als eigene zugerechnet wird. Wenn aber im Rahmen der Eigenbenutzung nur entscheidend ist, daß *tatsächliche* Benutzungshandlungen vorliegen, so ist es konsequent, auch bei § 26 II MarkenG nur das *tatsächliche* Vorliegen der Zustimmung zu verlangen. Die fremde Benutzungshandlung muß mit dem Willen des Markeninhabers erfolgen und tatsächlich von ihm *veranlaßt* sein, dann liegt vom Markeninhaber und vom Verkehr aus gesehen keine Karteileiche vor; die Löschung der Marke wegen Nichtbenutzung wäre verfehlt.

d) Wortlaut von Art. 19 II TRIPS spricht gegen das Wirksamkeitserfordernis

Dieses Ergebnis steht auch mit dem Wortlaut des Art. 19 II TRIPS im Einklang[607]. Danach wird die Benutzung zugerechnet, sofern sie „der Kontrolle“ des Markeninhabers unterliegt. Diese Wortwahl schon macht das bloß Faktische des Einverständnisses deutlicher als der Rechtsbegriff „Zustimmung“ in § 26 II MarkenG. „Kontrolle“ aber verschafft sich der Markeninhaber eigentlich durch eine unwirksame oder fehlende Lizenzvereinbarung noch besser als durch eine wirksame: Wenn die Lizenzvereinba-

606 BGH GRUR 1979, 707 (708) - *Haller*; BGH GRUR 1978, 46 - *Doppelkamp*; Ingerl/Rohnke, § 26, Rn. 13; Fezer, § 26, Rn. 39; ebenso in der kritisierten Entscheidung auch das KG bei Prüfung der Frage, ob überhaupt taugliche Benutzungshandlungen vorlagen.

607 Was von Belang ist, da die MRRL und deshalb auch das MarkenG TRIPS-konform auszulegen sind, s.o. S. 37.

rung unwirksam ist, braucht der Markeninhaber sie noch nicht einmal zu kündigen. Es hängt dann von seiner reinen Willkür ab, ob er die Zeichenverwendung weiter zuläßt oder nicht.

3. Zwischenergebnis

Festzuhalten ist, daß es auf die Rechtmäßigkeit der Zustimmung oder des Lizenzvertrages im Rahmen von § 26 II MarkenG nicht ankommt. Entscheidend ist grundsätzlich, daß die *faktisch* vorgenommenen Benutzungshandlungen auf einer *faktisch* erklärten Zustimmung beruhen.

IV. Besondere Mängel der Zustimmung

Auch eine rechtsunwirksame Zustimmung begründet also grundsätzlich die Zurechenbarkeit der Benutzung gem. § 26 II MarkenG. Zu prüfen bleibt, ob trotzdem bei bestimmten Konstellationen die Unwirksamkeit der Zustimmung auch zur Unterbrechung des Zurechnungszusammenhangs führt.

1. Mängel der Vollmacht

Drittbenutzungen werden häufig zwischen großen Unternehmen mit komplizierten Zuständigkeiten vereinbart oder im Rahmen konzernmäßiger Verflechtungen durchgeführt. Dabei kann es geschehen, daß die betreffenden Erklärungen nicht von den dazu befugten Personen abgegeben werden. Ebenso kann es aber auch vorkommen, daß sich jemand zum Vertreter des Markeninhabers aufschwingt und die Drittbenutzung gestattet, der dazu schlechterdings überhaupt nicht befugt ist. Fraglich ist, ob solche Vertretungsmängel die Zustimmung unbeachtlich machen können.

Fezer verneint das, da er Unwirksamkeitsgründe, die aus dem Verhältnis zwischen den Parteien resultieren, für irrelevant hält [608]. Dem ist im Ansatz der Begründung voll, im Ergebnis nur teilweise zuzustimmen. Wenn zwar die Vollmacht fehlt, sich aber bei Betrachtung des fraglichen Benutzungszeitraums ergibt, daß - ungeachtet etwaiger formaler Stellvertretungsprobleme - beide Parteien Kenntnis von der betreffenden Vereinbarung hatten und in Kenntnis dieser Vereinbarung der eine die Benutzung vornahm und der andere nicht dagegen einschritt, so liegt in diesem Verhalten die erforderliche Zustimmung, ohne daß es auf die Wirksamkeit der ursprünglichen Vereinbarung noch ankäme. Solche Sachverhalte, in denen konkludent erklärte Zustimmungen sogar vermutet werden, liegen insbesondere bei der Markenverwendung durch abhängige Unternehmen vor[609].

Ergibt sich jedoch, daß die Zustimmung von einem Außenstehenden, am Markeninhaber vorbei, ohne Vertretungsbefugnis und ohne dessen nachherige Kenntnis (und sein stillschweigendes nachträgliches, ex nunc wirkendes Einverständnis) erklärt wurde, so scheidet die Zurechnung der Benutzung aus. Das folgt dann allerdings nicht aus der Unwirksamkeit der Erklärung oder der Vollmacht, sondern daraus, daß der Markenin-

608 Fezer, § 26; Rn. 84.

609 BPatG GRUR 2001, 166 (169) - *Warenvertrieb im Internet*; BPatGE 36, 1 (6) - *CHARRIER*; BPatGE 30, 101 (104) - *WEKROMA*; zust. Fezer, § 26, Rn. 80.

haber die Markenverwendung rein tatsächlich nicht gewollt und rein faktisch auch nicht veranlaßt hat.

2. Anfechtung

Gem. § 142 BGB wirkt die Anfechtung eines Rechtsgeschäfts ex tunc. Fraglich ist, ob auch die nachträgliche Anfechtung der Zustimmung gem. § 26 II MarkenG solche rückwirkende Kraft hat.

Oben wurde gezeigt, daß es für die Frage der Zurechnung im Rahmen von § 26 II MarkenG nicht auf die Rechtswirksamkeit der Zustimmung ankommt, sondern nur darauf, ob die Drittbenutzung auf einer tatsächlich erklärten Zustimmung des Markeninhabers beruht. Daraus folgt, daß Anfechtung, Widerruf und sonstige rückwirkende Beseitigungen der Drittbenutzungsvereinbarung nichts an der Zurechnung für den Schwebezeitraum ändern. Erst mit der Erklärung der Anfechtung entfällt die Zurechnungsmöglichkeit von diesem Zeitpunkt an für die Zukunft, da von da an faktisch kein Veranlassungstatbestand mehr vorliegt.

3. Nicht oder nur beschränkt Geschäftsfähige

Auch nicht oder nur beschränkt Geschäftsfähige können gem. § 7 Nr. 1 MarkenG Markeninhaber sein[610], so daß zu fragen ist, ob sie der Drittbenutzung in rechtlich relevanter Weise zustimmen können. Die Zustimmung ist zwar eine Willenserklärung[611], so daß sie ein nicht Geschäftsfähiger nicht wirksam abgeben kann (§ 105 I BGB[612]). Wir haben aber gesehen, daß die Zustimmung im Rahmen von § 26 II MarkenG nicht rechtswirksam sein, sondern nur *tatsächlich* vorliegen muß[613]. Also begründet auch die Zustimmung eines nicht oder nur beschränkt Geschäftsfähigen die Zurechenbarkeit der Drittbenutzung gem. § 26 II MarkenG. Über die Wirksamkeit der Lizenzvereinbarung und eine *Pflicht* des Geschäftsunfähigen, die Drittbenutzung auch weiterhin zu *dulden* (die nur aus einem wirksamen Vertrag folgen kann), ist damit nichts gesagt.

Dieses Ergebnis ist auch vom Zweck der §§ 104 ff. BGB gefordert. Insbesondere unerkannt Geschäftsunfähige, die mit Rücksicht auf vermeintlich wirksame Lizenzvereinbarungen ihre Marke nicht selbst nutzen, stünden sonst vollkommen schutzlos: Sie hätten keine Ansprüche aus dem nichtigen Lizenzvertrag, und zugleich verfiele mangels Zurechnung der Drittbenutzung ihre Marke.

V. Ergebnis

Die Zustimmung zur Drittbenutzung muß, um gem. § 26 II MarkenG die Zurechnung auszulösen, nicht rechtswirksam sein, sondern nur, von einem tatsächlichen Willen des Markeninhabers getragen, vorliegen. Zivil- oder kartellrechtliche Unwirksamkeits-

610 Ingerl/Rohnke, § 7, Rn. 7.

611 s.o. S. 150.

612 Beschränkt Geschäftsfähige nur mit Einwilligung: § 107 BGB.

613 S.o. S. 153

gründe spielen deshalb im Rahmen von § 26 II MarkenG keine Rolle. Mängel bei der Stellvertretung können hingegen relevant sein, wenn sie so gravierend sind, daß sich aus dem Sachverhalt keine tatsächliche, zumindest konkludent erklärte Zustimmung des letztlich Entscheidungsbefugten herleiten läßt, so daß es schon am faktischen Zurechungszusammenhang fehlt.

D. Form der Zustimmung

Da das MarkenG nicht bestimmt, daß die Zustimmung der Schriftform bedarf, ist sie formfrei, insbesondere mündlich möglich. Auch konkludent erklärte Zustimmungen sind nach einhelliger Auffassung für eine gem. § 26 II zurechenbare Benutzung ausreichend[614]. Das stimmt mit der hier vertretenen Meinung überein, da bei konkludenter Zustimmung eben eine faktische Zustimmung vorliegt. Im Konzern besteht nach der zutreffenden Rechtsprechung sogar eine Vermutung dafür, daß die Benutzung der Marke des einen durch ein anderes Konzernunternehmen mit Zustimmung erfolgt[615].

E. Ernsthaftigkeit und gerechtfertigte Nichtbenutzung im Rahmen der Drittbenutzung

I. Ernsthaftigkeit der Benutzung

Der Markeninhaber selbst muß seine Marke nicht nur überhaupt benutzen, sondern die Benutzung muß ernsthaft sein. Dasselbe Erfordernis gilt auch, wenn er seine Marke durch einen Dritten benutzen läßt. Dann aber stellt sich die Frage, ob die Ernsthaftigkeit der Benutzung an den Verhältnissen des Markeninhabers oder des Dritten zu messen ist. Das wird insbesondere dann problematisch, wenn ein sehr großes Unternehmen eine Marke an ein sehr kleines Unternehmen lizenziert. Dieses kleine Unternehmen wird die Marke häufig nur in einem Umfang nutzen können, der bei dem großen Unternehmen nicht auf eine ernsthafte Benutzung schließen ließe. Wenn man dann auf die Verhältnisse des Lizenzgebers abstellte, müßte die Benutzung als nicht ernsthaft qualifiziert werden, so daß die Marke verfiele.

Hier kommt es indes nach der zutreffenden Rechtsprechung nicht auf die Verhältnisse des Markeninhabers, sondern des Dritten an[616]. Dafür spricht in der Tat im MarkenG besonders, daß gem. § 7 Nr. 1 MarkenG auch Markeninhaber sein kann, wer gar keinen Geschäftsbetrieb besitzt. Ein solcher Markeninhaber kann seine Marke gar nicht anders verwenden als durch die Vergabe von Lizenzen, und bei der Prüfung der Ernsthaftigkeit kann dann auch nur auf den Geschäftsbetrieb des Lizenznehmers abgestellt werden.

Allerdings kann dieser Auffassung, die auch die Rechtsprechung nur „grundsätzlich" gelten lassen will, nur mit der Einschränkung gefolgt werden, daß es auf die Verhältnisse des Dritten nur ankommen kann, wenn der Markeninhaber die Marke selbst gar

614 Ingerl/Rohnke, § 26, Rn. 68; für die GemMV v. Mühlendahl/Ohlgart, § 8, Rn. 13.

615 BPatGE 36, 1 (6) - CHARRIER; BPatGE 30, 101 (104); zust. Fezer, § 26, Rn. 80; Zeug, Konzernmarke, 199.

616 BPatG GRUR 1997, 301 ff. - *Lords/Lord.*

nicht nutzt. Andernfalls muß es bei der Ernsthaftigkeit auf die Verhältnisse im Betrieb des Markeninhabers ankommen. Dann ist es lediglich so, daß zum Umfang der eigenen Benutzung auch die Benutzungshandlungen des Dritten hinzuaddiert werden.

II. Gerechtfertigte Nichtbenutzung

1. Meinungsstand

Bei der gerechtfertigten Nichtbenutzung, die auch im Falle der Drittbenutzung in Betracht kommt[617], ist fraglich, ob der rechtfertigende Grund in der Person des Markeninhabers oder des Dritten vorliegen muß. Bökel[618] meint, daß eine Rechtfertigung erfordere, daß die rechtfertigenden Umstände beim Markeninhaber *und* beim Dritten vorliegen. Da der gesetzliche Regelfall die Benutzung durch den Markeninhaber selbst sei, sei die Nichtbenutzung nicht gerechtfertigt, solange dieser das Zeichen benutzen könnte.

Die wohl überwiegende Meinung steht auf dem Standpunkt, daß die rechtfertigenden Umstände in der Person des Dritten vorliegen müssen[619]. Allerdings könne es rechtsmißbräuchlich sein, wenn sich der Markeninhaber auf solche Umstände beruft, die er selbst hätte beseitigen können, oder die Zustimmungserteilung nur dazu diente, den Markeninhaber in den Genuß der rechtfertigenden Umstände kommen zu lassen[620].

2. Stellungnahme

Nach dem hier vertretenen Konzept der gerechtfertigten Nichtbenutzung ist es zwingend, ihr Vorliegen in der Person des Lizenznehmers zu prüfen. Die gerechtfertigte Nichtbenutzung greift nicht nur in Fällen höherer Gewalt etc. ein, sondern dient auch dazu, den praktisch erforderlichen Gleichlauf von Verletzungs- und Erhaltungsrecht herzustellen. Deshalb sichert sie solche Markenverwendungen ab, die zwar keine rechtserhaltende Benutzung darstellen, aber trotzdem wirtschaftlich sinnvoll sind (etwa Bestellzeichensysteme, Transitverkehr)[621]. Ob die Verwendung einen solchen anzuerkennenden Zweck verfolgt, hängt aber davon ab, ob derjenige, der die Handlungen vornimmt, daran ein ernsthaftes Interesse hat und zur Absicherung gegen fremde Verletzungsansprüche eine rechtsbeständige Marke braucht. Deshalb muß in Fällen der Drittbenutzung geprüft werden, ob in der Person des Dritten ein berechtigtes Interesse an der Aufrechterhaltung der Marke besteht.

F. Fremdbenutzungswille

Der Fremdbenutzungswille ist das subjektive Element, das auf Seiten des Markenverwenders mit der vom Markeninhaber erklärten Benutzungszustimmung korrespondiert.

[617] BGH WRP 2000, 743 (745) - IMMUNINE/IMMUKIN.

[618] Bökel, GRUR 1970, 391 (398); Bökel, Benutzung und Benutzungszwang, 123 f.

[619] BGH WRP 2000, 743 (745) - IMMUNINE/IMMUKIN für das durch einen Dritten mit Zustimmung des Markeninhabers betriebene arzneimittelrechtliche Registrierungsverfahren ; Zeug, Konzernmarke, 204.

[620] Fezer, § 26, Rn. 46.

[621] S.o. S. 115 ff. bzw. S. 192.

Es ist der Wille, das Zeichen als fremde Marke zu benutzen. Eine solche Intention kann fehlen, wenn der Benutzer (als Markenpirat etwa) bewußt gegen den Willen des Inhabers handelt, oder weil er nur eine eigene Marke bzw. die eines Dritten verwenden will. Zu prüfen ist, ob ein solcher Fremdbenutzungswille erforderlich ist, wie er ggf. beschaffen sein muß und wie sich sein Fortfall auswirkt.

I. Erforderlichkeit des Fremdbenutzungswillens

Die wohl einhellige Meinung verlangt zutreffenderweise einen Fremdbenutzungswillen. Die Zurechnung der Benutzung ist also ausgeschlossen, wenn der Fremdbenutzungswille fehlt oder der Drittbenutzer seine Willensrichtung ändert und nicht mehr für den Markeninhaber benutzen will[622].

Dabei sind an das Vorliegen bzw. die Darlegung des Fremdbenutzungswillens keine hohen Anforderungen zu stellen. Wenn der Drittbenutzer überhaupt ein Kennzeichen verwenden will und nicht ausdrücklich oder den Umständen nach zu erkennen gibt, daß dieses Kennzeichen *nicht* das des zustimmenden Markeninhabers sein soll, dann liegt der Fremdbenutzungswille vor. Denn dann besteht nach der übereinstimmenden Vorstellung der Parteien die Zurechnungskette zwischen Markeninhaber, Benutzung und schließlich dem Markterfolg des Produktes. Dem Benutzungszwang ist dann durch die vom Markeninhaber veranlaßte Benutzung genüge getan.

II. Problematische Fälle

1. Unberechtigte Aufgabe des Fremdbenutzungswillens durch Lizenznehmer

Will der Markenverwender das Zeichen nicht mehr als das des Inhabers verwenden, sondern als eigenes, dann ist diese Zurechnungskette unterbrochen. Wenn der ungetreue Lizenznehmer sich entschließt, sich selbst als Inhaber der Marke zu gerieren und eine eigene Marktstellung aufzubauen, dann kann sich der Markeninhaber nicht mehr darauf berufen, seine Marke werde noch benutzt. Denn *tatsächlich* ist die Benutzung nicht mehr vom Markeninhaber veranlaßt, benutzt wird eine neue (identische) Marke des ungetreuen Lizenznehmers. Kann der Markeninhaber nicht erkennen, daß der Lizenznehmer sich vertragsbrüchig verhält, so ändert das am Fehlen der Benutzung nichts. Hatte der Markeninhaber indes auch keine zumutbare Möglichkeit, die Vertragsbrüchigkeit seines Lizenznehmers festzustellen, dann ist seine Nichtbenutzung gerechtfertigt.

Teilweise wird einschränkend vertreten, daß jedenfalls eine rechtswidrige Willensänderung des Nutzenden dem Markeninhaber nicht schaden dürfe. Danach wäre eine Marke auch dann noch benutzt, wenn der Lizenznehmer sich rechtswidrig vom Vertrag lossagt und die Marke auf eigene Faust weiterbenutzt[623]. Dem kann nicht gefolgt werden. Beim Benutzungszwang kommt es nur darauf an, ob eine Marke *tatsächlich* verwendet wird (ob die Benutzung irreführend oder die Zustimmung rechtswidrig ist,

622 Fezer, § 26, Rn. 86; Althammer-Ströbele, § 26, Rn. 52, Ingerl/Rohnke, § 26, Rn. 69; Schricker, GRUR Int. 1969, 14 (24).

623 Ingerl/Rohnke, § 26, Rn. 69.

ist gleichgültig). Die bloß faktische Benutzung reicht, ist aber auch erforderlich, um die Marke nicht zur Karteileiche werden zu lassen. An dieser faktischen Benutzung fehlt es jedoch, wenn der Lizenznehmer sich lossagt und beginnt, ein eigenes (identisches) Zeichen zu benutzen. Der Markeninhaber muß in solchen Fällen rechtzeitig gegen den alten Lizenznehmer vorgehen und sich ggf. einen neuen suchen oder selbst Benutzungshandlungen vornehmen. Außerdem wird er aus dem Lizenzvertrag im Wege des Schadensersatzes Übertragung der Marke des Lizenznehmers verlangen können. Eine Zurechnung der Benutzung kommt aber nicht in Betracht.

2. Drittbenutzung durch Inhaber identischer Marke

Fraglich ist, was gelten soll, wenn der Dritte, dessen Benutzung sich der Markeninhaber zurechnen möchte, selbst Inhaber einer (noch-[624])identischen Marke ist. Hier scheidet eine Zurechnung nach den oben entwickelten Grundsätzen dann aus, wenn der Dritte erkennen läßt, daß er nur seine eigene Marke benutzen will. Es kann aber auch sein, daß der Dritte zugleich seine eigene Marke und die des Zeicheninhabers benutzen will. Das kommt insbesondere in Betracht bei konzernmäßiger Verbundenheit der beiden Unternehmen. Dann ist zu prüfen, ob eine solche Doppelzurechnung möglich ist.

Hackbarth will die Benutzung jeweils nur einem einzigen Zeichen zurechnen, da er es für unsachgemäß hält, konzernverbundenen Unternehmen die Rechtserhaltung durch wechselseitige Benutzungszurechnungen zu erleichtern[625]. Gegen eine solche Erleichterung spricht aber nichts. Jede der Marken wird zweckentsprechend verwendet, keine der Marken ist eine Karteileiche, so daß es dem Zweck des Benutzungszwangs widerspräche, sie verfallen zu lassen.

Gegen den Verfall spricht auch § 26 III 2 MarkenG. Diese Vorschrift ordnet an, daß bei Eintragung von Markenabwandlungen die Benutzung einer Variante auch allen Abwandlungen zugerechnet wird. Nach zutreffender Auffassung[626] gilt das auch bei Abwandlungen, die für verschiedene Personen eingetragen sind, da sonst § 26 III klarstellen müßte, daß er im Falle von Drittbenutzung nicht gelten will. Es muß sich nur aus den Umständen ergeben, daß die Zustimmung einerseits und andererseits der Fremdbenutzungswille vorliegen. Das wird im Konzern vermutet[627], ist aber nicht zwingend der Fall[628].

3. Drittbenutzung im Rahmen von Abgrenzungsvereinbarungen

Abgrenzungsvereinbarungen dienen dazu, die Koexistenz kollidierender Markenrechte vertraglich abzusichern, indem die beteiligten Markeninhaber dem jeweils anderen

624 Im Sinne von § 26 III 1 MarkenG.

625 Hackbarth, Benutzungszwang, 167.

626 Ingerl/Rohnke, § 26, Rn. 101.

627 BPatGE 36, 1 (6) - *CHARRIER*; BPatGE 30, 101 (104); zust. Fezer, § 26, Rn. 80.

628 Ingerl/Rohnke, § 26, Rn. 101; Fezer, § 26, Rn. 80.

gestatten, die umstrittenen Zeichen nur für bestimmte Produkte oder nur in bestimmter Weise zu nutzen, ohne ihn anzugreifen[629].

Da Abgrenzungsvereinbarungen mithin vornehmlich bezwecken, jedem die Nutzung *seiner* Marke zu ermöglichen, haben die Beteiligten in der Regel nicht den Willen, auch die Marke des jeweils anderen mitzubenutzen, so daß eine Zurechnung regelmäßig ausscheidet[630]. Zu beachten ist aber, daß eine Abgrenzungsvereinbarung sich sachlich auch als Lizenzvertrag darstellen kann[631]. Das kann etwa der Fall sein, wenn sich die Vereinbarung weniger als Nichtangriffspakt darstellt, sondern als eine Regelung über Zuständigkeiten bei der regionalen Marktbearbeitung[632] oder dergleichen. Solche, eher auf Kooperation als auf Beilegung eines Streits ausgerichteten Abreden können wie ein Lizenzvertrag die Zurechnung der wechselseitigen Benutzungshandlungen gem. § 26 II MarkenG ermöglichen[633]. Entscheidend sind hier die Umstände des Einzelfalls.

G. Drittbenutzung und europaweite Erschöpfung

I. Problemstellung, Meinungsstand

Gem. § 24 MarkenG kann die Verwendung einer Marke für solche Waren nicht untersagt werden, die mit Zustimmung des Markeninhabers in Europa in Verkehr gebracht wurden. Fraglich ist, ob beim Weitervertrieb die nachfolgenden Marktstufen als Dritte i.S.d. § 26 II MarkenG noch rechtserhaltende Benutzungen an solchen erschöpften Waren vornehmen können. Die Zustimmung des Markeninhabers zu solchen Handlungen wird zwar häufig vorliegen, Voraussetzung für die rechtliche Zulässigkeit ist sie aber nicht, da die Markenverwendung wegen § 24 MarkenG ohnehin nicht verboten werden könnte. Deshalb wird in solchen Erschöpfungsfällen von Rechtsprechung[634] und Literatur[635] wohl überwiegend das Vorliegen einer rechtserhaltenden

[629] zum Begriff etwa Baumbach/Hefermehl, § 31, Rn. 178; Ingerl/Rohnke, § 30, Rn. 60

[630] Fezer, § 26, Rn. 82; Fezer, Benutzungszwang, 41.

[631] Baumbach/Hefermehl, Anh. § 8, Rn. 7; Fezer, Benutzungszwang, 41; Fezer, § 26, Rn. 82.

[632] die als solche natürlich im Hinblick etwa auf § 1 GWB problematisch sein könnte, was aber für § 26 II MarkenG gleichgültig wäre.

[633] Fezer, Benutzungszwang, 41; Fezer, § 26, Rn. 82; Hackbarth, Benutzungszwang, 168.

[634] BPatG GRUR 2001, 58 (60) - *COBRA CROSS*, wo die Übereignung der britischen Sportwagen allerdings erst in Deutschland erfolgte, so daß in Deutschland erst die Erschöpfung eintrat und das Gericht deshalb im Ergebnis inländische Benutzungshandlungen annehmen konnte.

Vgl. außerdem (niederländischer) Hoge Raad, GRUR Int. 1998, 517 ff. - *Lido*: Reservierungen für das Pariser Vergnügungslokal Lido wurden von niederländischen Reisebüros in den Niederlanden abgesetzt. Das Pariser Lido verfügte über eine Beneluxmarke und nahm das Amsterdamer Lido auf Unterlassung in Anspruch. Der Hoge Raad verneinte Unterlassungsansprüche: Die Marke sei nicht benutzt, da die Reisebüros ganz eigenverantwortlich und ohne Steuerung durch das Pariser Lido handelten. In der Entscheidung wird nicht ganz klar, ob schlechterdings das Vorliegen von Benutzungshandlungen oder nur die Ernsthaftigkeit verneint werden soll.

[635] Fezer, § 26, Rn. 86 für Importsachverhalt (anders aber Fezer, § 26, Rn. 81(wohl bezogen auf innerdeutsche Sachverhalte, was aber keinen sachlichen Unterschied zu Importfällen darstellt, da Er-

Drittbenutzung verneint. Die Gegenauffassung beruft sich darauf, daß auch bei nachgelagerten Markenverwendungen, etwa dem Gebrauchtwagenhandel mit nicht mehr hergestellten Marken, die Marke aufrechterhalten bleiben solle, um nicht Dritten eine Neuanmeldung zu ermöglichen[636].

Häufig ist das im Ergebnis nicht relevant. Denn wenn der Markeninhaber die Waren in Deutschland an den Zwischenhandel vertreibt, so reicht das als (eigene) Benutzung aus. Ob auf nachgeordneten Marktstufen weitere Benutzungshandlungen vorkommen, ist dann gleichgültig. Von Bedeutung ist die Frage aber - außer bei den schon angesprochenen Produktionseinstellungen, die indes anders zu lösen sind[637] - insbesondere dann, wenn ein ausländischer Hersteller eine deutsche Marke hat, auf dem deutschen Markt auch seine Waren auftauchen, er selbst aber hier gar nicht aktiv ist. Wenn dieser Hersteller seine Waren im Bereich des EWR in Verkehr bringt und die Ware von Dritten - unterstellt: mit seinem ausdrücklichen Einverständnis - nach Deutschland importiert wird, dann könnten es allenfalls die Benutzungshandlungen der Importeure an den erschöpften Waren sein, welche über § 26 II MarkenG die Rechtserhaltung der deutschen Marke bewirken - oder die Marke verfällt[638].

Akut wurde das Problem in einem Fall, über den das BPatG zu entscheiden hatte. Dort waren in ausreichendem Umfang britische Sportwagen nach Deutschland importiert und von deutschen Händlern weiterverkauft worden, ohne daß das britische Unternehmen dazu irgendwelche Vertriebsanstrengungen in Deutschland unternommen hatte. Das BPatG bejahte eine rechtserhaltende Benutzung deshalb, weil die PKW erst in Deutschland übereignet und deshalb hier erst in Verkehr gebracht worden seien[639].

---

schöpfung auch hier eintritt. Nach Rn. 81 werde Benutzung der Herstellermarke in den nachgeordneten Wirtschaftsstufen zugerechnet, und zwar „auch dann, wenn sich die Handelstätigkeit nicht auf die Distribution beschränkt" (wenn nämlich der Handel obendrein abfüllt, neu markiert oder dergleichen), also *erst recht* bei reiner Distribution)); Fezer, Benutzungszwang, 42; Verkade, Anm. zu *Lido*, GRUR Int. 1998, 519 (520).

[636] So für die GemMV v. Mühlendahl/Ohlgart, § 8, Rn. 16.

[637] Gerade für dieses Beispiel (bei v. Mühlendahl/Ohlgart, § 8, Rn. 16) ist regelmäßig nicht von einer rechtserhaltenden Benutzung auszugehen. Zwar liegen grundsätzlich geeignete Benutzungshandlungen vor, es wird aber regelmäßig kein Indiz für die ebenfalls erforderliche Zustimmung des Markeninhabers vorhanden sein, der eben mit der Marke nicht mehr aktiv ist.

Die von v. Mühlendahl/Ohlgart a.a.O. befürchtete „Gefahr", daß ein Dritter die Marke für sich neu anmeldet, ist kein Argument. Denn das ist gerade die Erwerbschance, die der Benutzungszwang schaffen will. Soweit im Einzelfall besonders bekannte, aber verfallene Oldtimer-Marken neu angemeldet werden, hilft § 3 UWG (Irreführung über die betriebliche Herkunft, s. Baumbach/Hefermehl WettbewR, § 3, Rn. 261 ff.), die Voraussetzungen werden bei KfZ-Oldtimern regelmäßig vorliegen. Bei nicht mehr benutzten Marken, die nicht zu einem qualifizierten Herkunftshinweis i.S.v. § 3 UWG erstarkt sind oder keinen solchen mehr enthalten, besteht kein Anlaß, die Neuanmeldung zu erschweren.

[638] So Fezer, § 26, Rn. 86; Verkade, Anm. zu *Lido*, GRUR Int. 1998, (520) für die Dienstleistungsmarke „Lido". Zu beachten ist, daß gem. Art. 39 I, 13 A 9 BMarkenG Erschöpfung auch bei Dienstleistungsmarken eintritt (Unterschied zu § 24 MarkenG: nur bei Waren).

[639] BPatG GRUR 2001, 58 (60) - *COBRA CROSS*; zustimmend Fezer, § 26, Rn. 64.

Bei einer Übereignung schon in Großbritannien[640] - so ist daraus wohl zu schließen - wäre die rechtserhaltende Benutzung also zu verneinen gewesen.

II. Stellungnahme

1. Ergebnisorientierte Kritik

Vom hier vertretenen Standpunkt aus wäre ein Verfall der Marke in solchen Fällen - gleich, wo die Übereignung stattfindet - nicht akzeptabel[641]. Ein ausländischer Markeninhaber, der sich um den Vertrieb oder Bewerbung seines Produkts in Deutschland nicht kümmert, sondern sich darauf beschränkt, es im Ausland an deutsche Importeure abzugeben, könnte nach dieser Auffassung kein dauerhaftes Markenrecht in Deutschland erwerben. Der ausländische Hersteller, der schlicht auf die Qualität seiner Waren vertraut und damit Markterfolg in Deutschland hat, würde also schutzlos gestellt. Auch keine Lösung ist es, dem Markeninhaber aufzugeben, das Produkt in Deutschland zumindest selbst zu bewerben. Denn das Werbehinweisrecht ist durch das Inverkehrbringen ebenfalls erschöpft[642], so daß auch in solchen Werbemaßnahmen keine rechtserhaltende Benutzung mehr zu sehen wäre. Es macht darüber hinaus keinen Sinn, vom Markeninhaber Werbemaßnahmen zu verlangen, wenn sich sein Produkt ohnedies in Deutschland zu seiner Zufriedenheit und in objektiv hinreichendem Umfang verkauft.

Die mit dem Einverständnis ihres Inhabers und durch seine Qualitätsanstrengungen beim Publikum als Qualitätssignal etablierte Marke könnte also bei Nichtanerkennung der Benutzung in den Vertriebsstufen gelöscht und dann für einen deutschen Konkurrenten sogar neu eingetragen werden. Das widerspricht dem Zweck des Benutzungszwangs, denn die Marke ist keine Karteileiche, sie taucht herkunftshinweisend am Markt auf. Der ausländische Hersteller müßte - um des Benutzungszwangs, nicht des wirtschaftlichen Erfolges willen - sein Vertriebssystem umstellen. Es kann - und soll[643] - aber nicht Sinn des Benutzungszwangs sein, die wirtschaftlichen Abläufe zu erschweren und kaufmännisch nicht gebotene Eingriffe in ein funktionierendes, erfolgreiches Vertriebssystem zu erzwingen.

2. Kritik der Cobra-Cross-Entscheidungsgründe

Deshalb überzeugt zwar das Ergebnis, nicht aber die Begründung der Cobra-Cross-Entscheidung des BPatG[644]. Wenn dort die inländische Benutzung nur deshalb bejaht wird, weil die Importware erst in Deutschland übergeben und übereignet und darum in Verkehr gebracht wurde, so ist das schon deshalb nicht überzeugend, weil das Ergebnis auch nach deutschem Sachenrecht ein anderes sein könnte. Im übrigen wäre dann

640 Das wäre nach deutschem Recht der Fall gewesen, wenn Beauftrage der Händler die PKW in Großbritannien abgeholt hätten (§§ 929, 164 ff. BGB bzw. §§ 929, 855 BGB).

641 i. Erg. sieht das wohl auch BPatG GRUR 2001, 58 (60) - *COBRA CROSS.*

642 BGH GRUR 1987, 767 - *Ankündigungsrecht I*; BGH GRUR 1987, 823 - *Ankündigungsrecht II*; Ingerl/Rohnke, § 24, Rn. 6; Sack, WRP 1999, 1088 (1094).

643 so Begr. zum VorabG, Bl. PMZ 1967, 244 (268); ebenso im Anschluß daran BGH GRUR 1995, 347 (348) - *TETRASIL*; Althammer-Ströbele, § 26, Rn. 6.

644 BPatG GRUR 2001, 58 (60) - *COBRA CROSS.*

für die verschiedenen auf der MRRL beruhenden nationalen Markenrechte auch auf die je nationale Mobiliarrechtsordnung abzustellen, um zu ermitteln, ob eine Marke benutzt ist oder nicht. Das deckt sich nicht mit dem Erfordernis, daß die Vorschriften der MRRL über die Anforderungen an die rechtserhaltende Benutzungshandlung harmonisiertes Recht schaffen sollten. Auf die Gemeinschaftsmarke, bei der die Benutzungsanforderungen überall dieselben sein müssen, lassen sich die Erwägungen des BPatG überhaupt nicht übertragen, weil es kein harmonisiertes Sachenrecht gibt. Das würde die wünschenswerte Harmonisierung von deutschem und europäischem Benutzungszwang erschweren.

3. Gleichlauf von supranationaler Erschöpfung und nationaler Rechtserhaltung

Das Problem, das bei grenzüberschreitenden Sachverhalten zur Zurechnung von Benutzungshandlungen in den Marktstufen nötigt, resultiert daraus, daß der Markeninhaber durch das erste Inverkehrbringen seine diversen nationalen Markenrechte im ganzen EWR erschöpft, aber rechtserhaltend nur ein einziges benutzt, nämlich das am Tatort des Inverkehrbringens. Die Erschöpfung wirkt supranational, die rechtserhaltende Benutzung national[645]. Das muß in Einklang gebracht werden, will man nicht Schutzlücken in Kauf nehmen oder formale, wirtschaftlich unsinnige Benutzungshandlungen provozieren oder das erhaltungsrechtliche Ergebnis von den Zufälligkeiten des Transports abhängig machen[646]. Dem Markeninhaber müssen deshalb im Ergebnis auch Benutzungshandlungen zugerechnet werden, wenn er sie zwar wegen § 24 MarkenG nicht verhindern könnte, aber sich aus den Umständen ergibt, daß diese Benutzungen mit seiner faktischen Zustimmung erfolgten - und er sie nicht nur widerwillig geduldet oder gar versucht hat, sie zu verhindern, um etwa eine Marktaufspaltung durchzusetzen.

Dogmatisch stellt sich dann aber das Problem, daß der Markeninhaber in solchen Fällen die Benutzung der Marke *faktisch* nicht veranlaßt hat, weil er sie *rechtlich* nicht verbieten konnte. Das ist aber kein unüberwindliches Hindernis, wenn man den Wortlaut des § 26 II MarkenG, Art. 10 III MRRL beachtet. Denn dort heißt es lediglich, daß die Benutzung „mit der Zustimmung" des Markeninhabers erfolgen muß. Wenn die Benutzungszurechnung nur bei Kausalität von Zeichenverwendung und Zustimmung möglich sein sollte, müßte § 26 II MarkenG darauf abstellen, daß die Benutzung „aufgrund der Zustimmung" des Zeicheninhabers erfolgt. Das Wort „mit" zeigt, daß diese Kausalität nicht zwingend erforderlich ist.

Mithin steht es mit dem Wortlaut des § 26 II MarkenG in Einklang, auch Benutzungshandlungen an erschöpften Waren zuzurechnen, die der Markeninhaber zwar nicht ermöglicht, aber gebilligt hat. Da dies auch praktisch erforderlich ist, wenn man nicht durch den Benutzungszwang zu sinnlosen formalen Vertriebsausgestaltungen zwingen will, ist diese Auslegung vorzugswürdig.

645 Siehe zum Ort der Benutzungshandlung unten § 18.

646 So wie das BPatG GRUR 2001, 58 (60) - *COBRA CROSS*

4. Zurechnung von Benutzungshandlungen in den Marktstufen auch bei innerdeutschen Sachverhalten

Bei innerdeutschen Sachverhalten ist diese Zurechnung ebenfalls geboten, so daß auch hier die Zeichenverwendung in den Markstufen - sofern der Markeninhaber damit einverstanden ist - zugerechnet wird. Diese Zurechnung hat bei rein deutschen Sachverhalten indes regelmäßig keine positiven Folgen für den Markeninhaber, da dann ja bereits das Inverkehrsetzen in Deutschland erfolgte und durch darauf aufbauende Handlungen Dritter regelmäßig keine erhaltungsrechtliche Besserstellung des Markeninhabers eintreten wird.

5. Zustimmung zur Benutzung in den Marktstufen muß vorliegen und ernsthaft sein

Als Korrektiv für Fälle, in denen sehr wenige Importe oder Verkäufe in den Marktstufen dargelegt werden, kann das Merkmal der Ernsthaftigkeit der Benutzung dienen. Ernsthaft ist die Benutzung in den Marktstufen nur dann, wenn sie im Hinblick auf Dauer und Umfang ausreicht und wenn auch das Einverständnis hinreichend ernsthaft ist. Ein Indiz für die Ernsthaftigkeit dieses Einverständnisses ist es etwa, wenn der Markeninhaber seine Produkte so auszeichnet, daß sie zum Vertrieb (auch) am deutschen Markt geeignet sind[647]. Gegen die Ernsthaftigkeit spricht hingegen, wenn der Markeninhaber nicht selbst oder durch Lizenznehmer auf dem deutschen Markt aktiv wird, sondern den Dingen einfach ihren Lauf läßt. Wenn obendrein die kumulierten Umsätze aller Importeure nur gering sind, wird das regelmäßig ein Anzeichen dafür sein, daß keine ernsthafte Benutzung vorliegt. Zwingend ist das aber nicht, wie etwa der Fall *Cobra Cross* zeigt[648].

III. Einzelfragen bei der Drittbenutzung an erschöpften Waren

Erkennt man an, daß rechtserhaltende Drittbenutzung auch noch im Vertrieb erschöpfter Waren durch Weiterveräußerer liegen kann, so nötigt das zu einer kurzen Überprüfung der oben entwickelten Grundsätze.

1. Individualisierbarkeit des Zustimmungsadressaten

Nach der Rechtsprechung muß der Dritte, dem die Zustimmung erteilt wurde, genau identifizierbar sein[649]. Diese Rechtsprechung bezieht sich auf Fälle, in denen die betreffende Marke lizenziert wurde. Dann muß in der Tat klar sein, ob der Lizenznehmer bei der Erstkennzeichnung die Marke des Lizenzgebers verwenden wollte oder etwa eine eigene. Hier ist eine Beziehung zwischen Markeninhaber und gerade dem Kenzeichnendem erforderlich, die den *Kennzeichnungsakt* zurechenbar macht. Ohne eine solche Individualisierbarkeit wäre nicht klar, ob die Kennzeichnung auf den Markeninhaber zurückgeht oder nicht.

647 Im Fall des BPatG trugen die Rechnungsbelege jeweils den Vermerk „Vehicle to be exported to Germany", was ausreichen dürfte (BPatG GRUR 2001, 58 (59) - *COBRA CROSS*).

648 Im Fall BPatG GRUR 2001, 58 (60) - *COBRA CROSS* waren jährlich ca. 5 Sportwagen verkauft worden. Das BPatG bejahte zutreffend trotzdem die Ernsthaftigkeit, da es sich um teure, nur für Liebhaber in Frage kommende Replikas eines alten Modells handelte.

649 BPatG GRUR 1997, 301 (303) - *LORDS/LORD*.

Bei der Zurechnung von Benutzungshandlungen auf den Vertriebsstufen ist es anders. Hier ist einerseits eine konkret personenbezogene Zustimmung gar nicht möglich. Denn der Markeninhaber weiß nicht, welche Unternehmen seine Marke im einzelnen verwenden werden, da er die Vertriebswege nach der Erschöpfung grundsätzlich nicht steuern kann. Andererseits ist aber eine Sonderbeziehung zur Herstellung des Zurechnungszusammenhangs auch gar nicht erforderlich. Denn wenn die Waren - anders als in Lizenzverträgen, die das Recht zur Kennzeichnung vermitteln - vom ausländischen Inhaber schon gekennzeichnet und dann exportiert wurden, so ist klar, daß durch die Markierung auch sein eigenes Kennzeichen benutzt werden sollte, weil es ein anderes gar nicht gibt. Einer besonderen Abrede, welche die Zurechnung des *Kennzeichnungs*aktes gerade auf die Marke des Markeninhabers ermöglicht, bedarf es deshalb nicht. Die *Vertriebsakte* aber sind dem Markeninhaber ohne weiteres zurechenbar, da sie sich eben nur auf die von ihm markierten Waren beziehen können, so daß es auch hier keiner zurechnungsbegründenden Sonderbeziehung bedarf.

Bei der Zurechnung von Benutzungen in den Vertriebsstufen ist also anders als in andern Fällen der Dittbenutzung keine Individualisierbarkeit des Zustimmungsadressaten erforderlich.

2. Keine Zurechnung von Verwendungshandlungen der Endabnehmer

Das BPatG hatte im *Bommi*-Fall darüber zu entscheiden, ob die Verwendung des Wortes „Bommi“ (als Abkürzung für „Bommerlunder“) als Drittbenutzung zugerechnet werden konnte. Die Markeninhaberin hatte „Bommi“ zwar als Marke eingetragen, benutzt wurde die Bezeichnung aber allein durch die Endabnehmer, die Markeninhaberin verwendete das Wort überhaupt nicht. Da das BPatG die rechtserhaltende Benutzung mit der tragenden Erwägung verneinte, daß die Zustimmung der Markeninhaberin zur Verwendung der Bezeichnung „Bommi“ nicht dargetan sei[650], ging es inzident wohl davon aus, daß die Markenverwendung durch die Abnehmer eine rechtserhaltende Benutzung sein könne.

Eine solche Auffassung wäre indes abzulehnen. Die rechtserhaltende Benutzung ist der „Preis“ den der *Markeninhaber* für die Zubilligung des Markenrechts zu zahlen hat. Deshalb erfordert die rechtserhaltende Benutzung, daß der Produktname durch den Markeninhaber selbst oder, von ihm faktisch veranlaßt, durch die *Anbieterseite* eingesetzt wird. Denn nur dann wird deutlich, daß der Markeninhaber die Verantwortung für die Qualität der damit benannten Produkte übernimmt. Rechtserhaltende Benutzung liegt also nur vor bei Markenverwendung durch den Markeninhaber selbst, seine Lizenznehmer oder die weitervertreibenden Unternehmen in den Handelsstufen. Die Markenverwendung nur auf Endabnehmerseite reicht nicht aus. Deshalb fehlte es im Falle des BPatG an einer rechtserhaltenden Benutzung. Anders wäre es gewesen, wenn die Markeninhaberin das Wort „Bommi“ auch selbst in (hinreichend konkret produktbezogener) Werbung verwendet hätte.

650 BPatGE 25, 50 (52) - *Bommi*; zustimmend Ingerl/Rohnke, § 26, Rn. 75; Fezer, § 26, Rn. 86; Althammer-Ströbele, § 26, Rn. 5.

H. Zusammenfassung

Die formlos mögliche Zustimmung zur Drittbenutzung gemäß § 26 II MarkenG muß nicht rechtswirksam sein, sondern nur tatsächlich vorliegen.

Rechtserhaltende Drittbenutzungshandlungen können auch noch an Produkten vorgenommen werden, an denen das Markenrecht erschöpft ist. Das ermöglicht die Zurechnung von Benutzungshandlungen in den Vertriebsstufen. Markenverwendungen durch die Endabnehmer kommen dabei aber nicht in Betracht. Die Zurechnung der Benutzung in den Vertriebsstufen ist insbesondere bei Importen aus EWR-Staaten erforderlich, um den Gleichlauf von supranationaler Erschöpfung und nationaler Rechtserhaltung herzustellen.

Fehlt dem Dritten der Fremdbenutzungswille, kommt eine Zurechnung nicht in Betracht.

§ 17 Wiederholungsmarke

A. Problemstellung

Dem Inhaber einer unbenutzten Marke könnte sich eine sehr einfache Möglichkeit bieten, die Sanktionen der Nichtbenutzung zu umgehen: Er könnte dasselbe Zeichen für dieselben Produkte kurz vor Ablauf der Benutzungsschonfrist einfach erneut zur Eintragung anmelden und so ein neues Zeichenrecht erwerben, für das auch eine neue Benutzungsschonfrist läuft. Der Markeninhaber hätte durch diesen Trick ein inhaltsgleiches Markenrecht, das trotz fehlender Benutzung 10 Jahre lang von Dritten nicht angegriffen werden kann. Auch das Entstehen von Zwischenrechten wäre ausgeschlossen, da zu keiner Zeit beide Marken verfallsreif sind. Eine interessante, rechtlich womöglich noch schwerer zu fassende Variante ergibt sich daraus, daß der Markeninhaber die Marke zunächst als deutsche, dann als europäische und dann wieder als deutsche anmelden kann[651]. Auch dadurch könnte er erreichen, daß seine Marke zwar nicht in ganz Europa, aber doch in Deutschland ununterbrochen unangreifbar bleibt.

Die grundsätzliche Gangbarkeit dieses Weges ergibt sich daraus, daß nach einhelliger Auffassung durch jede Zeicheneintragung ein neues, selbständiges Markenrecht mit eigenem Schicksal begründet wird, das unabhängig von anderen, nach Schutzbereich und Produktregister identischen Markenrechten existiert[652]. Die bloße Tatsache, daß man bei unbenutzten und wiederholt angemeldeten Marken am Benutzungswillen zweifeln könnte, ist irrelevant, da das Fehlen des Benutzungswillens allein kein Erwerbshindernis darstellt[653]. Fraglich ist aber, ob solche zeitlich versetzt wiederholten Markenanmeldungen als unzulässige Umgehung der Vorschriften über den Benutzungszwang anzusehen und deshalb nicht oder nur in geringerem Umfang als Erstanmeldungen geschützt sind.

B. Vorgaben der MRRL

Die MRRL enthält zu diesem Problem keine Vorgaben. Art. 3 und 4 MRRL, die sich mit Eintragungshindernissen und Ungültigkeitsgründen befassen, enthalten keine Bestimmung über Wiederholungsanmeldungen. Die MRRL will das Problem wohl den nationalen Gesetzgebern oder der Rechtsprechung überlassen. Denn der 7. Erwägungsgrund der MRRL bestimmt ausdrücklich, daß die MRRL nur die Erwerbshindernisse und Ungültigkeitsgründe regelt, welche „die Marke selbst" betreffen. Den Mitgliedstaaten bleibt es danach aber unbenommen, weitere Eintragungshindernisse oder Ungültigkeitsgründe vorzusehen, soweit keine Angleichungsbestimmungen bestehen. Folglich könnte in den nationalen Markenrechten auch der Gesichtspunkt der Wiederholungsanmeldung als Erwerbshindernis oder Ungültigkeitsgrund ausgestaltet sein.

[651] Hackbarth, Benutzungszwang, 192.

[652] BGH GRUR 1975, 434 (436) - *Bouchet*; BGH GRUR 1971, 309 (311) - *Zamek II*; Fezer, § 25, Rn. 20.

[653] s.o. oben 146.

Festzuhalten ist also, daß die MRRL für Wiederholungsmarken keine ausdrücklichen Regelungen enthält, es den Mitgliedstaaten aber freistellt, insofern ein Eintragungshindernis oder einen Versagungsgrund vorzusehen[654].

C. Rechtslage in Deutschland

Auch im WZG und MarkenG findet sich keine Regelung über Wiederholungsmarken. Deren Behandlung war und ist in Rechtsprechung und Literatur umstritten. Nahezu allgemein anerkannt ist zunächst, daß Wiederholungszeichen einerseits nicht schlechterdings verboten sind, andererseits aber auch nicht denselben Schutz und nicht dieselben Nichtbenutzungsprivilegien genießen dürfen wie Erstanmeldungen. In welchem Umfang ihr Schutz aber zu beschränken ist und in welchen markenrechtlichen Verfahren diese Beschränkungen eine Rolle spielen sollen, ist nicht abschließend geklärt. Ebensowenig besteht Einigkeit darüber, wann in diesem Sinne ein Wiederholungszeichen vorliegt, wenn die Wiederholungsmarke gegenüber der Erstanmeldung in Gestalt oder im Hinblick auf das Warenverzeichnis verändert ist.

I. Schutzbeschränkung von Wiederholungsmarken - Umfang und dogmatischer Anknüpfungspunkt

1. Meinungsstand

a) Unzulässigkeit von Wiederholungsmarken

Das BPatG verweigerte vor Einführung des Benutzungszwangs die Eintragung einer Wiederholungsmarke, da daraus kein besserer Schutz folge als aus der Ersteintragung und deshalb kein Rechtsschutzinteresse vorliege[655]. Nach einer in der Literatur vereinzelt vertretenen Meinung sollen Wiederholungsmarken auch nach Einführung des Benutzungszwangs schlechthin unzulässig sein[656].

b) Zulässigkeit von Wiederholungsmarken, aber Schutzbeschränkung bei Rechtsmißbrauch

Die bei weitem überwiegende Auffassung hält Wiederholungszeichen grundsätzlich für zulässig[657]. Ebenso einhellig ist die h.M aber auch darin, daß unbenutzte Wiederholungszeichen im Hinblick auf die Benutzungsschonfrist nur einen geringeren Schutz verdienen als Erstanmeldungen. Hier bestehen aber Unterschiede in den Einzelheiten: Die einen wollen Wiederholungsmarken grundsätzlich geschützt sehen, solange kein

654 a.A. und für abschließende Regelung durch die MRRL Brauer, Wiederholungszeichen, 62. Er erörtert aber nicht, daß der 7. Erwägungsgrund ausdrücklich zusätzliche nationalstaatliche Eintragungs- und Aufrechterhaltungshindernisse zuläßt.

655 BPatGE 6, 66 = GRUR 1965, 429 - *Immencron* (nur Leitsatz und redaktionelle Inhaltsangabe).

656 v. Gamm, GRUR 1977, 517 (521); Baur, GRUR 1980, 615 (616).

657 OLG München, WRP 1985, 515 - *Ke*; OLG Frankfurt GRUR 1992, 446 (447) - *Wiederholungszeichen;* OLG Köln GRUR 1977, 220 - *Charlie*; Fezer, § 25, Rn. 22; Ingerl/Rohnke, § 25, Rn. 38; Althammer-Ströbele, § 26, Rn. 116; Baumbach/Hefermehl, § 5, Rn. 53; Brauer, Wiederholungszeichen, 62; Hackbarth, Benutzungszwang, 197; Fezer, Benutzungszwang, 142.

Rechtsmißbrauch[658] oder das Fehlen der Benutzungsabsicht nachweisbar ist[659]. Andere verlangen umgekehrt vom Markeninhaber den Nachweis, daß er die Benutzung in absehbarer Zeit plane[660]. Selbst wenn dieser Nachweis gelingt, soll es unter Umständen noch rechtsmißbräuchlich sein, aus der Wiederholungsmarke Rechte gegen Dritte herzuleiten[661].

c) Schutzbeschränkung durch Sperrfristen

Eine andere Meinung[662] differenziert nach dem Zeitpunkt der Wiederholungsmarkenanmeldung: Solange die Benutzungsschonfrist der Erstanmeldung laufe, könne der Markeninhaber durch weitere Markenanmeldungen keine Verlängerung des Fünfjahreszeitraums erreichen. Die Verfallsreife der Erstanmeldung strahle auf alle Marken aus, die während der Benutzungsschonfrist angemeldet wurden. Erstanmeldung und in den 5 Jahren danach angemeldete Wiederholungsmarken würden also alle am selben Tage löschungsreif. Auch Anmeldungen unmittelbar nach Ablauf der Schonfrist setzen nach dieser Auffassung keine neue Fünfjahresfrist in Gang. Ihnen wird vielmehr die Nichtbenutzung des Erstzeichens zugerechnet[663]. Erst nach Ablauf einer gewissen Sperrfrist - deren Dauer unterschiedlich veranschlagt wird[664] - könne der Markeninaber eine Wiederholungsmarke mit vollem Schutzumfang erwerben. Die Sperrfrist soll Dritten ermöglichen, zwischenzeitlich auf die Marke zuzugreifen. Habe kein Dritter ein solches Interesse, so gebe es keinen Grund dem Erstanmelder eine erneute Benutzungsschonfrist und ein neues, vollwirksames Zeichenrecht zu versagen[665].

2. Stellungnahme

a) Zulässigkeit von Wiederholungsmarken

Man könnte die Unzulässigkeit von Wiederholungsmarken darauf stützen, daß bei ihnen das Fehlen des nach h.M. erforderlichen[666] Benutzungswillens evident sei. Hier

658 Fezer, § 25, Rn. 22.

659 OLG Köln in GRUR 1977, 220 - *Charlie*; für Fezer, § 25, Rn. 21 ist es ein Indiz für den seiner Meinung nach erforderlichen Benutzungswillen, wenn bei der Wiederholungsanmeldung die Benutzungsschonfrist schon abgelaufen ist; Althammer-Ströbele, § 26, Rn. 119; Baumbach/Hefermehl, § 5, Rn. 53.

660 Schulze zur Wiesche, WRP 1976, 65 (66); so wohl auch Fezer, Benutzungszwang, 140.

661 Fezer, Benutzungszwang, 142; Fezer, § 25, Rn. 22 im Anschluß an Hefermehl GRUR 1968, 486 (491).

662 Ingerl/Rohnke, § 25, Rn. 38 ff.; Hackbarth, Benutzungszwang, 197 f.; Fischötter/Rheineck, GRUR 1980, 379 (384 ff.).

663 Ingerl/Rohnke, § 25, Rn. 38; mit dem Begriff "Zurechnung" operiert bereits LG Köln, WRP 1975, 751 (752) - *SHAHI*.

664 Ingerl/Rohnke, § 25, Rn. 40 schlagen 6-12 Monate vor; Fischötter/Rheineck, GRUR 1980, 379 (385) mindestens 2 Monate; Hackbarth, Benutzungszwang, S. 197 hält 5 Jahre für angemessen.

665 Ingerl/Rohnke, § 25, Rn. 38 ff.; Hackbarth, Benutzungszwang, 197 f.; Fischötter/Rheineck, GRUR 1980, 379 (384 ff.).

666 S.o. S. 146.

ist aber zum einen darauf hinzuweisen, daß dessen Vorliegen bei der Markenanmeldung vermutet wird[667] und daß die bloße Tatsache der wiederholten Anmeldung nicht ausreicht, um diese Vermutung zu widerlegen. Nach zutreffender Auffassung ist ohnehin das Fehlen des Benutzungswillens markenrechtlich irrelevant, soweit nicht andere Unlauterkeitsmomente hinzukommen[668].

Daß die Eintragung von Wiederholungsmarken grundsätzlich möglich ist, ergibt sich insbesondere aus § 26 III 2 MarkenG. Wenn nach dieser Vorschrift mehrere, dem kennzeichnenden Charakter nach (noch) identische Markenrechte durch dieselbe Benutzungshandlung rechtserhaltend benutzt werden können, so impliziert das, daß diese diversen Markenrechte auch unterschiedliche Prioritäten haben und also zu unterschiedlichen Zeiten angemeldet worden sein können. Damit aber setzt § 26 III 2 MarkenG die Zulässigkeit von Wiederholungsmarken stillschweigend voraus.

b) Sperrfristlösung mit dem Gesetz nicht vereinbar

Für die Sperrfristlösung mögen de lege ferenda vernünftige Gründe zu finden sein. Gegen sie spricht aber de lege lata insbesondere, daß sich weder für die Sperrfrist als solche noch für ihre Dauer irgendein Hinweis in MarkenG, MRRL oder GemMV findet. Eine solche Frist, die wohl taggenau berechnet werden müßte, um die erforderliche Rechtssicherheit zu gewährleisten, läßt sich ohne konkrete gesetzliche Vorgaben nicht bestimmen. Dieser Vorschlag ist deshalb de lege lata nicht praktikabel.

c) Vorschlag: gem. § 26 III 2 MarkenG analog keine neue Benutzungsschonfrist

Bei der Lösung des Problems kann die Wertung des § 26 III 2 MarkenG fruchtbar gemacht werden. § 26 III 2 MarkenG bestimmt, daß bei Eintragung mehrerer Abwandlungen desselben Zeichens die Benutzung der einen Abwandlung rechtserhaltend auch für alle anderen wirkt. Das bedeutet, daß sich der Zeicheninhaber durch ein und dieselbe *Benutzungs*handlung mehrere Marken mit verschiedenen Prioritäten *erhalten* kann, die *Benutzung* wird den diversen Marken zugerechnet. Dann aber ist es sachgerecht, auch die *Nicht*benutzung der zuerst eingetragenen Marke allen Wiederholungsanmeldungen zuzurechnen. § 26 III 2 MarkenG enthält bei einem solchen Verständnis den allgemeinen Rechtsgedanken, daß derselbe Benutzungssachverhalt auf (noch) identische Marken nicht nur zu Gunsten (so der Wortlaut von § 26 III 2 MarkenG), sondern auch zu Lasten des Markeninhabers wirken kann[669].

Die für eine analoge Anwendung erforderliche Regelungslücke liegt vor, denn weder das MarkenG noch die MRRL enthalten Bestimmungen über Wiederholungsmarken. Diese Lücke kann durch eine Analogie geschlossen werden, da das Schweigen des

[667] BGH WRP 2001, 160 (162) - *Classe E*; Fezer, § 3, Rn. 80 u. § 25, Rn. 21.

[668] S.o. S. 146

[669] Die Anwendung der Vorschriften über die echten Benutzung auf Fälle der Nichtbenutzung ist nichts Ungewöhnliches: In ähnlicher Weise wendet der BGH (WRP 2000, 743 (745) - *IMMUNINE/IMUKIN*) im Rahmen der gerechtfertigten Nichtbenutzung § 26 II MarkenG (Zurechnung der Drittbenutzung) analog an, wenn ein Dritter mit Zustimmung des Markeninhabers ein Registrierungsverfahren betreibt.

Gesetzgebers jedenfalls nicht so zu deuten ist, daß Wiederholungsmarken unbeschränkt zulässig sein sollen[670]. Denn der Richtlinien- und der Gesetzgeber haben in Art. 10, 11 MRRL und § 26 MarkenG einige Streitfragen der rechtserhaltenden Benutzung entschieden[671], andere aber nicht, obwohl die Existenz dieser Streitfragen bekannt war. Daraus ist zu schließen, daß die nicht entschiedenen Streitfragen weiter der Beantwortung durch die Rechtsprechung überlassen bleiben sollen. Damit ist Raum für eine Analogie.

Sie steht auch im Einklang mit den Vorgaben der MRRL. Denn diese gestattet im schon angesprochenen 7. Erwägungsgrund, weitergehende nationalrechtliche Anforderungen an Erwerb oder Aufrechterhaltung von Marken zu stellen. So sieht das englische Recht sogar vor, daß schon die Eintragung versagt werden kann, wenn das Fehlen der Benutzungsabsicht evident ist[672], was unbestritten im Einklang mit der MRRL steht. Verglichen damit stellt die hier vertretene Lösung ein deutliches Minus dar, da nicht die Eintragung versagt, sondern nur der Schutz von Wiederholungseintragungen beschränkt wird[673].

Gegen die generelle Diskriminierung von Wiederholungsanmeldungen erhob Heydt bereits kurz nach Einführung des Benutzungszwangs einen beachtlichen Einwand. Heydt hielt es für unangebracht, den Erstanmelder auf Dauer schlechter zu behandeln als alle anderen Markeninteressenten. So wie ein Dritter die Marke neu anmelden und von der dann laufenden Benutzungsschonfrist profitieren könne, so müsse das auch dem Erstanmelder möglich sein, denn der habe die Marke womöglich unter Einsatz beträchtlicher Kreativität erfunden[674].

Dieses Argument überzeugt indes letztlich nicht. Zum einen hat der Verweis auf die eventuelle kreative Leistung des Erstanmelders im Markenrecht keinen Raum. Das Markenrecht belohnt anders als das Urheber- oder Patentrecht keine kreative Leistung, sondern die tatsächliche Benutzung der Marke am Markt[675]. Wenn die Markenkreation eine beachtenswerte Schöpfungsleistung darstellt, verschaffen das UrhG oder das GeschmacksmusterG den notwendigen Schutz, ergänzend kann das UWG heranzie-

670 a.A. Brauer, Wiederholungsmarke, 61.

671 etwa das der Exportmarke (Art. 10 II b MRRL, § 26 IV MarkenG), oder der Benutzungszurechnung auf mehrere Markenvarianten (§ 26 III MarkenG).

672 Sect. 32 III Trade Marks Act 1994 lautet: "The application shall state that the trade mark is being used, by the applicant or with his consent, in relation to those goods or services, or that he has a bona fide intention that it should be so used." Gem. Sect. 37 III Trade Marks Act 1994 gibt der Registrar Gelegenheit zur Nachbesserung bei Anmeldungen, die nicht den gesetzlichen Anforderungen entsprechen - was bedeutet, daß er keine Eintragung vornimmt, sondern zum Nachreichen der Erklärung auffordern wird. Wird wissentlich eine falsche "Intention-of-use"-Erklärung abgegeben, so ist die Anmeldung bösgläubig ("in bad faith") erfolgt und soll löschungsfähig sein, vgl. Helm, GRUR 1996, 593 (596) m.w.N.

673 s. dazu sofort unten.

674 Heydt, FS Hefermehl, 59 (61 f.); Fischötter/Rheineck, GRUR 1980, 379 (385).

675 S.o. 38.

hen. Das Markenrecht und insbesondere die Benutzungsschonfrist sind für den Schutz kreativer Leistungen aber die falschen Instrumente.

Zum andern bleibt der Erstanmelder Inhaber des Zeichens, auch wenn er es über Jahrzehnte nicht benutzt. Solange er nicht mit der Verfallsklage angegriffen wird, hat er es auch jederzeit in der Hand, die Benutzung aufzunehmen und das Zeichen zu heilen (§ 49 I MarkenG). Tut er das aber nicht, so gibt es keinen Grund, ihm irgendwelche markenrechtlichen Befugnisse, die über diejenigen aus der Erstanmeldung hinausgehen, nur deshalb zuzubilligen, weil er das Zeichen (immer wieder) neu anmeldet.

3. Ergebnis

Ein Erstanmelder, der seine Benutzungsschonfrist hat verstreichen lassen und die damit bezweckte Entwicklungsbegünstigung[676] nicht genutzt hat, kann gem. § 26 III 2 MarkenG analog für das betreffende Zeichen keine neue Benutzungsschonfrist mehr bekommen, er muß das Zeichen benutzen, wenn er es sich dauerhaft sichern will.

Als Ergebnis ist also festzuhalten, daß die Eintragung von Wiederholungsmarken zwar zulässig ist, daß dafür aber keine neuen Benutzungsschonfristen laufen, sondern die Wiederholungsmarken am Verfall der Erstmarke teilnehmen.

II. Voraussetzungen einer Wiederholungsmarke

Evident ist, daß eine Wiederholungsmarke vorliegt, wenn ein Anmelder genau dasselbe Zeichen mit genau demselben Produktverzeichnis erneut anmeldet. Fraglich ist aber, wo die Grenzen zwischen Wiederholungsanmeldung und Neuanmeldung zu ziehen sind, wenn der Anmelder die Zeichengestalt oder das Produktverzeichnis verändert. Ebenfalls ist problematisch, was gelten soll, wenn Erst- und Zweitanmelder nicht dieselbe Person, aber irgendwie miteinander verbunden sind.

1. Wiederholungsmarke bei Veränderungen der Markengestalt

a) Meinungsstand

Hier sind zwei Ansätze denkbar, die auch beide vertreten werden: Einmal könnte man die für das Vorliegen einer Wiederholungsmarke erforderliche Übereinstimmung von Erst- und Zweitmarke über die Identität des (verletzungsrechtlichen) Schutzumfangs bestimmen[677]. Andererseits könnte die Abgrenzung in analoger Anwendung des § 26 III MarkenG erfolgen[678]. Eine Wiederholungsmarke läge dann vor, wenn die „kenn-

676 Baumbach/Hefermehl; Einl., Rn. 31; Fischötter/Rheineck, GRUR 1980, 379 (386).

677 Brauer, Wiederholungszeichen, 72; unklar Schwendemann, Wiederholungszeichen, 18, 21 für Abgrenzung nach Übereinstimmung von "Schutzumfang und/oder Gesamteindruck".

678 So Ingerl/Rohnke, § 25, Rn. 42. Hackbarth, Benutzungszwang, 201 plädiert für Analogie zu Art. 15 II a) GemM, der § 26 III 2 MarkenG entspricht. Ebenso für das WZG: Heydt, Anm. zu BGH GRUR 1975, 434 ff. - *Bouchet*, 440; Mitscherlich, GRUR 1973, 500 (503); Schulze zur Wiesche, WRP 1976, 65; Fischötter/Rheineck, GRUR 1980, 379 (386); in dieser Richtung (unter Verweis auf die KIM-Entscheidung) auch Harmsen, GRUR 1980, 401 (403); auch Schwendemann, Wiederholungsmarke, 18, die allerdings auf S. 21 auch auf den (verletzungsrechtlichen) Schutzumfang abstellen will.

zeichnenden Charaktere" von Erst- und Zweitanmeldung sich nicht unterscheiden, wenn also der Verkehr beide Marken als „noch identisch" ansieht.

b) Stellungnahme

Für die Analogie zu § 26 III 2 MarkenG könnte sprechen, daß bereits die Schutzlosigkeit von Wiederholungsmarken in analoger Anwendung ebendieser Vorschrift begründet wurde. Es scheint dann dogmatisch konsequent, auch bei der Frage des Wiederholungscharakters auf diese Vorschrift abzustellen.

Das überzeugt aber im Ergebnis nicht. Denn der Wiederholungsanmelder hätte es dann in der Hand, durch geringfügige Abwandlungen des Zeichens, die zwar den Identitätsbereich des § 26 III MarkenG schon verlassen, nicht aber den Ähnlichkeitsbereich des § 14 II Nr. 2 MarkenG, dauernd das Register zu blockieren. So könnte er etwa zunächst das Zeichen „Kurant" eintragen, um nach 5 Jahren das Wort „Courant" anzumelden[679] und so auch das ähnliche Zeichen „Kurant" für weitere 5 Jahre zu sperren. Die gleiche Möglichkeit bietet sich nach dem Muster der Entscheidungen „Baelz"[680] und „ISKA"[681] durch Änderungen in der grafischen Gestaltung des Wortzeichens. Dadurch verläßt der Anmelder zwar den Identitätsbereich des § 26 III 2 MarkenG, das betreffende Wort (im Sinne von Lautfolge, eben „Baelz" bzw. „Iska") läge aber jeweils im Schutzbereich (§§ 9 Nr. 2, 14 II Nr. 2 MarkenG) der eingetragenen grafischen Abwandlung. Es wäre demgemäß für Dritte blockiert. Bei hinreichender Phantasie des Anmelders dürfte sich die Blockade sehr leicht über Jahrzehnte ausdehnen lassen. Diese Überlegung zeigt, daß als Wiederholungsanmeldung alles das angesehen werden muß, was im verletzungsrechtlichen Schutzbereich der Erstanmeldung liegt[682]. Nur das stellt sicher, daß das betreffende Zeichen nach 5 Jahren wirklich für Dritte frei wird.

Das Ergebnis ist systematisch überraschend, widerspricht es doch scheinbar der Grundthese, daß der verletzungsrechtliche Schutzbereich bei Fragen der rechtserhaltenden Benutzung keine Rolle spielt. Es läßt sich aber rechtfertigen: Die Schutzlosigkeit der Wiederholungsmarke beruht auf der Erwägung, daß der Inhaber keinem Dritten den Erwerb solcher Zeichen soll verbieten können, die er selbst 5 Jahre lang nicht benutzt hat. Dazu muß der Erstanmelder *genau dasjenige Monopol* wieder freigeben, das er sich durch die Anmeldung verschafft hatte. Dieses präzise Monopol wird aber nur dann wirklich frei, wenn der Inhaber auch keinen neuen Markenschutz im verletzungsrechtlichen Ähnlichkeitsbereich seines Erstzeichens mehr bekommen kann. Die Sperre bloß im Identitätsbereich des § 26 III MarkenG reicht nicht aus.

679 z. B. BPatG GRUR 1979, 709 - *Kurant*: "Kurant" nicht rechtserhaltend benutzt durch "Courant", da eigenes französisches Wort mit anderer Bedeutung, also jenseits der Grenzen von § 26 III 2 MarkenG.

680 BGH GRUR 1990, 364 (366) - *baelz*.

681 BPatG 23, 192 - *ISKA*.

682 Brauer, Wiederholungszeichen, 72.

Das bedeutet, daß der Markeninhaber sich selbst mit der Erstanmeldung den gesamten Ähnlichkeitsbereich des § 14 II Nr. 2 MarkenG in der Weise blockiert, daß er darin durch spätere Anmeldung ähnlicher Zeichen keine neuen Benutzungsschonfristen mehr erhalten kann. Dieses Ergebnis ist aber nicht unbillig, denn zum einen beruht es nur darauf, daß der Markeninhaber die erste Benutzungsschonfrist ungenutzt hatte verstreichen lassen, und zum anderen hat er es - so lange er nicht angegriffen wird - jederzeit in der Hand, die Benutzung aufzunehmen und sich damit ein rechtsbeständiges Markenrecht zu verschaffen. Tut er das nicht, so darf eine Wiederholungsmarke es Dritten nicht verwehren, das Erstzeichen oder Zeichen in dessen Ähnlichkeitsbereich einzutragen.

2. Unterschiede im Produktverzeichnis

Auch hier ist - wie bei der Zeichengestalt - umstritten, ob ein Wiederholungszeichen bereits dann vorliegt, wenn sich die Produkte im verletzungsrechtlichen Ähnlichkeitsbereich entsprechen[683], oder ob es auf den engeren Identitätsbereich im Sinne der (erhaltungsrechtlichen) erweiterten Minimallösung[684] ankommt[685].

Entscheidend muß wie bei den soeben erörterten Veränderungen der Warengestalt auch hier der verletzungsrechtliche Schutzbereich sein. Wenn sich die Neuanmeldung im Produktähnlichkeitsbereich der Erstanmeldung (§ 14 II Nr. 2 MarkenG) hält, sperrt sie das Zeichen weiter für diese Produkte, obwohl die Schonfrist des Erstzeichens abgelaufen ist. Das ist dadurch zu vermeiden, daß man das Zeichen für alle Produkte im Ähnlichkeitsbereich der Erstanmeldung als Wiederholungsanmeldung ansieht und schutzlos stellt.

Enthält die Neuanmeldung teils Wiederholungsprodukte und teils neue, so ist sie bloß teilweise schutzlos zu stellen (§§ 25 II 2, 43 I 3, 49 III, 55 III 4 MarkenG entspr.)[686].

3. Verschiedene Anmelder

Ein elegantes Verfahren, die soeben entwickelten Beschränkungen des Schutzes von Wiederholungsmarken zu umgehen, wäre es, die Wiederholungsanmeldung durch nahestehende natürliche Personen oder abhängige Gesellschaften zu machen. So wäre es insbesondere für Konzerne mit zahlreichen Tochtergesellschaften kein Problem, sich unbenutzte Marken für sehr lange Zeit zu sichern. Damit ist klar, daß es möglich sein muß, Nichtbenutzungszeiten auch zwischen verschiedenen Rechtssubjekten zuzurechnen. Fraglich ist aber, nach welchen Grundsätzen das geschehen kann.

683 Brauer, Wiederholungszeichen, 72; so wohl auch Ingerl/Rohnke, § 25, Rn. 42: bei "eindeutiger Überschneidung der Verbotsbereiche" soll Wiederholungsmarke vorliegen; tendenziell auch Schulze zur Wiesche, WRP 1976, 65 (67): der Anmelder muß seinen Benutzungswillen für alle Waren im Gleichartigkeitsbereich eigens dartun, sonst kann das Patentamt die Anmeldung zurückweisen.

684 s.o. S. 132.

685 Fischötter/Rheineck, GRUR 1980, 379 (388): Wiederholungsmarke bei Übereinstimmung der Waren "im Kernbereich", der enger als der verletzungsrechtliche Warengleichartigkeitsbereich des WZG sein soll; ebenso Hackbarth, Benutzungszwang, 203.

686 Ingerl/Rohnke, § 25, Rn. 42.

Oben wurde dargelegt, daß bei Wiederholungsmarken die Zurechnung der Nichtbenutzung der Erstmarke über eine Analogie zu § 26 III MarkenG erfolgt. In Fortführung dieses Gedankens ist bei verschiedenen Anmeldern die Zurechnung über eine Analogie zu § 26 II MarkenG vorzunehmen. Die dortige „Zustimmung bei Drittbenutzung" wird also zur „Zustimmung zur Wiederholungsanmeldung". Diese begründet die Zurechnung der für die Erstanmeldung abgelaufenen Schonfrist auf die Wiederholungsmarke. So wie die Zustimmung zur Drittbenutzung zwischen verbundenen Unternehmen vermutet wird[687], so ist auch die Zustimmung des Erstanmelders zur Wiederholungsanmeldung durch ein verbundenes Unternehmen zu vermuten.

III. Wiederholungsmarken in den markenrechtlichen Verfahren

Festzuhalten ist also, daß nach der hier vertretenen Auffassung eine Wiederholungsmarke die Rechtstellung des Zeicheninhabers nicht verbessert. Insbesondere läuft für eine Wiederholungsmarke keine neue Schonfrist. Da die Ausgestaltung der markenrechtlichen Verfahren sehr unterschiedlich ist und derselbe Einwand gegen ein Zeichen nicht in allen Verfahren zulässigerweise erhoben werden kann, muß geprüft werden, in welchen Verfahren der Wiederholungseinwand berücksichtigt werden kann.

1. Anmeldeverfahren

Nach hier vertretener Auffassung ist eine Wiederholungsmarke zulässig, setzt aber keine Benutzungsschonfrist in Gang. Deshalb kann dieser Umstand im Anmeldeverfahren keine Rolle spielen. Die folgenden Ausführungen dienen deshalb nur der Vollständigkeit.

a) Meinungsstand

aa) Wiederholungsmarke als Sittenverstoß gem. § 8 II Nr. 5 MarkenG?

Die markenrechtlichen Eintragungshindernisse sind in § 8 MarkenG aufgezählt. In Betracht kommt allenfalls eine Anwendung von § 8 II Nr. 5 MarkenG. Gem. § 8 II Nr. 5 MarkenG „(sind) von der Eintragung ausgeschlossen Marken, die gegen die öffentliche Ordnung oder gegen die guten Sitten verstoßen." Nach seinem Wortlaut setzt § 8 II MarkenG also voraus, daß die Marke selbst, das Zeichen als solches, gegen die öffentliche Ordnung bzw. die guten Sitten verstößt[688]. Das aber ist bei einer Wiederholungsanmeldung nicht der Fall, da hier nicht die Gestalt des Zeichens mißbilligt werden kann, sondern nur das Verhalten des Anmelders. Folglich fallen Wiederholungsmarken nicht unter § 8 MarkenG[689].

bb) Eintragungsversagung wegen Rechtsmißbrauch?

Streitig ist, ob die der Wiederholungscharakter einer Markenanmeldung zur Eintragungsversagung aufgrund allgemeiner Erwägungen führen kann.

687 BPatG GRUR 2001, 166 (169) - *Warenvertrieb im Internet*; BPatGE 36, 1 (6) - *CHARRIER*; BPatGE 30, 101 (104) - *WEKROMA*; zust. Fezer, § 26, Rn. 80.

688 vgl. etwa die Beispiele in der Kommentierung zu § 8 II Nr. 5 bei Fezer, § 8, Rn. 344 ff.

689 Brauer, Wiederholungsmarke, 60; Ingerl/Rohnke, § 25, Rn. 36

Vor Einführung des Benutzungszwangs verweigerte das BPatG die Eintragung einer Wiederholungsmarke, da diese keinen zusätzlichen Schutz vermittele und deshalb dafür kein Rechtsschutzinteresse bestehe. Teile von Rechtsprechung[690] und Literatur[691] sehen in einer wiederholten Markenanmeldung ein grundsätzlich hinreichendes, aber widerlegbares[692] Indiz dafür, daß dem Markenanmelder die Absicht fehlt, die Marke überhaupt zu verwenden. Dieser fehlende Benutzungswille mache die Markenanmeldung rechtsmißbräuchlich, was auch schon im Eintragungsverfahren berücksichtigt werden könne[693]. Der Wiederholungsanmelder müsse seinen Benutzungswillen schon im Eintragungsverfahren darlegen, sonst werde die Anmeldung zurückgewiesen[694]. Jedenfalls während der Benutzungsschonfrist der Erstmarke könne eine Wiederholungsmarke mangels Rechtsschutzbedürfnis nicht angemeldet werden[695].

Diese Auffassung entspricht nicht der Praxis des DPMA[696] und wird auch in der Literatur mit unterschiedlicher Begründung angegriffen. Einerseits wird vertreten, daß im MarkenG für das Erfordernis eines Benutzungswillens kein Raum sei, so daß sein Fehlen im Eintragungsverfahren und auch sonst irrelevant sei[697]. Jedenfalls im Eintragungsverfahren müsse das Fehlen des Benutzungswillens unbeachtlich sein, da das Patentamt nach der (abschließenden) Aufzählung des § 8 MarkenG zu dessen Prüfung nicht befugt[698] bzw. praktisch dazu nicht in der Lage[699] sei.

b) Stellungnahme

Die Unbeachtlichkeit des Wiederholungscharakters einer Markenanmeldung ergibt sich aus 26 III 2 MarkenG, der die grundsätzliche Zulässigkeit von Wiederholungsmarken voraussetzt (s.o.), so daß ein solcher Eintragungsantrag nicht rechtsmißbräuchlich sein kann. Außerdem ist zu bedenken, daß der Benutzungszwang überhaupt nie

690 BGH GRUR 1988, 820 (821) - *Oil of ...*; OLG Frankfurt GRUR 1992, 446 (447) - *Wiederholungszeichen*; OLG Celle vom 16. Mai 1979 - 13 U 11/79 - *Roll-Pen* (unveröffentlicht, referiert bei Fischötter/Rheineck, GRUR 1980, 379 (382)).

691 Schulze zur Wiesche, WRP 1976, 65 (66); Fezer, Benutzungszwang, 140; in diese Richtung auch Fischötter/Rheineck, GRUR 1980, 379 (388 f.), die aber die entgegenstehende Praxis des DPA auch "für vertretbar" halten.

692 OLG Frankfurt GRUR 1992, 446 (447) - *Wiederholungszeichen.*

693 BGH GRUR 1988, 820 (821) - *Oil of ...*; Hackbarth, Benutzungszwang, 198 (für die GemMV); a.A. DPA MA 1975, 262 ff. - *SHAHI;* Althammer-Ströbele, § 26, Rn. 80 m.w.N.

694 OLG Frankfurt, GRUR 1992, 445 (446) - *Wiederholungszeichen*; Fezer, § 25, Rn. 21; Fezer, Benutzungszwang, 141; Heydt, GRUR 1975, 439 (440)

695 Fischötter/Rheineck, GRUR 1980, 379 (382).

696 DPA MA 1975, 262 ff. – *SHAHI*; Althammer-Ströbele, § 26, Rn. 80 m.w.N.

697 Ingerl/Rohnke, § 3, Rn. 11; a. A. Fezer, § 3, Rn. 77 und, § 25, Rn 21. Die Rechtsprechung zum WZG verlangte die Benutzungsabsicht als Eintragungsvoraussetzung, BGH GRUR 1964, 454 (456) - *Palmolive*.

698 Ingerl/Rohnke, § 25, Rn. 36; Brauer, Wiederholungsmarke, 62, 66; Fischötter/Rheineck, GRUR 1980, 379 (386); Harmsen, GRUR 1980, 401 (402)

699 Althammer-Ströbele, § 26, Rn.117 m.w.N.

von Amts wegen, sondern immer erst auf Antrag oder Einrede zu berücksichtigen ist. Der Benutzungszwang soll also nach dem Willen des Gesetzgebers immer erst dann rechtliche Prüfungstätigkeit auslösen, wenn an einer solchen Prüfung ein privates Interesse artikuliert wird. Dann aber gibt es *erst recht* keinen Grund, abstrakt und von Amts wegen die noch schwierigere Frage zu prüfen, ob eine bestimmte Verhaltensweise den Benutzungszwang umgeht. Auch hier kann mit der Prüfung gewartet werden, bis ein Rechtsschutzsuchender sie verlangt. Das entspricht der Konzeption des Nichtbenutzungseinwands als Einrede[700].

Das verschlechtert auch nicht, wie man meinen könnte, die Position künftiger Markeninteressenten durch eine abschreckende Wirkung der eingetragenen, noch in der Schonfrist befindlichen Wiederholungsmarke. Wenn ein Markenanmelder bei seiner Recherche Wiederholungsmarken feststellt, so wird er geradezu darauf gestoßen, daß hier der Nichtbenutzungseinwand durchgreifen könnte. Wiederholungsmarken stellen eine Aufforderung zu sehr genauer Prüfung der Benutzungslage dar, die bei nur einmal eingetragenen, längst verfallenen Marken vielleicht unterbliebe.

2. Widerspruchsverfahren

Ob der Wiederholungscharakter einer Markenanmeldung im Widerspruchsverfahren berücksichtigt werden kann, ist ebenfalls streitig[701]. Das Patentamt muß im Widerspruchsverfahren, das aus einer Wiederholungsmarke gegen die Marke eines Dritten betrieben wird, die Benutzungslage der Wiederholungsmarke auf entsprechende Einrede des Neumarkeninhabers prüfen (§ 43 I MarkenG). Das könnte dafür sprechen, im Widerspruchsverfahren auch die Umgehung des Benutzungszwangs durch Wiederholungsmarken zu prüfen.

Es ist aber anerkannt, daß im Widerspruchsverfahren nicht alle Umstände geprüft werden, die für den Streit zwischen den beiden Markeninhabern bedeutsam sind. Es handelt sich beim Widerspruchsverfahren um ein nur summarisches Verfahren[702], die abschließende Prüfung können beide Parteien über die Eintragungsbewilligungsklage (§ 44 MarkenG) bzw. die Löschungsklage (§§ 51, 55 MarkenG) erreichen[703].

Das Widerspruchsverfahren beschränkt sich deshalb grundsätzlich auf die Prüfung der Kollision gerade der Widerspruchsmarke mit gerade der Neumarke. Erwägungen, die ihre Grundlage nicht im Verhältnis zwischen gerade diesen Marken finden, haben im Widerspruchsverfahren grundsätzlich keinen Raum[704]. Insbesondere kann im Widerspruchsverfahren nicht eingewandt werden, daß der Neumarkeninhaber selbst über

700 so Brauer, Wiederholungsmarke, 66.

701 **dagegen** DPA MA 1975, 262 ff. - *SHAHI*; Althammer-Ströbele, § 26, Rn.119; Brauer, Wiederholungsmarke, 68; **dafür** Ingerl/Rohnke, § 25, Rn. 43; Hackbarth, Benutzungszwang, 199; Heil, GRUR 1972, 170 (172).

702 Fezer, § 43, Rn. 9.

703 Fezer, § 42, Rn. 40.

704 Fezer, § 42, Rn. 40.

eine weitere Marke verfügt, die noch älter ist als die Widerspruchsmarke[705]. Nicht anders liegt es aber, wenn der Neumarkeninhaber geltend macht, hinter der Altmarke stehe eine noch ältere Marke desselben Markeninhabers, deren Nichtbenutzung der Widerspruchsmarke zugerechnet werden müsse. Auch dieser Einwand geht über die bloße Kollisionsprüfung hinaus und ist deshalb im Widerspruchsverfahren unzulässig.

Die Tatsache, daß die Schutzlosigkeit von Wiederholungsmarken auf eine Analogie zu § 26 III 2 MarkenG zu stützen ist, ändert daran nichts. Zwar muß das Patentamt im Widerspruchsverfahren gem. § 26 III 2 MarkenG auch berücksichtigen, ob die Marke in einer Abwandlung benutzt ist. Es geht aber doch auch bei Heranziehung von § 26 III MarkenG immer noch nur um den Konflikt zwischen der Widerspruchsmarke und der Neumarke, weitere Zeicheneintragungen spielen keine Rolle. Der Einwand „Wiederholungszeichen" aber läßt sich nur prüfen, wenn man auch die Benutzungslage einer dritten, am Widerspruchsverfahren eigentlich unbeteiligten Eintragung untersucht. Für einen solchen Prüfungsaufwand ist im Widerspruchsverfahren kein Raum, so daß hier der Einwand des Wiederholungszeichens nicht erhoben werden kann.

3. Verfallsverfahren gegen die Wiederholungsmarke, Löschungs- und Verletzungsverfahren aus der Wiederholungsmarke

In diesen Verfahren können sämtliche Einwände gegen die jeweils gegnerische Marke erhoben werden. Zulässig ist es hier also auch, den Einwand der Wiederholungsmarke zu erheben[706]. In all diesen Verfahren ist folglich zu prüfen, ob die Erstanmeldung verfallsreif ist.

D. Problem der Wiederholungsanmeldung bei Abfolge von deutscher und europäischer Markenanmeldung

Fraglich ist, ob auch beim Übergang von einer nationalen auf eine europäische Marke oder umgekehrt von einer Wiederholungsmarke im obigen Sinne gesprochen werden kann.

I. Deutsche Erstanmeldung - europäische Wiederholungsmarke

Soweit das Schrifttum sich mit dieser Fallkonstellation befaßt, ist es der Auffassung, daß angesichts des verschiedenen Geltungsbereichs nicht von einer Wiederholungsmarke die Rede sein könne. Der Verfall der zuerst angemeldeten nationalen Marke berühre die Benutzungsschonfrist der Gemeinschaftsmarke nicht. Die dadurch mögliche Verdoppelung der Benutzungsschonfristen sei als Folge der Koexistenz zweier selbständiger Schutzsysteme hinzunehmen[707].

705 Fezer, § 42, Rn. 48.

706 LG Köln, WRP 1975, 751 (752) - *Shahi/Charlie.*

707 Ingerl/Rohnke, § 25, Rn. 45; Hackbarth, Benutzungszwang, 205 f.; ebenso zur Neuanmeldung einer bundesdeutschen Marke im Zeitraum nach der Wiedervereinigung, aber vor dem Inkrafttreten des Erstreckungsgesetzes (1.5.1992), da nur durch die Neuanmeldung der Schutz auf das Beitrittsgebiet auch schon vor dem 1.5.1992 erstreckt werden konnte, BGH GRUR 1995, 117 (121) - *NEUTREX.*

Das ist zutreffend. Der in der ganzen Gemeinschaft wirkende Schutz aus einer Gemeinschaftsmarke führt dazu, daß der Anmelder nunmehr Benutzungsschonfristen in zahlreichen Staaten genießt, in denen ihm seine nationale Erstanmeldung keinerlei Rechtsposition verschaffen konnte. Deshalb kann in der Gemeinschaftsmarke keine schlichte Wiederholung einer nationalen Anmeldung gesehen werden.

II. Gemeinschaftsmarke - nationale Marke

Das umgekehrte Ergebnis tritt ein, wenn der Anmelder nach dem Verfall seiner Gemeinschaftsmarke eine nationale Marke anmeldet. Hier geht die Schutzwirkung der Zweitanmeldung voll in derjenigen der Erstanmeldung auf. Die nationale Marke vermittelt nur einen Ausschnitt des Schutzes der Gemeinschaftsmarke. Deshalb liegt in einem solchen Fall eine Wiederholungsmarke vor[708].

Daß das Umschwenken von einer verfallsreifen Gemeinschaftsmarke auf eine nationale Marke dem Anmelder keine Vorteile bringen soll, zeigt auch Art. 108 II a GemMV[709]. Gem. Art 108 I GemMV können Gemeinschaftsmarken grundsätzlich unter Aufrechterhaltung der alten Priorität (Art. 108 III GemMV) in nationale Marken umgewandelt werden. Das ist jedoch dann unmöglich, wenn die Gemeinschaftsmarke wegen Nichtbenutzung für verfallen erklärt wurde (Art. 108 II a GemMV). Das bedeutet im Ergebnis nichts anderes, als daß die Benutzungsschonfrist der EU-Marke der nachfolgenden nationalen Marke zugerechnet wird.

E. Zusammenfassung

Wiederholungsmarken sind eintragbar. Sie lösen keine neue Benutzungsschonfrist aus, die Nichtbenutzung der Ersteintragung wird ihnen gem. § 26 III 2 MarkenG analog zugerechnet.

Eine Wiederholungsmarke liegt vor, wenn sie sich im verletzungsrechtlichen Schutzbereich der Erstanmeldung befindet.

Meldet eine Dritter mit Zustimmung des Markeninhabers eine Wiederholungsmarke an, so löst das gem. § 26 II MarkenG analog i.V.m. § 26 III 2 MarkenG analog keine neue Benutzungsschonfrist aus.

Im Eintragungs- und Widerspruchsverfahren kann der Einwand „Wiederholungsmarke“ nicht geprüft werden, im Verletzungs- und Löschungsverfahren aus der Wiederholungsmarke und im gegen sie gerichteten Verfallsverfahren ist er jedoch relevant.

Die Anmeldung einer Gemeinschaftsmarke nach einer deutschen Marke ergibt keine Wiederholungsmarke. Wird zuerst eine Gemeinschafts-, dann eine nationale Marke angemeldet, liegt eine Wiederholungsmarke vor.

708 Ingerl/Rohnke, § 25, Rn. 46; Hackbarth, Benutzungszwang, 204.

709 Hackbarth, Benutzungszwang, 204 f.

§ 18 Ort der Benutzung

A. Grundsatz

I. Rechtserhaltende Benutzungs*tatbestände* nur im Inland (§ 26 I MarkenG)

Das WZG enthielt über den Ort, an dem die rechtserhaltende Benutzung vorzunehmen war, weder in § 5 VII noch § 11 V WZG eine Regelung. Grundsätzlich war aber anerkannt, daß nur in Deutschland vorgenommene Markenverwendungen als rechtserhaltende Benutzungstatbestände in Betracht kamen, die Benutzung eines Zeichens nur im Ausland reichte nicht aus[710]. Es war lange Zeit nicht ganz geklärt, ob das auf dem Grundsatz der Territorialität des Zeichenrechts oder anderen Erwägungen beruhte[711]. „Territorialität des Zeichenrechts“ bedeutet indes nur, daß deutsche Marken nur in Deutschland verletzt werden können, da eine deutsche Marke nur in Deutschland und nur nach deutschem Recht Schutz gewährt[712]. Die Territorialität der Zeichenrechte ist deshalb der Grund dafür, daß es Abkommen gibt wie das MMA, das die Erstreckung nationaler Markenrechte auf andere Staaten ermöglicht.

Im Benutzungszwang indes spielt die Territorialität der Zeichenrechte keine Rolle. Wenn trotzdem auch hier grundsätzlich nur inländische Benutzungssachverhalte rechtserhaltend wirken, so beruht das letztlich auf dem spezifischen Zweck des Benutzungszwangs[713]. Er soll sicherstellen, daß nur solche Zeichen dauerhaft für Dritte gesperrt bleiben, die so verwendet werden, daß die Zubilligung von gerade deutschem markenrechtlichem Schutz gerechtfertigt erscheint. Markenrechtlicher Schutz in Deutschland ist aber grundsätzlich nur dann gerechtfertigt, wenn der deutsche Verkehr überhaupt mit dem Zeichen konfrontiert wird, also nur bei inländischen Verwendungshandlungen. Deshalb sind auf der ersten Prüfungsstufe, der Frage, ob eine einzelne zur Rechtserhaltung taugliche Benutzungs*handlung* vorliegt, ausländische Sachverhalte prinzipiell irrelevant[714]. Das ist jetzt in § 26 I MarkenG ausdrücklich angeordnet, da hiernach eine Benutzung „im Inland“ vorliegen muß.

II. Bedeutung ausländischer Benutzungshandlungen im Rahmen der Ernsthaftigkeit

Markenverwendungen im Ausland können allerdings eine Rolle spielen, wenn es um die Bewertung des Gesamtbenutzungs*sachverhaltes*, um die Ernsthaftigkeit der Benutzung geht[715]. Das illustriert die Entscheidung Darcy[716]. Hier war eine belgische Ziga-

710 BGH GRUR 1980, 50 (52 f.) - *Contiflex;* Baumbach/Hefermehl, § 5, Rn. 62.

711 das vertritt insbes. die Begründung zum Vorabgesetz, Bl.f.PMZ, 1967, 244 (265).

712 Fammler, Exportmarke, 101.

713 BGH GRUR 1980, 52 (53) - *Contiflex;* Fezer, Benutzungszwang, 144 f.; Fammler, Exportmarke, 102.

714 Ingerl/Rohnke, § 26, Rn. 104, 119; Fezer, § 26, Rn. 64.

715 Ingerl/Rohnke, § 26, Rn. 119; Fezer, § 26, Rn. 65; Sack, FS Piper, 604 (617); Baumbach/Hefermehl, § 5, Rn. 62; Fezer, Benutzungszwang, 148 ff.

716 BGH GRUR 1986, 168 (169) - *Darcy.*

rettenmarke in geringem Umfang in Deutschland verkauft worden, wobei der Vertrieb nur in belgischen Kasernen stattfand. Der BGH wertete das als ausreichende Benutzung. Außer auf die Dauer dieses Vertriebs stellt der BGH dabei auch auf den umfangreichen Vertrieb der Zigaretten in Belgien ab. Der Verkauf in Deutschland habe den Zweck, die belgischen Soldaten bei der Marke „Darcy" zu halten, und sei deshalb im Zusammenspiel mit der umfangreichen Benutzung der Marke in Belgien als ernsthaft anzusehen.

B. Sonderfall: Schweiz

Nach Art. 5 S. 1 des Abkommens zwischen dem Deutschen Reich und der Schweiz betreffend den gegenseitigen Patent-, Muster- und Markenschutz vom 13.4.1892[717] in der Fassung des Abkommens vom 26.5.1902[718] treten die Rechtsnachteile der in einem Vertragsgebiet unterbliebenen Patent-, Muster- und eben auch Markenverwendung nicht ein, wenn das Schutzrecht im anderen Vertragsgebiet verwendet worden ist. Die Benutzung in der Schweiz wird danach also der Benutzung in Deutschland in erhaltungsrechtlicher Hinsicht gleichgestellt, und umgekehrt. An der Geltung des Abkommens hat das MarkenG nichts geändert[719].

Unstreitig wirkt es auf Grundlage dieses Abkommens (und abweichend vom soeben erläuterten Grundprinzip) rechtserhaltend, wenn die einem Schweizer gehörende deutsche Marke (bloß) in der Schweiz benutzt wird. Umgekehrt wird auch unstreitig die Schweizer Marke eines Deutschen (oder in Deutschland ansässigen) ausreichend benutzt, wenn sie nur in Deutschland verwendet wird[720]. Streitig ist aber, ob das Abkommen auch auf Drittstaatsangehörige anwendbar ist, ob also ein Franzose seine deutsche Marke rechtserhaltend benutzt, wenn er sie in der Schweiz verwendet[721]. Außerdem ist fraglich, ob auch ein Deutscher seine deutsche Marke durch Verwendung bloß in der Schweiz aufrechterhalten kann.

I. Mindermeinung: Abkommen wirkt nicht zugunsten von Heimatstaatlern und Ausländern

Bei unbefangener Betrachtung liegt es nahe, mit einem Teil der früheren Rechtsprechung und Literatur anzunehmen, daß das deutsch-schweizerische Abkommen in Deutschland nur zugunsten von Schweizern (und Ausländern, die dort ansässig sind

717 RGBl. 1894, 511.

718 RGBl. 1903, 1819, Text bei Busse/Starck SondV, Rn. 1; Art. 5 m. Kommentierung abgedruckt bei Fezer, unter „Zweiseitige Abkommen", S. 1905 f.

719 BGH GRUR 2000, 1035 (1037) - *PLAYBOY*; Begründung zum MarkenG, § 26, 2. Abs. 4. Spiegelstrich; Ingerl/Rohnke, § 26, Rn. 107; Sack, Fs. Piper, 603 (621).

720 Die Bestimmung lautet in ihrem hier interessierenden Teil (Art. 5 Abs. 1): „Die Rechtsnachteile, welche nach den Gesetzen der vertragsschließenden Teile eintreten, wenn (...) eine Handels- oder Fabrikmarke nicht innerhalb einer bestimmten Frist (...) angewendet wird, sollen dadurch ausgeschlossen werden, daß die (...) Anwendung in dem Gebiet des anderen Teiles erfolgt."

721 so der Fall von BGH GRUR 2000, 1035 ff. - *PLAYBOY*.

oder zumindest eine echte Niederlassung haben[722]) gilt, nicht aber zugunsten anderer Ausländer und erst recht nicht zugunsten von Deutschen[723]. Denn einen solchen bloß zwischenstaatlichen Zweck hat das Abkommen bei seiner Vereinbarung sicherlich gehabt[724]. Wenn Schweizer, Deutsche und alle anderen Ausländer auch von den Regelungen hätten profitieren sollen, wäre es sachgerecht gewesen, die Vorschriften in Gesetzesform zu erlassen, statt einen Staatsvertrag abzuschließen[725].

II. h.M.: Art. 5 des Abkommens gilt für Inländer; wegen Art. 2, 3 PVÜ auch für Verbandsausländer

Der BGH und die überwiegende Literatur verweisen hingegen auf den Wortlaut und Historie des Abkommens, die nichts für eine solche nur beschränkte Wirkung erkennen ließen:

Das Abkommen erfaßt für jeden Markeninhaber zwei Fallvarianten: 1. den Fortbestand seiner nur im Heimatstaat benutzten Marke im anderen Vertragsstaat und 2. den Fortbestand seiner nur im anderen Staat benutzten Marke im Heimatstaat. Nach seinem ursprünglichen Art. 1 habe das Abkommen nur für die Angehörigen der beiden Vertragsstaaten gelten und deshalb möglicherweise nur Marken im jeweils anderen Vertragsstaat aufrechterhalten sollen. Deutsche in Deutschland hätten davon also zunächst nicht profitieren sollen[726].

Art. 1 wurde aber beim Beitritt des Deutschen Reiches zur PVÜ aufgehoben, weil die Gleichstellung der deutschen und schweizer Staatsangehörigen nunmehr durch Art. 2, 3 PVÜ gewährleistet war[727]. Aus der mit Rücksicht auf die PVÜ vollzogenen Streichung von Art. 1 wird geschlossen, daß jedenfalls von da an das Abkommen auch zugunsten der jeweiligen Inländer wirken[728] und deshalb auch eine Heimatmarke erhalten soll, wenn diese nur im anderen Vertragsstaat benutzt ist[729].

Wenn das Abkommen damit aber auch in Deutschland zugunsten von Deutschen und deren deutscher Marken wirkt, so fordern Art. 2,3 PVÜ in der Tat, daß auch die Verbandsausländer davon profitieren. Denn sonst würden diese verbotenerweise schlechter behandelt als Inländer.

Folglich führt Art. 5 des deutsch-schweizer Abkommens zu einer vollkommenen Erstreckung des für rechtserhaltende Benutzungshandlungen maßgeblichen Territori-

722 so Droste, GRUR 1974, 522 (523).

723 BPatG GRUR 1980, 922 - *Exportmarken/Prismal*; David, GRUR Int. 1972, 268 (270); Droste, GRUR 1974, 522 (524).

724 s. in diesem Sinne der deutsch-schweizerische Notenwechsel (Bl. f. PMZ 1955, 292 ff.).

725 so Droste, GRUR 1974, 522 (524).

726 BGH GRUR 2000, 1035 (1037) - *PLAYBOY*.

727 BGH GRUR 2000, 1035 (1037) - *PLAYBOY*.

728 Sack, FS. Piper, 603 (621).

729 BGH GRUR 2000, 1035 (1037) – *PLAYBOY*.

ums auf das Gebiet der Schweiz[730]. Alle in der Schweiz vorgenommenen Benutzungen einer deutschen Marke - gleich, ob deren Inhaber Schweizer, Deutscher oder PVÜ-Ausländer ist - sind im Hinblick auf §§ 25, 26 MarkenG als taugliche Benutzungshandlungen zu berücksichtigen.[731].

III. Stellungnahme: Art. 4 TRIPS, Art. 3 GG führen zum Ergebnis der h.M.

Um das obige Ergebnis über Art. 2, 3 PVÜ zu erzielen, muß man zunächst begründen, daß das Abkommen in Deutschland auch zugunsten von Deutschen wirkt, denn nur dann liegt eine potentielle Bevorzugung von Inländern vor. Wenn das Abkommen in Deutschland nur zugunsten von Schweizern eingriffe, würden Deutsche in Deutschland „genauso schlecht" behandelt wie Ausländer, was im Hinblick auf Art. 2, 3 PVÜ unbedenklich wäre.

1. Art. 4 TRIPS („Most favored Nation Treatment")

Dieser Argumentationsumweg ist möglicherweise vermeidbar. Die Pflicht, auch Drittstaatler von Art. 5 des deutsch-schweizer Abkommens profitieren zu lassen, könnte sich unmittelbar aus Art. 4 TRIPS ergeben.

a) Tatbestand von Art. 4 TRIPS ist erfüllt

Gem. Art. 4 TRIPS müssen TRIPS-Mitglieder eine Vergünstigung, die sie Angehörigen eines einzigen Staates gewähren, auch allen anderen TRIPS-Staatsangehörigen zugestehen. Art. 5 deutsch-schweizer Abkommen begünstigt die Benutzung einer deutschen Marke in der Schweiz durch einen Schweizer. Der Anknüpfungspunkt von Art. 4 TRIPS, die Differenzierung nach Staatsangehörigkeit, liegt also vor. Grundsätzlich müssen also alle TRIPS-Ausländer ebenfalls in den Genuß des deutsch-schweizerischen Abkommens kommen.

b) Freistellung gem. Art. 4 d) TRIPS durch Notifikation des deutsch-schweizer Abkommens?

Gem. Art. 4 d) TRIPS greift der Meistbegünstigungsgrundsatz bei solchen Altabkommen nicht ein, die erstens - in formeller Hinsicht - dem Rat für TRIPS notifiziert worden sind. Diese Notifikation hat beim deutsch-schweizer Abkommen stattgefunden[732]. Grundsätzlich wäre damit ein Verstoß des deutsch-schweizer Abkommens gegen Art. 4 TRIPS geheilt.

Zweitens aber dürfen auch notifizierte Altabkommen - in materieller Hinsicht - keine willkürliche oder ungerechtfertigte Diskriminierung anderer TRIPS-Mitglieder enthalten. Es müßte also irgendeinen sachlichen Grund geben für die in Art. 5 des deutsch-schweizer Abkommens angelegte Differenzierung: Die in der Schweiz vorgenommene Benutzung der deutschen Marke *eines Schweizers* wirkt rechtserhaltend, die in der

730 Sack, FS Piper, 603 (623).

731 BGH GRUR 2000, 1035 (1037) - *PLAYBOY*.

732 von der Schweiz am 7.2.1996, WTO-Dok. IP/N/4/CHE/1; von Deutschland am 31.1.1996, WTO-Dok. IP/N/4/DEU/1.

Schweiz vorgenommene Benutzung der deutschen Marke *eines Franzosen* aber nicht. Ein sachlicher Grund für diese Differenzierung ist nicht zu erkennen. Die Unterscheidung ist zwar vielleicht vom deutsch-schweizerischen Abkommen intendiert, was aber nur historisch erklärbar wäre[733] und kein Grund ist, sie aufrechtzuerhalten.

2. Ergebnis: Art. 4 TRIPS gebietet die Anwendung von Art. 5 deutsch-schweizer Abkommen auf Drittstaatler

Um den Verstoß gegen Art. 4 d) TRIPS zu vermeiden, muß nach dem Grundsatz der TRIPS-konformen Auslegung[734] Art. 5 des deutsch-schweizer Abkommens so verstanden werden, daß er auf in der Schweiz vorgenommene Benutzungshandlungen aller TRIPS-Ausländer anwendbar ist. Folglich können alle TRIPS-Ausländer ihre deutschen Marken dadurch erhalten, daß sie sie in der Schweiz benutzen.

3. Anwendbarkeit des deutsch-schweizer Abkommens auch zugunsten von Inländern

Wenn man die Anwendbarkeit des Abkommens auf Art. 4 TRIPS stützt, läßt sich - zusätzlich zum Verweis auf Wortlaut und Historie des Abkommens - auch unter Heranziehung vor Art. 3 GG begründen, warum das Abkommen zugunsten von Deutschen in Deutschland gelten muß.

Wollte man nämlich in Deutschland - wo alle TRIPS-Ausländer wegen Art. 4 TRIPS von Art. 5 des Abkommens profitieren - allein die Deutschen von dieser Begünstigung ausnehmen, so verstieße das gegen Art. 3 GG. Art. 3 GG ist anwendbar, da er auch die auswärtige Gewalt beim Abschluß völkerrechtlicher Verträge bindet[735]. Es wäre deshalb irgendein sachlicher Grund dafür erforderlich, einen Deutschen im Vergleich zu allen TRIPS-Ausländern in der Weise schlechterzustellen, daß er seine deutsche Marke durch Benutzung in der Schweiz nicht aufrechterhält, alle anderen ihre Marken hingegen schon. Ein sachlicher Grund für diese Differenzierung ist nicht ersichtlich[736]. Eine grundrechtskonforme Auslegung[737] zwingt deshalb dazu, Art. 5 des deutsch-schweizer Abkommens auch zugunsten deutscher Markeninhaber anzuwenden, wenn diese ihr in Deutschland eingetragenes Zeichen nur in der Schweiz benutzen[738].

IV. Benutzungsanforderungen des Schutzlandes oder des Benutzungslandes?

Fraglich ist, ob die in der Schweiz durchgeführte Benutzung, welche der deutschen Marke gem. Art. 5 des Abkommens zugerechnet wird, die Anforderungen des deutschen oder schweizerischen Benutzungszwangs erfüllen muß. Das ist relevant, wenn

733 Art. 5 des Abkommens beruht letztlich darauf, daß es 1892 in der Schweiz schon den Benutzungszwang für Marken gab, in Deutschland aber nicht, so BGH GRUR 1969, 48 (49) - *Alcacyl*; Baumbach/Hefermehl, Teil II, S. 1194.

734 s. dazu Fezer, WRP 1998, 1 (7) und oben S. 37.

735 Dreier, GG-Komm. - Dreier, Art. 1 III, Rn. 31.

736 So auch – ohne Bezug auf Art. 3 GG – Sack, FS. Piper, 603 (621).

737 s. etwa Dreier, GG-Komm. - Dreier, Vorb., Rn. 57 m.w.N.

738 so auch (allerdings unter Berufung auf Art. 2, 3 PVÜ) Sack, Fs. Piper, 603 (621); Ingerl/Rohnke, § 26, Rn. 107.

bestimmte Verwendungen im einen Land als Benutzung anerkannt werden, im anderen aber nicht.

Nach zutreffender herrschender Auffassung in der Schweiz[739] und in Deutschland[740] kommt es auf die Anforderungen im Schutzland an. Bei einer deutschen Marke sind also die Voraussetzungen der §§ 25, 26 MarkenG zu prüfen. Das ergibt sich daraus, daß Art. 5 des Abkommens nicht das deutsche Markenrecht insgesamt ändern soll, sondern nur das Territorium erweitert, in dem rechtserhaltende Benutzungshandlungen vorgenommen werden können[741].

V. Schutzbeschränkung bei unbenutzten, nach dem Abkommen aber nicht verfallenen Marken

1. Meinungsstand

Nach seinem Wortlaut hindert das deutsch-schweizer Abkommen nur den Eintritt der Rechtsnachteile gerade der Nichtbenutzung. Die Rechtsprechung prüft gesondert davon, ob der Geltendmachung von Ansprüchen aus einem solchen Zeichen der Einwand des Rechtsmißbrauchs entgegensteht. Dieser Einwand sei - auch wenn die Benutzungsanforderungen des Abkommens erfüllt sind - grundsätzlich möglich[742]. Er sei begründet, wenn der Markeninhaber nicht darlegt, daß er (demnächst) das Zeichen auch in Deutschland benutzen wolle. Mangels einer solchen Benutzungsabsicht handele es sich dann um ein nicht schutzwürdiges Defensivzeichen[743].

Dagegen wird vorgebracht, daß es Art. 5 des Abkommens weitgehend aushöhle, wenn das Abkommen zwar die Löschung wegen fehlender Benutzung verhindere, die Löschung wegen mißbräuchlicher Aufrechterhaltung der Marke aber möglich bleibe - denn gelöscht werde die Marke dann ja eben doch[744].

2. Stellungnahme

Die Löschung ist aber nicht notwendigerweise die Konsequenz der Rechtsprechung. Denn die bisher vorliegenden Entscheidungen hielten einerseits die in der Schweiz benutzten Marken durchaus für bestandskräftig, so daß sie eben nicht gelöscht wurden[745]. Sie verneinten aber andererseits die Möglichkeit, aus ihnen noch Angriffe auf

739 s. die Nachweise bei Sack, FS Piper, 603 (623), Fn. 54.

740 BGH GRUR 2000, 1035 (1037) - *PLAYBOY*; Fezer, Zweiseitige Abkommen, Rn. 12; Sack FS. Piper, 603 (622) m. zahlr. Nachweisen; a.A. David, GRUR Int. 1972, 269 (272); Droste, GRUR 1974, 522 (525).

741 So Sack FS. Piper, 603 (623).

742 BGH GRUR 1998, 148 (151) - *SAINT.MORIS/Sankt Moritz*; BGH GRUR 1969, 48 (49) - *Alcacyl.*

743 BGH GRUR 1998, 148 (151) - *SAINT.MORIS/Sankt Moritz*; BGH GRUR 1969, 48 (49) - *Alcacyl.*

744 Sack FS Piper, 603 (624); Droste, GRUR 1974, 522 (526 f.)

745 BGH GRUR 1969, 48 (49) - *Alcacyl.*

jüngere Zeichen zu führen[746]. Der Einwand „Defensivzeichen“ ist also nur zulässig gegen Angriffe aus dem Zeichen, gibt aber keinen Löschungsanspruch.

Diese - von der Rechtsprechung allerdings nicht offen vorgenommene[747] - Differenzierung im Schutzumfang ist sachgerecht. Oben wurde für Fälle der gerechtfertigten Nichtbenutzung der Gedanke entwickelt, daß die rechtfertigenden Gründe zwar die Löschung des Zeichens verhindern, Angriffen aus dem Zeichen aber häufig der Rechtsmißbrauchseinwand entgegenstehen kann.[748]. Die Benutzung einer Marke in der Schweiz kann gleichsam als gesetzlich ausgestalteter Rechtfertigungsgrund angesehen werden. Es ist dann konsequent, auch die Überlegungen zur Schutzbeschränkung bei gerechtfertigter Nichtbenutzung hier Platz greifen zu lassen und bei Angriffen aus solchen Marken stets den Gesichtspunkt der Rechtsmißbräuchlichkeit zu bedenken.

C. Exportmarken

Exportmarken sind nach der einheitlich verwendeten Definition inländische Marken, die für im Inland hergestellte oder gekennzeichnete, aber nur im Ausland vertriebene Produkte verwendet werden[749].

I. Rechtslage im WZG

Unter Geltung des WZG war umstritten, ob überhaupt und unter welchen Umständen bei Zeichen, die nur für Exportgüter verwendet wurden, die Anforderungen des Benutzungszwangs erfüllt waren. Das WZG enthielt dazu keine Bestimmungen. Einige Autoren verneinten das Vorliegen einer rechtserhaltenden Benutzung schlichtweg[750]. Das wurde aus dem Zweck des Benutzungszwangs gefolgert: An dem Ort, wo die Marke geschützt ist, müsse der Inhaber sie auch aufrechterhalten, indem er den dortigen Ver-

746 Im Fall BGH GRUR 1998, 148 (151) - *SAINT.MORIS/Sankt Moritz* wurde gerade für den Fall, daß die deutsche Marke nicht gelöscht werden könne, die Rechtsmißbräuchlichkeit des Widerspruchs aus dieser Marke bejaht. BGH GRUR 1969, 48 (49) - *Alcacyl.*

747 In BGH GRUR 2000, 1035 ff. - *PLAYBOY* ging es sowohl um einen Widerspruch aus der nur in der Schweiz benutzten Marke als auch den Antrag auf Schutzentziehung gegen diese Marke. Der BGH entschied nicht in der Sache, sondern verwies insgesamt zurück. Das bedeutet, daß der BGH hier möglicherweise auch Angriffe aus der nur in der Schweiz benutzten Marke für zulässig hielt. Allerdings war in diesem Fall der Einwand des Rechtsmißbrauchs ausweislich des Tatbestandes nicht erhoben.

748 s.o. S. 92 ff.; ebenso Fezer, Anm. zu BGH GRUR 1986, 438 - *Ola*, GRUR 1986, 441 (442) für Exportmarken.

749 BGH GRUR 1986, 538 - *Ola*; BGH GRUR 1980, 52 - *Contiflex*; BPatG GRUR 1980, 922 (923) - *Exportmarke* = BPatGE 22, 221 - *Prismal*; Fammler, Exportmarke, S. 50; Baumbach/Hefermehl, § 5, Rn.63; Fezer, Benutzungszwang, S. 149; Jackermeier, Löschungsklage, S. 75.

750 So verneint Bökel, Diss., S. 89, ders., BB 1971, 1033 (1036) mangels Benutzungswillens bereits die Eintragungsfähigkeit. Ähnlich Fammler, Exportmarke, 128 f. jedenfalls wenn (etwa wegen eines Exportvermerks) der Exportzweck der Marke evident ist. S.104 f. meint er dann selbst, daß sein Ergebnis „wirtschaftlich unvernünftig“ sei.

kehr mit gekennzeichneten Waren konfrontiert[751]. Das stimmt mit der oben entwickelten informationsökonomischen Rechtfertigung des Benutzungszwangs überein. Da ein reines Exportzeichen am deutschen Markt nicht zur Produktunterscheidung verwendet wird, „verdient" es auch keinen markenrechtlichen Schutz.

Gegen diesen isoliert informationsökonomischen Ansatz sprechen aber volkswirtschaftliche Erwägungen. Denn Exporttätigkeit ist grundsätzlich erwünscht, es wäre wirtschaftlich nicht vertretbar, über das Markenrecht Exporthemmnisse aufzubauen[752]. Wenn aber die bloße Kennzeichnung von Produkten schon als markenrechtliche Verletzungshandlung gilt, auch wenn die Produkte exportiert werden sollen[753], dann muß ein exportfreundliches Markenrecht solche bloßen Kennzeichnungsmaßnahmen als rechtserhaltende Benutzung anerkennen[754]. Überwiegend wurde deshalb bereits zum WZG die rechtserhaltende Benutzung bei Exportmarken bejaht[755], wobei nur einige zusätzlich verlangten, daß die Ware schon im Inland den Binnenbereich des Betriebes verlassen, also etwa an einen Transporteur übergeben werden müsse[756].

II. Rechtslage im MarkenG

Nunmehr stellt Art. 10 II b) MRRL klar, daß die in einem Mitgliedstaat vorgenommene Kennzeichnung von Exportwaren als rechtserhaltende Benutzung in diesem Staat gilt - auch wenn die so gekennzeichneten Waren im Kennzeichnungsstaat nicht vertrieben werden. Im MarkenG findet sich die Umsetzung in § 26 IV MarkenG. Die GemMV enthält eine entsprechende Bestimmung in Art. 15 2 b) GemMV. Die Verwendung eines Zeichens als Exportmarke stellt also nach dem MarkenG eine rechtserhaltende Benutzung dar.

[751] Fezer, Benutzungszwang, 146; Fammler, Exportmarke, S. 104; Bökel, Benutzungszwang, S. 88.

[752] Sack, FS Piper, 603 (607).

[753] So § 14 III Nr. 4 MarkenG und die einh. Meinung: BGH GRUR 1986, 538 ff. - *Ola*; BGH GRUR 1980, 52 f. - *Contiflex*; BGH GRUR 1991, 460 ff. - *Silenta*; Ingerl/Rohnke, § 26, Rn. 105; Sack, FS Piper, 603 (604). Fezer, GRUR 1986, 538 (542), Anm. zu *Ola* schlug vor, bei Exportmarken das Vorliegen einer Verletzung verneinen, um „überschießenden Rechtsschutz" zu vermeiden. Wäre aber die Markenverletzung nicht ausgestaltet wie ein abstraktes Gefährdungsdelikt, wäre Schutzbehauptungen Tür und Tor geöffnet, und das Markenrecht würde weitgehend entwertet. Damit stimmt es überein, daß § 14 III Nr. 1 MarkenG die bloße Kennzeichnung, unabhängig vom Verwendungszweck, als Verletzungshandlung beschreibt.

[754] Hier greift also die Forderung von Ingerl/Rohnke, § 26, Rn. 19, wonach rechtsverletzende Handlungen grundsätzlich auch rechtserhaltend sein sollen.

[755] BPatG GRUR 1980, 922 (923) - *Exportmarken*; BGH GRUR 1991, 460 ff. - *Silenta*; Baumbach/Hefermehl, § 5, Rn. 63; Kraft, GRUR 1968, 123(124); Nastelski, MA 1968, 319 (328); Heiseke, DB 1968, 1655 (1659). A.A. BGH GRUR 1986, 538 ff. - *Ola*, weil es in diesem Fall zwei Markeninhaber gab.

[756] so v. Gamm, GRUR 1977, 519 (526); Althammer, § 5, Rn. 48; Busse/Starck, § 5, Rn. 53; dagegen u.a. Baumbach/Hefermehl, § 5, Rn. 63; wohl auch BPatG GRUR 1980, 922 (923) - *Exportmarken*.

1. § 26 IV MarkenG deklaratorisch oder konstitutiv?

Nach teilweise vertretener Ansicht hat § 26 IV MarkenG nur deklaratorische Funktion, da auch ohne diese Vorschrift der grundsätzlich notwendige Gleichlauf von Verletzungs- und Erhaltungsrecht die Anerkennung von Exportmarken in erhaltungsrechtlicher Sicht gebiete[757]. Nach hier vertretener Auffassung gibt es diesen Gleichlauf grundsätzlich nicht, sondern eine rechtserhaltende Benutzung verlangt das Auftauchen gekennzeichneter Produkte am Markt des Schutzlandes. Deshalb wäre ohne § 26 IV MarkenG bei Exportmarken eine rechtserhaltende Benutzung zu verneinen, in Betracht käme nur eine gerechtfertigte Nichtbenutzung[758]. § 26 IV MarkenG hat also nach hier vertretener Auffassung konstitutive Bedeutung. Da diese Streitfrage keine praktischen Kosequenzen zeitigen kann, soll sie nicht weiter erörtert werden.

2. § 26 IV MarkenG auch ohne inländische Kennzeichnung?

§ 26 IV MarkenG erfaßt nach seinem Wortlaut nicht jegliche Exporttätigkeit mit markierten Produkten, sondern verlangt eine inländische Kennzeichnungshandlung. Teilweise wird vertreten, daß eine solche nicht zwingend erforderlich sei. Ausreichen müsse, wenn der Export der schon im Ausland gekennzeichneten Produkte von Deutschland aus erfolge[759].

Das ist zutreffend, wenn im Zuge des Exports in Deutschland andere Benutzungshandlungen, etwa Veräußerungen oder Bearbeitungen (die die Weiterverwendung des Kennzeichens als neuen Kennzeichnungsakt erscheinen lassen[760]) der Produkte vorgenommen werden. Dann ist ein Abstellen auf § 26 IV MarkenG auch gar nicht erforderlich.

Fehlt es indes an solchen anderen Benutzungshandlungen, muß für § 26 IV MarkenG am Erfordernis einer inländischen Kennzeichnung festgehalten werden. Denn § 26 IV MarkenG beruht auf der Erwägung, daß am Export und folglich auch an Exportmarken ein großes volkswirtschaftliches Interesse besteht. Dieses Interesse knüpft aber daran an, daß bei Exportprodukten zumindest ein Teil der Wertschöpfung im Inland stattfindet. Als maßgebliches Indiz dafür stellt § 26 IV MarkenG darauf ab, daß die Produkte hier gekennzeichnet werden. Fehlt es an diesem Indiz - und liegen auch keine anderen Benutzungshandlungen vor - kommt eine Anwendung von § 26 IV MarkenG nicht in Betracht. Die fragliche Tätigkeit genießt dann allenfalls den Schutz nach den Grundsätzen für Transitmarken[761].

757 Ingerl/Rohnke, § 26, Rn. 105; Sack, Fs. Piper, 603 (604).

758 so auch BGH GRUR 1986, 538 (539) - *Ola.*

759 So Sack, FS Piper, 603 (612); Ingerl/Rohnke, § 26, Rn. 105; a.A. Hackbarth, Benutzungszwang, 241.

760 S. etwa BGH GRUR 1990, 678 (679) - *Herstellerkennzeichen auf Unfallwagen;* BGH GRUR 1996, 271 (275) - *Gefärbte Jeans* (m. Anm. Albert/Heath). Zum Warenumpacken EuGH GRUR Int.1978, 291 (Rn. 10) - *Hoffmann-La Roche./.Centrafarm*; Darstellung bei Schuster, Erschöpfungsgrundsatz 54 ff.

761 S. u. S. 192.

III. Schutzbeschränkung bei Exportmarken?

Exportmarken können nicht nur dazu verwendet werden, in Deutschland die Kennzeichnung für das Ausland bestimmter Waren markenrechtlich abzusichern. Zugleich kann der Inhaber aus seiner voll bestandskräftigen, in Deutschland aber gar nicht benutzten Marke auch gegen den Import von verwechselbar gekennzeichneten Produkten vorgehen. Exportmarken können deshalb zur Marktabschottung benutzt werden[762].

Dieser Gefahr läßt sich begegnen, indem bei einem Angriff aus einer Exportmarke auf ein fremdes Zeichen geprüft wird, ob dieser Angriff als rechtsmißbräuchlich anzusehen ist[763]. Das wird regelmäßig dann zu bejahen sein, wenn der Markeninhaber nicht dartun kann, daß ihn die Verwendung des verwechslungsfähigen Zeichens tatsächlich in einem wirtschaftlichen - und nicht nur markenregistermäßigen - Interesse tangiert. Ein solches Interesse kann sich insbesondere daraus ergeben, daß der Markeninhaber beabsichtigt, auch in Deutschland die Benutzung aufzunehmen oder das Zeichen hier schon immer - wenn auch nicht in einem für die Ernsthaftigkeit ausreichenden Umfang - benutzt[764]. Möglich ist auch, daß dem inländischen Publikum ein im Ausland sehr bekanntes Zeichen etwa durch Reisen ebenfalls vertraut ist[765], so daß auch im Inland Verwechslungsfälle drohen. Generell gilt das oben[766] zur Schutzbeschränkung von gerechtfertigterweise nichtbenutzten Marken Gesagte entsprechend.

D. Transitmarke

Als „Transitmarken" bezeichnet man Marken, die ausschließlich auf Produkten verwendet werden, für die Deutschland nur ein Transitland ist. Es sind also Produkte, die schon gekennzeichnet nach Deutschland gelangen und es ohne Bearbeitung oder Verkehrsgeschäfte wieder verlassen.

I. Transit als rechtserhaltende Benutzung?

1. Meinungsstand

Die mittlerweile wohl h.M sieht den Transit als Markenverletzung an[767]. Einige wollen ihn deshalb - ausgehend von der These des Gleichlaufs von Rechtserhaltung und Rechtsverletzung[768] - auch als rechtserhaltende Benutzung anerkennen[769]. Die übri-

762 darauf weist Fezer, § 26, Rn. 71 hin.

763 Ebenso Fezer, Anm. zu BGH GRUR 1986, 438 (442) - *Ola* und im Anschluß daran Hackbarth, Benutzungszwang, 244.

764 So BGH GRUR 1998, 148 (151) - *SAINT.MORIS/Sankt Moritz*; BGH GRUR 1969, 48 (49) - *Alcacyl* für die Widerlegung des Rechtsmißbrauchseinwands bei einem in Deutschland unbenutzten, aber gem. Art. 5 des deutsch-schweizer Abkommens geschützten Zeichen.

765 So vielleicht im Falle der Langnese-Auslandsmarke „Ola" in BGH GRUR 1986, 538 ff. - *Ola*.

766 S. o. S. 92.

767 Ingerl/Rohnke, § 14, Rn. 122 ff; Althammer-Klaka, § 14, Rn. 88; Fezer, § 14, Rn. 483; Sack, Fs. Piper, 603 (616); Sack, RIW 1995, 177 (183); Schulz, Benutzungshandlung, 206 ff.; Meister, WRP 1995, 367 (371);.

768 dazu Sack, Fs. Piper, 603 (608).; Ingerl/Rohnke, § 26, Rn. 19.

gen Stimmen in der Literatur äußern sich zur Frage des reinen Transit - ohne inländische Umsatzgeschäfte - nicht. Man kann aber wohl annehmen, daß sie darin keine rechtserhaltende Benutzung sehen wollen, weil der reine Transit von der früher h.M.[770] in Deutschland noch nicht einmal als Markenverletzung betrachtet wurde.

2. Stellungnahme

Von Wortlaut und Sinn des für Exportmarken geltenden § 26 IV MarkenG ist der Transit nicht erfaßt, da es an der dafür erforderlichen inländischen Kennzeichnungshandlung und auch einer inländischen Wertschöpfung fehlt. Eine analoge Anwendung kommt, wie soeben gezeigt, deshalb nicht in Betracht. Auch aus informationsökonomischer Perspektive kann der Transit nicht als Benutzungshandlung anerkannt werden. Die Transitmarke taucht in Deutschland am Markt nicht auf und „verdient“[771] deshalb hier keinen Schutz.

II. Verletzungsrechtlicher Test: Transit als Markenverletzung?

Zu prüfen ist aber, ob es trotzdem notwendig ist, Transitmarken aufrechtzuerhalten[772]. Das könnte sich aus der Notwendigkeit ergeben, einen Gleichlauf von Verletzungs- und Erhaltungsrecht herzustellen. Wenn nämlich der Transit als Markenverletzung zu qualifizieren wäre, dann könnte er theoretisch vollständig unterbunden werden, indem Inländer die betreffenden Marken für sich eintragen lassen und an den Grenzen die entsprechend gekennzeichnete Transitware beschlagnahmen lassen.

1. Gleichlauf von Verletzung und Erhaltung erforderlich wegen Art. 28, 30 EG und Art. V GATT 1947

Ein solches Ergebnis wiederum wäre nicht nur praktisch unbefriedigend, sondern verstieße auch gegen die nach europäischem und internationalem Recht zu gewährleistende Freiheit des Transit. Diese ergibt sich - soweit der innergemeinschaftliche Handel betroffen ist - mit der Rechtsprechung des EuGH aus Art. 28, 30 EG-Vertrag[773]. Hinsichtlich des EU-grenzüberschreitenden Transit verpflichtet Art. V GATT 1947, der Bestandteil des WTO-Abkommens ist, Deutschland und die EU als Mitglieder der WTO[774] dazu, die Freiheit der Durchfuhr zu gewährleisten[775].

---

769 Sack, Fs. Piper, 603 (616); Ingerl/Rohnke, § 26, Rn. 106.

770 BGH GRUR 1957, 231 - *Täschner-Pertussin I*; Baumbach/Hefermehl, § 15, Rn. 45; Starck, GRUR 1996, 688 (693).

771 GemM Vorschlag 1980, GRUR Int. 1981, 86 (89).

772 S. zum „verletzungsrechtlichen Test“ oben S. 88.

773 Nach EuGH GRUR Int. 2001, 57, Rn. 22 - *Zollbeschlagnahme bei Durchfuhr* stellt schon die kurzfristige Zurückhaltung von Transitwaren eine rechtfertigungsbedürftige Behinderung des freien Warenverkehrs dar.

774 BGBl 1994 II, 1625 ff.

775 zumindest über den Grundsatz der völkerrechtsfreundlichen Auslegung des nationalen Rechts, s. dazu Jarass/Pieroth - Jarass, Art. 25 GG, Rn. 5.

Deshalb müssen die Vorschriften des deutschen und des europäischen Benutzungszwangs so ausgelegt werden[776], daß Transitverkehr grundsätzlich möglich bleibt. Die Gefahr, daß der Benutzungszwang mittelbar zum Stolperstein für den Transit wird, besteht aber nur dann, wenn Transit markenverletzend wirken kann. Denn nur dann können außenstehende Markeninhaber Transitbewegungen verhindern, und nur dann ist es erforderlich, den Gleichlauf von Rechtsverletzung und -erhaltung herzustellen und den Transit als rechtserhaltenden Tatbestand anzuerkennen.

2. Transit als Markenverletzung?

Folglich ist zunächst die verletzungsrechtliche Qualifikation des Transit zu klären.

a) Meinungsstand zum deutschen Recht

Während der Export in § 14 III Nr. 4 MarkenG, Art. 5 III c) MRRL 8 II GemMV ausdrücklich als Verletzungshandlung genannt ist, fehlt eine solche Erwähnung des Transit. Nach der amtlichen Begründung zum MarkenG soll § 14 III MarkenG die Verletzungen nur beispielhaft, nicht abschließend aufführen. Es bleibe der Rechtsprechung überlassen, zu klären, ob der Transit, sofern er nicht schon von § 14 III Nr. 2 MarkenG (Besitz zum Zwecke des Vertriebs) bzw. § 14 III Nr. 4 (Import und Export gekennzeichneter Ware) erfaßt sei, eine Markenverletzung darstellt[777]. Die amtliche Begründung zum Markenrechtsänderungsgesetz von 1996 verweist noch zurückhaltender darauf, daß jedenfalls nach der Rechtsprechung zum WZG der reine Transit (ohne inländisches Umsatzgeschäft) nicht als Verletzung einer Marke gegolten habe[778].

In der Literatur ist heftig umstritten, ob der reine Transit als Markenverletzung zu qualifizieren ist[779], die Rechtsprechung zum WZG verneint das[780]. Da die Grundsätze der Markenverletzung hier aber nicht im einzelnen dargestellt werden können, wird dieser Streit nicht dargestellt, sondern die Erörterung auf die für die Auslegung von § 14 MarkenG maßgebliche[781] Rechtsprechung des EuGH beschränkt.

776 s. dazu, daß die Auslegung der EU-Vorschriften und des darauf beruhenden nationalen Rechts TRIPS-konform sein muß: EuGH GRUR Int. 2001, 327 ff. – *Dior/TUK Consultancy* und oben S. 37f. Das GATT 1947 ist ebenso wie das TRIPS Bestandteil des WTO-Abkommens, so daß die Erwägungen übertragbar sind.

777 amtl. Begr. zu § 14 MarkenG, 7. Abs.

778 BGH GRUR 1957, 231 - *Taeschner/Pertussin I*; zur Unvereinbarkeit dieser Entscheidungen mit der King-Edward-Doktrin, derzufolge auch bei Exportmarken Verwechslungsgefahr in Deutschland drohte, da die Waren theoretisch auch hier in den Verkehr gelangen konnten (RGZ 110, 176(178) - *King Edward)* s. Sack, RIW 1995, 177 (180).

779 Ingerl/Rohnke, § 14, Rn. 124; Fezer, § 14, Rn. 483; Althammer-Klaka, § 14, Rn. 88; Sack, Fs. Piper, 603 (616); Sack, RIW 1995, 177 (183 ff.); Schulz, Benutzungshandlung, 206 ff.; dagegen etwa Starck, GRUR 1996, 688 (693).

780 BGH GRUR 1957, 231 - *Täschner-Pertussin I*; GRUR 1958, 189 (197) - *Zeiß*.

781 s. etwa Sack, WRP 2000, 702 (703)

b) EuGH-Rechtsprechung

Die neueste EuGH-Rechtsprechung zu Art. 28, 30 EG deutet in die Richtung, daß es von den Verhältnissen im Herkunfts- und Zielland abhängt, ob der Transit als Markenverletzung anzusehen ist: Wenn die Markenverwendung in Herkunfts- *und* Zielland rechtmäßig ist, kann auch der Transit nicht verboten werden. Ist die Markenverwendung in Herkunfts- *oder* Zielland unrechtmäßig, ist auch der Transit nicht schutzwürdig[782].

aa) Markenverletzung in Herkunfts- und Zielstaat

Der EuGH qualifiziert den reinen Transit aus Nicht-EU-Ländern als Markenverletzung[783]. Der EuGH argumentiert für einen Fall der Durchfuhr kopieverdächtiger Markenware von Indonesien durch Österreich nach Polen, daß es beim reinen Transit zwar an der eigentlich erforderlichen Verwechslungsgefahr fehle, da der Verkehr in der EU gar nicht mit den Produkten konfrontiert wird. Zu Recht gibt er aber zu bedenken, daß der Einwand, es handele sich um Transitware, stets als Schutzbehauptung dienen könnte[784], und der Markeninhaber nicht kontrollieren kann, ob die Ware die EU tatsächlich alsbald wieder verläßt[785]. Dogmatisch läßt sich das Vorliegen einer Markenverletzung so begründen, daß man die Verwechslungsgefahr unwiderleglich vermutet, sobald gekennzeichnete Produkte nach Deutschland gelangen[786].

Die Entscheidung ist zwar zur ProduktpiraterieVO (EG) Nr. 3295/94 ergangen. Sie ist aber auch bei der Auslegung des § 14 III MarkenG zu beachten, da die ProduktpiraterieVO nur *offensichtliche* Verletzungsfälle mit besonders scharfen Sanktionen belegt, so daß ein Verletzungsfall, den diese VO erfaßt, *erst recht* unter § 14 II MarkenG fällt [787]. Die *Polo/Lauren* - Entscheidung spricht also dafür, den reinen Transit als Markenverletzung anzusehen, jedenfalls dann, wenn er aus Nicht-EU-Staaten erfolgt.

bb) Markenverwendung in Herkunfts- und Zielstaat rechtmäßig

Im *Zollbeschlagnahme bei Durchfuhr*-Urteil entschied der EuGH, daß ein *Gebrauchsmuster* des Transitlandes nicht verletzt ist, wenn

- am Transit nur EU-Staaten beteiligt sind und

782 In diese Richtung auch amtl. Begr. zu § 14 MarkenG, 7. Abs.; Fezer, § 14, Rn. 483; a.A. Meister, WRP 1995, 366 (372).

783 EuGH WRP 2000, 713, Rn. 29 - *Polo/Lauren*. Im Urteil wird nicht ausdrücklich darauf abgestellt, ob die Ware in Herkunfts- oder Zielland markenverletzend ist. Darauf kam es nicht an, weil die ProduktpiraterieVO bereits eingreift, wenn nur der Verdacht einer unerlaubten Nachahmung vorliegt, und dieser Verdacht war im konkreten Fall dringend.

784 Sack, RIW 1995, 177 (183); im Anschluß daran Schulz, Benutzungshandlung, 207.

785 EuGH WRP 2000, 713, Rn. 34 - *Polo/Lauren*; Sack, RIW 1995, 177 (184); im Anschluß daran Schulz, Benutzungshandlung, 208.

786 RGZ 110, 176(178) - *King Edward*; ähnlich Sack, RIW 1995, 177 (181 i.V.m. 184) „Abstrakte Verwechslungsgefahr“.

787 Sack, WRP 2000, 702 (703).

- die Herstellung der Waren im Herkunftsland ebenso erlaubt ist wie ihr Vertrieb im Bestimmungsland.

Dann muß der Durchfuhrstaat die Waren ungehindert passieren lassen, da der bloße Transport nicht den spezifischen Inhalt des Gebrauchsmusterrechts berühre. Deshalb scheide die Rechtfertigung der grundsätzlich gem. Art. 28 EG verbotenen Durchfuhrbehinderung durch den nach Art. 30 EG eigentlich zulässigen Schutz des Gebrauchsmusterrechts aus[788].

Diese Rechtsprechung ist auf den EU-internen Transit von *Marken*waren möglicherweise übertragbar, so daß bei Rechtmäßigkeit der Markenverwendung in Herkunfts- und Bestimmungsland auch im Transitland keine Markenverletzung vorläge. Für die Übertragbarkeit spricht, daß der spezifische Inhalt des Markenrechts - mit dem EuGH - in dem Recht besteht, mit der Marke gekennzeichnete Produkte in Verkehr zu bringen[789], ein in-Verkehr-bringen aber bei der reinen Durchfuhr nicht vorliegt[790]. Gegen die Übertragbarkeit spricht, daß Art. 5 I MRRL und § 14 I MarkenG Verletzungsansprüche nicht erst dann geben, wenn die Markenwaren in Deutschland in Verkehr gebracht werden, sondern schon den bloßen Export[791] der Ware ausreichen lassen. Das MarkenG ist hier strenger als das Gebrauchsmusterrecht, das Verbotsansprüche gegen den Export nicht vorsieht[792].

Letztlich wäre aber auch im MarkenG der Freiheit des Warenverkehrs wohl der Vorzug zugeben. Denn ein Markeninhaber hat kein anerkennenswertes Interesse, den Transit von Waren zu verbieten, gegen deren Vertrieb er sich weder im Herkunfts- noch Zielland wehren kann. Die Gefahr, daß die Waren auch im Transitland in den Verkehr gelangen, besteht bei Gebrauchsmustern ebenso wie bei Marken. Wenn dem EuGH diese Gefahr bei Gebrauchsmustern nicht ausreichte, um ein Transitverbot zu rechtfertigen, gibt es keinen Grund, warum er das bei Marken anders sehen sollte.

Auch der EU-interne Transit ist mithin nach der Rechtsprechung des EuGH allenfalls dann unbedenklich, wenn der Transitunternehmer nachweisen kann, daß *weder* im Herkunfts- noch Zielland eine Markenverletzung eintritt. Grundsätzlich sind also markenrechtliche Ansprüche Dritter gegen Transitbewegungen möglich. Ungestört kann der Transitunternehmer seiner Tätigkeit nur dann nachgehen, wenn er über ein rechtsbeständiges Markenrecht verfügt, mit dem er Angriffe Dritter von vornherein unterbinden kann.

788 so EuGH GRUR Int. 2001, 57, Rn. 43 - *Zollbeschlagnahme bei Durchfuhr*, der im Transitland eine Rechtsverletzung bei innergemeinschaftlichem Transit von Gebrauchsmustern verneint, wenn im Herkunfts- und Zielland keine Rechtsverletzung eintritt. Der spezifische Inhalt des Gebrauchsmusterrechts sei bei der reinen Durchfuhr nicht verletzt.

789 EuGH GRUR 1990, 960 ff. - *HAG II*, Rn. 13 f.

790 so EuGH GRUR Int. 2001, 57, Rn. 44 - *Zollbeschlagnahme bei Durchfuhr.*

791 § 14 III NR. 5 MarkenG.

792 § 11 I GebrMusterG, ebenso die vom EuGH zitierten französischen Bestimmungen.

c) Ergebnis

Mithin kann Transit eine Markenverletzung sein. Der Transitunternehmer braucht also eine rechtsbeständige Marke, um ungestört tätig zu sein. Da sowohl Art. 28, 30 EG als auch Art. V GATT 1947 vom nationalen Recht verlangen, daß es den Transit ermöglicht, muß der deutsche Benutzungszwang so ausgestaltet sein, daß Transitmarken nicht wegen Nichtbenutzung verfallen, sondern rechtsbeständig sind.

III. Anerkennung des Transits als gerechtfertigte Nichtbenutzung

Der Transit ist also - da eine Anerkennung als echte Benutzung, etwa über § 26 IV MarkenG analog, nicht in Betracht kommt[793] – im Auffangtatbestand der gerechtfertigten Nichtbenutzung zu erfassen. Daraus folgt sodann, daß der Transitmarkeninhaber die Beweislast für das Vorliegen der Transitbewegungen trägt[794]. Das ist auch zweckmäßig, da der Gegner über diese Umstände darüber keinerlei Kenntnis haben kann. Während man diese Beweislastverteilung, wenn man den Transit als echte Benutzung ansähe, erst über § 242 BGB oder auf andere Weise begründen müßte, ergibt sie sich bei einer Beurteilung als gerechtfertigte Nichtbenutzung zwanglos aus dem Gesetz.

Außerdem ist es bei Transitmarken - wie in anderen Fällen der gerechtfertigten Nichtbenutzung[795] - sachgerecht, danach zu differenzieren, ob die Marke nur als *Verteidigungs*mittel gegen Drittzeichen oder zu Angriffen auf fremde Zeichen verwendet wird. Angriffen aus einer Transitmarke wird häufig der Einwand des Rechtsmißbrauchs entgegenstehen, denn der Inhaber hat in Deutschland keinen Goodwill aufgebaut[796], den er schützen müßte. Das Zeichen kann also zur Benutzung durch Dritte in Deutschland freigegeben werden, um so den Zweck des Benutzungszwangs - die Sicherung des Zugangs zum Pool unbenutzter Zeichen - zu realisieren.

Diese Möglichkeit, Transitzeichen genau nur den Schutz zuzubilligen, dessen sie in der Praxis auch bedürfen, macht es auch im Ergebnis zweckmäßig, sie nur als Fälle gerechtfertigter Nichtbenutzung, nicht aber als echte Benutzung zu qualifizieren.

E. Zusammenfassung

1. Rechtserhaltende Benutzungshandlungen sind nur im Inland möglich. § 26 IV MarkenG hat deshalb konstitutive Bedeutung. Exportmarken sind gegen Angriffe Dritter geschützt, Angriffe aus einer Exportmarke auf Dritte können rechtsmißbräuchlich sein.

2. Die Benutzungsprivilegien von Art. 5 des deutsch-schweizer Abkommens finden gemäß Art. 4 TRIPS auch auf Drittstaatler und - in Fortführung dieses Gedankens - gemäß Art. 3 GG auch auf Deutsche in Deutschland Anwendung.

[793] S.o. 172.

[794] s.o. 92.

[795] s. hierzu oben 92.

[796] und kann sich nach Ablauf der 5-Jahresfrist auch nicht mehr darauf berufen, daß er einen solchen zukünftig aufbauen wolle.

Zu prüfen ist die Benutzung anhand des Rechts des jeweiligen Schutzlandes, deutsche Marken also nach §§ 25, 26 MarkenG.

Art. 5 des Abkommens schließt nur die nachteiligen Wirkungen der Nichtbenutzung als solcher aus. Andere Einwände gegen die in Deutschland nichtbenutzte Marke bleiben möglich. Insbesondere der Angriff aus solchen Marken kann rechtsmißbräuchlich sein.

3. Die Verwendung einer Marke als Transitmarke ist keine rechtserhaltende Benutzung. Transit kann aber rechtsverletzend wirken. Wegen Art. V GATT 1947, Art. 28, 30 EG muß Deutschland den Transit von Waren ermöglichen. Die deshalb erforderliche erhaltungsrechtliche Anerkennung des Transits erfolgt über das Institut des gerechtfertigten Nichtbenutzung. Das führt zu einem sachgerechten geringeren Schutzstandard für Transitmarken, der insbesondere bei Angriffen aus Transitmarken den Einwand des Rechtsmißbrauchs begründen kann.

§ 19 Merchandising, Ornamentale Verwendung

Die Fallgruppen des Merchandising und der ornamentalen Verwendung von Zeichen sind erhaltungsrechtlich problematisch, weil bei ihnen das Zeichen schmückend oder sogar selbst als Produkt eingesetzt wird und deshalb die Realisierung der Unterscheidungs- und damit der Herkunftsfunktion der Marke zweifelhaft sein kann.

A. Begriffe

I. Merchandising

Merchandising läßt sich definieren als „(...) die umfassende, neben die jeweilige Primärverwertung tretende Sekundärverwertung von populären Erscheinungen, insbesondere fiktiven Figuren, realen Persönlichkeiten, Namen und Titeln, Signets, Logos, Ausstattungselementen, Designs und Bildern außerhalb ihres eigentlichen Betätigungs- und Erscheinungsfeldes durch den Berechtigten oder durch Einräumung von Rechten und sonstigen Besitzständen an Dritte zur wirtschaftlichen Verwertung zum Zwecke des Absatzes von Waren und Dienstleistungen einschließlich der Verkaufsförderung und Werbung."[797] Es fällt also darunter die entgeltliche oder unentgeltliche Lizenzierung renommierter Marken zur Verwendung für andere Produktgattungen, der Kennzeichnung von Waren mit dem Namen von Prominenten, aber auch die Verteilung von Werbegeschenken[798] (Kugelschreibern, Feuerzeugen etc.) mit dem Zeichenaufdruck ohne unmittelbares Profitinteresse, sondern nur um die Bekanntheit des Zeichens zu fördern.

Aus markenrechtlicher Sicht lassen sich zwei Grundtypen von Merchandising unterscheiden:

1. Produktorientiertes Merchandising

Zunächst kommt beim Merchandising in Betracht, daß das Merchandisingobjekt in originär markenmäßiger Weise als Kennzeichen von Produkten verwendet wird. Bekanntes Beispiel dafür sind die „Camel-Boots", die ein Versuch des Inhabers der Zigarettenmarke sind, das Image der Marke auch in anderen Produktbereichen zu versilbern. Da dann die Marke „Camel" so verwendet wird wie jedes andere Markenwort auch, treten keine besonderen Rechtsprobleme auf. Diese Form des Merchandising wird im folgenden „produktorientiertes Merchandising" genannt.

2. Merchandising-objektorientierte Zweitverwertung

Beim Merchandising kann es auch vorkommen, daß das Zeichen selbst das Produkt ist. Ein Beispiel dafür ist der „Häschenkopffall"[799], in dem der Inhaber der „Playboy"-Häschenmarke sich gegen die Verwendung eines ähnlichen Häschenkopfes als Ohranhänger wehrte. Ebenso kann es sein bei Comicfiguren, die als Marken eingetragen sind

[797] Schertz, Merchandising, Rn. 14, 408; ein Beispiel für eine Merchandising-Marke findet sich in OLG München, WRP 1996, 128 (131) - *The Beatles*, wo allein die Aufzählung der Waren, für die „The Beatles" *unstreitig* nicht benutzt war, eine halbe Seite in Anspruch nimmt.

[798] Bereits von Heydt, FS Hefermehl, 59 (71) als erhaltungsrechtliches Problem erkannt.

[799] OLG Karlsruhe, GRUR 1986, 170 ff. *Häschenkopf*

und als Plastikpuppen verkauft werden, oder bei dem Schriftzug der Marke „Coca Cola“ als Abbildung auf einem Poster. Hier steht das Merchandising-Objekt ganz im Vordergrund, ein davon verschiedenes Produkt gibt es gar nicht. Deshalb wird diese Form im folgenden als „(rein) objektorientiertes Merchandising“ bezeichnet.

II. Ornamentale und dekorative Verwendung

Verwandt mit der Fallgruppe des objektorientierten Merchandising ist die dekorative, ornamentale Verwendung einer Marke. Dabei wird die ansprechende Gestaltung der Marke oder ihre Beliebtheit ausgenutzt, um das Produkt zu schmücken. Eine solche ornamentale, dekorative Verwendung kann markenrechtlich problematisch sein, wenn das Zeichen vom Verkehr ausschließlich als Produktdekor aufgefaßt wird und darum nicht den - für eine erhaltungsrechtlich relevante Benutzung erforderlichen - Herkunftshinweis ausübt.

B. Merchandising-objektorienierte Zweitverwertung und dekorative Verwendung

I. Problemstellung

Problematisch sind im Hinblick sowohl auf die rechtserhaltende wie auch die rechtsverletzende Benutzung die Fälle, in denen das Zeichen so verwendet wird, daß es selbst die Ware *ist* oder als ästhetischer Kaufanreiz völlig zum Bestandteil der Ware wird[800]. Das Merchandisingobjekt bezeichnet dann kein Produkt, sondern das Produkt „entsteht“ erst durch die Verwendung des Zeichens. Ohne das Zeichen gäbe es im Falle der Puppe nur ein Stück Plastik, im Falle des Posters nur ein weißes Blatt Papier. Es ist zu klären, ob in solchen extremen Fällen noch von einer markenrechtlich relevanten Benutzung die Rede sein kann.

II. Meinungsstand

1. Rechtsprechung: keine rechtsverletzende und keine rechtserhaltende Benutzung

Die deutsche Rechtsprechung sowohl zum WZG als auch zum MarkenG hat in den Fällen der dekorativen Verwendung und auch beim objektorientierten Merchandising eine markenrechtlich relevante Verletzungs-[801] und Erhaltungsbenutzung[802] verneint. Teilweise wurde darauf abgestellt, daß das Zeichen konstitutiv für die Gattungszuordnung des Produktes sei und deshalb das Produkt nicht von anderen unterscheide, sondern es generiere. Das sei keine markenrechtlich relevante Benutzungsweise[803]. Teil-

[800] So etwa bei OLG Karlsruhe (GRUR 1986, 170 ff.) - *Häschenkopf.*

[801] BGH GRUR 1952, 516 - *Hummel-Figuren*; BGH 1996, 508 ff. - *Uhren-Applikation* (geprüft für Parallelproblem der „kennzeichenmäßigen Verwendung“ i.S.v. § 1 UWG); OLG München, OLG Report 3/1993, 14 (15) - *BMW-Emblem.*

[802] BPatG GRUR 1995, 412 (414) - *Greyhound;* OLG München, WRP 1996, 128 (130) - *The Beatles.*

[803] Grundfall hierzu unter dem WZG ist BGH GRUR 1952, 516 - *Hummel-Figuren*: kein warenzeichenrechtlicher Ausstattungsschutz der für die spezifische ästhetische Ausgestaltung der von einer Nonne namens Hummel entworfenen Kinderpuppen, da diese Ausgestaltung das Wesen der Ware ausmachte; ähnlich BPatG GRUR 1995, 412 (414) - *Greyhound*: keine rechtserhaltende Benutzung der Spielzeugmarke „Greyhound“ auf Modellbus, da die Aufschrift dazu diente, den Modellbus zu

weise beruhten die Entscheidungen darauf, daß das Zeichen reines Dekor war, bloß schmückend wirke und deshalb nicht als Herkunftshinweis verstanden werde und darum nicht rechtserhaltend benutzt sei[804].

2. Anträge des Generalanwalts Arsenal/Reed[805]

Zu einem anderen Ergebnis kommt der Generalanwalt in der Sache Arsenal/Reed für das Gebiet der Verletzerbenutzung. Er stellt darauf ab, daß für die Verbraucher eine Marke nicht nur als Herkunftshinweis fungiert, sondern auch als Prestigeobjekt oder als Qualitätssignal. Wenn ein Dritter sich diese Funktionen einer fremden Marke zunutze mache und kommerzialisiere, liege eine Verletzerbenutzung vor[806].

3. Literatur

Fezer verlangt für eine rechtsverletzende Benutzung nur, daß sie „zum Zwecke des Produktabsatzes" geschieht, nicht erforderlich sei, daß das Zeichen als „produktidentifizierendes Unterscheidungszeichen", als Kennzeichen wahrgenommen werde[807]. Im Erhaltungsrecht verlangt Fezer allerdings, daß das Zeichen als Kennzeichnungsmittel und nicht nur als schmückendes Beiwerk verwendet wird und erkennt deshalb das rein objektbezogene Merchandising nicht als Rechtserhaltung an[808].

Ingerl/Rohnke treten demgegenüber auch beim Merchandising bzw. der ornamentalen Markenverwendung dafür ein, einen Gleichlauf von rechtsverletzender und rechtserhaltender Benutzung herzustellen. Da sie - im Gegensatz zur Rechtsprechung zu § 14 MarkenG[809] - bei der Beschriftung von Kleidungsstücken mit Band-Namen oder von Modellnachbauten bekannter Fahrzeuge mit der Marke des Vorbilds eine Markenverletzung annehmen, solange die Marke nicht im Dekor untergeht[810], wollen sie deshalb auch eine rechtserhaltende Benutzung in solchen Fällen bejahen[811].

---

einem realitätsgetreuen Greyhoundmodell zu machen und deshalb konstitutiv für die Warengattung sei; OLG München, OLG Report 3/1993, 14 (15) - *BMW-Emblem* (zum WZG).

804 BGH 1996, 508 ff. *Uhren-Applikation*; OLG München, WRP 1996, 128 (130) - *The Beatles* (zum MarkenG).

805 Schlussanträge des Generalanwalts Ruiz-Jarabo Colomer v. 13.06.2002, Rs. C-206/01 – *Arsenal/Reed*

806 Schlussanträge v. 13.06.2002, Rs. C-206/01 – *Arsenal/Reed*, Rn. 47, 50.

807 Fezer, § 14, Rn. 68, 69.

808 Fezer, § 26, Rn. 8, 9 (zustimmend zu OLG München WRP 1996, 128 *The Beatles*) und § 26, Rn. 24 (zustimmend zu BPatG GRUR 1995, 412 - *Greyhound*).

809 BGH GRUR 1994, 635 (636) - *Pulloverbeschriftung*; OLG München, OLG-Report 1997, 138 - *BMW-Carrera-Modelle*; s. Ingerl/Rohnke, § 14, Rn. 92, 95 m. w. N.

810 Ingerl/Rohnke, § 14, Rn. 93, 95.

811 Ingerl/Rohnke, § 26, Rn. 52; Ingerl, WRP 2002, 861 (870).

III. Stellungnahme: Im Zweifel Rechtsverletzung ja, Rechtserhaltung nein

1. Ausgangspunkt: rein produkterzeugendes Merchandising ist keine relevante Benutzung

Nach der hier vertretenen Auffassung erfordert eine relevante Benutzung, daß sie die gekennzeichneten Produkte von anderen Produkten *unterscheidet* (und so auf die Herkunft des Produktes hinweist). Wenn die Anbringung des Zeichens das Produkt aber erst entstehen läßt, wird das Zeichen nicht produkt*unterscheidend*[812] eingesetzt, sondern produkt*erzeugend*. Ein Stück Plastik ist kein Spielzeug, erst durch die Form „Mickey Maus" wird es dazu, und eine Mickey-Maus-Figur *ist* eine andere (und ist nicht bloß eine woandersher *stammende*) Ware als eine andere Plastikpuppe. Ebenso ist ein unbedrucktes Stück Papier kein Poster, sondern der Aufdruck des Zeichens macht es dazu, und es ist ein anderes Poster je nachdem, ob „Coca-Cola" oder „Arsenal Football Club" darauf steht. Deshalb fehlt es beim *reinen*[813] produkterzeugenden Merchandising an jeder markenrechtlich relevanten Benutzung.

Dasselbe folgt aus dem Erfordernis, die Grenzen zwischen Markenrecht und anderen gewerblichen Schutzrechten, insbesondere dem Urheber- und Geschmacksmusterrecht zu wahren[814]. Über die Absicherung einer urheberschutzfähigen Gestaltung als Marke könnten die zeitlichen Grenzen der Urheberrechte gesprengt werden, wenn die bloße Wiedergabe der Marke als rechtserhaltende Benutzung anerkannt würde[815].

Es mutet indes auf den ersten Blick überraschend an, die Verwendung einer Marke zur Erzeugung des Produkts nicht als Markenverletzung anzusehen. Das Gegenteil erscheint aufgrund eines „erst-recht-Schlusses" eigentlich zwingend: Wenn schon die bloße Verwendung eines Zeichens *für* die Ware gem. § 14 MarkenG verboten ist, dann müßte *erst recht* verboten sein, das Zeichen selbst *zur* Ware zu machen. Damit eignet man sich den im Zeichen verkörperten Goodwill noch viel unmittelbarer an als durch die bloße Verwendung als Kennzeichen[816]. Außerdem droht auch die für § 14 Mar-

[812] Es fehlt also schon an der ersten Stufe der erhaltungsrechtlichen Benutzung, so daß die Tatsache, daß (naturgemäß) auch keine Unterscheidung nach „Herkunft der Markierung von einem anonymen Markeninhaber" vorliegt, nicht mehr von Bedeutung ist.

[813] So auch Ingerl, WRP 2002, 861 (867 F.) wenn schlechterdings jeglicher Charakter eines Herkunftshinweises fehlt. Im Falle Arsenal/Reed ging es ausweislich der Schlussanträge v. 13.06.2002, Rs. C-206/01 – *Arsenal/Reed*, Rn. 6 vornehmlich um Schals. Auch ohne „Arsenal"-Aufdruck bleibt ein Schal aber ein Schal, so daß bei solchen Produkten das Wort (auch) einen Herkunftshinweis entfalten kann und nicht nur als „badge of loyalty" wirken muß. Dann läge auch im Rahmen der hier vertretenen Auffassung noch eine Verletzer-, und möglicherweise auch noch eine Erhaltungsbenutzung vor.

[814] Auf dieses Problem weist eindringlich hin Kur, GRUR Int. 1999, 24 ff. m. zahlr. Beispielen aus der Rechtsprechung.

[815] Deshalb generell gegen die Markenfähigkeit gemeinfreier Werke wegen Verstoßes gegen öffentliche Ordnung, gute Sitten (§ 8 II Nr. 5 MarkenG) Klinkert/Schwab, GRUR 1999, 1067 (1069). Ähnlich, aber einschränkend BPatG GRUR 1998, 1021 (1022) - *Mona Lisa* (nur Verstoß gegen § 8 II Nr. 1 MarkenG).

[816] so argumentieren Ingerl/Rohnke, § 14, Rn. 91 und Ingerl, WRP 2002, 861 (867).

kenG erforderliche Verwechslungsgefahr, weil der Verkehr glauben kann, die betreffenden Devotionalien stammten tatsächlich vom Inhaber der Rechte an der Mickey-Maus-Figur, der Marke Coca-Cola etc., so daß eine Herkunftstäuschung eintreten *kann*.

Man darf sich aber bei Merchandising-Fällen nicht dadurch den Blick auf die markenrechtliche Problematik verstellen lassen, daß häufig bekannte Zeichen betroffen sind[817]. Denn es ist nicht die produkterzeugende Verwendung eines *fremden* Zeichens, die das Rechtsempfinden stört, sondern die produkterzeugende Verwendung eines *bekannten* Zeichens. Diese besondere Bekanntheit wird der Verkehr als Anlaß für die Vermutung nehmen, daß alle Exemplare der Warengattung vom Rechteinhaber stammen. Ohne diese Bekanntheit des Zeichens nimmt der Verkehr nur ein Poster, eine Puppe oder dergleichen wahr, ohne dieses Produkt - in Ermangelung eben einer unterscheidenden Kennzeichnung - irgendeiner besonderen Herkunft zuordnen zu können.

Die damit nur bei bekannten Zeichen eintretende Herkunftstäuschung wird also nicht bewirkt durch die *Benennung* des Produkts, sondern durch die Waren*gattung* (Mickey-Maus-Figur im Unterschied zu anderen Comicfiguren usw.) *und* durch die besondere Bekanntheit des produktgewordenen Zeichens. Bekannte Zeichen werden zwar durch § 14 II Nr. 3 MarkenG auch gegen Rufausbeutung und -verwässerung geschützt, doch setzt (sogar) diese Vorschrift nach der Rechtsprechung des EuGH voraus, daß das Zeichen *für* Produkte, nämlich zur Unterscheidung der Produkte nach Herkunft, verwendet wird[818], und findet deshalb keine Anwendung auf Fälle, in denen das Zeichen das Produkt *ist*.

Der Schutz gegen unberechtigte Verwendung eines Zeichens als Produkt kann deshalb nur über das Wettbewerbsrecht erfolgen[819], das mit den Fallgruppen der vermeidbaren Herkunftstäuschung, der Rufausbeutung und -verwässerung ausreichende Ansatzpunkte bietet.

2. objektorientiertes Merchandising ist im Zweifel rechtsverletzende Benutzung

Das *reine* produkterzeugende Merchandising ist also weder verletzungs- noch erhaltungsrechtlich relevant. In vielen Fällen ist allerdings schwer zu klären, ob Merchandising ausschließlich produkterzeugend wirkt oder das Zeichen zugleich auch einen Herkunftshinweis entfaltet. So hat die Anbringung der Original-Kfz-Marke auf einem

817 So etwa Sambuc, GRUR 1989, 547 (557), der das OLG Karlsruhe (GRUR 1986, 170 ff. *Häschenkopf*) und das OLG Hamm (Urt. v. 12.12.1985, Az. 4 U 364/84, uv., auszugsweise zitiert bei Sambuc a.a.O.) kritisiert, weil sie bei Häschenkopfanhängern den zeichenmäßigen Gebrauch der „Playboy-Häschenmarke" verneint hatten. Das hält Sambuc für unzutreffend, weil 1/3 der befragten Verbraucher den Anhänger als „Playboy"-Produkt erkannt hatten. Dieser Bekanntheitsgrad aber führt nicht zu markenrechtlichen, sondern zu wettbewerbsrechtlichen Fragestellungen (vermeidbare Herkunftstäuschung, Schmarotzen), die in casu ebenfalls ausschieden.

818 so EuGH WRP 1999, 407 ff., Rn. 37 - *BMW/Deenik* im Hinblick auf den bekannte Marken betreffenden Art. 5 II MRRL.

819 Ebenso Sack, GRUR 1995, 81 (96).

Modellnachbau[820] zwar einerseits den Zweck, das Abbild möglichst naturgetreu sein zu lassen und wirkt insofern produkterzeugend. Anderseits wirkt die Marke aber auch herkunftsunterscheidend in jenem „verdünnten" Sinn der Deenik-Entscheidung[821], so daß regelmäßig eine rechtsverletzende Benutzung vorliegt. Dasselbe gilt für die dekorative Verwendung von Marken, etwa bei auffälligen[822] Markenaufdrucken auf Bekleidungsstücken. Diese werden zumindest bei einem Teil des Verkehrs nicht nur als Schmuck, sondern - entsprechend der Üblichkeit bei Textilien - auch als Herkunftshinweis aufgefaßt. Zumindest besteht dafür eine nicht völlig entfernt liegende Möglichkeit[823], und das reicht für eine Markenverletzung aus. Häufig liegt also beim Merchandising eine Rechtsverletzung vor, nur in eindeutigen Fällen wird es daran fehlen[824].

3. objektorientiertes Merchandising ist im Zweifel keine rechtserhaltende Benutzung

Das Erhaltungsrecht verlangt demgegenüber, daß der Markeninhaber eindeutigen Gebrauch macht von dem Kennzeichnungsmonopol, das ihm die Markeneintragung verschafft. An einem solchen eindeutigen Gebrauch aber fehlt es, wenn das Zeichen primär dekorativ oder produktgenerierend verwendet wird und nur in zweiter Linie - wenn der Verbraucher weiß, daß Merchandising ein verbreitetes Phänomen ist - auch herkunftshinweisend wirkt. Das spricht dafür, beim Merchandising im Zweifel rechtserhaltende Benutzung zu verneinen[825].

820 BPatG GRUR 1995, 412 (414) - *Greyhound*.

821 Die Deenik-Entscheidung sieht die Herkunftsfunktion auch dann als realisiert an, wenn der Markenverwender damit *fremde* Erzeugnisse von anderen *fremden* Erzeugnissen unterscheidet, da auch dann noch die Fähigkeit der Marke ausgenutzt werde, Produkte nach ihrer Herkunft aus verschiedenen Betrieben zu unterscheiden (EuGH WRP 1999, 407 ff., Rn. 37 - *BMW/Deenik)*. So wie die Markenverwendung im Deenik-Fall erkennbar machte, daß sich die *Reparatur*leistungen des Werkstattbetreibers vornehmlich auf Wagen bestimmter Herkunft bezogen, macht die Marke des Originals auf dem Modell deutlich, daß sich die *Imitations*leistung des Modellbauers auf einen Wagen der Marke X im Unterschied zu Wagen anderer Herkunft bezieht. Insofern wirkt die Markenverwendung in diesem Fall nicht nur produkterzeugend, sondern unterscheidet auch das Original-Kfz nach dessen Herkunft von anderen Kfz.

822 Zutreffend deshalb BGH 1996, 508 ff. - *Uhren-Applikation*, da dort die fragliche Uhr unauffällig plaziert war.

823 EuGH WRP 1998, 1165 (Rn. 28) - *Canon* bejaht Verwechslungsgefahr, wenn das „Publikum glauben *könnte*", daß die Produkte dieselbe Herkunft haben; BGH GRUR 1953, 175 - *Kabelkennstreifen*; BGH GRUR 1962, 647 (649) - *Strumpfzentrale*; BGH GRUR 1990, 274 , 275 - *Klettverschluß*; BGH GRUR 1991, 609 - *SL*.

824 Im Ergebnis ähnlich Schlussanträge v. 13.06.2002, Rs. C-206/01 – *Arsenal/Reed*, Rn. 52: Wenn ein identisches Zeichen bei identischen Produkten (Doppelidentität, § 14 II Nr. 1 MarkenG) verwendet wird, soll vermutet werden, daß das Zeichen als Marke (und damit potentiell rechtsverletzend) benutzt wird.

825 Damit ergibt sich ein ähnlicher Grundsatz wie oben (S. 117) für Bestellzeichen: *im Zweifel* liegt zwar Rechtsverletzung, aber nicht Rechtserhaltung vor. A.A. Ingerl, WRP 2002, 861 (870) für ein weites Verständnis und Anerkennung derjenigen Verwendungsformen als rechtserhaltend, die für eine Rechtsverletzung ausreichend wären.

Deshalb ist der Rechtsprechung etwa zum Fall Greyhound[826], aber auch zum Fall des „Beatles"-T-Shirts[827] zuzustimmen. Zu beachten ist im Hinblick auf den letzteren Fall allerdings, daß es aber gerade bei Textilien verkehrsüblich ist, Markenaufdrucke „wie Dekor" zu verwenden. Trotzdem sieht der Verkehr darin einen Hinweis auf die Herkunft der Produkte, da diese Art der Zeichenverwendung eben verkehrsüblich ist. Darum kann bei Textilien eine rechtserhaltende Benutzung auch bei ornamentaler Verwendung der Marke, je nach den Umständen des Einzelfalls - insbesondere, wenn das betreffende Zeichen als Textilienmarke bereits bekannt ist - zu bejahen sein.

4. Verletzungsrechtlicher Test beim produkterzeugenden Merchandising

Festzuhalten ist also, daß beim objektorientierten Merchandising im Zweifel eine rechtsverletzende Benutzung vorliegt, nicht aber eine rechtserhaltende. Diese Diskrepanz gibt Veranlassung, im Wege des „verletzungsrechtlichen Tests" zu prüfen, ob - wie in anderen Fällen - eine Korrektur über das Institut der gerechtfertigten Nichtbenutzung notwendig ist[828].

Nun ist es so, daß die Verneinung einer rechtserhaltenden Benutzung beim objektorientierten Merchandising keinerlei unvermeidliche Nachteile für Inhaber bekannter Zeichen mit sich bringt. Denn auch wenn man die unmittelbare, bloße Wiedergabe der Zeichen oder ihre dekorative Verwendung im Zweifel nicht als rechtserhaltend ansieht, bleibt es problemlos möglich, das Zeichen an eben diesen Produkten rechtserhaltend zu benutzen. Denn der Rechteinhaber kann seine Marke *zusätzlich* in typisch markenmäßiger Weise anbringen, etwa durch eingenähte Etiketten[829], Aufkleber usw. Dadurch setzt er seine Marke als unzweifelhaften Herkunftshinweis ein und erfüllt so die Anforderungen des Benutzungszwangs.

Damit ergibt sich, daß der Markeninhaber ohne Probleme rechtserhaltende Benutzungshandlungen vornehmen kann, so daß sich der erforderliche Gleichlauf von Rechtsverletzung und Rechtserhaltung von selber einstellt und es keines Rückgriffs auf das Institut der gerechtfertigten Nichtbenutzung bedarf.

C. Zusammenfassung

Das rein objektorientierte Merchandising realisiert nicht die Unterscheidungsfunktion der Marke, sondern die Marke wirkt produkterzeugend. Es ist deshalb keine markenrechtlich relevante Benutzung.

826 BPatG GRUR 1995, 412 ff. - *Greyhound.*

827 OLG München, WRP 1996, 128 ff. - *The Beatles.*

828 S. zum verletzungsrechtlichen Test oben S. 88.

829 Im Falle BPatG GRUR 1995, 412 (415) - *Greyhound* scheiterte trotz des Zusatzes „Manunfactured under License of the Greyhound Corporation" die rechtserhaltende Benutzung, weil dieser Zusatz hinter der Spielzeugherstellermarke „BUDDY L" größenmäßig und der Plazierung nach zu sehr zurücktrat.

In vielen Fällen wirkt die Marke beim Merchandising aber (auch) herkunftshinweisend oder kann bei einem Teil des Verkehrs so wirken. Dann liegt im Zweifel wohl eine rechtsverletzende, aber noch keine rechtserhaltende Benutzung vor.

Der Gleichlauf von Verletzungs- und Erhaltungsrecht ist trotzdem gewährleistet. Denn der Markeninhaber hat es auch dann, wenn er sein Zeichen produkterzeugend einsetzt, in der Hand, eine rechtserhaltende Benutzung vorzunehmen. Er muß das betreffende Produkt dazu nur in typisch markenmäßiger Weise noch einmal mit dem Zeichen versehen.

§ 20 Die rechtserhaltende Benutzung bei der Kollektivmarke

A. Begriff der Kollektivmarke

Kollektivmarken sind gem. § 97 MarkenG sind Marken rechtsfähiger Verbände und juristischer Personen des öffentlichen Rechts (§ 98 MarkenG) , die diese ihren Mitgliedern zur Benutzung vorhalten. Das nationale Markenrecht darf Kollektivmarken nach den Vorgaben des Art. 15 MRRL vorsehen, muß es aber nicht.

Die Kollektivmarke unterscheidet die Produkte der Mitglieder von denen derjenigen Unternehmen, die nicht Mitglieder des Kollektivs sind (§ 97 I MarkenG). Die Herkunftsfunktion ist hier also modifiziert. Die Marke signalisiert nicht die Herkunft aus einem bestimmten Unternehmen, sondern aus einem bestimmten Unternehmens*verband*[830].

Praktisch relevant sind Kollektivmarken insbesondere zur Absicherung von Gütezeichen und Garantiemarken, die das MarkenG - anders als andere Rechte - nicht eigenständig regelt[831]. Solche Zeichen verbürgen - ganz im Gegensatz zur Individualmarke - bestimmte Beschaffenheiten der mit ihnen gekennzeichneten Produkte[832]. Zeichenrechtlich abgesichert wird diese Garantie durch die Zeichensatzung, welche jeder Kollektivmarkenanmeldung beigefügt sein muß (§ 102 MarkenG). Diese muß nämlich gem. § 102 II Nr. 5 u.a. die Bedingungen für die Benutzung der Kollektivmarke enthalten, und das können auch Anforderungen an die Produktqualität sein[833].

Ein Sonderfall der Kollektivmarke ist die als Marke eingetragene geographische Herkunftsangabe (§ 99 MarkenG). Auch dabei handelt es sich um eine Garantiemarke, da sie die geographische Herkunft der mit ihr gekennzeichneten Produkte verbürgt und damit eine Beschaffenheitsangabe und kein Hinweis auf eine betriebliche Herkunft ist.

B. Der Benutzungszwang

Grundsätzlich gelten für die Benutzung von Kollektivmarken die Regelungen für Individualmarken (§ 97 II MarkenG) und damit die allgemeinen Anforderungen des § 26 MarkenG[834]. Besondere Regelungen waren deshalb weitgehend entbehrlich.

I. Benutzung durch Mitglieder und mit Zustimmung des Inhabers

Berücksichtigt werden mußte aber, daß die Inhaber von Kollektivmarken selbst häufig kein Interesse oder gar keine Möglichkeit haben, die Marke zu benutzen. Die Benutzung durch Dritte ist deshalb bei der Kollektivmarke geradezu der Normalfall. In Anbetracht dessen bestimmt Art. 10 III MRRL, daß die Benutzung der Kollektivmarke durch eine dazu befugte Person oder mit Zustimmung des Inhabers als Benutzung durch den Inhaber gilt. Diese Vorschrift setzt § 100 II MarkenG um. Er stellt aber nur

[830] Ingerl/Rohnke, v. §§ 97-106, Rn. 1

[831] Fezer, § 97, Rn. 9.

[832] Fezer, § 97, Rn. 9. Im eigentlichen Sinne sind es deshalb keine Marken (Fezer, a.a.O.).

[833] Fezer, § 102, Rn. 9; Ingerl/Rohnke, v. §§ 97-106, Rn. 1.

[834] Fezer, § 100, Rn. 5; Ingerl/Rohnke, § 100, Rn. 8.

auf die Benutzung „durch mindestens eine hierzu befugte Person“ ab, die Möglichkeit der Zustimmung durch den Inhaber der Kollektivmarke taucht nicht auf. Das ist jedoch nicht als sachliche Abweichung von Art. 10 III MRRL anzusehen. Denn auch die im Einzelfall erteilte Zustimmung zur Benutzung führt dazu, daß die betreffende Person zur Benutzung befugt ist, und ist deshalb ebenfalls von § 100 II MarkenG erfaßt[835]. Außerdem ergibt sich die Zurechenbarkeit dann aus § 26 II MarkenG, der von § 100 II MarkenG nicht abbedungen ist[836]. Noch weitergehend ist es schließlich möglich, daß die Mitglieder ihrerseits außenstehenden Dritten die Zustimmung zur Benutzung erteilen. Auch das wird dem Markeninhaber zugerechnet, wenn er selbst mit einer solchen Weitergabe der Nutzungsberechtigung einverstanden war[837]. Das kann sich insbesondere aus den Benutzungsbedingungen der Markensatzung ergeben. Gibt es Anhaltspunkte dafür, daß ein solches Einverständnis nicht bestand, ist keine Zurechnung möglich.

II. Benutzung für nicht von der Satzung erfaßte Produkte

Soweit die Markensatzung Qualitätsanforderungen an die gekennzeichneten Produkte stellt, ist fraglich, ob eine rechtserhaltende Benutzung vorliegt, wenn die Produkte diesen Anforderungen nicht entsprechen. Das kann etwa bei geographischen Herkunftsangaben relevant werden, wenn mit der Bezeichnung gebietsfremde Produkte gekennzeichnet werden.

Fezer will - in Anknüpfung an die h.M., die verlangt, daß die Zustimmung zur Drittbenutzung rechtswirksam sein muß - dann eine rechtserhaltende Benutzung verneinen[838], da die Zustimmung zu einer solchen irreführenden Zeichenverwendung rechtswidrig sei und gegen das Allgemeininteresse verstoße.

Oben wurde indes gezeigt, daß die Zustimmung des § 26 II MarkenG nicht wirksam sein, sondern nur faktisch vorliegen muß[839]. Die Zurechnung scheitert deshalb bei nicht satzungskonformen Produkten nicht am Erfordernis der Zustimmung. Vielmehr ist die rechtserhaltende Benutzung deshalb zu verneinen, weil bei nicht satzungskonformen Produkten der Produktbezug der Benutzungshandlung schon fehlt. Wenn die Markensatzung besondere Anforderungen an die Produkte aufstellt, die gekennzeichneten Produkte diese Eigenschaften dann nicht haben, so ist die Marke für die Produkte, *für die sie eingetragen ist* (§§ 25 I, 26 I MarkenG), nicht benutzt. Bei Güte-, Garantiezeichen und geographischen Herkunftsangaben wird also der Produktidentitätsbereich (auch) durch die qualitativen Satzungsanforderungen definiert.

835 Ebenfalls für Zurechnung der Außenseiterbenutzung Fezer, § 100, Rn. 6; Althammer-Klaka, § 100, Rn. 7.

836 Althammer-Klaka, § 100, Rn. 3 u. 7.

837 Fezer, § 100, Rn. 6.

838 Fezer, § 100, Rn. 6.

839 S. dazu 153.

C. Zusammenfassung

Bei Kollektivmarken ist der Normalfall die Benutzung durch die Mitglieder des Kollektivs, § 100 II MarkenG. Auch die Benutzung durch Außenseiter kann gem. §§ 100 II, 26 II MarkenG zugerechnet werden, wenn sie mit Zustimmung des Inhabers erfolgt.

Soweit die Kollektivmarke ausweislich der Markensatzung bestimmte Produktbeschaffenheiten verbürgt, ist die Verwendung für Produkte von anderer Beschaffenheit keine rechtserhaltende Benutzung.

Im übrigen gelten die Regelungen für Individualmarken.

§ 21 Die maßgebliche Benutzungsschonfrist und ihre Berechnung

Um den Lauf der Benutzungsschonfrist zu bestimmen, braucht man zwei Stichtage: Einen, an dem sie zu laufen beginnt, und einen, von dem aus sie zurückberechnet wird. Außerdem muß geklärt werden, ob die Marke „geheilt“ sein soll, wenn nach einmal abgelaufener Benutzungsfrist die Benutzung der Marke aufgenommen wird, und, wenn ja, was die genaueren Voraussetzungen und Konsequenzen dieser heilenden Benutzungsaufnahme sind. Zu all diesen Fragen enthalten sowohl die MRRL, die GemMV als auch das MarkenG detaillierte Regelungen, die in ihrer systematischen und auch sprachlichen Verschachtelung schwer verständlich und obendrein teilweise verschieden sind.

A. Fristbeginn

I. Vorgaben der MRRL

Art. 10 I MRRL bestimmt, daß die Nichtbenutzung „innerhalb von 5 Jahren nach dem Tag des Abschlusses des Eintragungsverfahrens“ schädlich ist. Da begrifflich das Eintragungsverfahren frühestens mit der Eintragung endet, ist dieser Tag der frühestmögliche Beginn der Benutzungsschonfrist. Ein früherer Fristbeginn (etwa der Tag der Antragsstellung) darf nationalrechtlich nicht vorgesehen werden.

Fraglich ist, ob die nationalrechtliche Festsetzung eines späteren Fristbeginns zulässig ist. Da die Frist gem. Art. 10 I MRRL mit dem *Abschluß* des Eintragungsverfahrens beginnen muß, hängt das davon ab, ob das nationale Recht das Eintragungsverfahren so ausgestalten darf, daß es nicht mit der Eintragung, sondern erst später endet. Nach dem 5. Erwägungsgrund der MRRL ist es den Mitgliedstaaten freigestellt, auf Widerspruch *bereits im Eintragungsverfahren* Rechte aus Altmarken zu berücksichtigen. Aus dem Wortlaut des 5. Erwägungsgrundes folgt mithin, daß das Widerspruchsverfahren Teil des Eintragungsverfahrens ist. Dann aber steht es auch mit Art. 10 I MRRL im Einklang, wenn das nationale Recht den Fristbeginn auf das Ende des Widerspruchsverfahrens legt.

II. Frist im MarkenG beim Einwand der Nichtbenutzung

1. Verletzungsverfahren

Art. 10 I MRRL ist für Verletzungsverfahren in §§ 25 I a. E., 26 V MarkenG umgesetzt worden. Fristbeginn ist gem. § 25 I MarkenG der Tag der Eintragung[840], im Falle eines Widerspruchs beginnt die Frist gem. § 26 V MarkenG erst mit dem Abschluß dieses Verfahrens. Diese unterschiedlichen Fristläufe sind, wie soeben gezeigt wurde, richtlinienkonform.

2. Andere Verfahren

§§ 25 I, 26 V MarkenG betreffen nach ihrem Wortlaut nur Verletzungsverfahren, da § 25 MarkenG auf die Verletzungsansprüche der §§ 14, 18, 19 MarkenG Bezug nimmt

840 Also nicht der Prioritätstag: Fezer, § 25, Rn. 10.

und § 26 MarkenG insgesamt an § 25 MarkenG anknüpft. Es stellt sich deshalb die Frage, wie in den anderen Verfahren, bei denen der Benutzungszwang eine Rolle spielt, der Fristbeginn zu bestimmen ist.

Beim Verfallsverfahren (§ 49 I MarkenG), beim Widerspruchs- und beim Löschungsverfahren (§ 43 I 1, 55 III MarkenG) wird als Fristbeginn ausdrücklich jeweils nur die Eintragung genannt. Ein späterer Fristbeginn für den Fall, daß ein Widerspruchsverfahren gegen die Marke lief, ist nicht ausdrücklich angeordnet. Die Vorschriften nehmen aber Bezug auf den gesamten § 26 MarkenG, der in § 26 V MarkenG den späteren Fristbeginn bei Widerspruchsverfahren regelt. Aus dieser pauschalen Bezugnahme auf § 26 MarkenG ergibt sich, daß in Verfalls-, Widerspruchs- und Löschungsverfahren der Fristbeginn ebenso zu bestimmen ist wie in Verletzungsverfahren. Die Benutzungsschonfrist beginnt deshalb in allen Verfahren mit der Eintragung der Marke oder, wenn Widerspruch dagegen eingelegt wird, mit dem Abschluß des Widerspruchsverfahrens (§ 26 V MarkenG).

B. Fristende

Außerdem muß ein Stichtag bestimmt sein, von dem aus zurückgerechnet wird, ob die Benutzungsfrist abgelaufen ist. Diese Rückrechnung ist einmal dann entscheidend, wenn die Marke bei Verfahrensbeginn noch gar nicht 5 Jahre eingetragen war, wohl aber bei Verfahrensende, außerdem dann, wenn die Marke früher einmal zeitweise benutzt war, dann aber die Benutzung eingestellt wurde.

I. Rückrechnung der Frist

1. Vorgaben der MRRL zur Rückrechnung

Die MRRL enthält keine ausdrückliche Bestimmung darüber, von welchem Stichtag aus die 5-Jahresfrist zurückgerechnet werden soll. Art. 10 MRRL ordnet nur an, daß die Sanktionen der Nichtbenutzung auch eingreifen müssen, wenn die Benutzung für einen Zeitraum von 5 Jahren ausgesetzt wurde, sagt aber nicht, von welchem Zeitpunkt aus die maßgeblichen 5 Jahre bestimmt werden sollen. Also müssen die nationalrechtlichen Verfahrensbestimmungen die genaueren Rückrechnungsmodalitäten festsetzen.

2. Rückrechnung im MarkenG

Als Rückrechnungsstichtage kommen mehrere in Betracht. Der deutsche Gesetzgeber hat fast jeden dieser möglichen Stichtage für maßgeblich erklärt und so ein äußerst schwer durchschaubares System geschaffen. Hinzu kommt, daß das MarkenG im Verletzungs- und Löschungsverfahren aus der Altmarke nicht nur den Einwand der schlichten 5-jährigen Nichtbenutzung kennt, sondern außerdem auch den Einwand zuläßt, die Marke sei im Sinne des § 49 MarkenG verfallen (§§ 22 I Nr. 2, 55 III 3 MarkenG, die Vorschriften über das Widerspruchsverfahren verweisen nicht auf § 49 MarkenG). Das führt dazu, daß auch die heilungsausschließenden oder -bewirkenden Umstände des § 49 MarkenG eine Rolle spielen können.

a) Für den Löschungsprozeß, der aus einer prioritätsälteren Marke gegen eine jüngere Marke betrieben wird, finden sich die Rückrechnungsregelungen in § 55 III MarkenG: 55 III 3 MarkenG bestimmt, daß die ältere Marke in den 5 Jahren vor *Veröffentlichung* der angegriffenen Marke benutzt worden sein muß. Wenn die angreifende Marke bei Veröffentlichung der jüngeren Marke weniger als 5 Jahre eingetragen war, ist Stichtag der Tag der *Klageerhebung* (§ 55 III 1 MarkenG). Wenn auch an diesem Tag die angreifende Marke weniger als 5 Jahre eingetragen war, ist Stichtag der Tag der *letzten mündlichen Verhandlung* (§ 55 III 2 MarkenG).

b) Im Widerspruchsverfahren ist Stichtag für die Rückrechnung die Veröffentlichung der Neumarke (§ 43 I 1 MarkenG). War die ältere Marke an diesem Tag noch nicht 5 Jahre eingetragen, so ist Stichtag der Tag der Entscheidung über den Widerspruch (§ 43 I 2 MarkenG).

c) Im Verfallsverfahren, das gegen eine unbenutzte Marke geführt wird, wird vom *Löschungsantrag* an zurückgerechnet (§ 49 I 2, 3 MarkenG)[841]. Ist zu diesem Zeitpunkt die Benutzungsfrist noch nicht abgelaufen, kann trotzdem eine Löschung erfolgen, wenn die 5-Jahresfrist im Zeitpunkt der *letzten mündlichen Verhandlung* vollendet ist[842]. Das ergibt sich aus dem allgemeinen Grundsatz, demzufolge bei gerichtlichen Entscheidungen die Sachlage im Zeitpunkt der letzten mündlichen Verhandlung zugrundezulegen ist, und bedurfte deshalb keiner besonderen Regelung[843].

d) Für Verletzungsprozesse, also wenn Rechte aus einer angeblich unbenutzten Marke geltend gemacht werden, enthält § 25 I, II MarkenG die maßgeblichen Rückrechnungsvorschriften. Gem. § 25 I MarkenG muß die Marke 5 Jahre vor *Geltendmachung* des Anspruchs benutzt sein. Gem. § 25 II 1 MarkenG sind im Falle des Prozesses die 5 Jahre vor *Klageerhebung* entscheidend. Ist die Marke bei Klageerhebung noch nicht 5 Jahre eingetragen, kommt es gem. § 25 II 2 MarkenG auf die 5 Jahre vor der letzen *mündlichen Verhandlung* an[844].

Fraglich ist, was mit „Geltendmachung des Anspruchs" gemeint ist. Ressler kritisiert diese Variante des § 25 I MarkenG als überflüssig, da sinnvollerweise nur auf die gerichtliche Geltendmachung, also die Klageerhebung, abgestellt werden könne[845]. Ressler meint, daß es sich bei § 25 I MarkenG um eine mißglückte Formulierung handele, die nur den Nichteintritt einer Rechtsfolge beschreiben wolle („Anspruch kann geltend gemacht werden" als synonym zu „Anspruch besteht"), während nur § 25 II MarkenG die betreffenden Zeitpunkte bestimme[846]. Relevant wäre danach nur die Benutzung in den 5 Jahren vor Klageerhebung und in den 5 Jahren vor der letzten mündlichen Tatsachenverhandlung.

Diese Auffassung ist zutreffend. § 25 I MarkenG will keinen Stichtag bestimmen, sondern nur die Rechtsfolge einer fünfjährigen Nichtbenutzung ausdrücken, so daß „kann

841 Zu den Heilungsmöglichkeiten des § 49 I MarkenG s. 209.

842 Ingerl/Rohnke, § 55, Rn. 10.

843 So Ingerl/Rohnke, § 49, Rn. 8; offengelassen bei OLG München, Mitt. 1996, 217 (218) - *Sankt Michael.*

844 Entscheidend ist die letzte mündliche Tatsachenverhandlung, da im Revisionsrechtszug die Berücksichtigung des Benutzungsverhaltens seit der letzen Berufungsverhandlung nicht möglich ist: Ingerl/Rohnke, § 25, Rn. 16.

845 Ressler, GRUR 1995, 530 (531).

846 Ressler, GRUR 1995, 530 (531).

nicht geltend machen" zu lesen ist als „hat keinen Anspruch". Das folgt insbesondere daraus, daß § 55 III MarkenG für Löschungsverfahren aus Altmarken keinen Stichtag der Anspruchsgeltendmachung kennt, sondern nur den Tag der Neumarkenveröffentlichung, der Klageerhebung und der letzten mündlichen Verhandlung nennt. Die Interessenlage ist aber derjenigen des § 25 MarkenG durchaus vergleichbar, so daß das Schweigen des § 55 III MarkenG zeigt, daß auch § 25 I MarkenG nicht als Stichtagsregelung zu lesen ist[847].

II. Problem: „revolvierende Benutzungszeiträume" durch kumulative Anwendbarkeit der Stichtagsregelungen?

1. Problemstellung

Es stellt sich die Frage, ob diese verschiedenen Rückrechnungsstichtage kumuliert Anwendung finden können oder ob in jedem Verfahren nur ein einziger Stichtag maßgeblich sein soll. Ein Streit darüber hatte sich an § 43 I MarkenG entzündet. Er ging darum, ob der Widerspruchsmarkeninhaber, dessen Marke bei Veröffentlichung der neuen Marke schon länger als 5 Jahre eingetragen ist, gem. § 43 I *S. 1* MarkenG *nur* die Benutzung der Widerspruchsmarke in den letzten 5 Jahren vor Eintragung der Neumarke nachweisen muß, oder ob er zusätzlich gem. § 43 I *S. 2* MarkenG *auch* die Benutzung in den 5 Jahren vor der Widerspruchsentscheidung belegen muß.

Dasselbe Problem stellt sich auch in Verletzungs- und Löschungsverfahren. Bei den mit § 43 I 1, 2 MarkenG insofern gleichlautenden § 25 II S. 1 und S. 2 MarkenG ist ebenfalls fraglich, ob der Altmarkeninhaber gem. S. 1 nur die 5 Jahre vor der Klageerhebung oder gem. S. 2 MarkenG auch die 5 Jahre vor der letzten mündlichen Verhandlung belegen muß. Bei § 55 III MarkenG kann sich die Nachweispflicht auf die 5 Jahre vor der Eintragungsveröffentlichung (S. 3), auf die 5 Jahre vor der Klageerhebung (S. 1) und auf die 5 Jahre vor der letzten mündlichen Verhandlung erstrecken (S. 2).

2. Lösungsvorschläge

a) die frühere Auffassung des BPatG: Trennungslösung

Das BPatG hatte sich zunächst für § 43 MarkenG der Trennungslösung angeschlossen[848]. Die Benutzung der schon länger als 5 Jahre eingetragenen Altmarke mußte also ihm zufolge nur für die 5 Jahre vor Eintragung der Neumarke nachgewiesen werden (§ 43 I S. 1 MarkenG). Die bloße Existenz von S. 1 und 2 zeige, daß der Gesetzgeber die Sachverhalte verschieden behandeln wollte. Rechtspolitisch spreche gegen die kumulative Anwendung, daß dann der Widersprechende im Verlauf eines langdauernden Verfahrens für mehrere Zeiträume nacheinander, insgesamt für mehr als 5 Jahre die Benutzung nachweisen müsse. Das aber stehe im Widerspruch zu den eindeuti-

[847] Ingerl/Rohnke, § 25, Rn. 13 ff. passim; Fezer, § 25, Rn. 9.

[848] BPatG GRUR 1995, 588 (589) - *Jeannette/Annete*; BPatG GRUR 1996, 414 - *RACOON/Dragon*; BPatG Mitt. 1997, 75 (76) - *Nichtbenutzungseinwand ohne Nennung eines bestimmten Zeitraums*; so auch Althammer-Ströbele, § 43, Rn. 14; Kliems, GRUR 1999, 11 (12) mit einem Vorschlag de lege ferenda (15); Albert, GRUR 1996, 174 (176). *Anders* mittlerweile BPatG GRUR 2000, 900 (901) - *Neuro-Vibolex*.

gen und bindenden Vorgaben des Art. 10 MRRL, der nur eine Benutzungsfrist von 5 Jahren vorsehe[849].

b) BGH: revolvierende Benutzungszeiträume

Der BGH hat sich für eine kumulative Anwendung der Stichtagsregelungen ausgesprochen[850]. Der Zweck des Benutzungszwangs, das Markenregister für Neuzeichen offenzuhalten, gebiete es, den Nichtbenutzungseinwand möglichst weitgehend schon im Widerspruchsverfahren zu berücksichtigen[851]. Außerdem führe die Auffassung des BPatG zu einem Widerspruch mit Art. 10, 11 MRRL, der anordne, daß im nationalen Recht Ansprüche aus Altmarken *immer* dann nicht durchsetzbar sein dürfen, wenn eine fünfjährige Nichtbenutzung (Art. 10 I MRRL) vorliegt. Deshalb müsse die Nichtbenutzungseinrede auch dann berücksichtigt werden, wenn der Fünfjahreszeitraum erst während des Verfahrens abläuft, ohne daß es dabei auf das Alter der Widerspruchsmarke ankommen dürfe[852]. Schließlich spreche für diese Lösung, daß sie prozeßökonomischer sein, da sie die nach der Trennungslösung erforderliche Löschungsklage erspare[853].

3. Stellungnahme

Für die Auffassung des BGH spricht auch der Wortlaut von § 55 III MarkenG, der die Benutzungszeiträume bei Löschungsklagen regelt. § 55 III 3 MarkenG bestimmt für Marken, die bei Eintragungsveröffentlichung der angegriffenen Marke bereits 5 Jahre eingetragen waren, daß hier der Altmarkeninhaber „ferner" die Benutzung auch in den 5 Jahren vor der Neumarkenveröffentlichung nachweisen müsse. Das macht ganz deutlich, daß bei § 55 III MarkenG eine kumulative Anwendung der Stichtagsregelungen gewollt ist. Dann aber ist es aus systematischen Gründen angezeigt, im Widerspruchsverfahren nicht anders zu verfahren. Denn es ist kein Grund dafür ersichtlich, warum an einen Löschungskläger strengere Benutzungsanforderungen gestellt werden sollen als an einen Widerspruchsführer. Das Ziel, die Löschung der fremden Marke, ist in beiden Fällen dasselbe, so daß auch die Benutzungsanforderungen dieselben sein sollten.

Die kumulative Anwendung der Stichtagsregelungen, wie sie der BGH befürwortet, ist deshalb sachgerecht. Die früher vom BPatG vertretene Auffassung ist abzulehnen.

849 BPatG GRUR 1995, 588 (590) - *Jeannette/Annete*.

850 BGH WRP 1998, 993 ff. - *DRAGON*; BGH GRUR 1999 - *Holtkamp*; BPatG GRUR 2000, 900 (901) - *Neuro-Vibolex*; ebenso Fezer, § 43, Rn. 16 c; Ingerl/Rohnke, § 43, Rn. 10 f.; Althammer-Ströbele, § 43, Rn. 19; Nordemann, Wettbew- u. MarkenR, Rn. 431c; Ingerl/Rohnke, § 43, Rn. 11; Füllkrug, MA 1995, 502; Meister, WRP 1995, 1012; Meister, MA 1995, 570 (574).

851 BGH WRP 1998, 993 (995) - *DRAGON*.

852 BGH WRP 1998, 993 (995) - *DRAGON*.

853 Nordemann, Wettbew- u. MarkenR, Rn. 431 c; Ingerl/Rohnke, § 43, Rn. 11.

C. Einfluß von abwechselnder Aufnahme und Einstellung der Benutzung auf den 5-Jahreszeitraum

Fraglich ist, was gelten soll, wenn eine Marke zwar insgesamt länger als 5 Jahre nicht benutzt worden ist, diese 5 Jahre aber nicht ununterbrochen aufeinander folgen, sondern gewisse Zeiträume der Benutzung dazwischenliegen[854].

Art. 10 I, 12 I MRRL bestimmen, daß die Sanktionen der Nichtbenutzung eingreifen müssen, wenn die Marke „während eines ununterbrochenen Zeitraums von 5 Jahren" nicht benutzt wurde. Aus dem Wort „ununterbrochen" folgt, daß jede (ernsthafte) Benutzungsaufnahme wirkt wie eine Fristunterbrechung i.215d. § 217 BGB a.F., § 212 BGB n.F.. Es beginnt also nach jeder neuerlichen Benutzungseinstellung eine neue 5-Jahresfrist zu laufen.

Das Wort „ununterbrochen" findet sich auch in der Verfallsvorschrift des § 49 I 1 MarkenG, wonach der Verfall nur eintritt, wenn die Benutzung für einen ununterbrochenen Zeitraum von 5 Jahren ausgesetzt worden ist. In den anderen Vorschriften des MarkenG heißt es statt „ununterbrochen" jeweils, daß die Marke „innerhalb der letzten 5 Jahre" vor dem jeweiligen Stichtag benutzt gewesen sein muß (§§ 25 I, II, 43 I, 55 III MarkenG). Auch das Wort „innerhalb" zeigt, daß die Benutzung sich nicht über die ganzen 5 Jahre erstreckt haben muß. Auch hier setzt also jede Benutzung eine neue Schonfrist in Gang[855].

D. Überblick über die Regelung bei IR-Marken

Die Fristbestimmungen für IR-Marken enthalten §§ 115, 116 MarkenG. An die Stelle des Tages der Eintragung der Marke, deren Benutzung zu prüfen ist, tritt derjenige des Art. 5 II MMA[856] bzw. der Tag des Zugangs der internationalen Schutzbewilligung. (§ 115 II MarkenG). Der so zu bestimmende Tag tritt auch im Widerspruchs- (§ 116 I MarkenG), Löschungs- (§ 116 II MarkenG) und Verletzungsverfahren jeweils an die Stelle des sonst maßgeblichen Tages der Klageerhebung. Die anderen Stichtage (Klageerhebung, Tag der Widerspruchsentscheidung bzw. letzten mündlichen Verhandlung) gelten für IR-Marken ohne Modifikationen.

E. Fristlauf in der GemMV

I. Überblick

Die GemMV unterscheidet sich vom MarkenG dadurch, daß in der GemMV das Widerspruchsverfahren vorgeschaltet ist. Die Markenanmeldung wird zunächst veröffentlicht (Art 40 GemMV), dann gibt es Gelegenheit zum Widerspruch (Art. 42 GemMV), und erst dann folgt die Eintragung. Aus dieser Abfolge ergibt sich, daß in der GemMV

854 Ein Parallelproblem stellt sich bei unbenutzten Marken, bei denen für einen Teil des 5-Jahreszeitraums berechtigte Gründe für die Nichtbenutzung vorlagen, für einen anderen Teil hingegen nicht, s. dazu oben S. 95 f.

855 Fezer, § 25, Rn. 11; Winkler, GRUR 1994, 569 (573). Die Ernsthaftigkeit ist in solchen Fällen natürlich sorgfältig zu prüfen.

856 1 Jahr ab internationaler Registrierung bzw. Ausdehnungsgesuch.

andere Stichtage maßgeblich sind. Da, wo es im MarkenG auf die Eintragungsveröffentlichung ankommt (§§ 22 I Nr. 2, 42 I, 43 I 1, 51 IV, 55 III 3 MarkenG) ist in der GemMV die Anmeldungsveröffentlichung entscheidend (Art. 56 II 2, 43 II 1 GemMV).

II. Widerspruchs- und Löschungsverfahren

Gem. Art. 15 I GemMV *beginnt* die Benutzungsschonfrist im *Widerspruchsverfahren* am Tage der Eintragung. Art. 43 II GemMV bestimmt als Stichtag für die *Rückrechnung* den Tag, an dem die Anmeldung der Neumarke veröffentlicht wurde.

Im *Löschungsverfahren* aus der älteren Marke muß der Markeninhaber gem. Art. 56 II I 1 GemMV die Benutzung in den 5 Jahren vor der Antragstellung nachweisen. Gem. § 56 II 2 GemMV ist „auch“[857] die Benutzung in den 5 Jahren vor der *Anmeldungsveröffentlichung* der Neumarke relevant, wenn die Widerspruchsmarke zu diesem Zeitpunkt bereits 5 Jahre eingetragen war.

Der wesentliche Unterschied zum MarkenG liegt darin, daß der Widerspruchsführer bzw. Löschungsantragsteller im MarkenG stets Benutzungsnachweise für die 5 Jahre vor der *Entscheidung* erbringen muß[858]. In der GemMV kommt es dagegen auf den Ablauf der Benutzungsschonfrist erst im laufenden Widerspruchs- oder Löschungsverfahren nicht an[859]. Grundsätzlich steht sich also der Inhaber einer unbenutzten Gemeinschaftsmarke insofern besser als der Inhaber einer deutschen Marke.

III. Verletzungsverfahren

Gegen die Verletzungsklage aus einer unbenutzten Marke kann sich der Verletzer mit der Nichtbenutzungseinrede verteidigen (Art. 95 III GemMV) oder Verfallswiderklage erheben (Art. 96 I GemMV)[860].

Maßgeblich sind für die Benutzungseinrede im Verletzungsverfahren der Tag der Anmeldungsveröffentlichung und der Tag der Verletzungsklage. Wenn die Altmarke an diesen Tagen verfallen war, begründet sie keine Verletzungsansprüche mehr[861].

[857] Die Relevanz beider Stichtage ist hier ausdrücklich angeordnet. Der zu § 43 MarkenG entstandene Streit (kumulative Stichtagsanwendung oder Trennungslösung) kann sich deshalb zur GemMV voraussichtlich nicht entspinnen.

[858] BGH WRP 1998, 993 ff. - *DRAGON*; BGH GRUR 1999 - *Holtkamp*; BPatG GRUR 2000, 900 (901) - *Neuro-Vibolex*.

[859] v. Mühlendahl/Ohlgart, § 14, Rn. 42; Hackbarth, Benutzungszwang, 44; krit. zum Entwurf der GemMV Heydt, GRUR Int. 1978, 61 (62). Zur Vermeidung widersprechender Entscheidungen kann das Gemeinschaftsmarkenamt nur gem. Regel 20 VI DV das Widerspruchsverfahren bis zur Entscheidung über den Löschungsantrag aussetzen (v. Mühlendahl/Ohlgart, § 14, Rn. 42; Hackbarth, Benutzungszwang, 45).

[860] v. Mühlendahl/Ohlgart, § 19, Rn. 110.

[861] v. Mühlendahl/Ohlgart, § 19, Rn. 110.

§ 22 Heilung verfallener Marken durch Benutzungsaufnahme

Wird die Benutzung einer verfallenen Marke aufgenommen, so entfallen damit grundsätzlich alle Rechtsfolgen der Nichtbenutzung. Es kann aber sein, daß die Benutzungsaufnahme in zeitlichem Zusammenhang mit einer markenrechtlichen Auseinandersetzung erfolgt. Je enger dieser zeitliche Zusammenhang ist, desto mehr spricht dafür, daß es sich bloß um eine Scheinbenutzung handelt. Für solche Fälle ist eine Regelung erforderlich, bis zu welchem Tag die Benutzung mit „heilender Wirkung" aufgenommen werden kann.

A. Vorgaben der MRRL

Hierzu findet sich die grundlegende Vorschrift in Art. 12 I MRRL. Zunächst bestimmt Art. 12 I 1 MRRL die wichtigste Sanktion der Nichtbenutzung, den Verfall. Die folgenden Sätze des Art. 12 I MRRL regeln, wie eine im zeitlichen Zusammenhang mit dem Verfallsantrag (wieder)aufgenommene Benutzung behandelt werden soll. Diese wirkt grundsätzlich heilend, bleibt gemäß Art. 12 I MRRL aber dann außer Betracht, wenn die Benutzungsaufnahme erst 3 Monate vor Stellung des Verfallsantrags erfolgte und der Inhaber bei Vorbereitung dieser Benutzung schon wußte, daß ein Verfallsantrag gestellt werden könnte.

B. Tatbestand von § 49 I 2-4 MarkenG und die Beweislastverteilung

I. Tatbestand

Diese Vorschriften werden von § 49 I S.2-4 MarkenG umgesetzt. Auch danach ist also der Verfall geheilt, wenn der Markeninhaber spätestens drei Monate vor der Verfallsklage die Benutzung aufgenommen hat. Fand die Benutzungsaufnahme weniger als drei Monate vor der Verfallsklage statt, kann auch das noch zur Heilung ausreichen. Die Heilung scheitert aber dann, wenn der Markeninhaber schon bei der Vorbereitung der Benutzung wußte, daß ein Verfallsantrag gestellt werden könnte.

§ 49 V MarkenG bestimmt ergänzend, daß bei einem zunächst vor dem Patentamt eingeleiteten Löschungsverfahren (§ 53 I MarkenG) für die Berechnung der Dreimonatsfrist der Antrag beim Patentamt maßgeblich bleibt, wenn der Antragsteller nach Zustellung des Löschungswiderspruchs (§ 53 IV MarkenG) binnen weiterer drei Monate die Löschungsklage erhebt. Bei zügiger Weiterverfolgung des Verfahrens bleibt dem Löschungskläger also die Priorität seines ersten, patentamtlichen Löschungsgesuchs erhalten.

II. Beweislast

Die verschachtelten Bestimmungen des § 49 I 2-4 über die Heilung verfallener Marken sind problematisch im Hinblick auf die Beweislastverteilung. Daß für das Vorliegen der Nichtbenutzung im Rahmen der Verfallsklage gem. § 49 I 1 MarkenG der Antragsteller die Beweislast trägt, wird unten gezeigt[862].

[862] S. o.215 .

1. ernsthafte Benutzung?

Unabhängig von der Beweislastverteilung wird man, wenn sich der Markeninhaber einer zunächst verfallenen Marke auf eine heilende Benutzungsaufnahme beruft, stets sorgfältig zu untersuchen haben, ob die Benutzungsaufnahme wirklich ernsthaft ist. Denn die in zeitlichem Zusammenhang mit einem Löschungsbegehren vorgenommene Aktivierung eines Zeichens wird häufig darauf hindeuten, daß es dem Inhaber nur um die Vermeidung des Verfalls zu tun ist, er aber an einer wirklichen Nutzung der Marke gar kein Interesse hat[863].

2. Benutzungsaufnahme länger als drei Monate vorm Verfallsverfahren

Benutzt der Markeninhaber seine Marke bei Stellung des Verfallsantrags schon mehr als drei Monate, so hat er - unabhängig von weiteren Umständen - ein bestandskräftiges Markenrecht erworben. Der Einwand „schon länger als drei Monate benutzt" ist also eine rechtserhaltende Einwendung. Da die Voraussetzungen eines Einwands grundsätzlich immer der zu beweisen hat, der sich darauf beruft[864], liegt hier die Beweislast beim Markeninhaber.

3. Benutzungsaufnahme vor dem Verfallsverfahren, aber weniger als drei Monate

Auch die Benutzungsaufnahme weniger als drei Monate vor dem Verfallsantrag kann die Marke noch heilen, wenn weitere Umstände hinzukommen. Da Tatsache und Zeitpunkt der Benutzungsaufnahme aber die Grundvoraussetzung auch dieser Heilungsvariante sind, muß sie ebenfalls der Markeninhaber beweisen. Er trägt also die Beweislast dafür, daß die Benutzung der Marke *überhaupt* und *noch vor dem Verfallsantrag* aufgenommen wurde.

4. Benutzungsvorbereitung vor Kenntnis vom Drohen eines Verfallsverfahrens

Der grundsätzlich rechtzeitigen Benutzungsaufnahme kann der Verfallsantragsteller entgegenhalten, daß mit den Vorbereitungen für die Benutzung erst in Kenntnis des drohenden Verfallsverfahrens begonnen worden sei. Hier kommt es also auf zwei Umstände an: erstens auf den Zeitpunkt der Kenntniserlangung und zweitens auf den Zeitpunkt des Beginns der Benutzungsvorbereitung.

a) Zeitpunkt der Kenntnis vom Drohen des Verfallsantrages

Die Beweislast für den Zeitpunkt der Kenntniserlangung trägt nach zutreffender Meinung der Verfallsantragssteller. Hackbarth[865] begründet das (für Art. 50 I GemMV) damit, daß man sonst dem Altmarkeninhaber einen negativen Beweis (keine Kenntnis) aufbürden würde, während der Verfallsantragsteller leicht beweisen könne, daß und wann er dem Altmarkeninhaber die Löschung angedroht hatte. Dasselbe Ergebnis folgt aus dem System von Einrede und Gegeneinrede: Nach 5 Jahren Nichtbenutzung ist die Marke grundsätzlich verfallen. *Ausnahmsweise* bleibt das Zeichen erhalten, wenn

863 Hackbarth, Benutzungszwang, 55.

864 Zöller-Greger, v. § 284, Rn. 17a.

865 Hackbarth, Benutzungszwang, 53.

rechtzeitig vor dem Verfallsantrag die Benutzung aufgenommen wird. „*Unterausnahmsweise*“ wirkt nun wiederum die Benutzung nicht rechtserhaltend, wenn sie im Bewußtsein des drohenden Verfallsantrags aufgenommen wurde. Die Beweislast für diese Gegeneinrede, daß nämlich Kenntnis vor Benutzungsaufnahme vorgelegen habe, trägt nun wieder der Antragsteller.

b) Beginn der Benutzungsvorbereitung

Steht nun fest, daß der Markeninhaber die Benutzung erst 3 Monate vor dem Verfallsantrag aufgenommen hatte und da bereits wußte, daß ein Verfallsverfahren drohte, so bleibt dem Markeninhaber noch ein Einwand. Die Kenntnis vom Drohen des Verfallsverfahrens schadet ihm nur dann, wenn sie schon vorlag als er begann, die Benutzungshandlungen vorzubereiten. Er kann sich also darauf berufen, daß er ohne diese Kenntnis - gleichsam gutgläubig - begonnen habe, die Benutzung vorzubereiten. Auch das führt dann noch zur Bestandskraft seiner Marke.

Da es sich bei dem Umstand „Kenntnis vom drohenden Verfallsverfahren erst nach Beginn der Benutzungsvorbereitung“ wieder um einen Einwand des Markeninhabers handelt, trägt er die Beweislast für den Zeitpunkt des Beginns der Benutzungsvorbereitung. Das läßt sich auch damit begründen, daß dabei rein innerbetriebliche Vorgänge in Betracht kommen[866], deren Zeitpunkt nur der Markeninhaber kennen kann, so daß dem Antragsteller Beweiserleichterungen zu gewähren sind[867].

C. Einzelfragen zu § 49 MarkenG

I. Anforderungen an die Kenntnis i.S.d. § 49 I 3 MarkenG

Weiß der Markeninhaber, daß ihm ein Löschungsverfahren droht, und beginnt dann erst, die Benutzung vorzubereiten, so scheitert die Heilung der Marke, wenn der Gegner binnen drei Monaten seit Benutzungsaufnahme Verfallsantrag stellt. Der Markeninhaber wird gleichsam für seine Bösgläubigkeit bestraft.

Das WZG verlangte für diesen Heilungsausschluß eine ausdrückliche Androhung des Löschungsantrags. § 49 I 3 MarkenG läßt demgegenüber „Kenntnis, daß der Löschungsantrag gestellt werden könnte“ ausreichen. „Kenntnis“ von einer Antragsgefahr kann aber auch auf andere Weise als durch Androhung entstehen. Die subjektiven Anforderungen an diese Kenntnis müssen deshalb erörtert werden.

1. Bloßes Bewußtsein der Verfallsreife reicht nicht

Unbestritten ist dabei, daß Kenntnis in diesem Sinne nicht schon dann vorliegt, wenn der Markeninhaber nur weiß, daß seine Marke verfallsreif ist und daß es ein kollidierendes Markeneintragungsverfahren o. dgl. gibt[868]. Denn § 49 MarkenG gibt gerade

[866] So Ingerl/Rohnke, § 49, Rn. 15; a.A. (gewisse Außenwirkung erforderlich) Althammer-Klaka, § 49, Rn. 11.

[867] Ingerl/Rohnke, § 49, Rn. 15.

[868] Einh. M.: Hackbarth, Benutzungszwang, 52; v. Mühlendahl, FS Vieregge, 641 ff. (651).

durch das Merkmal der Kenntnis zu erkennen, daß zum bloßen Vorliegen der Verfallsvoraussetzungen noch etwas hinzukommen muß.

2. Bloße Erhebung der Nichtbenutzungseinrede durch den Gegner reicht regelmäßig aus

Ingerl/Rohnke[869] meinen, daß keine Kenntnis vorliegen soll, wenn der Verfall ausschließlich zur Begründung anderer Rechtsfolgen „erwähnt" wird (etwa als bloße Einrede gem. §§ 22 I Nr. 2, 25, 43 Abs.1, 51 IV Nr. 1, 55 III S. 3 MarkenG). Falls sie - was nicht ganz deutlich wird[870] - hier zum Ausdruck bringen wollten, daß die bloße Erhebung der Nichtbenutzungseinrede regelmäßig noch nicht ausreiche, um die Gefahr eines Löschungsantrags und die entsprechende Kenntnis zu begründen, könnte ihnen nicht zugestimmt werden. An dieser Gefahr fehlt es vielmehr nur, wenn - für den Markeninhaber erkennbar - der Gegner entschlossen ist, keinen Verfallsantrag zu stellen. Wenn aber der Markeninhaber - nachdem er Widerspruch gegen ein neues Zeichen eingelegt oder Verletzungsansprüche aus der unbenutzten Marke geltend gemacht hat - in Kenntnis einer nicht näher spezifizierten Nichtbenutzungseinrede beginnt, die Benutzung vorzubereiten, so ist die von § 49 I 3 MarkenG unwiderleglich vermutete Bösgläubigkeit sogar faktisch regelmäßig zu bejahen, so daß nichts gegen die Anwendung der Vermutung spricht.

Der Markeninhaber kann auch regelmäßig nicht davon ausgehen, es werde - trotz Erhebung der Nichtbenutzungseinrede - mit Sicherheit kein Verfallsantrag gestellt. Denn ohne Verfallsverfahren tritt Zeichenkoexistenz ein, die endgültig wird, wenn der Altmarkeninhaber ernsthaft die Benutzung aufnimmt und mehr als vier Monate durchführt. Dann müßte der Neuanmelder die Fortexistenz des Altzeichens dulden, was nicht in seinem Interesse liegt. Der Markeninhaber muß also bei zunächst nur defensiver Berufung auf die Nichtbenutzung auch mit einem Gegenangriff *rechnen* - und das reicht für die von § 49 I 3 MarkenG verlangte Kenntnis von der Löschungs*gefahr*[871].

II. Relative oder absolute Heilungssperre?

Gem. § 49 I 3 MarkenG wirkt die Benutzungsaufnahme in den letzten 3 Monaten vor dem Verfallsantrag nur dann heilend, wenn der Markeninhaber bei Vorbereitung der Benutzung nicht wußte, „daß Antrag auf Löschung gestellt werden könnte". Fraglich ist in diesem Zusammenhang, ob die Kenntnis vom Drohen eines konkreten Verfallsbegehrens die Benutzungsaufnahme im Verhältnis nur zu dem einen Androhenden (relativ) wirkungslos macht oder die Heilung insgesamt, auch im Verhältnis zu allen anderen potentiellen Antragsstellern (absolut) unmöglich wird. Was also soll gelten, wenn dem Markeninhaber die Löschung angedroht wird, er daraufhin die Markennutzung vorbereitet und dann die Marke auch zu nutzen beginnt, und nun aber nicht der Androhende, sondern ein Dritter das Löschungsverfahren einleitet? Die Frage ist, ob

[869] Ingerl/Rohnke, § 49, Rn. 16.

[870] Nicht eindeutig auch v. Mühlendahl, FS Vieregge, 641 (652).

[871] Die bloße Möglichkeit eines Löschungsantrags reicht aus, Wahrscheinlichkeit ist nicht erforderlich, so Ingerl/Rohnke § 49, Rn. 16.

sich der Inhaber nun darauf zurückziehen kann, daß er den Antrag *dieses Dritten* nicht habe vorhersehen können und deshalb die Benutzungsaufnahme heilend wirke.

1. Meinungsstand

a) Herrschende Meinung: relativer Heilungsausschluß

Die herrschende Auffassung zu § 11 Abs.5 Nr.1 WZG und zu § 49 MarkenG[872], geht von einem nur relativen Ausschluß der Heilungsmöglichkeit aus. Unter Geltung des WZG folgerte man aus dem Wortlaut[873], daß dieselbe Person den Antrag androhen und stellen mußte[874]. Das wurde zum WZG und auch zum MarkenG damit begründet, daß bei nur relativer Wirkung eine außerprozessuale Einigung zwischen Androhendem und Zeicheninhaber zu ermöglichen sei[875].

b) Hackbarths Auffassung: absoluter Heilungsausschluß

Hackbarth favorisiert im Rahmen der GemMV den absoluten Heilungsausschluß. Sobald der Markeninhaber weiß, daß irgendwoher ein Löschungsverfahren droht, kann er nach dieser Auffassung die Marke durch Benutzungsaufnahme erst in den letzten drei Monaten vor Antragsstellung nicht mehr retten[876]. Im wesentlichen begründet Hackbarth das mit der Erwägung, daß durch einen solchen absoluten Heilungsausschluß der Benutzungszwang effizienter gestaltet werde, da die Löschung von Marken erleichtert wird.

2. Stellungnahme

a) Wortlaut

Der Wortlaut des § 49 MarkenG setzt zwar nicht mehr wie § 11 WZG die Androhung eines Löschungsantrags voraus, sondern läßt ganz allgemein Kenntnis davon ausreichen, daß ein solcher gestellt werden könnte. „Kenntnis" kann auch auf andere Weise als durch Androhung, etwa durch die Presse oder Indiskretionen aus der Sphäre des Abmahners vermittelt werden. Wie groß aber der Personenkreis ist, dem gegenüber die Heilungswirkung ausgeschlossen ist, läßt auch § 49 MarkenG offen.

b) Zweck des Heilungsausschlusses

Zur Bestimmung dieses Personenkreises kann der Zweck des Heilungsausschlusses herangezogen werden. Ein öffentliches, volkswirtschaftliches oder verfahrensökono-

[872] Ingerl/Rohnke, § 49, Rn. 20; v. Mühlendahl, FS Vieregge, 641 (651); unentschieden Althammer-Klaka, § 49, Rn. 15.

[873] „(...) so kann sich der Zeicheninhaber gegenüber einem Antrag auf Löschung nach Abs.1 Nr.4 auf eine Benutzung des Zeichens nicht berufen, wenn die Benutzung erst nach Androhung des Löschungsantrags aufgenommen worden ist (...)"

[874] Kraft, GRUR 1968, 123 (126); Schricker, GRUR Int. 1969, 14 (18, Fn.46); Heydt, GRUR 1972, 290 (295); Baumbach/Hefermehl, § 11 WZG, Rn. 60; Fezer, Benutzungszwang, 63: Miosga, Benutzungszwang, S.31.

[875] Fezer, Benutzungszwang, 63; Heydt, GRUR 1972, 290 (295).

[876] Hackbarth, Benutzungszwang, 54 .

misches Interesse an der Löschung gibt es nur bei unbenutzten Marken. Die durch §§ 49, 55 MarkenG eröffnete Möglichkeit, eine (neuerdings) benutzte Marke zu löschen, steht dazu eigentlich in Widerspruch. Vom Standpunkt des allgemeinen Interesses kann deshalb der Heilungsausschluß nach erfolgter (ernsthafter, das wird in solchen Fällen natürlich streng zu prüfen sein![877]) Benutzung gar nicht gerechtfertigt werden. Geschützt werden soll hier statt dem Interesse der Allgemeinheit offensichtlich *nur* derjenige Gegner des Altmarkeninhabers, der den Verfall rechtzeitig angedroht hatte[878]. Ohne diesen Vertrauensschutz könnte es sein, daß von der Popularklagebefugnis, die geradezu einen Aufruf an jedermann enthält, sich zum Sachwalter des Allgemeininteresses zu machen, nicht im gewünschten Umfang Gebrauch gemacht wird[879].

3. Ergebnis: relative Wirkung

Folglich soll der Heilungsausschluß nur die verfahrensrechtliche Position dessen, der die Nichtbenutzung zunächst berechtigterweise geltend gemacht hatte, stärken und so die Wahrnehmung der Popularklagebefugnis weniger riskant machen. Es ist also im Gegensatz zu Hackbarth an der auch schon zum WZG vertretenen h.M. festzuhalten. Der Heilungsausschluß gem. § 49 I MarkenG hat nur relative Wirkung.

877 so zutreffend Hackbarth, Benutzungszwang, 55.

878 so Schricker GRUR Int. 1969, 14 (18), der damit begründet, daß der Popularklagecharakter eine Verwirkung des Klagerechts nicht ausschließt; zustimmend Fezer, Benutzungszwang, S. 64, Fn. 34.

879 diesen Gesichtspunkt berücksichtigt bei der Frage, ob Klagebefugnis auch vorliegt, wenn im konkreten Fall ein echtes Löschungsinteresse nicht besteht, weil eine (fast identische) andere Marke eingetragen bleibt: BGH GRUR 1986, 315 (316) - *COMBURTEST*.

§ 23 Zwischenrechte und Markenkoexistenz

Aus der Tatsache, daß die Aufnahme der Benutzung verfallene Marken heilt, und dem Wahlrecht des Neuanmelders, Verfallsantrag zu stellen oder die Nichtbenutzung nur im Wege der Einrede geltend zu machen, ergibt sich bereits, daß kollidierende Marken wechselseitig unangreifbar nebeneinander her existieren können. Das MarkenG trifft dazu für Verletzungsverfahren in § 22 I Nr. 2 und für Löschungsverfahren in § 55 III 3 MarkenG, § 52 1 IV Nr. 1 MarkenG besondere Bestimmungen, die nun untersucht werden sollen. Die MRRL[880] und die GemMV[881] hingegen enthalten dazu keine Regelungen.

A. Die Regelung zu Verletzungs- und Löschungsverfahren im MarkenG und ihre Lücken

I. Koexistenz bei Verletzungsansprüchen, § 22 I Nr. 2 MarkenG

1. Regelungsgehalt

22 I Nr. 2 MarkenG bestimmt, daß die Verwendung einer Neumarke nicht untersagt werden kann, wenn *bei Veröffentlichung ihrer Eintragung* die Altmarke wegen Verfalls hätte gelöscht werden können. Die Vorschrift sieht damit zusätzlich zu den Stichtagen des § 25 II MarkenG (Klageerhebung, letzte mündliche Verhandlung) einen weiteren Stichtag vor, der für die Prüfung der Benutzungslage maßgeblich ist. Die Regelung ist erforderlich, weil auch noch nach Entstehen der Neumarke die Altmarke durch Benutzungsaufnahme geheilt werden kann. Dann steht dem Neumarkeninhaber keine Einrede des § 25 MarkenG mehr zur Seite, da der Altmarkeninhaber die Benutzung vor Klageerhebung und vor der letzten mündlichen Verhandlung nachweisen kann. Für diesen Fall perpetuiert § 22 I Nr. 1 MarkenG die ehemals bestehende Einrede der Verfallsreife.

Die Regelung des § 22 I Nr. 1 MarkenG wird ergänzt durch § 22 II MarkenG, wonach umgekehrt auch der Neumarkeninhaber keine Verbietungsrechte gegen die zwischenzeitlich geheilte Altmarke hat. Es tritt deshalb Markenkoexistenz ein.

2. Anwendungsbereich: auch nicht eingetragene Kennzeichenrechte

Seinem Wortlaut nach gilt § 22 I Nr. 2 MarkenG nur für Marken. Es stellt sich daher die Frage, ob auch andere, nicht eingetragene Kennzeichenrechte in den Genuß dieser Koexistenzvorschrift kommen. Der abstrakte Vertrauensschutz, der § 22 I Nr. 2 MarkenG zugrundeliegt, ist genauso gerechtfertigt, wenn während der Verfallsreife ein nicht registerfähiges Kennzeichenrecht erworben wurde. Eine analoge Anwendung der Vorschrift ist deshalb geboten und wird auch von der einhelligen Meinung befürwortet[882]. Stichtag muß in diesen Fällen anstelle der Neumarkenveröffentlichung der Zeit-

880 Ingerl/Rohnke, § 22, Rn. 3.

881 Hackbarth, Benutzungszwang, 56.

882 BGH GRUR 1994, 288 (191) - Malibu; BGH GRUR 1955, 299 - *Koma;* Ingerl/Rohnke, § 22, Rn. 8, 14; Fezer § 49, Rn. 23; Althammer-Klaka, § 22, Rn. 10; Baumbach/Hefermehl, § 11, Rn. 59; Knaak, FS Beier, 248; Klaka, FS v. Gamm, 271 (274).

Zeitpunkt sein, an dem das fragliche Recht erworben, also etwa die Benutzung (§ 6 III i.V.m. § 5 II MarkenG[883]) einer geschäftlichen Bezeichnung aufgenommen wurde.

II. Koexistenz bei Löschungsansprüchen, § 55 III 3 MarkenG, § 52 1 IV Nr. 1 MarkenG

Während § 55 III 1 und 2 MarkenG bestimmen, daß bei Löschungsklagen die Benutzungslage in den 5 Jahren vor der Klageerhebung bzw. dem Schluß der mündlichen Verhandlung maßgeblich ist, ordnet § 55 III 3 MarkenG darüberhinaus an, daß die Löschung der Neumarke auch dann unterbleiben muß, wenn die Altmarke am Tag der Neumarkenveröffentlichung gem. § 49 I MarkenG hätte gelöscht werden können. § 55 III 3 MarkenG enthält also für das Löschungsverfahren dieselbe Regelung wie § 22 I Nr. 2 MarkenG für das Verletzungsverfahren.

Eine Parallelvorschrift zu § 55 III 3 MarkenG, der das Löschungsverfahren vor den ordentlichen Gerichten betrifft, enthält § 51 IV Nr. 1 MarkenG für das Löschungsverfahren vor dem Patentamt. Auch hier kann die Neumarke nicht gelöscht werden, wenn die Altmarke am Tag der Neumarkenveröffentlichung im Sinne von § 49 MarkenG verfallen war.

III. Koexistenz im Widerspruchsverfahren

1. Unterschied zwischen Koexistenz in Verletzungs- und Löschungsverfahren einerseits und Widerspruchverfahren andererseits

§§ 22 I Nr. 2, 55 III 3 MarkenG stellen anders als § 25 II, 55 III 1, 2 MarkenG nicht einfach auf die Benutzung in den 5 Jahren vor dem Stichtag ab, sondern darauf, ob die Marke an diesem Tag gem. § 49 MarkenG verfallen war. Damit spielen im Rahmen dieser Vorschriften auch die komplizierten Heilungsmöglichkeiten des § 49 I MarkenG eine Rolle.

Für das Widerspruchsverfahren heißt es demgegenüber in § 43 I MarkenG, daß der Widersprechende die Benutzung in den 5 Jahren vor der Neumarkenveröffentlichung und der Entscheidung über den Widerspruch nachzuweisen habe.

Es kommt also hier anders als im Verletzungs- und Löschungsverfahren nicht darauf an, ob die Widerspruchsmarke im Zeitpunkt der Eintragungsveröffentlichung für verfallen i.S.d. § 49 MarkenG hätte erklärt werden können.

Damit sind für § 43 I 1 MarkenG und §§ 22 II Nr. 1, 55 III 3 MarkenG unterschiedliche Zeiträume relevant. Eine Grafik veranschaulicht das:

883 Ingerl/Rohnke, § 22, Rn. 14.

Verfall Altmarke 1.1.2000		Bentzgs-vorbertg 1.4.2000	Bentzg Altmarke 1.5.2000		Widerspruch aus Altmarke 1.8.2000

|-------------|---------------------|-----------------|-----------|-------------------------|------?

	1.3.2000 Löschgsandrohg gg. Altmarke			1.6.2000 Veröffentlichg. Neumarke	1.8.2000 Löschgsantr gg. Altmarke wird *nicht* gestellt

Am 1.8.2000 könnte die Altmarke wegen Verfall gelöscht werden, da die Benutzung bösgläubig vorbereitet und erst drei Monate vor diesem Termin aufgenommen worden war. Da §§ 22 I Nr. 2 MarkenG und § 55 III 3 MarkenG auf § 49 MarkenG verweisen, sind Verletzungs- und Löschungsansprüche gegen die Neumarke ausgeschlossen. Denn §§ 22 I Nr. 2, 55 III 3 MarkenG verlangen nicht, daß *tatsächlich* ein Verfallsverfahren gegen die Altmarke eingeleitet wird, sondern nur, daß die Altmarke „*hätte* gelöscht werden können". Die bloße Löschungsandrohung – unabhängig von der tatsächlichen Einleitung eines Löschungsverfahrens - führt also zum Ausschluß von Verletzungs- und Löschungsansprüchen gegen die Neumarke.

Anders ist es merkwürdigerweise im Widerspruchsverfahren. § 43 I 1 MarkenG verweist nicht auf § 49 MarkenG, sondern verlangt nur, daß der Altmarkeninhaber die Benutzung in den 5 Jahren vor Neumarkenveröffentlichung nachweist. Das kann der Altmarkeninhaber, da er vor der Veröffentlichung die Benutzung seiner Altmarke aufgenommen hatte. Auf die vorherige Löschungsandrohung kommt es für § 43 MarkenG nicht an. Da der Altmarkeninhaber auch den weiteren Benutzungsnachweis des § 43 I 2 MarkenG (Benutzung in den 5 Jahren vor der Widerspruchsentscheidung) erbringen kann, wäre ein fristgerechter Widerspruch erfolgreich.

2. Rechtfertigung der unterschiedlichen Stichtagsregelungen

Das heißt, daß der Altmarkeninhaber, auch wenn ihm rechtzeitig i.S.d. § 49 MarkenG die Löschung angedroht wurde, im Widerspruchverfahren noch die Beseitigung der Neumarke erreichen kann. Versäumt er aber die 3-monatige Widerspruchsfrist, so ist keine Löschungs- oder Verletzungsklage mehr möglich. Da in derselben Zeit auch die Dreimonatsfrist des § 49 I 3 MarkenG abläuft, innerhalb derer der Neumarkeninhaber Verfallsantrag stellen kann, wird die Koexistenz der Zeichen endgültig.

Eine sachliche Begründung für diese Abweichung, die den Neumarkenanmelder im Widerspruchsverfahren schlechter stellt als im Verletzungs- und Löschungsverfahren, liegt gerade in der kurzen Widerspruchsfrist. Wenn der Neumarkenanmelder zunächst der Altmarke die Löschung androht, dann aber trotz eines Widerspruchs aus der Altmarke kein Löschungsverfahren gegen die Altmarke betreibt, gibt es keinen Grund, ihn zu schützen. Koexistierende Markengoodwills können nicht entstehen, da dafür die Widerspruchs- und auch die Löschungsantragsfrist von je nur 3 Monaten zu kurz sind.

IV. GemMV

Im Verletzungsverfahren kann einer Gemeinschaftsmarke die Nichtbenutzung in den 5 Jahren vor Anmeldungsveröffentlichung (Art. 95 III GemMV[884]) und auch der Verfall wegen Nichtbenutzung im Wege der Löschungswiderklage (Art. 96 I GemMV) und der bloßen Einrede (Art. 95 III GemMV) entgegengehalten werden. Im Widerspruchsverfahren sind hingegen nur Benutzungsnachweise für die 5 Jahre vor der Anmeldungsveröffentlichung erforderlich.

Auch hier kann es also vorkommen, daß bei Widerspruchseinlegung die Neumarke gelöscht wird. Wird aber die Widerspruchsfrist versäumt, tritt Markenkoexistenz ein.

B. Darstellung der Fallkonstellationen möglicher Markenkoexistenz

Die Anwendbarkeit der Koexistenzregeln hängt generell davon ab, in welcher chronologischen Reihenfolge einerseits die prioritätsältere Marke verfällt und dann wieder heilend benutzt und andererseits die jüngere Marke veröffentlicht wird. Die Vorschriften MarkenG zur Markenkoexistenz erfassen aber nur einen Teil der möglichen Sachverhaltsgestaltungen, und gewichtige Stimmen sind für eine erweiternde analoge Anwendung. Die Fallgruppen müssen also dargestellt und diskutiert werden.

Die Probleme und Lösungen sind in MarkenG und GemMV dieselben, so daß die Darstellung einheitlich erfolgen kann. Im Hinblick auf die Rechtslage in der GemMV ist nur zu beachten, daß es dort nicht auf den Tag der Neumarkenveröffentlichung, sondern auf den Tag der Anmeldungsveröffentlichung ankommt (Art. 56 II 2, 43 II 1 GemMV).

1. Fallgruppe

Dies sind vom Gesetz geregelte Fälle. Keiner der beiden Markeninhaber hat Ansprüche gegen den anderen:

1. Fall

Verfall Altmarke   Benutzung Altmarke   ?

|--|-------------------------------|--------------------|

Anm., Veröffentlichung,

Eintragung Neumarke

2. Fall

Benutzung

Verfall Altmarke   Altmarke   ?

|---------------------------|---------------|-------------------------|-------------------------|

Anmeldung Neumarke   Veröffentlichung,

Eintragung Neumarke

884 v. Mühlendahl/Ohlgart, § 19, Rn. 110.

1. MarkenG

Der Neumarkeninhaber kann nicht löschen, da die Altmarke geheilt ist (§ 49 MarkenG). Der Altmarkeninhaber kann im Verletzungsverfahren zwar die gem. § 25 II MarkenG erforderlichen Benutzungsnachweise bringen (5 Jahre vor Klage, 5 Jahre vor letzter mündlicher Verhandlung), seine Verletzungsansprüche scheitern aber an § 22 I Nr. 2 MarkenG (5 Jahre vor Neumarkenveröffentlichung).

Der Altmarkeninhaber kann ebenfalls nicht löschen. Das beruht auf § 55 III 3 MarkenG, da er die auch hiernach zu belegende Benutzung in den 5 Jahren vor Neumarkenveröffentlichung nicht nachweisen kann. Nach der auch zum WZG bereits einhellig vertretenen Lösung[885] tritt Zeichenkoexistenz ein.

2. GemMV

Der Altmarkeninhaber muß im Widerspruchsverfahren gem. Art. 43 II GemMV die Benutzung in den 5 Jahren vor Anmeldungsveröffentlichung nachweisen. Das kann er hier nicht, so daß sein Widerspruch erfolglos bleibt.

Im Nichtigkeitsverfahren muß er gem. Art. 56 II 2 GemMV denselben Nachweis erbringen, so daß auch hier keine Aussicht auf Erfolg besteht. Diese Bestandskraft der Neumarke führt dazu, daß auch keine Verletzungsansprüche bestehen[886].

Gleichzeitig kann kein Verfallsantrag gegen die Altmarke mehr gestellt werden, da die Benutzung aufgenommen ist (Art. 50 GemMV). Festzuhalten ist also, daß in diesem Fall nach dem MarkenG und der GemMV Markenkoexistenz eintritt.

2. Fallgruppe

	Verfall Altmarke	Benutzung Altmarke	?
1980	1981	2010	2050

|-------------------------|------------------------|--------------------------|

Anmeldung,

Veröff. Etr. Neumarke

1. Darstellung

Dieser Fall ist von §§ 22 I Nr. 2, 51 IV Nr. 1, 55 MarkenG nicht geregelt, da nach dem Wortlaut der Vorschriften Voraussetzung ist, daß die Altmarke bereits *bei* Veröffentlichung der Neumarkeneintragung verfallsreif war. Hier tritt der Verfall aber erst *danach* ein. Auch § 25 II MarkenG steht Verletzungsansprüchen nicht im Wege, da der Markeninhaber alle danach erforderlichen Benutzungsnachweise erbringen kann.

885 BGH GRUR 1978, 642 (644) - *SILVA* m. zust. Anm. Schulze zur Wiesche, GRUR 1978, 647; Heydt, GRUR 1974, 1 (3); Kraft in GRUR 1974, 550 (556).

886 v. Mühlendahl/Ohlgart, § 19, Rn. 110.

Das gleiche gilt für Löschungsklagen, da der Altmarkeninhaber alle gem. § 55 III 1 u. 2 MarkenG geforderten Benutzungsnachweise erbringen kann und auch § 55 III 3 MarkenG (keine Löschung der Neumarke bei Verfallsreife der Altmarke am Tag der Neumarkenveröffentlichung) nicht vorliegt.

2. Meinungsstand

Trotzdem kann man es als unbefriedigend empfinden, daß eine Altmarke, die der Neumarke einmal löschungsreif gegenüberstand, noch Angriffe auf diese Neumarke ermöglichen soll. Das obige Beispiel mit seinen langen Zeiträumen der „friedlichen Koexistenz" macht deutlich, daß eine Löschung der Neumarke im Jahre 2050 ein merkwürdiges Ergebnis wäre.

a) herrschende Meinung: analoge Anwendung der Koexistenzvorschriften

Die zum MarkenG[887] und zum WZG[888] überwiegende Auffassung nimmt auch hier Koexistenz von Neu- und Altmarke an. Auch die Rechtsprechung tendierte wohl in diese Richtung[889]. Da die Neumarke der Altmarke eine Zeitlang bestandskräftig gegenübergestanden habe, könne die nachträgliche Benutzung der Altmarke die Rechtsstellung der Neumarke nicht mehr schwächen[890]. Der Schutz des abstrakten Vertrauens, auf dem §§ 22 I Nr. 2 und 55 III 3 MarkenG beruhen, müsse auch hier zugunsten der Neumarke A eingreifen. Das rechtfertige es, die Vorschriften über ihren Wortlaut hinaus anzuwenden.

b) Kraft: keine Analogie

Kraft ging demgegenüber für § 11 VI WZG davon aus, daß Zeichenkoexistenz wegen der daraus möglicherweise resultierenden Marktverwirrung grundsätzlich unerwünscht sei und vom WZG nur ausnahmsweise hingenommen werde[891]. Auch könne der Altmarkeninhaber, der koexistierende Neumarken dulden müsse, jedes Interesse an seiner Altmarke verlieren, so daß für ihn die Löschungsreife mit der daraus resultierenden Koexistenz fast die Konsequenzen einer vollständigen Löschung habe[892]. Die Ausdehnung der Markenkoexistenz hätte seiner Auffassung nach unzuträgliche Folgen.

887 Ingerl/Rohnke, § 22, Rn. 11; Fezer, § 49, Rn. 24.

888 Baumbach/Hefermehl, § 11, Rn. 62; Heydt, GRUR 1974, 1 (4, 7); Heydt, FS Hefermehl, 59 (64); Heydt, GRUR 1972, 290 (296/297); für diesen Fall auch gegen Kraft: Schulze zur Wiesche, Anm. zu BGH GRUR 1978, 642 - *SILVA*, GRUR 1978, 647.

889 BGH GRUR 1974, 276 (277) - *King*; BGH GRUR 1975, 370 (371) - *Protesan* m. zust. Anm. Fezer GRUR 1975, 373, der klarstellt, daß die BGH-Entscheidung so verstanden werden muß, daß aus keinem der beiden Zeichen die Löschung des andern betrieben werden kann, insofern unklar der erste Leitsatz.

890 BGH GRUR 1975, 370 (371) - *Protesan* m. zust. Anm. Fezer, 373, für den Fall, daß das Neuzeichen während der Löschungsreife eine Schutzerweiterung erfahren hat.

891 Kraft, GRUR 1974, 550 (555); ebenso im Hinblick auf die Unerwünschtheit von Koexistenz Heydt, GRUR 1972, 290 (296); Schricker, GRUR Int. 1969, 14 (19).

892 Kraft, GRUR 1974, 550 (555).

Kraft verwies den Neumarkenanmelder in solchen Fällen darauf, bis zur Benutzungsaufnahme Löschungsantrag gegen die Altmarke zu stellen. Tue er das nicht, könne der Altmarkeninhaber das Neuzeichen zum Erlöschen bringen, da es weiteren Schutzes durch Koexistenz nicht bedürfe[893].

3. Stellungnahme

Krafts Verweis darauf, der Neumarkeninhaber könne das Löschungsverfahren gegen die Altmarke betreiben[894], überzeugt nicht. Denn diese Verfahrensweise bürdet dem Neumarkeninhaber beträchtliche Risiken auf. Es ist nicht gesagt, daß seine Markenrecherche die Existenz des anderen Zeichens überhaupt zum Vorschein bringt. Deshalb gewährt die Möglichkeit, die Löschung der Altmarke zu bewirken, nicht die erforderliche Rechtssicherheit.

Auch die Vorschriften über die Verwirkung bringen diese Rechtssicherheit nicht. Denn im Rahmen der Verwirkung ist stets erforderlich, daß der Altmarkeninhaber von der Benutzung der Neumarke weiß (§ 21 I MarkenG). Daran kann es aber durchaus fehlen, so daß trotz sehr langer Zeiträume keine Verwirkung eintreten muß.

Letztlich ist die analoge Anwendung von §§ 22 I Nr. 2, 55 III 3 MarkenG vom Zweck des Benutzungszwangs und vom Zweck der Heilungsvorschriften gefordert. Der Zweck des Benutzungszwangs ist es, sicherzustellen, daß Marken am Markt verwendet und nicht gehortet werden. An diesem Zweck orientieren sich auch die Heilungsvorschriften: Eine Marke, die einmal verfallen war, wird als vollwertiges Recht behandelt, wenn ihre Benutzung aufgenommen wurde.

Die Heilung der Altmarke darf aber nicht dazu führen, daß der mit einer Neumarke während der Verfallsreife in unanfechtbarer Weise geschaffene Goodwill nun über ein Löschungsverfahren zerstört wird. Wenn der Benutzungszwang seine Rechtfertigung darin findet, daß er den Markenschutz in volkswirtschaftlich *sinnvoller* Weise beschränkt und deshalb seine Anwendung nicht volkswirtschaftliche Werte zerstören darf, so gilt das erst recht für die Heilungsvorschriften. Deshalb darf die Heilung einer Altmarke keine während des Verfalls entstandenen Neumarken zerstören.

Mithin ist mit der h.M. zu WZG und MarkenG davon auszugehen, daß über den Wortlaut von §§ 22 I Nr. 2, 55 IIII 3 MarkenG Markenkoexistenz nicht nur eintritt, wenn die Altmarke bei Neumarkenveröffentlichung verfallsreif war, sondern auch dann, wenn die Altmarke erst nach Eintragung der Neumarke verfällt.

4. GemMV

Auch die GemMV enthält für diese Fallgruppe keine besondere Regelung. Da der Altmarkeninhaber alle nach der GemMV erforderlichen Benutzungsnachweise erbringen kann, wären sowohl ein Widerspruch als auch ein Löschungsantrag und eine Verletzungsklage erfolgreich. Zu prüfen ist also, ob sich hier die Ergebnisse des deutschen

893 Kraft, GRUR 1974, 550 (555).

894 Kraft, GRUR 1974, 550 (555).

MarkenG tatsächlich von denen der GemV unterscheiden oder ob durch Auslegung der Gleichlauf der Regelungssysteme herbeigeführt werden muß.

a) Meinungsstand

Hackbarth hält das Ergebnis der GemV eigentlich für nicht sachgerecht, will es aber akzeptieren, da es eben vorgegeben sei[895]. Zwar könne der Neumarkeninhaber, solange die Altmarke unbenutzt sei, ein Löschungsverfahren dagegen betreiben und sich so ein bestandskräftiges Recht verschaffen. Das aber reiche nicht aus, da es zu Unrecht dem Neuanmelder das Prozeßrisiko auferlege, so daß die Regelung der GemV hier nicht befriedige.

b) Stellungnahme

Ob allerdings die GemMV wirklich eine Auslegung, wie sie eben zum MarkenG entwickelt wurde, verbietet, ist fraglich. Zu berücksichtigen ist, daß es im 9. Erwägungsgrund der GemMV ausdrücklich heißt, daß der Schutz eingetragener Marken „nur insoweit berechtigt (ist), als diese Marken tatsächlich benutzt werden.“ Im obigen Fall wäre indes die unbenutzte Altmarke von 1981 bis 2050 gegen die Neumarke - rückwirkend - geschützt gewesen. Niemand hätte während dieser 70 Jahre die Chance gehabt, ein mit dieser Marke gleichwertiges Recht zu erwerben. Das steht in Widerspruch zum 9. Erwägungsgrund, und eine sachliche Rechtfertigung dafür gibt es nicht.

Um dieses Ergebnis zu vermeiden, ist es erforderlich, auch in der GemMV die Ausübung von Altmarkenrechten in Löschungs- und Verletzungsverfahren davon abhängig zu machen, daß das Altrecht dem Neurecht nie verfallen gegenüberstand.

3. Fallgruppe

Verfall Altmarke BentzgAltmarke ?

|------------------------|---------------|-----------------------|----------------------|

Anmeldung Veröff. Neumarke

Neumarke

1. Problemstellung

Auch in dieser Fallgestaltung gibt es nach dem MarkenG keine Koexistenz. Der Altmarkeninhaber kann die Neumarke löschen, denn er kann alle Benutzungsnachweise des § 55 III MarkenG erbringen (je 5 Jahre vor Eintragungsveröffentlichung, Klage und letzter mündlicher Verhandlung, keine Verfallsreife bei Neumarkenveröffentlichung).

Da diese Stichtage auch für Verletzungsverfahren entscheidend sind (§§ 25 II, 22 I Nr. 2 MarkenG), bestehen auch Verletzungsansprüche. Praktisch relevant ist die Fallgruppe, weil der Zeitraum zwischen Anmeldung und Eintragungsveröffentlichung sehr

895 Darstellung mit krit. Würdigung bei Hackbarth, Benutzungszwang, 58 ff.; v. Mühlendahl/Ohlgart, § 19, Rn. 105 erörtern dieses Problem nicht.

lang sein kann, wenn etwa Patentamt und BPatG die Eintragungsfähigkeit verneinen und erst der BGH sie bejaht.

2. Meinungsstand

a) Markenkoexistenz tritt ein

Zum WZG wurde vertreten, daß die im Zeitpunkt der Löschungsreife erfolgte Anmeldung ein Anwartschaftsrecht auf die Neumarke begründe, das durch die spätere Benutzung der Altmarke nicht mehr beeinträchtigt werden dürfe. Das ergebe sich auch daraus, daß die Priorität von Zeichen grundsätzlich nach der Anmeldung berechnet werde[896] und dieser Zeitpunkt auch für die Perpetuierung des Rechtsmißbrauchseinwands maßgeblich sei[897].

b) Maßgeblichkeit des Veröffentlichungstages

Dieser Auffassung traten andere mit dem Hinweis entgegen, daß es interessengerecht sei, Koexistenzmöglichkeiten erst nach Bekanntmachung (heute: Eintragungsveröffentlichung) des Neuzeichens zu eröffnen. Denn nur die Veröffentlichung führe eine gewisse Bösgläubigkeit des Altmarkeninhabers herbei, der vorher vom neuangemeldeten Zeichen noch gar nichts wissen konnte[898]. Deshalb müsse dem Altmarkeninhaber die ursprüngliche Priorität seines Zeichens zugebilligt werden[899]. Ingerl/Rohnke zweifeln zwar an der sachlichen Richtigkeit dieser Auffassung, verweisen aber darauf, daß der Gesetzgeber des MarkenG diesen Streit gekannt haben müsse. Wenn die Koexistenzvorschriften trotzdem auf die Eintragungsveröffentlichung abstellten, bedeute das, daß die Anmeldung allein noch nicht zu Koexistenz führe[900].

3. Stellungnahme: keine Analogie erforderlich

Gegen die oben zur zweiten Fallgruppe entwickelte Analogie spricht hier, daß der Neumarkeninhaber zu keinem Zeitpunkt eine „bessere Marke" als der Altmarkeninhaber *hatte*[901]. Denn vollwirksam wurde seine Marke erst mit der Veröffentlichung, und zu diesem Zeitpunkt stand ihr schon die wiedererstarkte Altmarke gegenüber.

896 Baumbach/Hefermehl, § 11, Rn. 62; Heydt, GRUR 1974, 1 (5 f.); Heydt, FS Hefermehl, 59 (64); Heydt, GRUR 1972, 290 (296/297); Hefermehl, GRUR 1968, 486, (489).

897 So Heydt, GRUR 1974, 1 (7). Für die Perpetuierung des Rechtsmißbrauchseinwands s. BGH GRUR 1970, 27 (27) - *Ein-Tannen-Zeichen*; BGH GRUR 1970, 355 - *Epigran II.*

898 Kraft, GRUR 1973, 495 (499).

899 Kraft, GRUR 1974, 550 (554); Kraft, GRUR 1973, 495 (499); Schulze zur Wiesche, Anm. zu BGH GRUR 1978, 642 ff. - *SILVA*, in: GRUR 1978, 645 (646).

900 Ingerl/Rohnke, § 22, Rn. 10. Das BPatG hat darauf hingewiesen, daß der BGH zum WZG ebenfalls angedeutet habe, daß in solchen Fällen die Veröffentlichung, nicht die Eintragung entscheidend sein müsse: BPatG GRUR 1997, 652 (654) - *IMMUNINE* unter Bezug auf BGH GRUR 1978, 642 (644) - *SILVA* (als Stütze der Auffassung) und BGH GRUR 1983, 764 (767) - *Haller II* (der entgegen Baumbach/Hefermehl, § 5, Rn. 80 kein Beleg für der abw. Ansicht sei).

901 So BPatG GRUR 1997, 652 (654) - *IMMUNINE.*

Auch die mögliche lange Dauer des Eintragungsverfahrens nötigt nicht zu der Analogie. Denn wenn die Instanzentscheidungen die Eintragung ablehnen, wird der Markeninhaber keine nennenswerten Investitionen im Hinblick auf seine offensichtlich labile Marke vornehmen, so daß in der Regel während des Eintragungsverfahrens auch kein volkswirtschaftlicher Wert geschaffen wird. Nimmt der Anmelder trotzdem schon während des Eintragungsverfahrens die Benutzung seiner Marke auf, so geschieht das auf eigenes Risiko, schutzbedürftig macht ihn das nicht. Dem Markenanmelder bleibt die schon angesprochene Möglichkeit, verwechslungsfähige Altmarken ausfindig zu machen, zu löschen und so deren Heilung zu verhindern[902]. Völlig schutzlos steht er also nicht da.

2. GemMV

Auch hier ist aus den oben zum MarkenG entwickelten Gründen das Risiko dem Neumarkenanmelder aufzuerlegen. Es tritt keine Koexistenz ein.

4. Fallgruppe

```
                                          Benutzung
                    Verfall Altmarke      Altmarke                          ?
|------------------|-----------------------------|---------------|---------------------------|
Anmeldung                                                  Veröffentlichung
Neumarke                                                   Eintragung Neumarke
```

Hier gelten die Erwägungen zur 3. Fallgruppe entsprechend. Die Heilung der Altmarke vor Veröffentlichung der Neumarke führt nicht zu Koexistenz, sondern aus der Altmarke kann die Löschung der Neumarke betrieben werden. Dafür spricht auch, daß hier der Neuanmelder noch weniger schutzwürdig ist als in der 3. Fallgruppe, da er mit einer zunächst noch gar nicht verfallenen Marke kollidierte[903].

[902] So für WZG Schulze zur Wiesche, Anm. zu BGH GRUR 1978, 642 ff. - *SILVA*, in: GRUR 1978, 645 (646).

[903] Schulze zur Wiesche, Anm. zu BGH GRUR 1978, 642 ff. - *SILVA*, in: GRUR 1978, 645 (646).

§ 24 Allgemeine Beweisfragen, Verspätungsregeln

A. Beweisführung

In den gerichtlichen Markenverfahren gelten die Beweisvorschriften der ZPO. Der Beweis kann also mit den nach §§ 355 ff. ZPO zulässigen Beweismitteln (Zeugen, Urkunden, Sachverständige, Augenschein, Vernehmung des Gegners als Partei) geführt werden. Werden markenrechtliche Ansprüche im Verfahren des einstweiligen Rechtsschutzes geltend gemacht, ist nur Glaubhaftmachung erforderlich (§ 936 ZPO i.V.m. § 920 II ZPO). Als Glaubhaftmachungsmittel kommt insbesondere die eidesstattliche Versicherung des Antragstellers in Betracht (§ 294 I ZPO).

Auch im Widerspruchsverfahren ist nur Glaubhaftmachung der Benutzung erforderlich (§ 43 I 1 MarkenG), so daß auch hier eidesstattliche Versicherungen ausreichen können. Dabei obliegt es nach der Rechtsprechung des BPatG dem Beweisführer allein, die erforderlichen Beweis- und Glaubhaftmachungsmittel im Hinblick auf seine Benutzung zu präsentieren, da der Amtsermittlungsgrundsatz im Hinblick auf die Vorschriften des Benutzungszwangs nicht gilt[904]. Insbesondere sind Darlegungen und Beweisantritte zum Umfang der Benutzung zwingend erforderlich. Ohne solche Darlegungen sei nicht von einer ernsthaften Benutzung auszugehen[905]. Gerichtliche Hinweise zur Nachbesserung nicht ausreichenden Sachvortrags (§§ 139, 278 ZPO a.F.) hält das BPatG, auch wenn vorsorglich ausdrücklich darum gebeten wird, nicht für angezeigt[906]. Denn die Grundanforderungen an die rechtserhaltende Benutzung seien von der Rechtsprechung geklärt, die Parteien bedürften deshalb keiner gerichtliche Anleitung, welche darüber hinaus die Gegenpartei unbillig schwächen würde[907]. Das dürfte nach der ZPO-Reform und angesichts von § 139 II ZPO n.F. nicht mehr haltbar sein, so daß jetzt solche Hinweise erteilt werden müssen.

B. Beweislast

Die Spezialprobleme der Beweislast bei der gerechtfertigten Nichtbenutzung[908] und die Beweislast bei den Voraussetzungen der Heilung gem. § 49 I 2-4 MarkenG[909] wurden oben bereits erörtert. Hier bleibt deshalb nur die Frage der Beweislast für das Vorliegen des eigentlichen Nichtbenutzungstatbestandes in den verschiedenen markenrechtlichen Verfahren zu untersuchen.

904 BGH GRUR 1998, 938 (939) - *DRAGON*; BPatG GRUR 2000, 900 (901) - *Neuro-Vibolex*; BPatG GRUR 1999, 350 (352) - *Ruoc/ROC*; BPatG GRUR 1997, 54 (56) - *S.OLIVER*; Fezer, § 82, Rn. 4; Althammer-Ströbele, § 43, Rn. 4.

905 BGH GRUR 1999, 995 - *HONKA*; BPatG GRUR 2000, 900 (901) - *Neuro-Vibolex.*

906 Das dürfte durch die Reform des Zivilprozesses und §§ 139 n.F., 278 n.F. ZPO überholt sein.

907 BPatG GRUR 2000, 900 (901) - *Neuro-Vibolex.*

908 S. o. 92.

909 S. o. 215.

I. Beweislast im Verletzungsverfahren

1. Beweislast in Übereinstimmung mit Art. 11 MRRL beim Markeninhaber

§ 25 II MarkenG bestimmt für das Verletzungsverfahren ausdrücklich, daß die Beweislast für das Vorliegen der rechtserhaltenden Benutzung beim Verletzten liegt. Teilweise wird trotzdem vertreten, daß grundsätzlich den Verletzer die Beweislast für das Fehlen der Benutzung treffen müsse. Das wird auf die Formulierung des Art. 11 Abs. 3 MRRL gestützt, der Verletzungsansprüche ausschließt, „(...) wenn im Wege der Einwendung Nachweise erbracht werden, daß die Marke (...) für verfallen erklärt werden könnte." Dazu stehe § 25 I MarkenG, der sie ausdrücklich dem Markeninhaber aufbürdet, in Gegensatz[910].

Zuzugeben ist zwar, daß Art. 11 III MRRL wie eine Beweislastregel klingt. Es ist aber mit der richtigen Ansicht davon auszugehen, daß es keine sein soll. Das ergibt sich aus einer Zusammenschau mit dem 8. Erwägungsgrund zur MRRL[911]. Dieser überläßt es den Mitgliedstaaten, die den Verfall betreffenden Verfahrensvorschriften selbst festzusetzen. Dagegen könnte man nun zwar einwenden, daß die Beweislast nach deutscher h. M. dem materiellen Recht zuzuordnen ist[912], so daß Beweislastvorschriften keine vom 8. Erwägungsgrund angesprochene „Verfahrensregeln" wären[913]. Aus dem 10. Erwägungsgrund zur MRRL ergibt sich aber, daß das nicht das Verständnis des Richtliniengebers ist. Dort heißt es, daß Bestimmungen über die „Feststellung der Verwechslungsgefahr, *insbesondere über die Beweislast*[914], Sache nationaler Verfahrensregeln (sind)". Der Richtliniengeber sieht also Beweislastvorschriften als eine Untergattung von Verfahrensregelungen an. Diese Begriffsbildung muß dann auch für den 8. Erwägungsgrund gelten. Da mithin die Beweislastverteilung Teil des national zu regelnden Verfahrens ist, kann Art. 11 III nicht wie eine Beweislastregelung gemeint sein, so daß die von § 25 MarkenG angeordnete Beweislastverteilung dazu auch nicht in Widerspruch stehen kann.

2. vorprozessual erhobene Nichtbenutzungseinrede im Versäumnisverfahren

Grundsätzlich muß also in Verletzungsverfahren der Markeninhaber beweisen, daß er seine Marke benutzt hat. Das bedeutet nach allgemeinen Grundsätzen, daß ihn auch die Darlegungslast dafür trifft. Da aber die Nichtbenutzung eines Zeichens nur auf Einrede, nicht von Amts wegen berücksichtigt wird[915], muß der Kläger Tatsachen zur Benutzung erst vortragen, wenn der Beklagte die Einrede erhoben hat.

910 Ressler, GRUR 1995, 530 (533); Kunz-Hallstein, GRUR Int. 643 (644).

911 So auch (zur GemMV) Ubertazzi, GRUR Int. 1995, 474 (479); Ubertazzi, Riv. dir. ind. 1995, 1 (14); ebenso zum MarkenG Ingerl/Rohnke, § 25, Rn. 20.

912 S. etwa BGH ZIP 1988, 1000; Zöller-Greger, v. § 284, Rn. 15; Zöller-Gummer, § 538, Rn. 11; BLAH-Albers, § 539, Rn. 5 f.

913 So Kunz-Hallstein, GRUR Int. 643 (644).

914 Hervorhebung nur hier.

915 Ingerl/Rohnke, § 25, Rn. 17; Fezer, § 25, Rn. 1; Althammer-Klaka 25, Rn. 11.

Fraglich ist, ob die Einrede wirklich im Prozeß erhoben werden muß, oder ob es ausreicht, wenn sich aus dem Klägervortrag ergibt, daß die Marke nicht benutzt ist und sich der - säumig gebliebene - Beklagte vorprozessual darauf berufen hatte. Ingerl/Rohnke meinen - unter Zitierung einer abweichenden Ansicht für die Verjährungseinrede[916] -, daß nur die im Verlauf des Prozesses erhobene Nichtbenutzungseinrede zu berücksichtigen sei[917].

Dem ist zuzustimmen. Dabei ist entscheidend zu berücksichtigen, daß das Gesetz in § 25 II 1 MarkenG ausdrücklich das Wort „Einrede" verwendet. Durch dieses Wort macht der Gesetzgeber deutlich, daß er an die bloße Darlegung von Tatsachen noch keine Rechtsfolgen knüpfen will. Vielmehr muß der Begünstigte zusätzlich kundtun, daß er die mögliche Rechtsfolge angewandt sehen will. Dabei kann es nicht ausreichen, daß er vorprozessual die Einrede erhoben hat. Denn gerade die Tatsache, daß er sich am Verfahren nicht beteiligt, kann darauf hindeuten, daß er die Einrede vor Gericht nicht geltend machen will.

Deshalb kann die Benutzungseinrede, wenn sie nicht im Prozeß erhoben wird, nicht berücksichtigt werden. Damit kann ein Versäumnisurteil gegen den Markenverletzer ergehen, auch wenn schon nach dem Vortrag des Markeninhabers die Marke nicht benutzt ist.

3. Benutzung in Verfahren ohne Anhörung des Gegners

a) Problemstellung

Die Möglichkeiten des einstweiligen Rechtsschutzes sind in Markensachen sehr ausgeprägt. Die Dringlichkeit, die gem. §§ 935, 940 ZPO Voraussetzung für den Erlaß einstweiliger Verfügungen ist, wird analog § 25 UWG vermutet[918]. Außerdem gibt es bei offensichtlichen Rechtsverletzungen die Möglichkeit der Grenzbeschlagnahme von Importwaren (§ 146 MarkenG).

Grundsätzlich gilt in den einstweiligen Verfahren dieselbe Darlegungs- und Beweislastverteilung wie in Hauptsacheverfahren. Zu bedenken ist aber, daß einstweilige Verfügungen bei besonderer Eilbedürftigkeit auch ohne Anhörung des Gegners ergehen können (§ 937 II ZPO) und bei Grenzbeschlagnahmen eine vorherige Anhörung generell nicht vorgesehen ist[919].

Im Fällen von § 937 II ZPO und der Grenzbeschlagnahme kann also die Nichtbenutzungseinrede immer erst im Rechtsbehelfsverfahren erhoben werden. Das würde be-

916 Vorprozessuales Geltendmachen der Verjährung kann ausreichen: OLG Düsseldorf NJW 1991, 2089; Palandt-Heinrichs, § 222, Rn. 2; Zöller-Herget, § 331, Rn. 4; a.M. BLAH-Hartmann, § 331, Rn. 9.

917 Ingerl/Rohnke, § 25, Rn. 17; Althammer-Klaka 25, Rn. 11; so wohl auch Fezer, § 25, Rn. 1.

918 Fezer, § 14, Rn. 550; Ingerl/Rohnke, v. §§ 14-19, Rn. 49, beide m.w.N.

919 Arg. § 146 II 1 MarkenG, der die unverzügliche Unterrichtung des Beschlagnahmegegners vorschreibt.

deuten, daß aus einer eigentlich schutzlos gestellten Marke zunächst erfolgreich Verfügungs- und Beschlagnahmeverfahren beantragt werden könnten.

b) Lösung: Markeninhaber muß Benutzung glaubhaft machen

Das erscheint im Ergebnis so bedenklich, daß zu fragen ist, ob hier nicht eine andere Beweislastverteilung gelten muß. Tatsächlich ist allgemein anerkannt, daß eine einstweilige Verfügung ohne Anhörung des Gegners nur ergehen kann, wenn der Antragsteller über die allgemeinen Anforderungen hinaus auch glaubhaft macht, daß die Einwendungen und Einreden, die nach seinem eigenen Vortrag bestehen können, nicht vorliegen[920]. Bei Marken, die länger als 5 Jahre eingetragen sind, kommt aber der Nichtbenutzungseinwand immer in Betracht. Deshalb muß der Antragsteller - wenn er eine einstweilige Verfügung ohne Anhörung des Gegners erreichen will - auch glaubhaft machen, daß er seine Marke benutzt hat[921].

Bei der Grenzbeschlagnahme läßt sich dieses Erfordernis darauf stützen, daß § 146 MarkenG verlangt, daß die Rechtsverletzung offensichtlich sein muß. „Offensichtlich" ist die Verletzung einer Marke, die länger als 5 Jahre eingetragen ist, aber nur, wenn glaubhaft gemacht ist, daß die Marke im maßgeblichen 5-Jahreszeitraum benutzt wurde. Deshalb muß auch hier der Antragsteller die Benutzung glaubhaft machen.

c) Ergebnis

Unterläßt der Antragsteller diese Glaubhaftmachung, kann eine einstweilige Verfügung nur nach mündlicher Verhandlung ergehen, während die Grenzbeschlagnahme völlig unterbleiben muß. In diesen Verfahren kommt es also zu einer von den allgemeinen Grundsätzen abweichenden Beweislastverteilung.

II. Beweislast im Widerspruchs- und Löschungsverfahren aus Altmarken

1. Für das Löschungsverfahren aus einer Altmarke gegen eine Neumarke bestimmt § 55 III 1 MarkenG, daß der Altmarkeninhaber die Beweislast für das Vorliegen einer rechtserhaltenden Benutzung trägt. Ebenso regelt dies § 43 I 1MarkenG für das Widerspruchsverfahren mit dem Unterschied, daß hiernach der Altmarkeninhaber die Benutzung nur glaubhaft machen muß.

2. Die obigen Erwägungen zur Konformität dieser Beweislastverteilung mit der MRRL und (bei Verletzungsverfahren) zum Problem eines Versäumnisurteils trotz fehlender Benutzung gelten entsprechend.

3. Löschungsansprüche können nicht mit einstweiligen Verfügungen durchgesetzt werden, da die Verurteilung zur Einwilligung in die Löschung einer Marke keine bloß vorläufige Regelung darstellt, sondern die Hauptsache vorwegnimmt. Sie könnte deshalb nur im Wege einer Leistungsverfügung erfolgen[922]. Zwar sind auch solche Ver-

[920] OLG Karlsruhe, WRP 1983, 170 (171); Fezer, § 14, Rn. 551; Zöller-Vollkommer, § 922, Rn. 5; Stein/Jonas-Grunsky, § 922, Rn. 11.

[921] Fezer, § 14, Rn. 551, Ingerl/Rohnke, § 25, Rn. 29.

[922] Ingerl/Rohnke, § 55, Rn. 40 meinen, daß eine Löschungsverfügung wegen der darin liegenden Vorwegnahme der Hauptsache nicht möglich sei. Es ist aber auch zu klären, wieso bei Löschungs-

fügungen grundsätzlich möglich, doch ist Voraussetzung, daß der Antragsteller auf die Befriedigung seines Anspruchs dringend angewiesen ist[923]. Daran fehlt es bei Löschungsansprüchen, da der Altmarkeninhaber durch die bloße Eintragung der Neumarke keinen nicht wiedergutzumachenden Rechtsnachteil erleidet. Er ist vielmehr darauf zu verweisen, gegen die tatsächliche Verwendung der Marke im Wege der Unterlassungsverfügung vorzugehen, die Löschung aber im Hauptsacheverfahren zu betreiben[924].

III. Beweislast bei Löschungsanträgen gegen Altmarken wegen Nichtbenutzung (§ 49 MarkenG[925])

§ 49 MarkenG enthält keine ausdrückliche Beweislastregelung. Nach ganz einhelliger Ansicht trägt hier der Antragsteller die Beweislast für die Voraussetzungen des Verfalls, also insbesondere die 5-jährige Nichtbenutzung[926]. Die Beweislast ist somit anders geregelt als im Verletzungsverfahren und im Löschungsverfahren aus einer Altmarke. Das beruht auf der Erwägung, daß § 49 I MarkenG die Popularklage ermöglicht (§ 55 II Nr. 1 MarkenG) und es dem Markeninhaber nicht zuzumuten ist, auf den bloßen Löschungsantrag gegenüber jedermann seine Umsatzzahlen, Werbeaufwendungen angeben zu müssen[927]. Allerdings muß der Markeninhaber wenigstens die Produkte benennen, für die er die Marke benutzt haben will, so daß er, wenn er die Benutzung einer für Klasse 30 (u.a. Kaffee, Tee, Kakao, Zucker, Mehle, Konditorwaren, Honig, Hefe, Salz, Senf) eingetragenen Marke nur für Tee behauptet, die Löschung im übrigen hinnehmen muß[928].

Der Verfallkläger kann den Beweis etwa dadurch antreten, daß er Kaufleute aus den angesprochenen Verkehrskreisen als Zeugen dafür benennt, daß sie die Marke nicht kennen und ihnen im Verkehr noch keine damit gekennzeichneten Produkte begegnet sind[929]. Behauptet der Markeninhaber nun weiter, er habe die Marke ernsthaft benutzt, ist er am Zug und muß die Umstände der Benutzung und der Ernsthaftigkeit substantiiert darlegen und sodann beweisen[930].

---

ansprüchen die - sonst in Ausnahmefällen erlaubte - Vorwegnahme der Hauptsache generell nicht erforderlich und deshalb unzulässig ist.

923 Zöller-Vollkommer, § 940, Rn. 6.

924 Ohne Begründung für Zulässigkeit einer Löschungsverfügung: Busse/Starck, § 11, Rn. 4.

925 Zur Beweislast für die heilungsbegründenden und -ausschließenden Umstände s. S. 215.

926 OLG Hamburg BGH GRUR 1999, 339 (341) - *Yves Roche*; Ingerl/Rohnke, § 55, Rn. 10; Fezer § 49, Rn. 19.

927 OLG Hamburg BGH GRUR 1999, 339 (341) - *Yves Roche*.

928 OLG Hamburg BGH GRUR 1999, 339 (341) - *Yves Roche*.

929 So etwa für das italienische Recht Trib. Roma 5.6.1986, Giur.Ann.Dir.Ind. Nr. 2046 (5).

930 Zur Beweislast für die heilungsbegründenden und -ausschließenden Umstände S, 215.

C. Geltendmachung der Nichtbenutzungseinrede

I. Bestimmtheit der Einrede

Schließt man sich - zutreffenderweise[931] - mit dem BGH der Einheitslösung an, sind die verschiedenen Tatbestände der §§ 25 II, 43 I, 55 III MarkenG auf Altmarken kumulativ anwendbar. Der Markeninhaber muß also die Benutzung für die 5 Jahre vor Eintragung der Neumarke, 5 Jahre vor Einleitung des Verfahrens für die 5 Jahre vor Beendigung der letzten Tatsacheninstanz nachweisen.

Für den Gegner stellt sich die deshalb Frage, ob es ausreicht, generell die Benutzung zu bestreiten, oder ob es erforderlich ist, diejenigen 5 Jahre zu bezeichnen, für die man die Benutzung bestreiten will. Das ist insbesondere deshalb praktisch relevant, weil der Gegner des Altmarkeninhabers gegen seine eigenen Interessen handelt, wenn er am Anfang des Verfahrens ausdrücklich behauptet, daß das Zeichen (jedenfalls bis zur letzten mündlichen Verhandlung) löschungsreif sein werde. Denn diese Behauptung würde dem Altmarkeninhaber die Möglichkeit zur rechtserhaltenden Nachbenutzung eindringlich ins Bewußtsein rufen und ihn so mittelbar dazu auffordern[932].

1. Grundsätzlich generelle Erhebung der Einrede möglich

Das BPatG nimmt deshalb zutreffenderweise an, daß die Einreden des § 43 I MarkenG einander nicht notwendigerweise einschließen. Es könne sich jedoch aus dem Verhalten der Partei ergeben, daß die Benutzung insgesamt bestritten werden soll, so daß dann auch alle Einreden des § 43 I MarkenG zugleich erhoben seien, auch wenn sie nicht ausdrücklich bezeichnet sind[933].

2. Ausnahme: Bei erstmaligem Ablauf der Schonfrist im Verfahren keine Einrede „auf Vorrat"

Ist allerdings die Marke bei erstmaliger Erhebung der Einrede noch gar nicht 5 Jahre eingetragen, so könne die Nichtbenutzungseinrede nicht - auch nicht mit Wirkung bloß für die Zukunft - erhoben werden. Sie muß dann nach Ablauf der Schonfrist gesondert geltend gemacht werden[934]. Das BPatG stützt dies darauf, daß eine vor Ablauf der ersten Benutzungsschonfrist „auf Vorrat" erhobene Nichtbenutzungseinrede eine aufschiebend befristete Prozeßhandlung wäre, was dem Zweck der Prozeßhandlung, das aktuelle Prozeßrechtsverhältnis zu gestalten, widerspräche[935].

931 s.o. 215.

932 BPatG GRUR 1996, 279 (281) - *BIOVERA*.

933 BPatG v. 9.2.1999, 24 W (pat) 88/98 - *Tresan* (unveröffentlicht, wiedergegeben bei Grabrucker, GRUR 2000, 373 (379 f.).

934 BPatG GRUR 1996, 279 (281) - *BIOVERA*; implizit auch BPatG GRUR 2001, 166 (168) - *Warenvertrieb im Internet*, wobei es aber ausreicht, wenn hinreichend deutlich wird, daß die Benutzung auch insofern bestritten werden soll, so BPatG GRUR 2000, 1052 (1054) - *Rhoda-Hexan/Sota-Hexal* unter Verweis auf BGH GRUR 1999, 54 ff. - *Holtkamp*.

935 BPatG GRUR 2000, 1052 (1054) - *Rhoda-Hexan/Sota-Hexal*, in diesem Fall war die Altmarke bei Erhebung der Benutzungseinrede noch gar nicht 5 Jahre eingetragen.

Dafür spricht auch, daß der Gegner des Markeninhabers bei Beginn des Verfahrens noch gar nicht wissen kann, ob der Markeninhaber bis zur letzten Tatsacheninstanz die Markennutzung aufnehmen wird oder nicht. Stellt der Gegner trotzdem die Behauptung auf, daß der Markeninhaber die Marke bis zum Abschluß der Tatsacheninstanzen nicht benutzen werde, so wäre diese Behauptung, soweit sie sich auf die fernere Zukunft bezieht, eine ins Blaue geäußerte Vermutung und deshalb unbeachtlich (§ 138 I ZPO).

3. Hinweis gem. § 139 ZPO?

Meint das Gericht, trotz der insgesamt erhobenen Nichtbenutzungseinrede sei die Benutzung nur teilweise bestritten, kann nach den Umständen des Einzelfalls ein Hinweis darauf erforderlich sein, um die Partei, welche die Benutzung insgesamt bestritten zu haben meint, nicht einer Überraschungsentscheidung auszusetzen. Einen solchen hielt die Rechtsprechung im Rechtsmittelverfahren für entbehrlich, wenn schon in der angefochtenen Entscheidung die Nichtbenutzungseinrede als unzulässig verworfen worden war[936]. Da in einem solchen Fall die Partei den fraglichen Gesichtspunkt nicht übersehen kann (weil er in der vorinstanzlichen Entscheidung ausgeführt ist), ist auch nach § 139 II ZPO n.F. ein Hinweis entbehrlich.

II. Keine hilfsweise Erhebung der Einrede

Das BPatG hat zutreffend entschieden, daß die Nichtbenutzungseinrede nicht hilfsweise - nachrangig etwa zum Einwand der fehlenden Produkt- oder Zeichenähnlichkeit - erhoben werden kann. Das stützt das Gericht darauf, daß hilfsweises Vorbringen nur dann zulässig ist, wenn das Hauptvorbringen eine andere - günstigere - Sachentscheidung bewirken soll als das Hilfsvorbringen. Das aber sei bei der Nichtbenutzungseinrede - anders als etwa bei der Hilfsaufrechnung - nicht der Fall. Das einzige Interesse der Partei könne darin liegen, das Gericht dazu zu zwingen, die maßgeblichen Rechtsfragen in einer bestimmten Reihenfolge zu prüfen. Das aber sei unzulässig. Sobald also die Nichtbenutzungseinrede ernsthaft erhoben ist, könne das Gericht darauf auch seine Entscheidung stützen[937].

D. Rechtzeitigkeit des Vorbringens

Es ist zu prüfen, bis zu welchem Zeitpunkt die Nichtbenutzungseinrede in den verschiedenen markengesetzlichen Verfahren erhoben werden muß, damit sie nicht wegen Verspätung zurückgewiesen werden kann.

I. Geltung der Verspätungsregeln

Im Verletzungs- oder Löschungsverfahren vor den ordentlichen Gerichten gelten die Verspätungsregeln der §§ 282, 296, 525, 530, 531 ZPO.

Fraglich ist, ob der generelle Verweis auf die ZPO in § 82 MarkenG auch für die Verspätungsvorschriften gilt. Denn vor dem Patentamt gilt prinzipiell der Amtsermitt-

936 BPatG GRUR 2000, 1052 (1054) - *Rhoda-Hexan/Sota-Hexal.*

937 BPatG GRUR 2000, 1052 (1054) - *Rhoda-Hexan/Sota-Hexal*; ebenso für die Unzulässigkeit der hilfsweise erhobenen Verjährungseinrede Palandt-Heinrichs, § 222, Rn. 2.

lungsgrundsatz, so daß die Anwendbarkeit der Verspätungsvorschriften, die ein Ausfluß der Dispositionsmaxime sind, zweifelhaft erscheint. Im Rahmen der Nichtbenutzungseinrede greifen diese Zweifel aber nicht durch, weil die Nichtbenutzung nach dem ausdrücklichen Wortlaut des § 43 I MarkenG nicht von Amts wegen ermittelt, sondern behauptet werden muß. Deshalb gelten hier auch die Verspätungsvorschriften der §§ 282, 296, 525, 530, 531 [938] ZPO[939].

Diese Vorschriften sind allerdings auf den Prozeß vor den Landgerichten und deshalb auf anwaltlich vertretene Parteien zugeschnitten[940]. Fraglich ist, ob sie trotzdem auch in patentgerichtlichen Verfahren anwendbar sind, da hier die anwaltliche Vertretung nicht vorgeschrieben ist. Zu bedenken ist aber, daß das Verfahren vor den ordentlichen Gerichten grundsätzlich mündlich ist. Wenn aber die Vertretung durch einen Anwalt vorgeschrieben ist, folgt aus §§ 282, 296, 525, 530, 531 ZPO eine Obliegenheit zur schriftsätzlichen Vorbereitung der mündlichen Verhandlung. Diese Vorschriften sind also als Annäherungen an ein schriftliches Verfahren anzusehen, die in der ZPO nur für einen (systematischen) Sonderfall - nämlich den Anwaltsprozeß - gelten.

Demgegenüber ist aber das patentgerichtliche Verfahren grundsätzlich, unabhängig von anwaltlicher Vertretung, schriftlich[941]. Deshalb ist es sachgerecht, im patentgerichtlichen Verfahren gerade diejenigen Vorschriften der ZPO anzuwenden, die Durchbrechungen des Mündlichkeitsgrundsatzes enthalten. Das aber sind insbesondere die Präklusionsvorschriften. Auf die anwaltliche Vertretung der Partei kommt es deshalb für die Geltung der §§ 282, 296, 525, 530, 531 ZPO nicht an[942].

II. Voraussetzung der Zurückweisung wegen Verspätung

1. Verspätung

Verspätung kommt nach dem BPatG grundsätzlich dann in Betracht, wenn die Nichtbenutzungseinrede erst wenige Tage vor der mündlichen Verhandlung erhoben wird[943]. Regelmäßig ist die Einrede verspätet, wenn dem Widersprechenden nur noch eine Woche zur Beschaffung von Glaubhaftmachungsmitteln verbleibt[944].

938 BPatG GRUR 1996, 414 (415) - *RACOON/DRAGON*: die Beschwerde zum BPatG ist ein Rechtsmittel, so daß §§ 527 f. ZPO und über den Generalverweis in § 523 ZPO auch §§ 282, 296 ZPO anwendbar sind.

939 BGH GRUR 1998, 938 (939) - *DRAGON*; BPatG GRUR 2000, 900 (901) - *Neuro-Vibolex*; BPatG GRUR 1999, 350 (352) - *Ruoc/ROC*; BPatG GRUR 1997, 54 (56) - *S.OLIVER*; Fezer, § 82, Rn. 4; Althammer-Ströbele, § 43, Rn. 4.

940 §§ 253-494 a ZPO sind überschrieben „Verfahren vor den Landgerichten".

941 § 69 MarkenG: mündliche Verhandlung nur fakultativ.

942 BPatG GRUR 1997, 370 (371 f.) - *LAILIQUE/LALIQUE*; Althammer-Ströbele, § 43, Rn. 30; a.M. Fezer, § 82, Rn. 4; anders wohl auch noch BPatG GRUR 1996, 414 - *Racoon/DRAGON*.

943 BPatG GRUR 1999, 350 (352) - *Ruoc/ROC*: zwei Tage vor mündlicher Verhandlung ist zu spät.

944 BPatG GRUR 1997, 370 (372) - *LAILIQUE/LALIQUE*.

2. Verzögerung

Weitere Voraussetzung für die Nichtberücksichtigung von Sachvortrag ist regelmäßig, daß die Verspätung zu einer Verzögerung des Rechtsstreits führt.

a) ohne Behauptung der Benutzung keine Verzögerung

Hierzu stellt das BPatG zutreffend fest, daß das auch bei einer erst in der mündlichen Verhandlung erhobenen Nichtbenutzungseinrede nicht ohne weiteres der Fall ist. Sie verzögert das Verfahren dann nicht, wenn ihr der Markeninhaber nicht mit der Gegenbehauptung entgegentritt, er habe seine Marke doch benutzt. Dabei sieht das BPatG diese Behauptung nicht ohne weiteres konkludent darin, daß er Rechte aus seiner Marke herleitet. Denn etwa bei Marken mit sehr großem Produktverzeichnis sei keinesfalls sicher, daß der Inhaber wirklich die Benutzung für alle eingetragenen Produkte reklamieren werde[945].

Deshalb muß der Markeninhaber auf die Einrede der Nichtbenutzung mit der ausdrücklichen Behauptung erwidern, er habe seine Marke benutzt. Ohne eine solche ausdrückliche Behauptung ist die Nichtbenutzung zugestanden (§ 138 III ZPO), es kann deshalb keine Verfahrensverzögerung durch eine Beweisaufnahme eintreten, so daß auch eine Zurückweisung wegen Verspätung nicht in Betracht kommt[946].

b) auch die erst in mündlicher Verhandlung erhobene Einrede kann nicht verzögernd sein

Soweit die Nichtbenutzungseinrede erst in der mündlichen Verhandlung erhoben wird, kann man ihr nur entgegnen, wenn man an der Verhandlung teilnimmt. Auch wenn die Nichtteilnahme an mündlichen Verhandlungen vor dem Patentgericht nicht den Erlaß eines Versäumnisurteils ermöglicht[947], kann auf eine plötzlich erhobene und ohne Entgegnung gebliebene Nichtbenutzungseinrede das BPatG die Nichtbenutzung als unstreitig ansehen (§ 138 III ZPO) und der Altmarkeninhaber deshalb das Verfahren verlieren.

c) kein Ausschluß der Verzögerung durch Schriftsatzfrist

Behauptet der Markeninhaber hingegen die Benutzung ausdrücklich - was auch noch in einem nachgelassenen Schriftsatz geschehen kann[948] -, bedarf es eines Glaubhaftmachungsverfahrens bzw. einer Beweiserhebung. Das ist nur um den Preis einer Prozeßverlängerung durchführbar. Bei ausdrücklicher Entgegnung auf die verspätet erho-

945 BPatG GRUR 1997, 534 (535) *ETOP/Itrop*; BPatG GRUR 1999, 350 (352) - *Ruoc/ROC*; anders wohl noch BPatG GRUR 1996, 414 - *RACOON/DRAGON*.

946 BPatG GRUR 1999, 350 (352) - *Ruoc/ROC*.

947 Es wird - anders als im Zivilprozeß - dann nicht auf Grundlage des Gegnervorbringens, sondern aufgrund des gesamten festgestellten Sachverhalts entschieden: § 75 II MarkenG, Fezer, § 75, Rn. 4.

948 BPatG GRUR 1999, 350 (352) - *Ruoc/ROC*. Der Schriftsatznachlaß als solcher verzögert die Entscheidung nicht (Althammer-Ströbele, § 43, Rn. 31)

bene Nichtbenutzungseinrede wird also regelmäßig eine Verfahrensverzögerung zu besorgen sein, so daß die Zurückweisung wegen Verspätung möglich ist.

Diese Verzögerung kann auch nicht durch Gewährung einer Schriftsatzfrist für den Altmarkeninhaber geheilt werden, da der nachgelassene Schriftsatz nur neuen Sachvortrag enthalten, nicht aber das Glaubhaftmachungsverfahren bzw. die Beweisaufnahme ersetzen kann[949].

d) weitere Voraussetzungen

Die weiteren Voraussetzungen der Zurückweisung wegen Verspätung - keine Entschuldigung der Verspätung (§ 296 I, III ZPO), grobe Nachlässigkeit (§ 296 II ZPO) - sind weitgehend abhängig von den Umständen des Einzelfalls. Im Hinblick auf die grobe Nachlässigkeit der Verspätung verlangt das BPatG dann, wenn die Einrede der Nichtbenutzung schon längere Zeit möglich gewesen wäre[950], die Darlegung besonderer Umstände, warum trotzdem keine grobe Nachlässigkeit vorliegen soll[951]. Regelmäßig also ist bei großer Verspätung auch von grober Nachlässigkeit auszugehen.

949 BPatG GRUR 1999, 350 (352) - *Ruoc/ROC*; Althammer-Ströbele, § 43, Rn. 31.

950 Im Fall BPatGE 40, 27 (30) - *KIMBOY'S* rund 8 Monate.

951 BPatGE 40, 27 (30) - *KIMBOY'S*.

§ 25 Die Bindungswirkung von Entscheidungen zum Benutzungszwang

Wird in einem gerichtlichen oder patentamtlichen Verfahren festgestellt, daß eine Marke zu einem bestimmten Zeitpunkt den Benutzungsanforderungen genügte oder nicht genügte, so stellt sich die Frage, ob dieser Umstand damit nur in dem betreffenden Verfahren und zwischen den dort beteiligten Personen feststeht, oder ob die Feststellung mit Wirkung für und gegen jedermann getroffen wird. Außerdem ist zu prüfen, zu welchem Zeitpunkt jeweils die Wirkungen der betreffenden Entscheidung eintreten.

A. Verfallsverfahren

I. Überblick

Die MRRL enthält zur Frage der Rechtskrafterstreckung keine Regelungen. Das beruht darauf, daß der Erlaß der Verfahrensvorschriften Sache der Mitgliedstaaten ist[952].

Im MarkenG und in der GemMV ist die Wirkung einer Markenlöschung wegen Verfalls und anderer Löschungsgründe in § 52 MarkenG und inhaltsgleich in Art. 54 GemMV geregelt. Hier interessieren die Vorschriften des § 52 I und III MarkenG[953], die sich mit der Markenlöschung wegen Verfalls, also auch wegen Nichtbenutzung, befassen. In § 52 I 1 MarkenG ist vorgesehen, daß die Wirkungen einer Markeneintragung, die wegen Verfalls gelöscht wird, vom Zeitpunkt der Klageerhebung an als nicht eingetreten gelten[954]. Auf Antrag kann gem. § 52 III 2 MarkenG ein früherer Zeitpunkt festgesetzt werden[955]. Unberührt von der Löschungsentscheidung bleiben gem. § 52 III Nr. 1 MarkenG vorherige rechtskräftige Entscheidungen in Verletzungsverfahren[956] und gem. § 52 III Nr. 2 S. 1 MarkenG erfüllte Verträge[957]. Bei erfüllten Verträgen aber bleibt gem. § 53 III Nr. 2 S. 2 MarkenG die Rückerstattung gezahlter Beträge nach allgemeinem Schadensersatz- und Bereicherungsrecht oder - bei Verträgen - aus Billigkeitsgründen vorbehalten[958].

Eine weitere Rückwirkungsvorschrift enthält § 125 c) MarkenG. Wird für eine Gemeinschaftsmarke der frühere Zeitrang einer bereits verfallenen nationalen Marke in Anspruch genommen und verzichtet der Inhaber anschließend auf die nationale Marke oder verlängert sie nicht (um so einer Verfallsklage auszuweichen), so hat die Gemeinschaftsmarke in dem betreffenden Mitgliedstaat eine Priorität, die ihr eigentlich nicht zusteht. Deshalb kann gem. § 125 c) auf Antrag der frühere Verfallszeitpunkt

[952] 5., 7., 8. und 10. Erwägungsgrund der MRRL.

[953] Art. 54 I, III GemMV.

[954] Art. 54 I GemMV: ab Antragstellung.

[955] Ebenso Art. 54 I 2 GemMV.

[956] Ebenso Art. 54 III I a) GemMV.

[957] Ebenso Art. 54 III I b) GemMV.

[958] Ebenso Art. 54 III I b) GemMV. Art 54 III 1. Hs. enthält aber sowohl für rechtskräftige Verletzungsentscheidungen als auch für erfüllte Verträge eine Öffnungsklausel für weitergehendes nationales Bereicherungs- oder Schadensersatzrecht.

festgestellt werden. Dieser Antrag wird nach den Vorschriften des Löschungsverfahrens behandelt (§ 125 c) III MarkenG).

II. Wirkung der Löschung konstitutiv und inter omnes

Regelungsgegenstand des § 52 MarkenG ist damit hauptsächlich, den Zeitpunkt zu bestimmen, von dem an die Löschung wirken soll[959]. Was die Wirkungen der Löschung eigentlich sind, setzt § 52 MarkenG schon voraus[960].

Wirkung der Löschung einer Markeneintragung ist, daß der mit der Markeneintragung gem. § 4 Nr. 1 MarkenG entstandene Markenschutz wieder wegfällt. Da aber die Marke als absolutes Recht ausgestaltet ist und damit ihre Eintragung gegenüber jedermann wirkt, wirkt auch die Löschung gegenüber jedermann. Sobald also eine Marke gelöscht ist, kann sich nicht nur derjenige, der das Löschungsverfahren betrieben hat, darauf berufen, sondern auch jede andere Person.

Nach bereits zum WZG überwiegender Ansicht hat die Löschung nicht nur deklaratorische, sondern konstitutive Wirkung[961]. Das Markenrecht erlischt nicht etwa schon dann, wenn die Voraussetzungen für eine Löschung vorliegen, sondern erst dann, wenn es tatsächlich gelöscht wird. Die Löschung wird also erst durch die Eintragung der Angabe „Löschung" in das Markenregister gem. §§ 18 Nr. 25 e/f, Nr. 26 d/e, Nr. 27 MarkenV bewirkt[962].

III. Vorgezogene Wirkungen der Löschung

Wenn die Rechte aus der Marke tatsächlich erst mit der Eintragung des Löschungsvermerks ihr Ende fänden, könnte der Markeninhaber bis zu diesem Tag noch Ansprüche daraus herleiten, obwohl die Voraussetzungen für die Löschung schon früher vorlagen. Das könnte zu unbefriedigenden Ergebnissen führen. Deshalb enthält § 52 MarkenG Vorschriften, die für den Fall der Markenlöschung auch einen rückwirkenden Anspruchsausschluß ermöglichen.

1. Rückwirkung gem. § 52 I 1 MarkenG

§ 52 I 1 MarkenG bestimmt, daß die Löschung wegen Verfalls die Wirkungen der Markeneintragung vom Zeitpunkt der Löschungsklage an beseitigt. Die „Wirkungen der Markeneintragung", die § 52 MarkenG beseitigen soll, bestehen darin, daß die Markeneintragung bestimmte Ansprüche (insbes. § 9, §§ 14 ff. MarkenG) gegen Dritte verschafft. Diese Ansprüche entfallen also gem. § 52 I 1 MarkenG rückwirkend vom Tag der Klageerhebung an. Das bedeutet zum einen, daß die aus der Marke folgenden Rechte vom Stichtag der Rückwirkung an nicht mehr geltend gemacht werden können. Zum anderen folgt daraus, daß ein Verhalten, das sich zunächst als Markenverletzung

959 Fezer, § 52, Rn. 2.

960 Ingerl/Rohnke, § 52, Rn. 5.

961 Fezer, § 52, Rn. 1; zum WZG Baumbach/Hefermehl, v. §§ 9-11, Rn. 5; v. Gamm, § 15, Rn. 3 ff.; a.A. Busse/Starck, § 10, Rn. 13.

962 Ingerl/Rohnke, § 52, Rn. 5.

darstellte, durch die Löschung rückwirkend rechtmäßig wird, da Verletzungsansprüche nicht mehr bestehen.

Fraglich ist, ob diese Rückwirkung auch zugunsten der Personen gilt, die am Löschungsverfahren gar nicht beteiligt waren. Das ist zu bejahen[963], weil § 52 I 1 MarkenG ganz generell anordnet, daß „die Wirkungen der Eintragung einer Marke", also der Schutz als absolutes Recht gegenüber jedermann, rückwirkend wegfallen.

2. vorgezogene Rückwirkung: inter partes oder inter omnes?

Für den Fall, daß die Löschungsvoraussetzungen bereits vor Klageerhebung vorlagen, sieht § 52 I 2 MarkenG vor, daß auf Antrag einer Partei für den Eintritt der Löschungswirkung auch ein Tag vor der Klageerhebung bestimmt werden kann. Wenn ein solcher Tag bestimmt wird, so fragt sich, ob dies für jedermann oder nur zwischen den Parteien des Löschungsverfahrens gilt.

a) Meinungsstand

Fezer ist wohl der Auffassung, daß auch die Festlegung des vorgezogenen Stichtags gem. § 52 I 2 MarkenG gegenüber jedermann wirkt[964]. Ingerl/Rohnke meinen hingegen, daß dieser frühere Zeitpunkt nur zwischen den Parteien des Verfahrens maßgeblich sei[965]. Die Tatsache, daß die Festlegung nur auf Antrag einer Partei erfolgt, spreche gegen eine generelle Wirkung.

b) Stellungnahme

Schon das ganze Löschungsverfahren wird nur auf Antrag eingeleitet, die Löschung wirkt trotzdem gegen jedermann. Zweck des § 52 I MarkenG ist es offenbar, dem Gericht eine Prüfungspflicht im Hinblick auf den genauen Zeitraum der Löschung nur dann aufzuerlegen, wenn das eine Partei ausdrücklich wünscht. Das Gericht soll keinen überflüssigen Aufwand betreiben müssen. Wenn dieser Aufwand aber betrieben wurde - weil die Partei den Festsetzungsantrag gestellt hat - , so kann man dem Ergebnis (dem früheren Rückwirkungsstichtag) genauso gut Allgemeingültigkeit beilegen wie sonst der Rückwirkung gem. § 52 I 1 MarkenG. Dritte müßten sonst weitere Feststellungsklagen betreiben, um auch im Verhältnis zwischen sich und dem Markeninhaber frühere Verfallsstichtage bestimmen zu lassen. Das wäre nicht prozeßökonomisch.

Auch die Festsetzung des Rückwirkungszeitpunkts gem. § 52 I 2 MarkenG wirkt deshalb gegenüber jedermann.

963 Ingerl/Rohnke, § 52, Rn. 10.

964 Fezer, § 52, Rn. 6: dem vorverlagerten Zeitpunkt komme „konstitutive Wirkung für den Bestand an Markenkollisionen zu, da ab diesem Zeitpunkt die Wirkungen der Marke als nicht eingetreten gelten." Den Plural „Markenkollisionen" muß man wohl so verstehen, daß auch Kollisionen mit nicht am Verfahren beteiligten Markeninhabern betroffen sind. Ebenso wohl auch Althammer-Klaka, § 52, Rn. 5, da sie den früheren Tag der Rückwirkung ins Markenregister eingetragen sehen wollen, was nur bei Wirkung inter omnes sinnvoll ist.

965 Ingerl/Rohnke, § 52, Rn. 10.

3. Rückwirkung bei Eintritt der Löschungsvoraussetzungen erst während des Verfahrens

a) Problemstellung, Meinungstand

Nach dem Wortlaut von § 52 I MarkenG tritt die Rückwirkung der Löschung auf den Zeitpunkt der Klageerhebung auch dann ein, wenn die Marke bei Erhebung der Klage noch gar nicht löschungsreif war, sondern dies erst im Verlauf des Verfahrens wurde. Dieses Ergebnis kann indes nicht überzeugen, weil dadurch die Benutzungsschonfrist obsolet würde. Während dieser Frist darf der Markeninhaber Ansprüche auf seine Marke stützen, erst nach ihrem Ablauf wird die unbenutzte Marke schutzlos. Die Verfahrensvorschrift des § 52 I 2 MarkenG darf nicht dazu führen, daß die Sanktionen der Nichtbenutzung schon zu einem früheren Zeitpunkt eintreten. Ingerl/Rohnke schlagen für diesen Fall eine „umgekehrt entsprechende" Anwendung des § 52 I 2 MarkenG (Bestimmung eines *früheren Stichtags* auf Antrag) in der Weise vor, daß dann der *spätere* Zeitpunkt im Tenor anzugeben sei. Dieser spätere Zeitpunkt sei von Amts wegen festzusetzen, eines besonderen Antrags bedürfe es nicht[966].

b) Stellungnahme

Im Grundsatz ist Ingerl/Rohnke zuzustimmen. Sachgerechter erscheint es aber, einen besonderen Antrag auch für die Festsetzung des späteren Zeitpunkts in entsprechender Anwendung von § 52 I 2 MarkenG zu verlangen. Denn die dafür erforderliche zusätzliche Prüfung ist nur dann sinnvoll, wenn daran ein Interesse besteht. Dieses Interesse muß die betreffende Partei durch einen Antrag dokumentieren.

Auch die Festsetzung eines solchen späteren Rückwirkungsstichtags erfolgt mit Wirkung gegenüber jedermann, da dies dem Grundsatz der Verfahrensökonomie entspricht.

4. Effekt der Rückwirkung auf laufende Rechtsstreitigkeiten

a) Unterlassungs-, Löschungsklage, Widerspruchsverfahren

Soweit eine Unterlassungsklage oder eine auf die Marke gestützte Löschungsklage vor dem Rückwirkungsstichtag erhoben waren, waren sie ursprünglich begründet und erledigen sich durch die rückwirkende Löschung[967]. Waren sie erst im Rückwirkungszeitraum erhoben, werden sie mit der Löschung ex tunc unbegründet[968], sie erledigen sich also nicht, sondern sind abzuweisen. Ein auf die Marke gestützter Widerspruch wird hinfällig[969].

b) Schadensersatzklage

Eine Schadensersatzklage, die *nur auf Verletzungshandlungen während des Rückwirkungszeitraums* gestützt ist, wird durch die Löschung ex tunc insgesamt unbegründet,

966 Ingerl/Rohnke, § 52, Rn. 6.

967 Ingerl/Rohnke, § 52, Rn. 17, Fezer, § 52, Rn. 18.

968 Ingerl/Rohnke, § 52, Rn. 17.

969 Fezer, § 52, Rn. 18; Baumbach/Hefermehl, § 15, Rn. 74.

sie erledigt sich also nicht, sondern ist abzuweisen[970]. Werden mit der Klage (auch) Schadensersatzansprüche geltend gemacht, die *vor* dem Rückwirkungsstichtag entstanden waren, bleibt die Klage insofern begründet[971], denn vor dem Rückwirkungsstichtag wirkt die Löschung eben nicht.

c) Strafverfahren

In Strafverfahren wegen Markenverletzung entfällt mit der Löschungsrückwirkung rückwirkend die Rechtswidrigkeit der Markenverletzung[972], so daß vor Anklageerhebung gem. § 170 II StPO einzustellen, danach freizusprechen und ein rechtskräftig entschiedenes Strafverfahren gem. § 359 Nr. 5 StPO auf Antrag wieder aufzunehmen[973].

5. Möglichkeit der Verfahrensaussetzung

Stets stellt sich die Frage, ob Verfahren, in denen die zu löschende Marke eine Rolle spielt, bis zum Abschluß des Löschungsverfahrens auszusetzen sind. Gem. § 148 ZPO kann das Gericht die Entscheidung eines Rechtsstreits aussetzen, wenn die Feststellung eines präjudiziellen Rechtsverhältnisses Gegenstand eines anderen Prozesses ist. Diese Möglichkeit ist auch für Markenrechtsstreitigkeiten anerkannt. Berücksichtigt werden muß im Rahmen des durch § 148 ZPO eingeräumten Ermessens[974] nach übereinstimmender Ansicht, daß die Löschung wahrscheinlich ist[975]. Das ist erforderlich, um unnötige Zeitverluste zu vermeiden.

Wenn das Löschungsverfahren nicht vom Beklagten des Verletzungsprozesses, sondern von einem Dritten betrieben wird, stellt sich die Frage, ob auch dann eine Aussetzung möglich ist[976]. § 148 ZPO setzt nach Wortlaut und h. M. [977] aber nicht voraus, daß der vorgreifliche und der auszusetzende Rechtsstreit zwischen denselben Parteien spielen[978]. Da die Löschung einer Marke inter omnes wirkt, ist ein Löschungsprozeß immer vorgreiflich, auch wenn der Verletzungsbeklagte daran nicht beteiligt ist.

970 Anders Fezer, § 52, Rn. 18 (Erledigung).

971 Ingerl/Rohnke, § 52, Rn. 17; Fezer, § 52, Rn. 18.

972 Althammer-Klaka, § 52, Rn. 11; Ingerl/Rohnke, § 143, Rn. 7.

973 Althammer-Klaka, § 52, Rn. 11; Fezer, § 52, Rn. 18; Ingerl/Rohnke § 143, Rn. 7.

974 BGHZ 97, 145; Zöller-Greger, § 148, Rn. 7, BLAH-Hartmann, § 148, Rn. 32

975 Für Patentnichtigkeitsklage BGH GRUR 1987, 284; Fezer, § 52, Rn. 17.

976 So Fezer, § 52, Rn. 17.

977 Zöller-Greger, § 148, Rn. 5; BLAH-Hartmann, § 148, Rn. 13; Stein/Jonas-Roth, § 148, Rn. 28; OLG Nürnberg, MDR 1983, 942.

978 S.a. BPatG GRUR 2002, 734 f. – *grün/grau* dazu, daß trotz fehlender Bindungswirkung von EuGH-Entscheidungen in Vorlageverfahren eine Aussetzung von Parallelverfahren gem. § 82 MarkenG, § 148 ZPO analog möglich ist.

In Strafverfahren wegen Markenverletzung greift bei anhängigem Löschungsprozeß die Aussetzungsmöglichkeit des § 262 StPO ein[979].

IV. Beschränkung der Rückwirkung, § 52 III MarkenG

Wenn die Rückwirkung der Löschung in jedem Falle einträte, würde das dazu führen, daß auch bereits längst abgeschlossene Verfahren wieder aufgerollt werden könnten. Das muß aus Gründen der Rechtssicherheit vermieden werden. Darum setzt § 52 III MarkenG der Rückwirkung Grenzen[980].

1. Wirkung von § 52 III Nr.1 MarkenG: Ausschluß der Restitutionsklage des § 580 Nr. 6 ZPO

Gem. § 52 III Nr. 1 MarkenG bleiben von der Markenlöschung rechtskräftige und vollstreckte Entscheidungen aus Verletzungsverfahren unberührt. Effekt von § 52 III Nr. 1 MarkenG bewirkt vor allem den Ausschluß der Wiederaufnahmeklage gem. §§ 578 ff. ZPO, hier § 580 Nr. 6 ZPO[981]. § 580 Nr. 6 ZPO verlangt zwar eigentlich drei Urteile, die miteinander in sachlichem Zusammenhang stehen: Das präjudizielle Ersturteil, auf dem das zweite Urteil beruht, und ein drittes Urteil, welches das Ersturteil aufhebt und so dem Zweiturteil die sachliche Rechtfertigung entzieht. Hier entspricht dem Ersturteil die Eintragung der Marke. Diese wird durch das rückwirkende Löschungsurteil „aufgehoben", so daß das dazwischenstehende Verletzungsurteil unrichtig wird. Die Eintragung der Marke ist zwar ein Verwaltungsakt[982]. Es ist aber anerkannt, daß auch Verwaltungsakte die aufzuhebende Erstentscheidung in einem Restitutionsverfahren sein können[983].

Deshalb wäre es gem. § 580 Nr. 6 ZPO möglich, ein rechtskräftig abgeschlossenes Verletzungsverfahren nach rückwirkender Markenlöschung wieder aufzurollen. Diese Möglichkeit versperrt § 55 III Nr. 1 MarkenG. Dadurch entsteht dem verurteilten Verletzungsbeklagten kein unzumutbarer Nachteil, da er es selbst in der Hand hatte, sich schon während des Verletzungsverfahrens über die Löschungsreife der Angriffsmarke zu orientieren und auf die Nichtbenutzung im Wege der Einwendung (§ 25 I MarkenG) zu berufen[984].

2. Voraussetzungen des § 52 III NR. 1 MarkenG

a) Rechtskräftige und vollstreckte Verletzungstitel

Voraussetzung für § 52 III Nr. 1 MarkenG ist, daß die Entscheidung rechtskräftig *und* vollstreckt ist. Das bedeutet, daß bis zum Abschluß der Vollstreckung noch die zwischenzeitlich vorgenommene Löschung eingewandt werden kann. „Vollstreckt" i.S.d.

979 Ingerl/Rohnke, § 143, Rn. 7.

980 Ingerl/Rohnke, § 52, Rn. 14.

981 Althammer-Klaka, § 52, Rn. 11.

982 Fezer, § 41, Rn. 3; Baumbach/Hefermehl, § 3 Rn. 6.

983 BGH MDR 1988, 566; Zöller-Greger, § 580, Rn. 13; Stein/Jonas-Grunsky, § 580, Rn. 22.

984 Ingerl/Rohnke, § 52, Rn. 15.

§ 52 I MarkenG ist eine Entscheidung auch dann, wenn freiwillig geleistet wurde[985]. Das kommt insbesondere bei Schadensersatzzahlungen (§ 14 VI MarkenG) in Betracht.

Ein Sonderproblem stellt sich bei Unterlassungstiteln gem. § 14 V MarkenG. Der Anspruch aus einem solchen Titel ist nicht durch eine einmalige Leistungshandlung erfüllbar, sondern nur durch ein andauerndes Verhalten, eben die Unterlassung. Fraglich ist deshalb, wann hier die Vollstreckung im Sinne des § 52 III Nr. 1 MarkenG abgeschlossen ist.

Die Vollstreckung eines Unterlassungstitels beginnt mit jedem Verstoß und darauf gestütztem Ordnungsmittelantrag (§ 890 ZPO) neu. Das bedeutet, daß bei Unterlassungstiteln der Rückwirkungsausschluß des § 52 III Nr. 1 MarkenG nur für solche Ordnungsgeldbeschlüsse gilt, die ihrerseits rechtskräftig und vollstreckt sind[986]. Alle noch nicht abgeschlossenen Ordnungsgeldverfahren und insbesondere Verstöße gegen den Unterlassungstitel, die erst nach der Löschung der Marke begangen werden, fallen nicht unter den Rückwirkungsausschluß des § 53 III Nr. 1 MarkenG.

b) Rückwirkungsausschluß bei Löschungsverfahren aus der gelöschten prioritätsälteren Marke

§ 52 III Nr. 1 MarkenG schließt die Rückwirkung der Löschung ausdrücklich nur bei Entscheidungen in Verletzungsverfahren aus. Das eigentliche materielle Verletzungsrecht aber regelt unter der Überschrift „Schutzinhalt, Rechtsverletzungen" der 1. Teil, 3. Abschnitt des Markengesetzes in den §§ 14 ff. MarkenG. Fraglich ist deshalb, ob die Rückwirkung in den dort nicht geregelten Löschungs- oder Widerspruchsverfahren aus prioritätsälteren, aber rückwirkend gelöschten Marken unbeschränkt eintritt. Wenn das so wäre, könnte ein rechtskräftig abgeschlossener Löschungsprozeß gem. § 580 Nr. 6 ZPO wieder aufgerollt werden.

Indessen ist zu bedenken, daß der Löschungsanspruch aus einer prioritätsälteren Marke nur eine verfahrensrechtliche Ausprägung des kennzeichenrechtlichen Beseitigungsanspruchs ist und damit materiell ebenfalls dem Verletzungsrecht angehört[987]. Ein Markenrecht wird eben nicht nur dadurch verletzt, daß ein Dritter die Marke unbefugt auf seinen Produkten verwendet, sondern auch dadurch, daß er sie für sich selbst eintragen läßt. Daß auch der Gesetzgeber den Löschungsanspruch materiell dem Verletzungsrecht zuordnet, erkennt man daran, daß der betreffende 3. Teil des MarkenG unter der Überschrift „*Verfahren* in Markenangelegenheiten" steht. Hier sollen also nicht eigene Ansprüche geschaffen, sondern nur das Verfahren zur Durchsetzung bestimmter Verletzungs- (und anderer) -ansprüche geregelt werden. Folglich sind auch Löschungsprozesse aus prioritätsälteren Marken als Verletzungsprozesse im Sinne des § 52 III MarkenG anzusehen. Der Rückwirkungsausschluß des § 53 III Nr. 1 MarkenG greift also auch hier ein.

985 Ingerl/Rohnke, § 52, Rn. 15.

986 Ingerl/Rohnke, § 52, Rn. 15.

987 Ingerl/Rohnke, v. §§ 14-19, Rn. 55, 56.

d) Schutz vor dem Ende der Vollstreckung

Vor Eintritt der Rechtskraft und im Zeitraum zwischen Rechtskraft und Vollstreckung ist die Rückwirkung nicht ausgeschlossen, so daß die Löschung hier der Vollstreckung entgegengesetzt werden kann. Das geschieht im Wege der Vollstreckungsgegenklage gem. § 767 ZPO[988]. Insbesondere Unterlassungstitel, die gem. § 890 ZPO für jeden Verstoß eine neue Vollstreckung ermöglichen, werden deshalb unabhängig von ihrer Rechtskraft mit der Löschungseintragung praktisch wertlos, da dann wegen § 767 ZPO daraus nicht mehr vollstreckt werden kann.

e) Strafverfahren

Für Strafverfahren gibt es keinen Rückwirkungsausschluß. Folglich können nach Löschung der verletzten Marke auch Strafverfahren, die rechtskräftig abgeschlossen waren, gem. § 359 Nr. 4, 5 StPO wieder aufgenommen werden[989].

3. Erfüllte Verträge, § 52 III Nr. 2 MarkenG

Der Ausschluß der Rückwirkung bei erfüllten Verträgen dient der Sicherung des Rechtsfriedens[990]. Durch diese Vorschrift wird insbesondere auch sichergestellt, daß Verletzungsstreitigkeiten, die nicht durch Urteil, sondern durch Vergleich - also einen Vertrag - beendet wurden, nicht wieder aufgerollt werden müssen.

4. Durchbrechung des Rückwirkungsausschlusses, § 52 III 11. Hs., § 53 III Nr. 2 S. 2 MarkenG

a) Schadensersatzansprüche

Wenn der Inhaber einer später für verfallen erklärten Marke gegen einen Dritten vorgeht, kommen bei fahrlässigem Verhalten Schadensersatzansprüche aus § 1 UWG (Behinderung) und § 823 I BGB (Eingriff in den Gewerbebetrieb) in Betracht[991]. Wenn der Inhaber der später gelöschten Marke in voller Kenntnis der Löschungsreife gegen den anderen vorgeht, ist auch § 826 BGB erfüllt[992]. Hat der Markeninhaber obendrein vorsätzlich falsche Angaben im Hinblick etwa auf die Benutzungslage gemacht, greift zudem § 823 II BGB i.V.m. § 263 StGB ein.

b) Bereicherungsansprüche

Eine Rückerstattung kommt ferner unter dem Gesichtspunkt der ungerechtfertigten Bereicherung (§§ 812 ff. BGB) in Betracht. Hier ist insbesondere an Fälle der Anfechtung von Lizenzverträgen zu denken[993]. Zu berücksichtigen sind dann auch die Anspruchsausschlüsse der §§ 814, 817 I 2, 818 III BGB.

988 Fezer, § 52, Rn. 10; Baumbach/Hefermehl, § 15, Rn. 72; Jackermeier, Löschungsklage, Rn. 169.

989 Fezer, § 52, Rn. 18; Ingerl/Rohnke, § 143, Rn. 7.

990 Ingerl/Rohnke, § 52, Rn. 16.

991 Ingerl/Rohnke, § 52, Rn. 19.

992 Althammer-Klaka, § 52, Rn. 15.

993 Althammer-Klaka, § 52, Rn. 15.

c) Billigkeitserwägungen

Für den Rückwirkungsausschluß bei Verträgen enthält § 52 III Nr. 2 S. 2 MarkenG eine besondere Anspruchsgrundlage, die trotz fehlender Schadensersatz- oder bereicherungsrechtlicher Rückerstattungspflicht des Markeninhabers eine Rückabwicklung ermöglicht. Als Beispiele für diesen Anspruch sieht Fezer Fälle an, in denen aufgrund eines Lizenzvertrages zwar schon gezahlt wurde, die Markennutzung aber noch nicht stattgefunden hat[994]. Weiter kommt als Billigkeitsgesichtpunkt in Betracht, daß dem Markeninhaber die Löschungsreife bekannt war, der Vertragspartner sie aber schlechterdings nicht erkennen konnte[995].

Tendenziell wird der Anwendungsbereich von § 52 III Nr. 2 S. 2 MarkenG gering sein. Klaka verweist darauf, daß § 52 III Nr. 2 S. 2 MarkenG, das eine entsprechende Regelung in der GPÜ damit begründet wurde, daß nicht in allen Vertragsstaaten „eine ausreichende rechtliche Grundlage für den Interessenausgleich im Wege der ungerechtfertigten Bereicherung" vorhanden sei[996]. Ob das in Deutschland der Fall ist, scheint zweifelhaft. Sollten solche Lücken im deutschen Recht sichtbar werden, böte es sich an, § 52 III Nr. 2 S. 2 MarkenG als ausdrückliche Aufforderung zu verstehen, die Voraussetzungen des Wegfalls der (kleinen) Geschäftsgrundlage zu prüfen. Eine darüberhinausgehende Bedeutung kommt der Vorschrift wohl kaum zu.

V. Analoge Anwendbarkeit des § 52 I MarkenG im patentamtlichen Verfallsverfahren?

§ 52 I MarkenG erfaßt seinem Wortlaut nach nur die Löschungsklage vor den ordentlichen Gerichten gem. § 55 I, II Nr. 1 MarkenG. Die Löschung wegen Verfalls kann aber auch durch Löschungsantrag beim Patentamt herbeigeführt werden (§ 53 I MarkenG). Dieses Verfahren geht, wenn der Markeninhaber der Löschung widerspricht, in ein gerichtliches Verfahren über (§ 53 III, IV MarkenG). Fraglich ist deshalb, ob die Rückwirkungen des § 52 I MarkenG auch in einem solchen patentamtlichen Verfallsverfahren eintreten.

1. Problem: Rückbeziehung gem. § 52 I 1 oder § 52 I 2 MarkenG?

Einhellig wird angenommen, daß die Rückbeziehung der Löschungswirkungen auch auf den Zeitpunkt der Antragsstellung beim Patentamt möglich ist. Die Erforderlichkeit der Analogie wird damit begründet, daß die Aufnahme einer entsprechenden Vorschrift in das MarkenG schlicht vergessen worden sei[997]. Art. 54 GemMV, der als Vorbild für § 52 I MarkenG gedient habe, stelle seinerseits ausdrücklich auf den Zeitpunkt der Antragsstellung beim Markenamt ab[998], so daß für § 52 MarkenG dasselbe gelten solle. Für diese Auslegung des § 52 I MarkenG spreche auch der Zweck des

[994] Fezer, § 52, Rn. 14.

[995] Ingerl/Rohnke, § 52, Rn. 16.

[996] Althammer-Klaka, § 52, Rn. 15.

[997] Ingerl/Rohnke, § 52, Rn. 10.

[998] Fezer, § 52, Rn. 5 unter Bezugnahme auf Begr. zu, § 52, Abs. 2.

gebührenfreien[999] Verfallsverfahrens beim Patentamt, nämlich die Prozeßökonomie. Die damit bezweckte Entlastung der ordentlichen Gerichte fordere, daß die patentamtliche Löschungsentscheidung grundsätzlich die gleichen Wirkungen haben kann wie eine gerichtliche. Streit besteht darüber, ob die Rückbeziehung automatisch gem. § 52 I 1 MarkenG analog[1000] oder nur auf Antrag (§ 52 I 2 MarkenG analog[1001]) eintritt.

2. Stellungnahme

Im Ergebnis ist dieser einhelligen Auffassung zuzustimmen. Soweit sie die Löschungsverfahren vor dem HABM gem. Art. 54 I, 56 GemMV und das patentamtliche Löschungsverfahren des § 53 MarkenG für vergleichbar hält, überzeugt sie zwar nicht. Denn das patentamtliche Löschungsverfahren nach dem MarkenG ist strikt formal, für inhaltliche Prüfungen ist kein Raum. Das Löschungsverfahren vor dem HABM ist auf volle Sachaufklärung gerichtet. Das HABM muß gem. Art. 56 I GemMV die Parteien so oft wie erforderlich zur Stellungnahme auffordern. Deshalb entspricht die „Antragsstellung" des Art. 54 I GemMV sachlich der Löschungs*klage* des § 55 MarkenG, nicht dem Löschungs*antrag* gem. § 53 MarkenG. Insofern besteht also durchaus ein sachlicher Unterschied zwischen den Löschungsverfahren nach Art. 54, 56 GemMV und § 53 MarkenG.

Zuzulassen ist die analoge Anwendung von § 52 I MarkenG auf das patentamtliche Löschungsverfahren deshalb weniger, weil die Vergleichbarkeit mit der GemMV das erfordere, sondern aus den von der h.M ebenfalls angeführten prozeßökonomischen Gründen, um die Attraktivität des einfachen patentamtlichen Löschungsverfahrens zu gewährleisten und die Gerichte so vor Löschungsprozessen zu bewahren.

Aus dem Gesichtspunkt der Prozeßökonomie folgt auch, daß ein früherer als der von § 53 MarkenG vorgesehene Zeitpunkt nur auf Antrag zu bestimmen ist, weil es ohne einen solchen Antrag keinen Anlaß für eine solche, vom Wortlaut des § 53 MarkenG eigentlich nicht gedeckte Maßnahme gibt.

B. Andere Verfahren

Wird in anderen Verfahren als einem gegen die Marke gerichteten Löschungsverfahren die Löschungsreife festgestellt, also etwa gem. § 25 I MarkenG auf Einwendung im Verletzungsverfahren, so hat das keine Bindungswirkung für andere Prozesse zwischen denselben oder anderen Parteien. Eine Bindungswirkung für Folgeprozesse kann nur im Wege der Streitverkündung oder der Nebenintervention herbeigeführt werden.

999 Ingerl/Rohnke, § 53, Rn. 6; Althammer-Ströbele, § 53, Rn. 3.

1000 So Ingerl/Rohnke, § 52, Rn. 11; Althammer-Klaka, § 52, Rn. 5.

1001 So Fezer, § 52, Rn. 5.

§ 26 Benutzungsanforderungen bei Kollision von Gemeinschaftsmarken mit deutschen Marken

A. Überblick

Gemeinschaftsmarken und nationale Marken begründen gegeneinander grundsätzlich die gleichen Rechte wie untereinander. Eine prioritätsältere Gemeinschaftsmarke begründet ein Eintragungshindernis sowie Verletzungs- und Löschungsansprüche gegen jüngere nationale Marken. Art. 4 II a (i), b, III MRRL ordnen nämlich an, daß nationale Marken von der Eintragung ausgeschlossen bzw. für ungültig erklärt werden müssen, wenn sie mit einer älteren Gemeinschaftsmarke kollidieren, was von § 125 b MarkenG umgesetzt wird. Art. 14 GemMV bestimmt außerdem, daß Verletzungsansprüche des nationalen Rechts auch Gemeinschaftsmarken zustehen müssen. Das ist erforderlich, weil die GemMV keine Schadensersatz-, Auskunftsansprüche usw. kennt (vgl. Art. 9-11 GemMV). Die Gleichstellung von Gemeinschaftsmarken mit deutschen Marken nimmt im deutschen Markenrecht § 125 b MarkenG vor.

Umgekehrt ist in Art. 106 I i.V.m. Art. 8 II a (ii) und Art 52 I a GemMV bestimmt, daß - nach Maßgabe des nationalen Rechts - aus älteren nationalen Marken auch gegen eine jüngere Gemeinschaftsmarke vorgegangen werden kann.

Bei solchen Kollisionen stellt sich jeweils die Frage, welchem Benutzungszwang die Angriffsmarke genügen muß: dem des MarkenG oder demjenigen der GemMV?

B. Benutzung bei Ansprüchen aus Gemeinschaftsmarke gegen deutsche Marke

I. Widerspruch und Löschungsantrag

1. Überblick

§ 125 b Nr. 2, Nr. 4, Nr. 5 und Nr. 6 MarkenG regeln, daß aus der Gemeinschaftsmarke im Verletzungs-, Löschungs-, Widerspruchs- und Grenzbeschlagnahmeverfahren dieselben Rechte wie aus einer deutschen Marke hergeleitet werden können. Dabei sind auch Benutzungsnachweise für die Gemeinschaftsmarke zu erbringen. § 125 b Nr. 4 MarkenG verweist für das Widerspruchsverfahren auf die Benutzungsnachweise des § 43 I MarkenG, § 125 b Nr. 5 b) für das Löschungsverfahren auf die Benutzungsnachweise des § 51 III MarkenG. In beiden Fällen erfolgt der Verweis aber mit der Maßgabe, daß die materiellen Anforderungen der Benutzung sich nicht nach § 26 MarkenG richten, sondern nach Art. 15 GemMV.

2. Anforderungen an Art und Umfang der Benutzung

Damit ist für die Benutzung einer Gemeinschaftsmarke im Widerspruchs- oder Löschungsverfahren gegen eine deutsche Marke nicht der Benutzungsbegriff des § 26 MarkenG, sondern derjenige der GemMV maßgebend. Das ist nicht selbstverständlich, da auf die Gemeinschaftsmarke sonst durchaus auch deutsches Recht anwendbar ist, so etwa die Vorschriften über Verletzungsansprüche.

Der wesentliche Unterschied zwischen Art. 15 GemMV und § 26 MarkenG ist, daß für Art. 15 GemMV die Benutzung „in der Gemeinschaft“ ausreicht, während § 26 MarkenG verlangt, daß „die Marke in Deutschland" benutzt worden sein muß[1002]. Da im übrigen die Anforderungen des § 43 I bzw. § 51 III MarkenG gelten, besteht kein Unterschied zu deutsch-deutschen Kollisionsfällen, insbesondere gelten deren Stichtage.

Damit steht der Inhaber einer Gemeinschaftsmarke im Konflikt mit einer deutschen Marke schlechter da als bei einem Streit mit einem anderen Gemeinschaftsmarkeninhaber. Denn im deutschen Widerspruchs- und Löschungsverfahren greift die Nichtbenutzungseinrede anders als in der GemMV auch dann durch, wenn die Benutzungsschonfrist erst während des Verfahrens abläuft[1003]. Diese strengere Regelung muß auch ein Gemeinschaftsmarkeninhaber gegen sich gelten lassen, wenn er gegen eine deutsche Marke vorgeht.

II. Verletzungsverfahren aus Gemeinschaftsmarke

Für das Verletzungsverfahren ist die Kollisionsregelung in Art. 96 i.V.m. Art. 50 GemMV und Art. 95 III GemMV zu finden. Danach kann Verletzungsansprüchen aus einer Gemeinschaftsmarke deren Verfallsreife im Wege der Einwendung (Art. 95 III i.V.m. Art. 50 GemMV) oder der Löschungswiderklage (Art. 96 i.V.m. Art. 50 GemMV) entgegengehalten werden, wobei sich der Verfall nach den Verweisungsvorschriften jeweils nach dem Benutzungszwang der GemMV richtet. Die Vorschrift betrifft alle gemeinschaftsmarkenrechtlichen Verletzungsklagen, also sowohl Verletzungsklagen gegen andere Gemeinschafts- als auch gegen nationale Marken oder sonstige Kennzeichen.

Das bedeutet, daß bei Verletzungsklagen aus einer Gemeinschaftsmarke gegen eine deutsche Marke die erhaltungsrechtlichen Stichtagsbestimmungen der GemMV anzuwenden sind. In benutzungsrechtlicher Hinsicht macht es für den Gemeinschaftsmarkeninhaber also keinen Unterschied, ob er Verletzungsansprüche gegen eine andere Gemeinschafts- oder gegen eine nationale Marke geltend macht.

C. Benutzungsanforderungen bei Ansprüchen aus deutscher Marke gegen Gemeinschaftsmarke

I. Löschungs- und Widerspruchsverfahren

Gem. Art. 52 I a i.V.m. Art. 8 II a (ii) GemMV kann der Inhaber einer älteren nationalen Marke die Löschung der jüngeren Gemeinschaftsmarke verlangen. Art. 56 III GemMV bestimmt für diesen Fall, daß der Inhaber der nationalen Marke die Benutzungsnachweise des Art. 56 II GemMV erbringen muß, wobei allerdings nicht die Benutzung „in der Gemeinschaft", sondern nur in dem betreffenden Mitgliedstaat nachgewiesen werden muß. Die Benutzungsnachweise des Art. 56 II GemMV betreffen die 5 Jahre vor der Antragsstellung und die 5 Jahre vor der Anmeldungsveröffentlichung.

Demgegenüber muß der Inhaber der älteren deutschen Marke beim Löschungsantrag gegen eine andere deutsche Marke nicht nur die Benutzung in den 5 Jahren vor der Veröffentlichung, sondern auch fehlende Verfallsreife bei der Neumarkenveröffentli-

1002 Fezer, § 125 b, Rn. 5.

1003 v. Mühlendahl/Ohlgart, § 14, Rn. 42; Hackbarth, Benutzungszwang, 44.

chung (§ 51 IV Nr. 1, 55 III 3 MarkenG[1004]) und obendrein die Benutzung in den 5 Jahren vor der letzten mündlichen Verhandlung (§ 55 III 2 MarkenG) nachweisen. Beim Löschungsantrag gegen eine Gemeinschaftsmarke steht sich der Inhaber einer deutschen Marke also besser, da die Benutzungsanforderungen des Art. 52 II GemMV weniger streng sind.

Die Situation im Widerspruchsverfahren ist dieselbe. Art. 43 III GemMV bestimmt, daß bei einem Widerspruch aus einer nationalen Marke diese die Benutzungsanforderungen des Art. 42 II GemMV erfüllen muß, die ebenfalls weniger streng sind als die des deutschen Widerspruchsverfahrens.

II. Verletzungsverfahren

Für das Verletzungsverfahren aus einer deutschen Marke gegen eine Gemeinschaftsmarke enthalten das MarkenG und die GemMV keine besonderen Regelungen. Es gelten also für die deutsche Angriffsmarke die Benutzungsanforderungen der §§ 25, 26 MarkenG.

1004 Das führt dazu, daß statt der einfachen 5-Jahresfrist die „5-Jahres + 3-Monatsfrist" des § 49 MarkenG relevant wird.

Zusammenstellung der wesentlichen Ergebnisse

§ 1 Wirkung des Benutzungszwangs

Der Benutzungszwang führt dazu, daß unbenutzte Marken, abgesehen von der Möglichkeit der Heilung durch nachträgliche Benutzungsaufnahme, schutz- und wertlos werden, sie sind „schwebend unwirksam“.

§ 2 Zweck des Benutzungszwangs

1 Hauptzweck des Benutzungszwangs im MarkenG, MRRL und in der GemMV ist es, im Interesse des Wettbewerbs unbenutzten Zeichen Markenschutz zu versagen und die Bereinigung der Markenrolle zu fördern.

2. Die aus dem Benutzungszwang generell folgende Entlastung der Patentbehörden ist demgegenüber kein selbständiger Zweck. Der Rechtsprechung des BGH, wonach die staatlichen Stellen den Mehraufwand für die Prüfung der Benutzungslage im Interesse der Allgemeinheit erbringen müssen, ist zuzustimmen.

§ 3 Europäisches Recht

1. Die Regelungen des Benutzungszwangs sind unter Berücksichtigung der MRRL europaweit einheitlich auszulegen. Das gilt auch für die Vorschriften, die fakultative Bestimmungen der MRRL umsetzen.

2. Die Auslegung der MRRL wiederum hat sich an den Vorschriften des EG-Vertrages, insbesondere der Art. 28, 30 EG zu orientieren.

3. Erstrebenswert ist zum Zwecke der weiteren Rechtsangleichung auch eine Auslegung, die mit den Vorschriften der GemMV konform ist.

§ 4 Internationalrechtliche Auslegung

Die Benutzungsvorschriften des MarkenG müssen im Einklang mit der PVÜ und dem WTO-Abkommen, insbesondere dem TRIPS ausgelegt werden.

§ 5 Verfassungsrechtliche Rechtfertigung des Benutzungszwangs

1. Die Marke ist eine von Art. 14 GG geschützte Rechtsposition.

2. Sie unterscheidet sich von den Urheberrechten dadurch, daß ihre Schaffung keine schöpferische Leistung erfordert. Die Urheberrechte belohnt den Schöpfungsakt, das Markenrecht die Verwendung des Zeichens. Vom Namen unterscheidet sich die Marke dadurch, daß die Marke ein Rechtsobjekt benennt, der Name aber ein Rechtssubjekt. Rechtssubjekte ohne Benennung nicht am Rechtsverkehr teilnehmen können und ihn deshalb zwingend brauchen, für Rechtsobjekte ist eine sie aus der Gattung hervorhebende Benennung nicht unbedingt erforderlich.

3. Diese Unterschiede sind die sachliche Rechtfertigung für den Benutzungszwang, den es bei den anderen Rechten nicht gibt. Dieser stellt eine Inhalts- und Schrankenbestimmung des Markenrechts dar und führt zu Eingriffen in dieses Recht. Die Anwendung des Benutzungszwangs muß deshalb dem Verhältnismäßigkeitsgrundsatz genügen.

4. Für die Rechtsprechung des BGH bereits zum WZG hat das BVerfG die Einhaltung der verfassungsrechtlichen Anforderungen bejaht.

§ 7 Spezifische Markenfunktion: Entwicklung anhand eines Modells und Abgrenzung von anderen Kennzeichen

1. Die spezifische Fähigkeit der Marke - die sie von anderen Kennzeichen und den anderen gewerblichen Schutzrechten unterscheidet - liegt darin, daß sie ihren – dem Verkehr unbekannten, anonymen - Inhaber in die Lage versetzt, seine Produkte durch die Verwendung eines bestimmten Zeichens von den Produkten anderer Teilnehmer zu unterscheiden und den potentiellen Erwerbern als die „eigenen“ kenntlich zu machen. Diese Funktion hat die Marke, weil sie verbürgt, daß die Markierung mit dem Willen des Inhabers vorgenommen wurde (entmaterialisierte Herkunftsfunktion).

2. Andere Kennzeichen haben diese Funktion nicht. Von Unternehmensbezeichnungen unterscheidet sich die Marke dadurch, daß man mit ihrer Hilfe unmittelbar über das Produkt, ohne sonstigen Kontakt, mit dem Abnehmer kommunizieren kann, der seine Qualitätserfahrungen bei Gebrauch des Produkts aufgrund der Marke dem – unbekannten, anonymen - Markeninhaber zuordnet. Von Gütezeichen und auch vom Werktitel unterscheidet sich die Marke, weil sie Produktbeschaffenheiten nicht rechtlich verbürgt, sondern ein qualitätsorientiertes, auf ökonomischen Erwägungen beruhendes Verhalten der Marktteilnehmer bloß faktisch fördert.

§ 8 Markenfunktion im Benutzungszwang, erste Ergebnisse

1. Eine rechtserhaltende Benutzung liegt (nur dann) vor, wenn der Markeninhaber durch seine Verwendung des Zeichens die Zubilligung gerade eines Markenrechts rechtfertigt. Das tut er nur dann, wenn seine Verwendung gerade die markenspezifische Funktion, also die entmaterialisierte Herkunftsfunktion realisiert wird. Das ist der Fall, wenn die Marke in den Augen des Verkehrs verwendet wird, um Produkte zu benennen und dadurch von anderen Produkten zu unterscheiden und zu signalisieren wird, daß die Markierung der Produkte auf den Willen eines individualisierbaren, wenn auch unbekannten Markeninhabers zurückgeht

2. Die *reine* Verwendung eines als Marke eingetragenen Zeichens als Firma oder als Werktitel wirken nicht rechtserhaltend.

§ 10 Gerechtfertigte Nichtbenutzung

1. Die gerechtfertigte Nichtbenutzung ist ein Auffangtatbestand für die Fälle, in denen der Markeninhaber seine Marke nicht im eigentlichen Sinne benutzt, aber entweder

das nicht von ihm zu vertreten ist oder aber er ein berechtigtes Interesse an der Aufrechterhaltung der Marke hat.

2. Verwendet der Markeninhaber seine Marke (ohne sie im erhaltungsrechtlichen Sinne zu benutzen), so kann diese Verwendung ein berechtigtes Aufrechterhaltungsinteresse (nur) begründen, wenn die Verwendung potentiell rechtsverletzend ist („verletzungsrechtlicher Test“ als Kontrollüberlegung nach Verneinung einer Erhaltungsbenutzung).

3. Die gerechtfertigte Nichtbenutzung vermittelt ein geringeres Schutzniveau als die echte Benutzung. Der Markeninhaber muß Nachteile insbesondere bei der Beweislast und eventuell auch beim Schutzumfang erdulden. Angriffe aus einer gerechtfertigterweise unbenutzten Marke können rechtsmissbräuchlich und deshalb unzulässig sein.

§ 11 Der Bezug der Benutzungshandlung auf eingetragene Produkte

1. Die fehlende körperliche Verbindung von Zeichen und Produkt ist ein Umstand, der an der Ernsthaftigkeit der Markenverwendung zweifeln lassen kann, der aber - sofern der erforderliche konkrete Produktbezug vorliegt - am Vorhandensein einer tauglichen Benutzungshandlung nichts ändert.

2. Sind für eine Marke Produktoberbegriffe eingetragen, wird die Marke aber nur für einzelne Produktarten benutzt, so sind Teillöschungen nach der „erweiterten Minimallösung“ vorzunehmen. Kann das Produkt unter mehrere eingetragene Oberbegriffe zugleich subsumiert werden, so sind alle Oberbegriffe bis auf einen, welcher konkretisiert werden muß, zu löschen.

3. Bei der Benutzung einer Marke für Produktbestandteile liegt eine taugliche Benutzungshandlung vor, wenn klar erkennbar ist, daß sich die Marke gerade auf den Bestandteil beziehen soll. Die Ernsthaftigkeit ist dann streng zu prüfen, um Scheinbenutzungen vorzubeugen.

4. Wird die Marke bei zusammengesetzten Produkten ohne ausdrücklichen Hinweis darauf verwendet, daß sie nur den Bestandteil bezeichnen soll, so liegt eine rechtserhaltende Benutzung für den Bestandteil nur dann vor, wenn dieser für das Gesamtprodukt so wesentlich ist, daß er es eigentlich ausmacht.

§ 12 Bestellzeichen

1. Die Verwendung eines Zeichens in reiner Bestellzeichenfunktion ist markenrechtlich weder eine Verletzungs- noch eine Erhaltungsbenutzung.

2. Im Zweifel ist aber verletzungsrechtlich keine *reine* Bestellzeichenverwendung anzunehmen, da das Zeichen häufig auch als Herkunftshinweis verstanden werden *kann*. Verletzungsrechtlich liegt also im Zweifel eine (auch) markenmäßige Benutzung vor.

3. Erhaltungsrechtlich liegt umgekehrt im Zweifel keine Benutzung vor, da das Zeichen nicht mit der erforderlichen Deutlichkeit als Herkunftshinweis, sondern als Orientierung im Binnensortiment des Anbieters aufgefaßt wird.

4. Die dadurch auftretende Diskrepanz zwischen Verletzungs- und Erhaltungsrecht und die praktische Notwendigkeit von Bestellzeichen erfordert die Herstellung eines Gleichlaufs von Verletzungs- und Erhaltungsbenutzung („verletzungsrechtlicher Test“, vgl. § 10). Das geschieht dadurch, daß die Nicht*benutzung* der bloß als Bestellzeichen *verwendeten* Marke gerechtfertigt ist, wenn an dieser Verwendung von Bestellzeichen ein berechtigtes Interesse besteht und keine Indizien dafür sprechen, daß das Bestellzeichensystem (auch) der Markenbevorratung dient.

5. Soweit die Verwendung als Bestellzeichen danach als gerechtfertigte Nichtbenutzung anzuerkennen ist, kommt - im Unterschied zu anderen Fällen der gerechtfertigten Nichtbenutzung (vgl. § 10) - ein grundsätzlicher Ausschluß von Verletzungsansprüchen in der Regel nicht in Betracht.

§ 13 Marktbezug der Zeichenverwendung

1. Eine rechtserhaltende Benutzung kann auch vorliegen, wenn es die zu kennzeichnenden Produkte noch gar nicht gibt. Die Marke muß dann aber ernsthaft betriebsüberschreitend gegenüber potentiellen Abnehmern verwendet worden sein, etwa in konkret produktbezogener Werbung oder in konkret auf Produkt und Marke bezogenen Vertriebsverträgen.

2. Ausschließich betriebs- oder konzerninterne Markenverwendung ist keine rechtserhaltende Benutzung. Auch die bloße Kennzeichnung von Produkten reicht nicht aus. Eine Anerkennung als gerechtfertigte Nichtbenutzung ist bei Zeichen erforderlich, die für unternehmens- oder konzerninternen Warenverkehr verwendet werden („verletzungsrechtlicher Test“, vgl. § 10). Die Voraussetzungen der Anerkennung entsprechen denjenigen bei Bestellzeichen. Bei Geltendmachung von Verletzungsansprüchen aus solchen Zeichen kann Rechtsmißbrauch vorliegen (vgl. § 10).

§ 14 Abweichende Benutzung, § 26 III 1 MarkenG

1. Trotz Abweichung des benutzten Zeichens von der eingetragenen Form liegt gemäß § 26 III 1 MarkenG eine rechtserhaltende Benutzung dann vor, wenn ein fiktiver Verbraucher beide Zeichen beim direkten Vergleich als „noch dieselben“ ansieht.

2. Dabei ist die Feststellung des kennzeichnenden Charakters eine Rechtsfrage mit vorgelagerten Tatfragen. So ist es eine tatsächliche, dem Beweis zugängliche Frage, ob Zeichenbestandteile rein beschreibend wirken oder teilhaben am kennzeichnenden Charakter der eingetragenen bzw. benutzten Gesamtzeichenform. Die daran anschließende Feststellung des kennzeichnenden Charakters des Gesamtzeichens ist eine Rechtsfrage.

3. Sind mehrere „noch-identische“ Markenabwandlungen eingetragen, so wirkt die Benutzung einer Abwandlung auch für alle anderen rechtserhaltend. Das gilt auch für parallel eingetragene europäische und deutsche Marken.

§ 15 Benutzungswille

Ein Benutzungswille ist nicht erforderlich. Sein Fehlen kann Indiz sein für die Rechtsmißbräuchlichkeit sowohl des Zeichenerwerbs als auch der Geltendmachung von Rechten aus dem Zeichen.

§ 16 Person des Zeichenverwenders

1. Die formlos mögliche Zustimmung zur Drittbenutzung gemäß § 26 II MarkenG muß nicht rechtswirksam sein, sondern nur tatsächlich vorliegen.

2. Rechtserhaltende Drittbenutzungshandlungen können auch noch an Produkten vorgenommen werden, an denen das Markenrecht erschöpft ist. Das ermöglicht die Zurechnung von Benutzungshandlungen in den Vertriebsstufen. Markenverwendungen durch die Endabnehmer kommen dabei aber nicht in Betracht. Die Zurechnung der Benutzung in den Vertriebsstufen ist insbesondere bei Importen aus EWR-Staaten erforderlich, um den erforderlichen Gleichlauf von supranationaler Erschöpfung und bloß nationaler Rechtserhaltung herzustellen.

3. Fehlt dem Dritten der Fremdbenutzungswille, kommt eine Zurechnung nicht in Betracht.

§ 17 Wiederholungsmarke

1. Wiederholungsmarken sind eintragbar. Sie lösen keine neue Benutzungsschonfrist aus, die Nichtbenutzung der Ersteintragung wird ihnen gem. § 26 III 2 MarkenG analog zugerechnet.

2. Eine Wiederholungsmarke liegt vor, wenn sie sich im verletzungsrechtlichen Schutzbereich der Erstanmeldung befindet.

3. Meldet ein Dritter mit Zustimmung des Markeninhabers eine Wiederholungsmarke an, so löst das gem. § 26 II MarkenG analog i.V.m. § 26 III 2 MarkenG analog keine neue Benutzungsschonfrist aus.

4. Im Eintragungs- und Widerspruchsverfahren kann der Einwand „Wiederholungsmarke" nicht geprüft werden, im Verletzungs- und Löschungsverfahren aus der Wiederholungsmarke und im gegen sie gerichteten Verfallsverfahren ist er jedoch relevant.

5. Die Anmeldung einer Gemeinschaftsmarke nach einer deutschen Marke ergibt keine Wiederholungsmarke. Wird zuerst eine Gemeinschafts-, dann eine nationale Marke angemeldet, liegt eine Wiederholungsmarke vor.

§ 18 Ort der Benutzung

1. Rechtserhaltende Benutzungshandlungen sind nur im Inland möglich. § 26 IV MarkenG hat deshalb konstitutive Bedeutung. Exportmarken sind gegen Angriffe Dritter geschützt, Angriffe aus einer Exportmarke auf Dritte können rechtsmißbräuchlich sein.

2. Die Benutzungsprivilegien von Art. 5 des deutsch-schweizer Abkommens finden gemäß Art. 4 TRIPS auch auf Drittstaatler und - in Fortführung dieses Gedankens - gemäß Art. 3 GG auch auf Deutsche in Deutschland Anwendung.

Zu prüfen ist die Benutzung anhand des Rechts des jeweiligen Schutzlandes, deutsche Marken also nach §§ 25, 26 MarkenG.

Art. 5 des Abkommens schließt nur die nachteiligen Wirkungen der Nichtbenutzung als solcher aus. Andere Einwände gegen die in Deutschland nichtbenutzte Marke bleiben möglich. Insbesondere der Angriff aus solchen Marken kann rechtsmißbräuchlich sein.

3. Die Verwendung einer Marke als Transitmarke ist keine rechtserhaltende Benutzung. Transit kann aber rechtsverletzend wirken. Wegen Art. V GATT 1947, Art. 28, 30 EG muß Deutschland den Transit von Waren ermöglichen. Die deshalb („verletzungsrechtlicher Test", s. § 10) erforderliche erhaltungsrechtliche Anerkennung des Transits erfolgt über das Institut der gerechtfertigten Nichtbenutzung. Das führt zu einem sachgerechten geringeren Schutzstandard für Transitmarken, der insbesondere bei Angriffen aus Transitmarken den Einwand des Rechtsmißbrauchs begründen kann.

§ 19 Merchandising, Ornamentale Verwendung

1. Das rein objektorientierte Merchandising realisiert nicht die Unterscheidungsfunktion der Marke, sondern die Marke wirkt produkterzeugend. Es ist deshalb keine markenrechtlich relevante Benutzung.

2. In vielen Fällen wirkt die Marke beim Merchandising aber (auch) herkunftshinweisend sein oder kann auf einen Teil des Verkehrs so wirken. Dann liegt im Zweifel wohl eine rechtsverletzende, aber noch keine rechtserhaltende Benutzung vor.

3. Der Gleichlauf von Verletzungs- und Erhaltungsrecht („verletzungsrechtlicher Test", s. § 10) ist trotzdem gewährleistet. Denn der Markeninhaber hat es auch dann, wenn er sein Zeichen produkterzeugend einsetzt, in der Hand, eine rechtserhaltende Benutzung vorzunehmen. Er muß das betreffende Produkt dazu nur in typisch markenmäßiger Weise mit dem Zeichen versehen.

§ 20 Die rechtserhaltende Benutzung bei der Kollektivmarke

1. Bei Kollektivmarken ist der Normalfall die Benutzung durch die Mitglieder des Kollektivs, § 100 II MarkenG. Auch die Benutzung durch Außenseiter kann gem. §§ 100 II, 26 II MarkenG zugerechnet werden, wenn sie mit Zustimmung des Inhabers erfolgt.

2. Soweit die Kollektivmarke ausweislich der Markensatzung bestimmte Produktbeschaffenheiten verbürgt, ist die Verwendung für Produkte von anderer Beschaffenheit keine rechtserhaltende Benutzung.

3. Im übrigen gelten die Regelungen für Individualmarken.

§ 22 Heilung verfallener Marken durch Benutzungsaufnahme

1. Die Beweislast dafür, daß die ernsthafte Benutzung aufgenommen wurde und dies länger als drei Monate vor dem Verfallsverfahren geschah, trägt der Altmarkeninhaber. Lag die Benutzungsaufnahme weniger als drei Monate vor dem Verfallsverfahren, muß der Verfallsantragsteller beweisen, wann der Altmarkeninhaber Kenntnis vom Drohen des Verfallsverfahrens erlangte. Der Altmarkeninhaber muß beweisen, wann er begonnen hatte, die Benutzung vorzubereiten.

2. Kenntnis i.S.d. § 49 I MarkenG liegt vor, wenn die nur Nichtbenutzungseinrede vom Gegner erhoben wurde, da das einer Verfallsklagenandrohung gleichzuachten ist.

3. Der Heilungsausschluß durch Androhung eines Löschungsverfahrens wirkt nur relativ, d.h. nur gegenüber dem jeweils drohenden, nicht zugunsten anderer späterer Löschungsantragssteller.

§ 23 Koexistenz von Markenrechten

Markenkoexistenz kann eintreten, wenn in zeitlichem Zusammenhang mit der Löschungsreife eines Altrechts neue Marken eingetragen werden und alsdann der Altmarkeninhaber die Benutzung aufnimmt. In einigen der denkbaren Fallkonstellationen (vgl. Skizzen im Text) ergibt sich die Koexistenz aus §§ 22 I Nr. 2, 55 III 3, 52 IV Nr. 1 MarkenG, in einigen ist eine analoge Anwendung der Koexistenzvorschriften angezeigt, in anderen nicht.

§24 Allgemeine Beweisfragen, Verspätungsregeln

1. In allen gerichtlichen Markenverfahren gelten die Vorschriften der ZPO über Beweise. Die Verteilung der Beweislast überlässt die MRRL dem nationalen Recht. Nach deutschem Recht muß der Markeninhaber die Benutzung seiner Marke beweisen bzw. glaubhaft machen. Bei Verfallsklagen gem. § 49 MarkenG muß allerdings der Kläger beweisen, daß die Marke mindestens 5 Jahre nicht benutzt ist.

2. Die Geltendmachung der Nichtbenutzung ist eine Einrede. Wird sie nicht erhoben (z.B. bei Säumnis), kann das Gericht sie nicht berücksichtigen, auch wenn vorprozessual unstreitig Nichtbenutzung geltend gemacht worden war.

3. In einseitigen Verfahren, besonders in einstweiligen Verfügungsverfahren, muß der Markeninhaber von sich aus die Benutzung glaubhaft machen, wenn seine Marke bereits verfallen sein könnte.

4. Die Nichtbenutzungseinrede kann wegen Verspätung zurückgewiesen werden. Nimmt der Altmarkeninhaber nicht an der mündlichen Verhandlung vor dem BPatG teil und wird dort die Nichtbenutzungseinrede vom Gegner erhoben, so kann das dazu führen, daß die Nichtbenutzung als unstreitig gilt.

§ 25 Bindungswirkung von Entscheidungen

1. Die Löschung einer Marke im Register wirkt konstitutiv und inter omnes. Die vorgezogene Wirkung der Löschung (§ 52 I 1 MarkenG) tritt ebenfalls gegenüber jedermann ein. Sie kann auch bei einer vom Patentamt vollzogenen Löschung bestimmt werden.

2. Die (inzidente oder ausdrücklich tenorierte) Feststellung der Löschungsreife in anderen als Löschungs-, etwa in einem Verletzungsverfahren, wirkt nur inter partes.

2. Ist ein Löschungsprozeß anhängig, so können andere Prozesse, welche die Marke betreffen, ausgesetzt werden.

Anhang

Beschluß des BVerfG vom 19. Juni 1987, BvR 639/86 (Entscheidung über Verfassungsbeschwerde gegen BGH GRUR 1986, 542 ff. - *King II*, unveröffentlicht.)

BUNDESVERFASSUNGSGERICHT

- 1 BvR 639/86 -

In dem Verfahren

über

die Verfassungsbeschwerde

der F

- Bevollmächtigter: Rechtsanwalt Dr. Hermann Kroitzsch,
Kaiserstraße 66 a, Karlsruhe 1 -

gegen a) das Urteil des Bundesgerichtshofs vom 20. März 1986 - I ZR 10/84 -,

b) das Urteil des Hanseatischen Oberlandesgerichts Hamburg vom 8. Dezember 1983 - 3 U 55/83 -,

c) das Urteil des Landgerichts Hamburg vom 19. Januar 1983 - 15 O 1096/81 -

hat die 2. Kammer des Ersten Senats des Bundesverfassungsgerichts durch die Richter Simon,
Katzenstein,
Henschel
am 19. Juni 1987 einstimmig beschlossen:

Die Verfassungsbeschwerde wird nicht zur Entscheidung angenommen, weil sie keine hinreichende Aussicht auf Erfolg hat.

Der Beschwerdeführerin wird eine Gebühr in Höhe von 300 DM (in Worten: dreihundert Deutsche Mark) auferlegt.

G r ü n d e :

Die gesetzliche Regelung über den "Benutzungszwang" von Warenzeichen (hier: § 11 Abs. 1 Nr. 4 WZG) wird von der Beschwerdeführerin zu Recht nicht angegriffen. Den verfassungsmäßigen Eigentumsschutz genießen nach der Rechtsprechung solche Warenzeichen, die schutzfähig, rechtmäßig eingetragen und aufrechterhalten sind (BVerfGE 51, 193 <218>). Bei den insoweit bestehenden Schutzvoraussetzungen handelt es sich um zulässige Inhalts- und Schrankenbestimmungen, die gemäß Art. 14 Abs. 1 Satz 2 GG Sache des Gesetzgebers sind. Wenn dieser die Schutzfähigkeit eines Warenzeichens im Allgemeininteresse in der in § 11 Abs. 1 Nr. 4 WZG vorgesehenen Weise mit einem Benutzungszwang verknüpft, dann überschreitet er damit nicht die Grenzen seiner Regelungsbefugnis.

Anwendung und Auslegung der sonach verfassungsrechtlich unbedenklichen Regelung des § 11 Abs. 1 Nr. 4 WZG obliegen den zuständigen Fachgerichten und sind verfassungsgerichtlich nur begrenzt nachprüfbar. Sie lassen im vorliegenden Fall (vgl. GRUR 1986, S. 542) keine Anhaltspunkte für die Verletzung von Grundrechten erkennen. Dabei mag dahingestellt bleiben, ob die Auslegung des Begriffes "Benutzung" in der angegriffenen Entscheidung in jeder Hinsicht befriedigt. Es verletzt jedenfalls keine Grundrechte, wenn der Bundesgerichtshof - insoweit ebenso wie das schweizerische Bundesgericht in der von der Beschwerdeführerin zitierten Entscheidung (BGE 81 II, S. 284) - es nicht genügen läßt, daß der Markeninhaber lediglich durch einen symbolischen Absatz den Verlust seines Zeichenrechts abwenden will, und wenn er es in Übereinstimmung mit dem Berufungsgericht für unzureichend hält, daß unter den zur Kennzeichnung von Massenwaren bestimmten Klagezeichen jahrelang lediglich Zigaretten für den Bedarf von drei durchschnittlichen Rauchern umgesetzt worden sind. Daß der Bundesgerichtshof bei seiner Auslegung des § 11 Abs. 1 Nr. 4 WZG auch den Besonderheiten des jeweiligen Falles Rechnung trägt und dadurch unzumutbare Eingriffe vermeidet, zeigt seine Darcy-Entscheidung (GRUR 1986, S. 168), deren Besonderheiten im übrigen entgegen der Meinung der Beschwerdeführerin eine Verschiedenbehandlung rechtfertigen.

Die Auferlegung der Gebühr beruht auf § 34 Abs. 2 BVerfGG.

Diese Entscheidung ist unanfechtbar.

Dr. Simon Dr. Katzenstein Dr. Henschel

Literaturverzeichnis

Akerlof, George A.
The Market for Lemons: Qualitative Uncertainty and the Market Mechanism, 84 Quarterly Journal of Economics, 488 ff. (1970)

Albert, Florian; Heath, Christopher
Anmerkung zu BGH GRUR 1996, 271-279 - „Gefärbte Jeans"

Albert, Wolfgang
Übergangsprobleme im Markenrecht, GRUR 1996, 174 ff

Althammer, Werner; Ströbele, Paul, Klaka, Reiner
Markengesetz, 6. A., Köln 2000. Zit.: Althammer -Bearb.

anonym
Die wertvollsten Marken der Welt (Tabelle), in: Frankfurter Allgemeine Zeitung v. 14.09.1998

Balz, Manfred
Paradigmenwechsel im Warenzeichenrecht, in: RabelsZ 45 (1981), 317 ff.

Bauer, Kurt
Anm. zu BGH GRUR 1987, 525 ff. - LITAFLEX, in: GRUR 1987, 525 f.

Bauer, Kurt
Anm. zu BGH GRUR 1979, 551 f - Lamod, in: GRUR 1979, 552 f.

Bastian, Eva-Maria; Götting, Horst-Peter; Knaak, Roland; Stauder, Dieter
Der Markenverletzungsprozeß in ausgewählten Ländern der europäischen Gemeinschaft; Köln u.a. 1993. Zit.: Bastian, Markenverletzungsprozeß-Bearb.

Baumbach, Adolf; Hefermehl, Wolfgang
Warenzeichenrecht, Kommentar, 12. A., München 1985. Zit.: Baumbach/Hefermehl, § ...

Baumbach, Adolf; Hefermehl, Wolfgang
Wettbewerbsrecht, 17. A., München 1993. Zit.: Baumbach/Hefermehl, Wettbewerbsrecht[17]

Baumbach, Adolf; Hefermehl, Wolfgang
Wettbewerbsrecht, 22. A., München 2000. Zit.: Baumbach/Hefermehl, Wettbewerbsrecht

Baumbach, Adolf (Begr.)
Zivilprozeßordnung mit GVG und anderen Nebengesetzen, 60. A. München, 2001. Zit.: BLAH-Bearb.

Baur, Jürgen F.
Benutzungszwang im Warenzeichenrecht, in: GRUR 1986, 615 ff.

Beier, Friedrich Karl
Gedanken zur Verwechslungsgefahr und ihrer Feststellung im Prozeß, in: GRUR 1974, 514 ff.

Beier, Friedrich Karl
Territorialität des Markenrechts und internationaler Wirtschaftsverkehr, in: GRUR Int. 1968, 8 ff.

Benussi, Franco
Il marchio comunitario, Milano 1996. Zit.: Benussi, Marchio comunitario

Benkard, Georg
Patentgesetz Gebrauchsmustergesetz, 9.A., München 1993. Zit.: Benkard-Bearb.

Van den Bergh, Roger; Lehmann, Michael
Informationsökonomie und Verbraucherschutz im Wettbewerbs- und Warenzeichenrecht, in: GRUR Int. 1992, 588 ff.

Bleckmann, Albert
Zu den Auslegungsmethoden des Europäischen Gerichtshofs, in: NJW 1982, 1177 ff.

Bökel, Werner
Benutzung und Benutzungszwang nach der Neufassung des Warenzeichengesetzes, Diss., Mainz 1970. Zit.: Bökel, Benutzungszwang

Bökel, Werner
Probleme des Benutzungszwangs für Warenzeichen, in: BB 1971, 1033 ff.

Bökel, Werner
Art, Umfang und Dauer der Benutzung eines Warenzeichens nach dem Vorabgesetz, in: GRUR 1970, 391 ff.

Brauer, Ulrich G.
Der Einfluß von Voreintragungen auf die Schutzfähigkeit von erneut angemeldeten identischen Marken für Produkte anderer Warenklassen: Eine registerrechtliche Untersuchung vor dem Hintergrund von Markentransfermaßnahmen, Frankfurt a.M., Berlin, Bern, New York, Paris, Wien, 1995. Zit.: Brauer, Voreintragungen

Busse, Rudolf und Starck, Joachim
Warenzeichengesetz, 6. A., Berlin 1990. Zit.: Busse/Starck

Chu, C.Y. Cyrus
An Economic Analysis of the Criminal Proceedings in Civil-Law Countries, in:International Review of Law and Economics, 1991 (11), 111 ff.

Cionti, Ferdinando
La funzione del marchio, Milano 1988. Zit.: Cionti, Funzione

Demsetz, Harold
Towards a Theory of Property Rights, in: 57 Am. E. R. (1967), Papers and Proceedings/ May, 347 ff.

Doetsch, Peter A
Zur funktionsgerechten Benutzung von Händlermarken und insbesondere Händlerfirmenzeichen Zeichenmäßige Benutzung einer Händlermarke durch Verwendung allein auf Preisetiketten?, in: GRUR 1989, 485 ff.

Dreier, Horst (Hrsg.)
Grundgesetz Kommentar, Bd. 1, Tübingen 1996. Zit.: Dreier-Bearb.

Dreier, Thomas; Krasser, Rodolf
Das französische Gesetzbuch des geistigen Eigentums - Code de la propriété intellectuelle
Weinheim u.a. 1994. Zit.: Dreier/Krasser, Französisches Geistiges Eigentum

Ebenroth, Carsten
Neue Ansätze zur Warenverkehrsfreiheit im Binnenmarkt der Europäischen Union, in: FS Piper, 1996, 133 ff.

EG-Kommission
Denkschrift über die Schaffung einer EWG-Marke, verabschiedet am 6.7. 1976, Dok. SEC 76 (2462) = GRUR Int. 1976, 481 ff.. Zit.: Denkschrift GemM 1976

EG-Kommission
Vorschlag einer Verordnung des Rates über die Gemeinschaftsmarke vom 27.11.1980, Dok. (80) 635 = GRUR Int. 1981, 86 ff.. Zit.: GemM-Vorschlag 1980

Eger, Thomas
Kommentar zu Köhler, Helmut: Erweiterung des gewerblichen Rechtsschutzes durch UWG-Normen, in: Ökonomische Analyse der rechtlichen Organisation von Innovationen, hrsg. von Ott, Claus; Schäfer, Hans-Bernd, Tübingen 1994, 245 ff, ebenda 271 ff.. Zit.: Eger, Kommentar zu Köhler

Fammler, Michael
Die Exportmarke, Diss. Konstanz 1989
Zit: Fammler, Exportmarke

Fezer, Karl-Heinz
Der Benutzungszwang im Markenrecht, Berlin 1973. Zit.: Fezer, Benutzungszwang

Fezer, Karl-Heinz
Anmerkung zu BGH GRUR 1986, 538 ff. - Ola, in: GRUR 1986, 540 ff.

Fezer, Karl-Heinz
Markenrecht, Kommentar, 3. A., München 2001.. Zit.: Fezer, § ...

Fezer, Karl-Heinz
Grundprinzipien und Entwicklungslinien im europäischen und internationalen Markenrecht, in: WRP 1998, 1 ff.

Fezer, Karl-Heinz
Markenfunktionale Wechselwirkung zwische Markenbekanntheit und Produktähnlichkeit, in: WRP 1998, 1123 ff.

Fezer, Karl-Heinz
Anwendungsbereich des § 23 MarkenG, in: WRP 1996, 973 ff.

Fezer, Karl-Heinz
Anm. zu BGH GRUR 01/1978, 46 ff. - Doppelkamp

Freitag, Robert
Verpflichtung, Nichtbenutzung eingetragener Warenzeichen nicht geltend zu machen?, in: GRUR 1973, 175 ff.

Freitag, Robert
Nochmals: Verpflichtung, Nichtbenutzung eingetragener Warenzeichen nicht geltend zu machen?, in: GRUR 1973, 348 ff.

Füllkrug, Dieter
Spekulationsmarken. Eröffnet der Wegfall des Geschäftsbetriebs die Möglichkeit, Formalrechte zu mißbrauchen?, in: GRUR 1994, 679 ff.

Füllkrug, Dieter
Spekulationsmarken und ihre Löschung, in: WRP 1995, 378 ff.

Funk, Axel
Die Qualitätsfunktion der Marke im Recht der USA und nach dem neuen deutschen Markenrecht, München 1995. Zit.: Funk, Qualitätsfunktion

Galli, Cesare
Funzione del marchio e ampiezza della tutela, Milano 1996. Zit.: Galli, Funzione

v. Gamm, Otto-Friedrich Frhr. v.
Kommentar zum Warenzeichengesetz, München 1965. Zit.: v. Gamm, § ...

v. Gamm, Otto-Friedrich Frhr. v.
Bestandsaufnahme zum Benutzungszwang im Warenzeichenrecht, in: GRUR 1977, 517 ff.

v. Gamm, Otto-Friedrich Frhr. v.
Der zeichenrechtliche Benutzungszwang- Neuere Rechtsprechung und Entwicklung -, in: GRUR 1980, 390 ff.

v. Gamm, Otto-Friedrich Frhr. v.
Das Erfordernis der kennzeichenmäßigen Benutzung, in: GRUR 1974, 539 ff.

Gamm, Otto-Friedrich Frhr. v.
Markenbenutzung und Benutzungszwang, in: Festschrift 100 Jahre GRUR, Weinheim 1991, 801 ff.

v. Gamm, Otto-Friedrich Frhr. v.
Schwerpunkte des neuen Markenrechts, in: WRP 1993, 793 ff.

v. Gamm, Otto-Friedrich Frhr. v.
Schwerpunkte des neuen Markenrechts - Referat anläßlich der GRUR-Jahrestagung am 3. 6. 1994 -, in: GRUR 1994, 775 ff.

Geiger, Rudolf
EUV/EGV: Vertrag über die Europäische Union und Vertrag zur Gründung der Europäischen Gemeinschaft, Kommentar, 3. A. München 2000. Zit.: Geiger, EGV

Gordon, Wendy Jane
Systemische und fallbezogene Lösungsansätze für Marktversagen bei Immaterialgütern, in: Ökonomische Analyse der rechtlichen Organisation von Innovationen, hrsg. von Ott, Claus; Schäfer, Hans-Bernd, Tübingen 1994, 328 ff.. Zit.: Gordon, Marktversagen

Grablowitz, Martin
Die Benutzung von Herstellermarken durch Handelsunternehmen, München 1995. Zit.: Grablowitz, Herstellermarken-Handelsunternehmen

Graumann, Jens
Die Dienstleistungsmarke. Charakterisierung und Bewertung eines neuen Markentyps aus absatzwirtschaftlicher Sicht, München 1983. Zit.: Graumann, Dienstleistungsmarke

Groben, Hans von der; Thiesin, Jochen; Ehlermann, Claus-Dieter (Hrsg.)
Kommentar zum EU-/EG-Vertrag, Bd. 1, 5. A., Baden-Baden 1997. Zit.: Komm. z. EUV – Bearb.

Gruber, Stefan
Verbraucherinformation durch Gütezeichen, Köln, Berlin, Bonn, München, 1986. Zit.: Gruber, Gütezeichen

Hackbarth, Ralf
Grundfragen des Benutzungszwangs im Gemeinschaftsmarkenrecht. Zit.: Hackbarth, Benutzungszwang

Harmsen, Heinz
Wiederholungszeichen, in: GRUR 1980, 401 ff.

Harmsen, Heinz
Anm. zu BGH GRUR 1973, 523 ff. - Fleischer-Fachgeschäft, in: GRUR 1973, 525 f.

Harte-Bavendamm, Henning; Bomhard, Verena v.
Strategische Aspekte der Gemeinschaftsmarke, in: WRP 1996, 534 ff.

Hefermehl, Wolfgang
Unbenutzte Zeichen aus der Sicht des Benutzungszwangs, in: GRUR 1968, 486 ff.

Hefermehl, Wolfgang; Ipsen, Hans Peter u.a.
Nationaler Markenschutz und freier Warenverkehr in der Europäischen Gemeinschaft, München 1979. Zit.: Hefermehl/Ipsen u.a.-Bearb., Markenschutz und Warenverkehr

Heil, Gerhard
Anm. zu BGH GRUR 1986, 168f. - Darcy, in: GRUR 1986, 169 f.
Heil, Gerhard
Anm. zu BGH GRUR 1990, 39 ff. - Taurus, in: GRUR 1990, 41 ff.

Heil, Gerhard
Benutzungszwang in der Praxis des deutschen Patentamts, in: GRUR 1973, 170 ff

Heil, Gerhard; Ströbele, Paul
Die Einführung der Dienstleistungsmarke, in: GRUR 1979, 127 ff.

Heinz, Karl-Eckart
Europa-Patent und grundgesetzliche Eigentumsgarantie, in: Mitt. 1975, 201 ff.

Heiseke, Jürgen
Einige materielle Fragen zum Warenzeichen-Benutzungszwang, in: WRP 1973, 185 ff.

Heiseke, Jürgen
6 Jahre effektiver Warenzeichen-Benutzungszwang, in: WRP 1979, 87 ff.

Helm, Horst
Die bösgläubige Markenanmeldung, in: GRUR 1996, 593 ff.

Henning-Bodewig, Frauke; Kur, Annette
Marke und Verbraucher – Funktionen der Marke in der Marktwirtschaft, Band I, Grundlagen, Weinheim 1988
Zit: Henning-Bodewig/Kur, I

Heydt, Ludwig
Anm zu BGH GRUR 1966, 676 ff.- *Shortening*, in: GRUR 1966, 678 ff.

Heydt, Ludwig
Benutzung und Benutzungszwang nach dem Vorabgesetz, in: Festschrift für Wolfgang Hefermehl zum 65. Geburtstag, Heidelberg 1971, 59 ff.

Heydt, Ludwig
Anm. zu BGH GRUR 1971, 251 ff., - Oldtimer, in: GRUR 1971, 253 ff.

Heydt, Ludwig
Anmerkung zu BGH GRUR 1971, 355 f. - Epigran II, in: GRUR 1971, 356 ff.

Heydt, Ludwig
Anmerkung zu BGH GRUR 1971, 409 f f. - Stallmeister, in: GRUR 1971, 411 ff.

Heydt, Ludwig
Die „Heilung" löschungsreif gewordener Warenzeichen, GRUR 1972, 290 ff.

Heydt, Ludwig
Verpflichtung, Nichtbenutzung eingetragener Warenzeichen nicht geltend zu machen? in GRUR 1973, 179 ff.

Heydt, Ludwig
Der Benutzungszwang im Vorentwurf eines Abkommens über ein europäisches Markenrecht, in: GRUR Int. 1973, 540 ff.

Heydt, Ludwig
Die Priorität des durch Nichtbenutzung löschungsreif gewordenen, durch nachträgliche Ingebrauchnahme geheilten Zeichenrechts, in: GRUR 1974, 1 ff.

Heydt, Ludwig
Anm. zu BGH GRUR 1974, 84 ff. - *Trumpf* - , in: GRUR 1974, 89 ff.

Heydt, Ludwig
Wider die herrschende Lehre vom Erfordernis der warenzeichenmäßigen Benutzung, in: GRUR 1976, 7 ff.

Heydt, Ludwig
Benutzung und Benutzungszwang im europäischen Gemeinschaftsmarkenrecht, in: GRUR Int. 1978, 2 ff.

Heydt, Ludwig
Benutzung und Benutzungszwang im europäischen Gemeinschaftsmarkenrecht – Zweiter Teil, in: GRUR Int. 1978, 61ff.

Heydt, Ludwig
Anm. zu BGH - GRUR 1978, 355 - *Praliné*, in: GRUR 1968, 355 f.

Higgins, R.D.; Rubin, P.H.
Counterfeit Goods., in: Journal of Law and Economics, 29 (1986), 211 ff

Huntley, J.A.K.; Stephen, F.H.
Unfair Competetion, Consumer Deception and Brand Copying: An Economic Perspective, in: International Review of Law and Economics, 15 (1995), 443 ff.

Immenga, Ulrich/Mestmäcker, Ernst-Joachim (Hrsg.)
GWB, Kommentar zum Gesetz gegen Wettbewerbsbeschränkungen, 2. A. München 1992. **Zit.:** Immenga/Mestmäcker^2-Bearb.

Immenga, Ulrich/Mestmäcker, Ernst-Joachim (Hrsg.)
GWB, Kommentar zum Gesetz gegen Wettbewerbsbeschränkungen, 3. A. München 2001. **Zit.:** Immenga/Mestmäcker^3-Bearb.

Ingerl, Reinhard
Rechtsverletzende und rechtserhaltende Benutzung im Markenrecht, in: WRP 2002, 861 ff.

Ingerl, Reinhard
Die Gemeinschaftsmarke, Stuttgart u.a., 1996. Zit.: Ingerl, Gemeinschaftsmarke

Ingerl, Reinhard; Rohnke, Christian
Markengesetz, Kommentar, München 1997. Zit.: Ingerl/Rohnke

Ingerl, Reinhard; Rohnke, Christian
Die Umsetzung der Markenrechts-Richtlinie durch das deutsche Markengesetz, in: NJW 1994, 1247 ff.

Hermann Isay
Die Selbständigkeit des Rechts an der Marke, in: GRUR 1929, 23 ff.

Jarass, Hans D.; Pieroth, Bodo
Grundgesetz für die Bundesrepublik Deutschland, 5. A., München 2000. Zit.: Jarass/Pieroth – Bearb.

Kaas, Klaus Peter
Ansätze einer institutionenökonomischen Theorie des Konsumentenverhaltens, in: Konsumentenforschung, hrsg. von der Forschungsgruppe Konsum und Verhalten, München 1994, 245 ff.. Zit.: Kaas, Konsumentenverhalten

Keller, Erhard
Die zeichenmäßige Benutzung im Markenrecht, in: GRUR 1996, 607 ff.

Kellerhals, Miriam
Der Benutzungszwang im Gemeinschaftsmarkenrecht; in: GRUR Int. 1999, 14 ff

Kicker
Anm. zu BGH GRUR 1980, 289 f. - Trend -, in:GRUR 1980, 290 f.

Kiethe, Kurt; Groeschke, Peer
Der Designschutz dreidimensionaler Marken nach dem Markengesetz, in: WRP 1998, 541 ff.

Klaka, Rainer
Vor-(Weiter-)Benutzung im Kennzeichenrecht, in: Festschrift v. Gamm, hrsg. v. Erdmann, Willi u.a., Köln, Berlin, Bonn, München 1990

Klette, Chr. Manfred
Zur rechtserhaltenden Benutzung durch Verwendung abweichender Markenformen, in: WRP 2000 (Festgabe Teplitzky), 913 ff.

Kliems, Hubertus
Zur Neuregelung der Benutzungseinreden im Markenrecht, in: GRUR 1999, 11 ff.

Klinkert, Friedrich; Schwab, Florian
Markenrechtlicher Raubbau am gemeinfreien Werk - ein richtungsweisendes „Machtwort" durch den Mona Lisa-Beschluß des Bundespatentgerichts?, in: GRUR 1999, 1067 ff.

Knaak, Roland
Die Begriffe des markenmäßigen und firmenmäßigen Gebrauchs im Zeichenrecht, in: GRUR 1982 ,67

Knaak, Roland,
Anm. zu ÖOGH - Baygon, in: GRUR Int. 1987, 712 ff

Knaak, Roland
Der Schutz von Name, Firma und Geschäftsbezeichnungen, in: Festschrift 100 Jahre GRUR, Weinheim 1991, 971 ff.

König, Reimar
Rechtserhaltende Benutzung durch funktionsgerechte Verwendung der Marke für Waren, in: Mitt. 1997, 18 ff

Köhler, Helmut
Erweiterung des gewerblichen Rechtsschutzes durch UWG-Normen, in: Ökonomische Analyse der rechtlichen Organisation von Innovationen, hrsg. von Ott, Claus; Schäfer, Hans-Bernd, Tübingen 1994, 245 ff. Zit.: Köhler, Erweiterung des gewerblichen Rechtsschutzes

Kohler, Joseph
Das Recht des Markenschutzes, Würzburg 1884. Zit.: Kohler, Markenschutz 1884

Kohler, Josef
Warenzeichenrecht, 2.A., Mannheim und Leipzig 1910. Zit.: Kohler, Warenzeichenrecht

Kraft, Alfons
Die warenzeichenrechtlichen Bestimmungen des Vorabgesetzes, GRUR 1968, S.123 ff.

Kraft, Alfons
Fragen aus der Praxis des Benutzungszwangs, in: GRUR 1973, 495 ff.

Kraft, Alfons
Anm. zu BGH GRUR 1974, 276 f. - King, in: GRUR 1974, 278 ff.

Kraft, Alfons
Benutzungszwang und Zeichenpriorität, in: GRUR 1974, 550 ff.

Kraft, Alfons
Zeichenabwandlung und Benutzungszwang, in: GRUR Int. 1983, 531 ff.

Kraft, Alfons
Zum Erfordernis eines verstärkten gesetzlichen Schutzes der Marke, in: GRUR 1989, 79ff.

Krieger, Albrecht
Das Warenzeichen als Eigentumsrecht im Sinne des Artikels 14 des Grundgesetzes, in: GRUR 1980, 335 ff.

Krieger, Ulrich
Das Recht zur Benutzung der Marke, in: FS. f. Heinz Rowedder, S.230 ff., München 1994

Krüger-Nieland, Gerda
Neue Beurteilungsmaßstäbe für die Verwechslungsgefahr im Warenzeichenrecht, in: GRUR 1980, 425

Kunz-Hallstein, Hans Peter
Die absolute Bindung der Marke an den Geschäftsbetrieb und ihre Aufhebung durch das Erstreckungsgesetz, in: GRUR 1993, 439 ff

Kunz-Hallstein, Hans Peter
Ähnlichkeit und Verwechslungsgefahr -Überlegungen zur Auslegung des neuen Markengesetzes -, in: GRUR 1996, 6 ff

Kunz-Hallstein, Hans Peter
Zur „Benutzungslast" im Markenrecht, in: GRUR 2001, 643 ff.

Kur, Annette
Händlerwerbung für Markenartikel aus urheberrechtlicher Sicht – Präsentationsrecht als neue Schutzschranke, in: GRUR Int. 1999, 24 ff.

Kur, Annette
Die Verwechslungsgefahr im europäischen Markenrecht, in: MarkenR 1999, 2 ff.

Landes, William M.; Posner, Richard A.
Trademark Law: An Economic Perspective, in: 30 The Journal of Law and Economics (1987), S. 265 ff.

Lecce, Giovanni
Il marchio nella giurisprudenza, Milano 1996. Zit.: Lecce, Marchio Giurisprudenza

Lehmann, Michael
Bürgerliches Recht und Handelsrecht - eine juristische und ökonomische Analyse; Stuttgart 1983 . Zit.: Lehmann, Anlyse

Lehmann, Michael
Eigentum, geistiges Eigentum, gewerbliche Schutzrechte - Property Rights als Wettbewerbsbeschränkungen zur Förderung des Wettbewerbs, in: GRUR Int. 1983, 356ff.

Lehmann, Michael
Theorie der Property Rights und Schutz des geistigen und gewerblichen Eigentums - Wettbewerbsbeschränkungen zur Förderung des Wettbewerbs, in: Neumann, Ansprüche, S. 521 ff. Zit.: Lehmann, in: Neumann, Ansprüche

Lehmann, Michael
Wettbewerbs- und warenzeicherechtliche Bemerkungen zur Entscheidung des Bundesgerichtshofs vom 6. Oktober 1983 - Verkauf unter Einstandspreis II, in: GRUR 1984, 313 ff.

Lehmann; Michael
Die wettbewerbswidrige Ausnutzung und Beeinträchtigung des guten Rufs bekannter Marken, Namen und Herkunftsangaben - Die Rechtslage in der Bundesrepublik Deutschland, in: GRUR Int. 1986, 6 ff.

Lehmann, Michael
Die neue europäische und deutsche Marke: Positive Handlungsrechte im Dienste der Informationsökonomie, in: GRUR 1994, 481 ff.

Lemmer, Fritz; Kockläuner, Reinhard
Benutzungszwang für Warenzeichen, in: Mitt. 1965, 86 f.

Lehmpfuhl
Anm. zu BGH GRUR 1981, 53 – *Arthrexforte*; in: GRUR 1981, 55 ff.

Litpher, Markus
Auswirkungen der ersten Markenrechtsrichtlinie auf die Merkmale der Verwechselungsgefahr und der Erschöpfung im deutschen Markenrecht, Frankfurt a.M. u.a., 1997. Zit.: Litpher, Auswirkungen

Loewenheim, Ulrich
Warenzeichen und Wettbewerbsbeschränkung, Bad Homburg v.d.H. 1970. Zit.: Loewenheim, Wettbewerbsbeschränkungen
Lückenbach, Andreas
Der Benutzungszwang im Markenrecht aufgrund der Neuregelung durch das Markengesetz, in: GRUR 2000, 7 ff.

Massa, Giovanni
Funzione attrattiva e autonomia del marchio, Napoli 1994. Zit.: Massa, Funzione

Maunz, Theodor, u.a.
Grundgesetz Kommentar, Loseblatt, Bd. 2, Stand 38. Ergänzungslieferung, München 2001
zit: Maunz/Dürig-Bearb.

Herbert E. Meister
Erste Erfahrungen mit dem neuen Markengesetz Teil II, in: MA 1995, 572 f.

Herbert E. Meister
Praktische Erfahrungen mit dem neuen Markengesetz, in: WRP 1995, 1005 ff.

Herbert E. Meister
Die Verteidigung von Marken. Eine Skizze zum neuen Recht, in: WRP 1995, 366 ff.

Mes, Peter
Patentgesetz - Gebrauchsmustergesetz, München 1997. Zit.: Mes, PatG

Miosga, Willy
Die Situation auf dem Warenzeichengebiet nach dem Inkrafttreten des Vorabgesetzes, in: GRUR 1968, 237 ff.

Miosga, Willy
Benutzungszwang für Warenzeichen, München 1972. Zit.: Miosga, Benutzungszwang

Miosga, Willy
Benutzungszwang in der Praxis, in: GRUR 1970, 439 ff.

Mühlendahl, Alexander v.; Ohlgart, Dietrich, Bomhard, Verena v.
Die Gemeinschaftsmarke, München 1998
Zit. Mühlendahl/Ohlgart

Münchener Kommentar zum BGB
Hrsg. Rebmann, Kurt, Säcker, Franz Jürgen
Band 1, Allgemeiner Teil, §§ 1-240, AGB-Gesetz, 4. A. München 2001. Zit.: MüKo-Bearb.

Munzinger, Helmut
Warenbegriffe in der Benutzungsprüfung, in: Mitt. 1972, 181 ff.

Nash, John
To Make Punishment Fit the Crime: The Theory and Statistical Estimation of a Multi-Period Optimal Deterrence Model, in: International Review of Law and Economics, 1991 (11), 101 ff.

Nastelski, Karl
Das Vorabgesetz und seine Auswirkungen auf die Rechtsprechung in Warenzeichensachen, in: MA 1968, 319 ff.
Neumann, Manfred (Hrsg.)
Ansprüche, Eigentums- und Verfügungsrechte, Arbeitstagung des Vereins für Socialpolitik, Gesellschaft für Wirtschafts- und Sozialwissenschaften, Berlin 1983 . Zit.: Neumann, Ansprüche - Bearb.

Nordemann, Wilhelm; Vinck, Kai; Hertin Paul W.
Urheberrecht Kommentar, 8. A., Stuttgart u.a. 199. Zit.: Nordemann, UrhG

Nordemann, Wilhelm u.a.
Wettbewerbs- und Markenrecht, 8. A., Baden-Baden 1995. Zit.: Nordemann, Wettbew. u. MarkenR

Oppenhoff , Walter
Wandel der Markenrechtskonzeption?, in: GRUR Int. 1973, 433 ff.

Pagenberg, Jochen
Das Widerspruchsverfahren der Gemeinschaftsmarke, in: GRUR 1998, 288 ff.

Palandt, Bürgerliches Gesetzbuch
Bearbeitet von Bassenge, Peter u.a., 61. Auflage, München 2001. Zit.: Palandt-Bearb.

Pedrazzini, Mario M.
Das Recht - ein Danaergeschenk für das Marketing, in: Realisierung des Marketing, FS. f. H. Weinhld-Stünzi, Bd. 1, Savosa/St. Gallen 1986, S. 14 ff
zit: Pedrazzini, FS. Weinhold-Stünzi

Posner, Richard A.
Economic Analysis of Law, 3. A., Boston, Toronto 1986. Zit.: Posner, Analysis

Raßmann, Christian
Die Markenrechtsreform in Deutschland, Schweiz und Österreich, München 1998 . Zit.: Raßmann, Markenrechtsreform

Rawls, John
Eine Theorie der Gerechtigkeit, Frankfurt/M. 1975. Zit.: Rawls, Theorie der Gerechtigkeit

Riehle, Günther
Markenrecht und Parallelimport, Stuttgart 1968. Zit.: Riehle, Parallelimport

Sack, Rolf
Die Durchfuhr im europäischen Markenrecht nach der EuGH-Entscheidung vom 6.4.2000 zur Produktpiraterie-VO (EG) 3295/94, in: WRP 2000, 702 ff.

Sack, Rolf
Export und Transit im Markenrecht, in: RIW 1995, 177 ff.

Sack, Rolf
Die inländische Kennzeichnung von Exportware im internationalen Markenrecht, FS. f. Pedrazzini, S. 671 ff., Bern 1990

Sack, Rolf
Der markenrechtliche Erschöpfungsgrundsatz im deutschen und europäischen Recht, WRP 1998, 549 ff.

Sack, Rolf
Probleme des Markenschutzes im Ähnlichkeitsbereich, in: WRP 1998, 1127 ff.

Sambuc, Thomas
Ware oder Zeichen ? – Zur Schutzunfähigkeit von Produktgestaltungen als Ware oder Ausstattung, in: GRUR 1989, 547 ff.

Schack, Heimo
Urheber- und Urhebervertragsrecht, Tübingen 1997. Zit.: Schack, UrhR

Schäfer, Hans-Bernd; Ott, Claus
Lehrbuch der ökonomischen Analyse des Zivilrechts, 2. A. Berlin, Heidelberg, New York, London, Paris 1995. Zit.: Schäfer/Ott, Ökonomische Analyse

Schertz, Christian
Merchandising - Rechtsgrundlagen und Rechtspraxis, München, 1997. Zit.: Schertz, Merchandising

Schluep, Walter R.
Anmerkungen zur ökonomischen Analyse des Markenrechts, in: FS. f. Pedrazzini, 715 ff., Bern 1990

Schluep, Walter R.
Das Markenrecht als subjektives Recht, Studien zum Immaterialgüterrecht, Bd. 5, Basel 1964
Zit. Schluep, Markenrecht

Schmieder, Hans-Heinrich
Neues deutsches Markenrecht nach europäischem Standard, in: NJW 1994, 1241 ff.

Schönfeld, Thomas
Die Gemeinschaftsmarke als selbständiger Vermögensgegenstand eines Unternehmens: Eine rechtsdogmatische und ökonomischeAnalyse zur Property-Rights-Theorie, Baden-Baden 1994. Zit.: Schönfeld, Gemeinschaftsmarke

Schreiner, Rupert
Die Dienstleistungsmarke: Typus, Rechtsschutz und Funktion, Köln, Berlin, Bonn, München 1983

Schricker, Gerhard
Der Benutzungszwang im Markenrecht, GRUR int. 1969, S.14 ff.

Schricker, Gerhard (Hrsg.)
Urheberrecht Kommentar, 2. A. München 1999. Zit.: Schricker, UrhR - Bearb.

Schulte-Beckhausen, Thomas
Das Verhältnis des § 1 UWG zu den gewerblichen Schutzrechten und zum Urheberrecht, München 1994. Zit.: Schulte-Beckhausen

Schulz, Birgit
Die relevante Benutzungshandlung im Markenrecht, Frankfurt a.M. u.a. 1997. Zit.: Schulz, Benutzungshandlung

Schulze zur Wiesche, Jörg
Probleme der warenzeichen- und firmenmäßigen Benutzung im Rahmen des Benutzungszwanges, in: Mitt. 1970, 61 ff.

Schulze zur Wiesche, Jörg
Welche Benutzungshandlungen genügen dem neu in das Warenzeichengesetz eingeführten Benutzungszwang?, in: NJW 1968, 1809 ff.

Schulze zur Wiesche, Jörg
Anm. zu BGH GRUR 1975, 370 ff. - KIM-Mohr, in: GRUR 1975, 138 ff.

Schulze zur Wiesche, Jörg
Anm. zu BGH GRUR 1978, 642 ff. - SILVA, in: GRUR 1978, 645 ff.

Schulze zur Wiesche, Jörg
Wiederholungszeichen unter dem Gesichtspunkt des Benutzungszwangs, in: WRP 1975, 65 ff.

Schuster, Silke
Die Ausnahmen vom markenrechtlichen Erschöpfungsgrundsatz, Frankfurt a.M. 1998. Zit.: Schuster, Erschöpfungsgrundsatz

Schwanhäusser, H.
Kritische Gedanken zu „Arthrexforte", in: GRUR 1982, 197 ff

Schweer, Carl-Stephan
Die erste Markenrechts-Richtlinie der Europäischen Gemeinschaft und der Rechtsschutz bekannter Marken, Baden-Baden 1992. Zit.: Schweer, Markenrechtsrichtlinie

Schwendemann, Ursula
Wiederholungszeichen: Benutzungszwang u. EG-Markenrecht, Stuttgart 1987. Zit.: Schwendemann, Wiederholungszeichen

Schwendemann, Ursula
Wiederholungszeichen - gleiche Rechte oder Privilegierung?, in: GRUR 1981, 158 f.

Sena, Giuseppe
Il nuovo diritto dei marchi. Marchio nazionale e marchio comunitario. 2. A., Milano 1994. **Zit.:** Sena, Marchi

Sieche, Heinz
Die gemeinschaftliche Benutzung von Warenzeichen, Heidelberg, 1967. Zit.: Sieche, Gemeinschaftliche Benutzung

Söllner, Alfred
Zum verfassungsrechtlichen Schutz des geistigern Eigentums, in: Festschrift für Fritz Traub zum 65. Geburtstag, hrsg.v. Loewenheim, Ulrich u.a., Frankfurt a.M. 1994

Spoendlin, Kaspar
Das Markenrecht im Lichte der schutzwürdigen Interessen, Basel, Stuttgart 1974. Zit.: Spoendlin, Schutzwürdige Interessen
Starck, Joachim
Markenmäßiger Gebrauch - Besondere Voraussetzung für die Annahme einer Markenverletzung? in: GRUR 1996, 688 ff.

Stein, Friedrich (Begr.)
Kommentar zur Zivilprozeßordnung, Bd. 2. §§ 91-252, 21. A. Tübingen 1994. **Zit.:**Stein/Jonas - Bearb.

Stein, Friedrich (Begr.)
Kommentar zur Zivilprozeßordnung, Bd. 5, Teiland 1, §§ 511 – 591, 21. A. Tübingen 1994. **Zit.:**Stein/Jonas - Bearb.

Stein, Friedrich (Begr.)
Kommentar zur Zivilprozeßordnung, Bd. 7, Teilband 1, §§ 864 –945, 21. A. Tübingen 1996. **Zit.:**Stein/Jonas - Bearb.

Stich, Armin
Herkunftszeichen als Qualitätssignal: Eine Erklärung der Nutzung eines extrinsischen Produktmerkmals als Qualitätssignal durch Konsumenten am Beispiel von Herkunftszeichen; Lohmar; Köln., 1997. Zit.: Stich, Qualitätssignal

Ströbele, Paul
Die firmenmäßige Benutzung im Rahmen des Benutzungszwangs für Warenzeichen, in: GRUR 1976, 126

Thewes, Stephanie
Dimensionsgleichheit als Voraussetzung der markenrechtlichen Verletzungstatbestände, in: MarkenR 1999, 145 ff.

Tietgen, Uwe
Die Unterschiede zwischen Fabrik- und Händlermarken in warenzeichen- und wettbewerbsrechtlicher Sicht, Köln u.a. 1975
Zit. Tietgen, Fabrik- und Händlermarken

Tilmann, Winfried
Zeichenbenutzung und Zeichenverletzung, in: GRUR 1968, 619 ff.

Tilmann, Winfried
Die Rechtsprechung des Europäischen Gerichtshofs und ihre Auswirkungen auf das künftige EWG-Markenrecht, in: GRUR 1977, S.446 ff.

Tilmann, Winfried
Grundlage und Reichweite des Handelsnamensrechts, in: GRUR 1981, 621 ff.

Tilmann, Winfried
Das neue Markerecht und die Herkunftsfunktion, in: ZHR 158 (1994), 3371 ff.

Toni, Anna-Maria
Merchandisierung und berühmte Marke in Italien - Eine Schwächung der Herkunftsfunktion!; in: GRUR Int. 1990, 929 ff.

Troller, Alois
Immaterialgüterrecht: Patentrecht, Markenrecht, Muster- und Modellrecht, Urheberrecht, Wettbewerbsrecht, Bd. 1, 3. A. Basel und Frankfurt a.M. 1983. Zit.: Troller, Immaterialgüterrecht

Ubertazzi, Luigi Carlo
Angleichung des nationalen Markenrechts in der EWG: Italien; in: GRUR Int. 1992, 101 ff.

Ubertazzi, Luigi Carlo
Bemerkungen zum Benutzungszwang der Gemeinschaftsmarke, in: GRUR Int. 1995, 474 ff., italienisch in: Riv.dir.ind. 1995, 3 ff.

Ubertazzi, Luigi Carlo
Spunti sull'onere di usare il marchio comunitario, in: Riv.dir.ind. 1995, 3 ff., deutsch in: GRUR Int. 1995, 474 ff.

Ullmann, Eike
Die Verwendung von Marke, Geschäftsbezeichnung und Firma im geschäftlichen Verkehr, insbesondere des Franchising, in: NJW 1994, 1255 ff.

Vanzetti, Adriano
Funktion und Rechtsnatur der Markel-1. Teil -, in: GRUR Int. 1965 128 ff.

Vanzetti, Adriano
Natura e funzioni giuridiche del marchio, in:Problemi attuali del diritto industriale, Milano 1977, S. 1161 ff.. Zit.: Vanzetti, Natura e funzioni,

Vanzetti, Adriano
La nuova legge marchi; Milano 1993. Zit.: Vanzetti, Legge marchi

Vanzetti, Adriano
La funzione del marchio in un regime di libera cessione, in: Riv. Dir. Ind. 1998, 71 ff.

Verkade, Feer
Anm. zu Hoge Raad, GRUR Int. 1998, 517 ff., in: GRUR Int. 1998, 519 f.

La Villa, Gianluca
Introduzione al diritto dei marchi d'impresa, Torino 1996. Zit.: La Villa, Marchi,

Völp, Fromut
Kritische Bemerkungen zur Verwechslungsgefahr; in: GRUR 1974, 754 ff.

Wadle, Elmar
Fabrikzeichenschutz und Markenrecht: Geschichte und Gestalt des deutschen Markenschutzes im 19. Jahrhundert - Teil 2. Historisch-dogmatische Grundlinien, Berlin 1983. Zit.: Wadle, Fabrikzeichenschutz II

Weberndörfer, Jörg
Rechtsvergleich Deutschland - Vereinigtes Konigreich: Auswirkungen der Umsetzung der EG-Markenrichtlinie auf den erweiterten Schutz „bekannter" Marken, Berlin 1997. Zit.: Weberndörfer, Bekannte Marken

v. Weizsäcker, Carl Christian
Rechte und Verhältnisse in der modernen Wirtschaftslehre, in: Kyklos Bd. 34 (1981), 345 ff.

Winkler, Matthias
Das Widerspruchsverfahren nach dem neuen Markenrecht, in: GRUR 1994, 569 ff.

Wolff, Michael
Nichtbenutzung eines Warenzeichens und Beweislast, in: Mitt. 1975, 221 ff.

Zöller, Richard (Begr.)
Zivilprozeßordnung, 23 A., Köln 2002. Zit.: Zöller-Bearb.

FSC
www.fsc.org
MIX
Papier | Fördert gute Waldnutzung
FSC® C083411

Kolibri 360 GmbH
Ferdinand-Jühlke-Straße 7
99095 Erfurt, Deutschland
produktsicherheit@kolibri360.de

Druck:
CPI Druckdienstleistungen GmbH
im Auftrag der
Kolibri 360 GmbH
Ferdinand-Jühlke-Str. 7
99095 Erfurt